应用型本科院校规划教材 / 经济管理类

现代连锁经营
理论与实务

The Theory and Practice for Modern Chain Business

主　编　伍海平　于湛波
副主编　刘　巍　刘威娜

哈尔滨工业大学出版社
HARBIN INSTITUTE OF TECHNOLOGY PRESS

内容简介

本教材以科学发展观为指导,以流通经济学、零售学、营销学和管理学的前沿理论为依据,以我国连锁经营实践为基础,以国内外专家学者最新理论研究成果及企业的成功经验为借鉴,全面系统地研究探索当前市场形势下开展连锁经营的运行规律及其方法技术,创新构建连锁经营理论体系,对连锁经营方式的原理、产生、发展、现状、趋势、基本模式、运行特点、运作方法及技术、有关政策法规等方面内容进行了阐述。既注重理论观点的明确诠释,又突出实际操作方法的具体解析。全书共10章,各章配有案例资料、本章小结、练习题等内容,以指导学生对连锁经营方式全面、深入地了解、掌握及运用。

本教材适用于连锁经营专业和工商管理、市场营销、酒店管理、旅游管理、物流管理、财务管理、人力资源管理、国际贸易等经济管理类专业本科生、专科生,以及连锁企业在职人员阅读和学习。

图书在版编目(CIP)数据

现代连锁经营理论与实务/伍海平,于湛波主编. —哈尔滨:哈尔滨工业大学出版社,2010.5
 (应用型本科院校系列教材)
 ISBN 978-7-5603-2868-3

Ⅰ.①现⋯ Ⅱ.①伍⋯ ②于⋯ Ⅲ.①连锁商店 – 商业经营 – 高等学校 – 教材 Ⅳ.①F717.6

中国版本图书馆 CIP 数据核字(2010)第 078209 号

策划编辑	赵文斌 杜 燕
责任编辑	刘 瑶
封面设计	卞秉利
出版发行	哈尔滨工业大学出版社
社　　址	哈尔滨市南岗区复华四道街10号 邮编150006
传　　真	0451 – 86414749
网　　址	http://hitpress.hit.edu.cn
印　　刷	哈尔滨市工大节能印刷厂
开　　本	787mm×960mm 1/16 印张 20.25 字数 437 千字
版　　次	2010年5月第1版 2010年5月第1次印刷
书　　号	ISBN 978 – 7 – 5603 – 2868 – 3
定　　价	34.80元

(如因印装质量问题影响阅读,我社负责调换)

《应用型本科院校规划教材》编委会

主　　任　　修朋月　　竺培国

副主任　　王玉文　　吕其诚　　线恒录　　李振山

委　　员　　(按姓氏笔画排序)

　　　　　　丁福庆　　于长福　　王庄严　　王凤岐　　刘士军

　　　　　　刘宝华　　朱建华　　刘金祺　　刘通学　　刘福荣

　　　　　　张大平　　杨玉顺　　吴知丰　　李俊杰　　李继凡

　　　　　　林　艳　　闻会新　　高广军　　柴玉华　　韩毓洁

　　　　　　藏玉英

序

哈尔滨工业大学出版社策划的"应用型本科院校规划教材"即将付梓,诚可贺也。

该系列教材卷帙浩繁,凡百余种,涉及众多学科门类,定位准确,内容新颖,体系完整,实用性强,突出实践能力培养。不仅便于教师教学和学生学习,而且满足就业市场对应用型人才的迫切需求。

应用型本科院校的人才培养目标是面对现代社会生产、建设、管理、服务等一线岗位,培养能直接从事实际工作、解决具体问题、维持工作有效运行的高等应用型人才。应用型本科与研究型本科和高职高专院校在人才培养上有着明显的区别,其培养的人才特征是:①就业导向与社会需求高度吻合;②扎实的理论基础和过硬的实践能力紧密结合;③具备良好的人文素质和科学技术素质;④富于面对职业应用的创新精神。因此,应用型本科院校只有着力培养"进入角色快、业务水平高、动手能力强、综合素质好"的人才,才能在激烈的就业市场竞争中站稳脚跟。

目前国内应用型本科院校所采用的教材往往只是对理论性较强的本科院校教材的简单删减,针对性、应用性不够突出,因材施教的目的难以达到。因此亟须既有一定的理论深度又注重实践能力培养的系列教材,以满足应用型本科院校教学目标、培养方向和办学特色的需要。

哈尔滨工业大学出版社出版的"应用型本科院校规划教材",在选题设计思路上认真贯彻教育部关于培养适应地方、区域经济和社会发展需要的"本科应用型高级专门人才"精神,根据黑龙江省委书记吉炳轩同志提出的关于加强应用型本科院校建设的意见,在应用型本科试点院校成功经验总结的基础上,特邀请黑龙江省9所知名的应用型本科院校的专家、学者联合编写。

本系列教材突出与办学定位、教学目标的一致性和适应性,既严格遵照学科体系的知识构成和教材编写的一般规律,又针对应用型本科人才培养目标及与之相适应的教学特点,精心设计写作体例,科学安排知识内容,围绕应用讲授理论,做到"基础知识够用、实践技能实用、专业理论管用"。同时注意适当融入新理论、新技术、新工艺、新成果,并且制作了与本书配套的PPT多媒体教学课件,形成立体化教材,供教师参考使用。

"应用型本科院校规划教材"的编辑出版,适应"科教兴国"战略对复合型、应用型人才的需求,是推动相对滞后的应用型本科院校教材建设的一种有益尝试,在应用型创新人才培养方面是一件具有开创意义的工作,为应用型人才的培养提供了及时、可靠、坚实的保证。

希望本系列教材在使用过程中,通过编者、作者和读者的共同努力,厚积薄发、推陈出新、细上加细、精益求精,不断丰富、不断完善、不断创新,力争成为同类教材中的精品。

2010年元月于哈尔滨

前　言

连锁经营是一种先进的商业经营方式和组织形式。起源于19世纪中叶,至今已有150多年的演进历程。连锁经营以得天独厚的规模效应和规模效益优势及高科技、现代化的管理手段保持了快速发展,获得了巨大成功,成为零售业发展史上第三次革命的重要标志。目前,世界上名列前茅、最具竞争力的商业企业无一不是连锁企业。零售业的"巨无霸"沃尔玛,正是借助于连锁经营连续多年雄居全球500强榜首的。发达国家(地区)连锁经营实现销售额占全社会零售总额的比重达到了60%,其中在美国的比重最高,已达到80%以上。连锁经营已成为现代商业经营方式的主流和发展趋势。

我国连锁经营起步较晚,但发展较快。自20世纪80年代中期引入,在各级政府的大力支持和指导下迅速推进,现已形成一定规模并彰显出极大优势。21世纪初,我国政府提出流通方式现代化的三大重点,首要就是大力发展连锁经营,并先后在国内贸易"十五"和"十一五"规划中确定了连锁经营的发展目标。至2008年,全国连锁门店达到181 063个,实现销售额21273.41亿元,占全社会消费品零售总额19.6%。连锁经营涵盖了60余个行业,从业人员达到263.15万人。上海、北京、重庆、广东等发达城市和地区连锁经营的市场份额分别达到54%、32.28%、20.86%和24.75%。从1999年至2007年,连锁百强企业年销售额连续9年大幅度高于全社会消费品零售总额的增长。我国连锁经营迅猛发展并呈现广阔前景,为就业和创业提供了大量岗位和机会。同时,连锁经营管理人才匮乏的矛盾也随之日益凸显,连锁企业采购主管、物流主管、信息主管和门店经理等岗位人才十分紧缺。据《中国连锁业人力资源发展报告》保守估计,目前全国连锁业从业人员缺口至少60余万。尽快大批培养高素质的连锁经营管理人才,是当前高校面临的一项艰巨而紧迫的任务。

《现代连锁经营理论与实务》教材,正是为满足连锁经营专业和工商管理、市场营销、酒店管理、旅游管理、物流管理、财务管理、人力资源管理、国际贸易等经济管理类专业开设连锁经营课程的教学需要而编写的。本教材以科学发展观为指导,以流通经济学、零售学、营销学和管理学的前沿理论为依据,以我国连锁经营实践为基础,以国内外专家学者最新理论研究成果及企业的成功经验为借鉴,全面系统地研究探索当前市场形势下开展连锁经营的运行规律及其方法技术,创新构建连锁经营理论体系,对连锁经营方式的原理、产生、发展、现状、趋势、基本模式、运行特点、运作方法及技术、有关政策法规等方面内容进行了具体阐述。本教材主要突出三点创新:一是连锁经营理论体系框架创新,将连锁经营基本原理及方法技术与商业企业经营管理基本活动有机结合,突出理论知识的系统性;二是连锁经营理论体系结构创新,突出内容组合的逻辑性;三是连锁经营理论与实践的具体内涵创新,突出理论观点的科学性及方法技术的可操作性。力求达到先进性与应用性的协调统一,为高校连锁经营理论与实践教学提供科学依据。全书共10章,其中第一章、第二章、第三章由伍海平编写,第四章、第五章、第十章由刘巍编写,第六章、第七章、第八章由于湛波编写,第九章由刘威娜编写。

在本教材编写过程中,得到了联华超市股份有限公司常务副总经理良威,哈尔滨中央红集团董事长栾芳、总裁李文权,中央红集团超市公司总经理孙熙超的大力支持和指导,特致真诚的感谢!

由于编者水平有限,若有不当之处,敬请批评指正。

编　者

2010年4月

目 录

第一章 连锁经营概述 (1)
    第一节 连锁经营的含义、特征及类型 (2)
    第二节 连锁经营的优势与风险 (8)
    第三节 连锁经营的基本原理 (15)
    本章小结 (21)
    练习题 (22)

第二章 连锁经营的产生与发展 (25)
    第一节 发达国家及地区连锁经营的产生与发展 (26)
    第二节 我国连锁经营的发展状况 (36)
    第三节 现代连锁经营发展的条件和趋势 (45)
    本章小结 (50)
    练习题 (50)

第三章 连锁经营的基本模式 (54)
    第一节 正规连锁 (55)
    第二节 特许连锁 (60)
    第三节 自由连锁 (72)
    第四节 三种连锁模式的比较与运用 (76)
    本章小结 (79)
    练习题 (80)

第四章 连锁经营组织结构设计 (83)
    第一节 连锁企业的组织结构设计 (84)
    第二节 连锁总部的组织结构设计 (90)
    第三节 连锁门店的组织结构设计 (94)
    第四节 连锁配送中心的组织结构设计 (100)
    本章小结 (113)
    练习题 (113)

第五章 连锁经营人力资源管理 (117)
    第一节 岗位设置 (118)
    第二节 人员配备 (129)
    第三节 人员招聘 (138)
    第四节 人员培训 (141)

第五节　人员考核 …………………………………………………… (146)
　　本章小结 ………………………………………………………………… (150)
　　练习题 …………………………………………………………………… (150)
第六章　连锁门店开发与设计 ……………………………………………… (154)
　　第一节　连锁店的开发 ………………………………………………… (155)
　　第二节　连锁店的选址决策 …………………………………………… (169)
　　第三节　连锁店的店面设计 …………………………………………… (177)
　　本章小结 ………………………………………………………………… (188)
　　练习题 …………………………………………………………………… (188)
第七章　连锁经营的商品采购与配送 ……………………………………… (191)
　　第一节　商品采购管理 ………………………………………………… (192)
　　第二节　商品物流配送管理 …………………………………………… (200)
　　本章小结 ………………………………………………………………… (212)
　　练习题 …………………………………………………………………… (212)
第八章　连锁经营的商品销售管理 ………………………………………… (215)
　　第一节　商品销售管理 ………………………………………………… (216)
　　第二节　商品促销管理 ………………………………………………… (228)
　　第三节　商品价格管理 ………………………………………………… (237)
　　本章小结 ………………………………………………………………… (244)
　　练习题 …………………………………………………………………… (245)
第九章　连锁经营财务管理 ………………………………………………… (248)
　　第一节　连锁经营财务管理体制 ……………………………………… (249)
　　第二节　连锁经营财务管理的内容 …………………………………… (257)
　　第三节　连锁经营财务预测与控制 …………………………………… (263)
　　第四节　连锁经营财务分析 …………………………………………… (270)
　　本章小结 ………………………………………………………………… (278)
　　练习题 …………………………………………………………………… (279)
第十章　连锁经营信息管理 ………………………………………………… (282)
　　第一节　连锁企业信息管理系统的内涵 ……………………………… (283)
　　第二节　商品编码技术 ………………………………………………… (286)
　　第三节　信息系统的建立与运行 ……………………………………… (295)
　　本章小结 ………………………………………………………………… (306)
　　练习题 …………………………………………………………………… (306)
参考文献 ……………………………………………………………………… (311)

第一章 Chapter 1

连锁经营概述

【本章学习目标】

通过本章学习,了解掌握连锁经营的含义、基本特征、优势与风险和基本原理,能够区分连锁经营与传统经营的不同特点,能够划分连锁经营的各种类型,能够运用规模经济理论、经济增长方式理论、分工理论、标准化理论的基本观点,正确认识和理解连锁经营的实质及内在规律。

【本章主要概念】

连锁经营　经济规模　规模经济　规模效益　经济增长方　标准与标准化

【案例导读】

连锁经营成就全球零售业"巨无霸"的神话

沃尔玛公司由美国人山姆·沃尔顿于1962年在阿肯色州成立。经过近五十年的连锁化发展,沃尔玛公司已经成为美国最大的私人雇主和世界上最大的连锁零售商,曾多次荣登《财富》杂志全球500强企业榜首,并上该杂志"最受尊敬企业"的排行榜,还在多个国家被评为"最受赞赏的企业"和"最适合工作的企业"之一。至今,沃尔玛已在美国、墨西哥、加拿大、英国、波多黎各、巴西、阿根廷、南非、中国、哥斯达黎加、危地马拉、洪都拉斯、萨尔瓦多、尼加拉瓜14个国家共开设门店7 900个,包括2 133家沃尔玛商店、469家山姆会员商店和248家沃尔玛购物广场。员工总数为210万人,每周光临沃尔玛的顾客达1.76亿人次。2009年,沃尔玛销售额为4 056.07亿美元,比上年增长276亿美元,占全美零售总额44 783亿美元的9.06%。

沃尔玛突出的经营管理特色是:倡导和奉行"天天平价"、"一站式购物"、"顾客永远是对的"等全新理念,赢得了广大消费者的青睐,获得了可观的市场份额;拥有和利用不断更新的、先进的信息系统,实现了信息传达和反馈的高速度,提高了整个公司的运作效率,有效地降低了成本;坚持"顾客需求驱动"的供应商选择和"无缝连接合作"的供应链管理,并与自主、灵活、高效的物流配送系统相结合,保证了在质优价廉和品种齐全状态下稳定的商品经营等。

(资料来源:百度文库.)

从以上资料可以看出,连锁经营是沃尔玛走向巨大成功的正确方向和途径,使其成为当今世界上规模最大、业绩最佳、经营管理思想和手段最先进的商业楷模,创造了一个零售连锁"巨无霸"的神话。然而,什么是连锁经营?连锁经营具有哪些独特的优越性?连锁经营的理论根据又是什么?这正是本章所要阐述的内容。

第一节 连锁经营的含义、特征及类型

连锁经营是一种先进的商业经营方式和组织形式。商业企业按组织形式分类,可分为单体企业、连锁企业和集团企业三种类型。其中,连锁企业是由若干个同类同种店铺遵循特定的规则集合于一个核心企业旗下组成的统一开展商品经营或劳务服务活动的联合体,从而区别于并优于单体企业和集团企业。

一、连锁经营的含义

(一)连锁经营的定义

关于连锁经营的定义,世界各国有着文字表达不同但含义相近的界定标准和阐述。例如,美国哈佛企业管理顾问公司出版的《美国最新企业管理大辞典》,将连锁店定义为:"由两个或两个以上所有权或管理权集中的机构所组成的,通常是大规模的商店。"美国和英国对连锁店构成数量都界定为"至少有在一家总店控制下的 10 家以上的经营相同业务的分店"。我国原国内贸易部于 1997 年制定发布的《连锁店经营管理规范意见》规定:"连锁店是指经营同类商品、使用统一商号的若干门店,在同一总部的管理下,采取统一采购或授予特许权等方式,实现规模效益的经营组织形式。"同时明确了"连锁店应由 10 个以上门店组成"。国际连锁经营协会则规定至少应有 11 家连锁店铺。

(二)连锁经营的要点

通过对连锁经营定义的具体分析,对连锁经营应理解为具备以下五个基本条件:
(1)连锁经营是现代商业经营的一种组织形式;
(2)这种组织形式是由一个总部、配送中心和若干门店组成的联合体;
(3)这一联合体中的门店必须达到 10 个以上,并且全部是同一种店型,服从于一个总部管理;
(4)所有门店必须做到"八个统一",即统一标识、统一采购、统一配送、统一价格、统一销售、统一服务、统一核算、统一管理;
(5)连锁经营可按照各门店的所有权和经营管理的集中统一程度不同,分为正规连锁、特许连锁和自由连锁三种基本模式。

(三)连锁经营的内涵

国务院体改办、国家经贸委在《关于促进连锁经营发展的若干意见》中,将连锁经营表述为:"连锁经营是通过对若干零售企业实行集中采购、分散销售、规范化经营,从而实现规模经济效益的一种现代流通方式,主要有直营连锁、特许连锁、自由连锁等类型。实行统一采购、统一配送、统一标识、统一经营方针、统一服务规范、统一销售价格等是连锁经营的基本规范和内在要求。"

连锁经营是一种现代商业组织形式和经营方式,是由若干个使用一个商号、统一形象和经营管理、分散销售的门店在一个总部的领导下组成的联合体,是一种以现代经营理念为指导、以各种现代化经营管理方法和技术为手段、以追求规模效益优势为突出特点的经营方式。

(四)连锁经营与传统经营的区别

连锁经营的运营模式可归纳为"规模经营、集中决策、统一形象、统一管理、分散销售"五个突出特点,从而明显区别于非连锁经营。两者之间的差别具体表现为:

1.企业的组织形式不同

实行连锁经营的企业是一企多店;与之相对立的单体企业则是一企一店,集团企业则是一"团"多企。

2.门店的法律责任和经营管理权限不同

直营连锁的各个门店不是独立法人,没有经营权,管理职能简单,只负责销售和营业(服务)现场管理,无权对人事、财务、采购、配送、定价、标识设计、广告宣传、促销策划、制度建立等业务进行决策;而单体店和集团的下属企业则是独立法人,拥有经营权,承担企业全部经营管理职能,直接开展商品购、销、运、存全过程的业务活动。

3.门店标识的要求不同

连锁店的店型、名称、标志、门面及店内装修、商品组合、价格、服务等是高度统一的"千店一面",而多店经营的非连锁企业,在这些方面则没有统一要求。

4.经营管理的现代化水平不同

连锁经营的内在规律决定其对标准化管理、信息技术、现代物流技术、CIS企业识别系统、店铺设计技术等现代化管理方法和技术有着极为强烈的需求和依赖,已经达到不应用就无法生存的程度,而传统经营的运行与现代化则没有如此密切的关联性。

5.运营效能的优势性不同

连锁经营所特有的规模效应,使其在资本集聚,扩大市场和销售,降低成本,科学管理,增加就业和纳税,品牌宣传等方面都彰显出巨大的优越性,这是单店经营根本无法比拟的。

二、连锁经营的特征

根据连锁经营特定的内在规律分析,具有以下六个方面的本质特征:

1. 规模化

多个门店大规模经营是连锁经营的基本特征。所谓规模化,既包括突出的经济规模,又包括突出的规模经济性。众多连锁店组成的联合体,其人、财、物等资源的集聚程度必然 10 倍、甚至百倍地高于单体店,两者之间差别悬殊,不可同日而语。企业规模大,门店多,既有较强的抗风险能力,又有利于分散经营风险;企业规模大,内部分工复杂,对先进的管理方法和技术的依赖性较强,有利于导入和运用各种现代化管理理论及方法;企业规模大,所形成的商品大批量采购、大批量配送、大批量销售,以及人员、资金、物质技术设施等各类资源和广告宣传、促销等活动的统筹安排,都可大幅度地降低成本,带来显著的规模效益。连锁经营就是以利用规模效应和追求规模效益为竞争优势和主要特点的。

2. 组织化

组织化程度高是连锁经营最为突出的一个本质特征,表现为企业规模大,且内部结构和运行严密有序,有其特定的规则。连锁经营的组织结构主要分为两个管理层次、三大组成部分,形成典型的扁平式:一是总部,作为核心机构,负责对整个连锁经营组织进行管理,实行集中决策、统一规划、直接监控、提供服务和指导;二是门店,作为终端,在总部的直接领导下,面向消费者开展商品销售和服务活动;三是配送中心,作为专门的物流机构,在总部的直接领导下,面向各门店开展分货配货、库存保管、包装加工、商品配送、信息提供等业务活动。在现实中,国内外许多连锁企业已经发展成为拥有多种业态和上千个连锁店的大型集团。组织化程度的提高,大大增强了企业的运营效率、竞争实力和抗风险能力。

3. 专业化

连锁经营的专业化特征,是指其总部与门店之间、部门与部门之间经营管理职能的专业化分工和作业。所有门店的开发、店铺设计、商品采购、商品配送、商品促销决策、人员配备及培训、财务核算、信息系统等各项管理都由总部分别设立的专门职能机构统一负责,各门店只具体负责商品销售和营业现场管理,使门店省却了在商品采购、储运、结算等环节的运作,集中精力做好商品销售和营业(服务)现场的管理。同时,总部内设置的采购部门有专门人才进行市场调查、研究制定采购策略,大大提高了采购工作的专业化水平;公司财务部门对所有门店进行统一结算,有利于公司对各门店经济效益和经营状况的及时掌握,便于资金的统筹使用;配送中心统筹安排仓储、运输设施和劳动力,将商品及时送到各门店,大大减少了物流时间和费用。这种专业化分工作业是实现总部对众多分散设置的门店进行集中控制的基础条件,并有利于明确各个关键业务环节的职能责任,使复杂的事务相对简单化,以便各司其职做专做精,有效地保证了连锁经营组织整体的工作质量和效率。

4. 标准化

实施标准化管理是连锁经营赖以生存发展的必要条件,主要包括两个层面的含义:一是运营模式标准化。"八个统一"是确认连锁经营的重要标志,是运用标准化原理维护连锁企业整体形象和信誉的特定要求。二是运营作业标准化。要实现"八个统一",就必须制定和执行相应的标准。通过明确具体的标准体系将各个门店的服务形象和商品经营统一起来,保持在一个较高的水平上。而且,标准化不仅是加强连锁企业日常管理的需要,尤其是支持连锁企业快速扩张的需要。必须制定并实施一整套以管理制度为载体的、健全完善的岗位职责和业务流程体系,做到每个岗位、每项工作都有章可循,以便于新开门店的各类人员、各项工作能够迅速到位,走上正常运行的轨道。目前,凡是发展良好的连锁企业都从本企业实际出发制定了一整套全面系统的《管理手册》和《作业手册》,并组织全体人员学习执行。这些标准化文件是企业经验的积累,凝结着智慧的精华,被视为企业宝贵的无形资产,有着极高的文化、经济价值和保密等级。可见,标准化是决定连锁经营成败的关键因素之一。

【案例1.1】

肯德基的标准化服务

肯德基在全球推广"CHAMPS"冠军计划,其内容为:C(Cleanliness),保持美观整洁的餐厅;H(Hospitality),提供真诚友善的接待;A(Accuracy),确保准确无误的供应;M(Maintenance),维持优良的设备;P(Product Quality),坚持高质稳定的产品;S(Speed),注意快速迅捷的服务。"冠军计划"有着非常详尽且可操作性极强的细节规定,并要求在世界各地每处肯德基餐厅的每位员工都严格地执行,做到统一、规范的操作。公司每个月都对餐厅的"CHAMPS"状况进行检查评分。检查人员也被称为CHAMPS,同时还有一个中文名字——神秘顾客。因为检查人员是以顾客的身份来餐厅进行检查的,员工和管理人员都不知道他是谁,也不知道他什么时候来。他会以顾客的身份来餐厅买一份餐点,并坐上一段时间,从而给出餐厅"CHAMPS"的成绩。该计划的实施,有效地保证了连锁店的服务质量。这是肯德基数十年来在快速餐饮服务连锁经营上的经验结晶,也是其取得成功的主要精髓之一。

(资料来源:百度文库.)

5.信息化

连锁经营的信息化特征,表现为连锁经营对信息技术的依赖及其开发应用的迫切要求。连锁企业所辖门店数量多,商品购销配送业务量大,且分布地域广,尤其跨地域扩张,指挥和监控受时空因素限制成为一大难题。而信息技术则是克服手工操作的低效率、消除信息传递的时空障碍、支持连锁企业及时正确的决策和管理、发挥企业整体控制功能不可或缺的重要手段。例如,POS系统和条形码技术解决了连锁店收款、结算、退货、退款等前台操作业务;MIS系统解决了合同管理、商品入库、定价调价、销售统计分析、人事工资管理、账目管理、财务分析、固定资产管理等日常管理问题;ERP系统实现了对企业供应链、价值链及信息链方面的所有资源进行统筹规划和使用;SCM供应链管理系统和VMI供应商库存管理系统构建了连锁企业与供应商的信息共享平台;还有EOS电子订货系统、EDI电子数据交换系统、CRM客户关系管理系统等都为连锁企业的经营管理提供了有力的技术支持。如果没有信息技术的支持,连锁经营的大规模发展是根本不可能的。

6. 普遍化

连锁经营的组织形式适用性很强,应用范围十分宽泛,可以覆盖商业的各个行业,以及各行业中的各种业态。是否具有连锁适应性,已成为当前衡量和评价行业及业态优劣的一个重要条件。据美国商务部统计,目前美国的连锁化已涉及 19 类行业:①餐饮业;②旅馆业;③休闲旅游;④汽车用品及服务;⑤商业服务;⑥印刷、影印、招牌服务;⑦职业中介;⑧管家、清洁服务;⑨住宅新建、改装;⑩便利商店;⑪洗衣店;⑫教育用品及服务;⑬汽车租赁;⑭机器设备租赁;⑮食品零售店;⑯非食品零售店;⑰健身、美容服务;⑱房地产、经纪;⑲其他服务业。实际上,目前连锁经营已基本囊括了直接面向消费者服务的全部零售和服务业态及商品流通的中间环节,现代批发业、零售业、物流业、服务业的发展都呈现出连锁化的特点和趋势。

三、连锁经营的类型

(一)从所有权和管理集中程度的角度分类

(1)正规连锁,也称直营连锁,是一种产权和经营管理都高度集中统一的连锁形式。

(2)特许连锁,也称加盟连锁,是一种产权各自独立而经营管理高度统一的连锁形式。

(3)自由连锁,也称自愿连锁,是一种产权各自独立、经营管理是否统一自愿约定的连锁形式。

(二)从行业角度分类

(1)批发连锁,包括批发公司连锁、批发交易市场连锁等。

(2)零售连锁,包括便利店连锁、超市连锁、大型综合超市连锁、仓储商店连锁、专业店连锁、专卖店连锁、百货店连锁、购物中心连锁、折扣店连锁、自动售货亭连锁、商品交易市场连锁等各种零售业态的连锁。

(3)物流连锁,包括物流公司连锁、空车配货连锁等。

(4)服务连锁,包括餐饮连锁、酒店连锁、美容美发连锁、健身连锁、修配连锁、洗衣连锁、培训连锁、医药连锁、旅游连锁、娱乐连锁、各种中介机构连锁,以及其他各类服务机构的连锁等。

(三)从连锁发展的空间范围角度分类

(1)地区性连锁,即在本县、市或本省开设连锁店。

(2)区域性连锁,即在相邻的 2~5 个省份形成的经济区域开设连锁店。

(3)全国性连锁,即在国内五个以上省份开设连锁店,如国美电器有限公司、苏宁电器集团、百联集团有限公司、大商集团有限公司等都在全国各地发展。

(4)国际性连锁,即跨越国界在海外甚至全球范围内开设连锁店,如沃尔玛、家乐福、百安居、易初莲花、麦德龙等跨国企业在世界多个国家发展。

(四)从规模和统计的角度分类

(1)限额以上连锁企业,即年末从业人员在 60 人及以上,年销售额在 500 万元及以上的零售企业;年末从业人员在40人及以上,销售额在200万及以上的餐饮企业。
(2)限额以下连锁企业,即年末从业人员数量和年销售额在上述标准之下的企业。

(五)从所有制性质的角度分类

(1)国有连锁企业,即产权归国家所有的连锁企业。
(2)集体连锁企业,即产权归集体所有的连锁企业。
(3)私有连锁企业,即产权归私人所有的连锁企业。
(4)股份制连锁企业,即产权归多元投资主体所有的连锁企业。按新公有制的概念,投资主体包括国家、法人和自然人。

(六)从企业制度的角度分类

(1)公司制连锁企业,包括独资公司和股份制公司,即具有法人资格、产权归单个或多个投资方共同所有的连锁企业。
(2)合伙连锁企业,即没有法人资格,产权归两个及以上自然人所有的连锁企业。
(3)个人连锁企业,即没有法人资格,产权归个人所有的连锁企业。

(七)从投资地域来源的角度分类

(1)内资连锁企业,即国内投资的连锁企业。
(2)港澳台资连锁企业,即港澳台商投资的连锁企业。
(3)外资连锁企业,即外商投资的连锁企业。

2009年中国连锁百强前10名企业的类别划分见表1.1。

表1.1 2009年中国连锁百强前10名企业的类别划分

序号	企业名称	行业、业态	连锁形式	市场范围	企业规模	所有制性质	产权结构
1	国美电器有限公司	家电专业店	直营店加盟店	全国连锁	限额以上	私有	股份制(上市)
2	苏宁电器集团	家电专业店	直营店,曾有加盟店	全国连锁	限额以上	私有	股份制(上市)
3	百联集团有限公司	百货店/大型综合超市/便利店/专业店/折扣店	直营店加盟店	全国连锁	限额以上	国有	独资、控股

续表1.1

序号	企业名称	行业、业态	连锁形式	市场范围	企业规模	所有制性质	产权结构
4	华润万家有限公司	大型综合超市/超市/便利店	直营店 加盟店	全国连锁	限额以上	国有控股	合资、合作
5	大商集团有限公司	百货店/超市/购物中心/专业店	直营店	全国连锁	限额以上	国有	独资、控股
6	家乐福(中国)管理咨询服务有限公司	大型综合超市	直营店	国际连锁	限额以上	外资	合资、合作
7	康成投资(中国)有限公司(大润发)	大型综合超市	直营店	国际连锁	限额以上	台资	合资、独资
8	物美控股集团有限公司	超市/大型综合超市/便利店	直营店 加盟店	全国连锁	限额以上	私有	股份制
9	沃尔玛(中国)投资有限公司	大型综合超市/仓储会员店	直营店	国际连锁	限额以上	外资	合资、合作
10	农工商超市(集团)有限公司	超市/大型综合超市/便利店/折扣店	直营店 加盟店	全国连锁	限额以上	国有	独资、控股

第二节 连锁经营的优势与风险

一、连锁经营的优势

连锁经营相对传统经营而言具有得天独厚的优势,主要表现为显著的规模效应及其所派生的巨大的规模效益。具体体现在以下六个方面:

(一)规模扩张优势

连锁企业在规模效益的驱动下不断追求规模扩张,而连锁经营的三种基本模式——正规连锁、特许连锁和自由连锁,极有利于迅速实现资本的大量集聚。一是采取投资自建、兼并、收购、租赁等形式大力发展直营店;二是采取发展加盟店的形式,在无需投资的情况下,在短时间内大幅增加门店数量;三是通过协商达成合作契约,实行大范围的自愿连锁。例如,至今已蝉联四届中国连锁百强之首的国美电器,门店数量连续10年保持了24%~92%的大幅增长,由2000年的41个上升到2008年的1 362个,其间2006年门店数增长92%,达到820个,是因收购了永乐电器有限公司的 202 个门店。华润万家有限公司于 2005 年收购苏果超市有限公司后,门店数由 2004 年的 476 个猛增至 2005 年的 2 133 个,其中包含有原苏果 1 503 个。我国起步较早的连锁企业、现隶属百联集团的联华超市股份公司,创建于 1991 年。在 20 世纪 90 年代中期即通过发展加盟店的途径使公司门店数量急剧增加,联华商号遍布上海大街小巷,迅速成为我国连锁业早期的领军企业。在近 20 年的成长历程中,联华超市公司成功运作完成了多个重大并购项目,推动了企业跨越式发展,始终保持了全国超市业态排名第一的业绩。联华超市公司 2008 年共有门店 3 932 个,其中加盟店达 2 351 个,约占门店总数的 60%。2009 年 7 月,联华超市又收购了华联超市 100% 股权,使联华超市的门店总数立即大幅提升至 5 599 家。三家连锁企业门店增长状况见表 1.2。

表 1.2　三家连锁企业门店增长状况统计表

年份	国美电器			联华超市股份公司			华润万家有限公司		
	门店数/个	增幅/%	百强排名	门店数/个	增幅/%	百强排名	门店数/个	增幅/%	百强排名
2000 年	41	—	8	950	57	1	276	74.7	11
2001 年	84	105	6	1 225	29	1	343	42	11
2002 年	64	−24	4	1 921	57	1	397	21	7
2003 年	101	58	3	2 579	34	1	467	2.4	9
2004 年	227	63.3	2	2 706	5	1	476	2	15
2005 年	426	88	2	3 786	15	1	2 133	20	4
2006 年	820	92	1	3 913	3	2	2 250	11	4
2007 年	1 020	24	1	3 774	−4	2	2 539	13	4
2008 年	1 362	33.5	1	3 932	4.2	3	2 698	10.1	4
2009 年	1 170	−14	3	5 599	42.4	3	2 926	8.5	5

(二)市场拓展优势

连锁经营网点多,分布广,市场占有率高。伴随连锁企业门店数量的不断增加,市场空间范围的不断扩大,其市场份额也相应迅速而大幅度地集中,世界各国的零售巨头,如美国的沃尔玛、法国的家乐福、英国的乐购、日本的伊藤洋华堂、泰国的易初莲花等,无一不是连锁企业。全球零售巨头沃尔玛,自 1961 年创建以来一直保持了强劲、快速的发展势头。沃尔玛 1993 年以 673.4 亿美元的销售额超过了 1992 年排名第一位的西尔斯(Sears),从此雄居美国零售业榜首。1995 年沃尔玛实现销售额 936 亿美元,创造了零售业的世界纪录,从此成为全球零售业的巨无霸。2002 年,沃尔玛又以年销售 2 445 亿美元的骄人业绩荣登《财富》世界 500 强榜首,并连续四年保持了霸主地位。此后又于2007年、2008年分别以3 511.39亿美元和3 787.99亿美元的营业收入蝉联两届庄主。美国连锁百强企业的市场份额占全美年零售总额的1/3。上海联华超市公司于1999年以73亿元的销售业绩彻底改写了长期以来单体百货店称霸中国零售业的历史。以此为开端,10年来雄居我国零售业领先地位的均为大型连锁集团。我国连锁百强企业年销售额增长连续多年大幅度高于社会消费品零售总额的增长(表1.3)。

表1.3 我国连锁百强企业年销售额增长与社会消费品零售总额增长比较

年份	2000年	2001年	2002年	2003年	2004年	2005年	2006年	2007年	2008年	2009年
连锁百强销售额增长/%	53	65	52	45	39	42	25	21	18.4	13.5
全社会零售总额增长/%	9.7	10.1	10.2	9.2	13.3	12.9	13.7	16.8	21.6	16.9

(三)成本控制优势

连锁经营将规模化经营与集约化管理有机结合,有利于降低成本、提高经济效益。连锁企业在大规模经营的基础上统筹利用人、财、物、信息及技术等资源,分摊进货、销售、管理和财务成本,大大节约了各项费用。例如,连锁企业集中采购的大订单,可取得价格谈判的主动权,适当压低进价,节约进货成本;连锁企业统一配送的专业化物流管理,可严格控制库存,减少流动资金占用,还可合理运筹仓储运输设施的利用及配送时间、路线,降低物流成本;连锁企业的新闻媒体广告宣传费用,可由十个、几十个,甚至成百上千个连锁店共同分摊,比起由一家单体店承担要经济很多倍;连锁企业在经营理念、市场营销技术、服务技术、商品配置及陈列技术、业务流程、操作技术等方面的研发成果,可由众多门店共享,节约管理成本;连锁经营的科学管理也在促进高质量、高效率的同时,有效地减少损失。成本降低使企业利润相对提高,并且还可以低成本支持低售价取得竞争优势,扩大销售。通过对同种业态、同类规模的门店进行调查显示,连锁经营的费用成本与传统经营相比较,一般低10~12个百分点。

(四)品牌成长优势

连锁经营高度集中的经营决策和高度统一的CIS企业识别系统运作,有利于内强素质、外塑形象,提升企业品牌价值。连锁经营突出强调"八个统一"的运营模式,使所有门店的商号、门面及店堂设计、商品组合、商品价格、商品陈列、服务设施和服务项目、促销措施、广告宣传、服务规程和业务流程等严格保持一致,形成了统一的经营特色及风格,维护了统一的服务质量和经营管理水平,从而树立起鲜明、独特的企业形象,达到深入人心和深得人心的制胜效果。同时,连锁经营的跨地域扩张也为扩大企业知名度和美誉度创造了有利契机。例如,美国的沃尔玛、麦当劳、肯德基,法国的家乐福,德国的麦德龙,英国的百安居等零售(快餐)商,因国际化的连锁经营,使之成为人们熟悉和信赖的知名品牌。另外,连锁经营还十分有利于开发自有品牌(即由零售商从设计、原料、生产、注册商标到经销全程控制的产品)。连锁企业可利用自身的企业品牌价值和声望优势开发定制产品品牌,并借助于自身跨地域扩张的市场优势迅速扩大销售,获得较高的利润。目前,世界上声名显赫的大型连锁零售商都热衷于实施自有品牌战略,所开发自有品牌的种类由食品、杂品、日用品、厨房用品和服装扩展到小家电、计算机及配件等。沃尔玛拥有自有品牌13类1 000余个,且设计新颖、品种丰富多样、包装精美、质量优良、价格低廉,预期销售额将占其营业收入的20%左右。世界第二大零售商家乐福拥有近2 000个食品和非食品自有品牌,价格比同类商品便宜20%。百安居拥有2 000多个自有品牌,涵盖各类家装、家居用品,并以明显的低价格、高品质竞争优势深受消费者欢迎,销售额比重将达到10%~15%。在日本,连锁经营销售自有品牌的比重占20%,日本最大的零售商大荣连锁集团自有品牌的数量占卖场内所经营商品种类的40%左右。美国第二大超市西尔斯零售公司90%的商品是自有品牌。英国马莎公司销售的所有产品都是"马莎牌"。在伦敦,一提起马莎的产品,人们的第一反应就是"品质好"。

(五)科技化和现代化优势

连锁经营就其实质而言,属于先进的商业组织形式,它是商业经营方式现代化的重要标志之一,体现了现代商业发展的必然趋势。连锁经营大大提高了商业的组织化程度和产业集中度,造就出一个又一个在社会经济生活中产生举足轻重影响的商业巨头,有效地改善了传统经营时代商业主体小、散、差,不适应现代化大市场、大流通的落后状态。为政府产业政策的制定及其指导作用的发挥,为市场经济条件下商业企业竞争公平性、有序性的实现创造了基础条件,对于引导和促进商业健康发展具有重大意义。当前现代批发企业、现代零售企业、现代物流企业、现代服务企业的发展都必须以连锁经营为方向和重点,连锁经营在发达国家已处于明显的主导地位,连锁经营的市场份额已达到60%以上。从欧洲连锁店在德国、英国、法国、比利时、荷兰等国家的集中分布可以发现,越是先进的国家,连锁经营越是发达。连锁经营的现代化取向还表现为对现代科学技术的迫切需求。就运行条件和运作手段来看,连锁经营必须依赖现代化的管理思想、方法和技术才能得以生存和发展,包括现代经营理念、现代管理原理、现代企业制度、标准化管理方法、计算机技术、网络技术、现代通信技术、现代物流技术、现代营销技术等;否则,根本无法保证机构庞大且门店分散的经营组织正常运转。其中信息技术的引入则标志着连锁经营进入了高科技时代,率先实施信息化战略的沃尔玛正是借此成全全球零售业霸主地位的。

(六)商业贡献优势

连锁经营的发展将商业地位作用及其对国民经济的贡献提升到一个新的水平,主要体现在:

(1)连锁经营促进了社会再生产的顺利运行。连锁经营以集中采购与分散销售相结合的运营模式,有效地化解了生产的集中化、大批量、少品种与消费的分散化、少数量、多品种之间的矛盾,真正起到了衔接生产和消费的作用。

(2)连锁经营促进了流通产业的优化。一是连锁经营规模化与集约化相结合的本质特点,有利于协调平衡投入与产出之间、数量与质量之间、速度与效率效益之间的关系,有力地推动了流通产业经济增长方式的转变;二是连锁经营所形成的独特而显著的规模效应,大大提升了商品交换的功能和效率,拓宽了商品流通渠道,减少了流通环节,加快了流通速度,扩大了流通规模,节约了全社会的流通成本,提高了流通效能;三是连锁经营所具有的规模扩张和规模效益优势,大大增强了商品流通的组织化程度和产业集中度,从而为政府宏观决策和市场竞争向有序化发展提供了有力支持。

(3)连锁经营促进了生产企业的发展。连锁企业商品采购的大订单引导和扶持了一大批生产企业及其商品生产,国内外许多生产企业正是依靠大型连锁企业的大额订单从小做大的,一旦失去了订单就将面临倒闭的危险,从而有力地证实了买方市场条件下交换决定生产的新观点。

(4)连锁经营促进了消费水平的提高。连锁经营的低成本带来的低价格给广大消费者带来了实惠,星罗棋布的连锁网点又为消费者就近购物提供了极大便利,到连锁超市和家电专业店购买食品、日常生活用品和家电商品已成为消费者的首选和习惯。

(5)连锁经营促进了劳动就业的扩大。连锁企业的快速扩张为社会提供了大量的工作岗位,其中加盟连锁形式为自主创业提供了更多机会。

(6)连锁经营促进了财政收入的增长。大型连锁企业良好的经营业绩使其成为各地的纳税大户,为增加国家和地方的财政收入作出了突出贡献。

二、连锁经营的风险

在连锁经营以其显著的优越性支撑其强劲的发展势头的同时,也潜伏着各种危机。除了作为经营性组织普遍存在的自然风险、道德风险、决策风险、竞争风险等各种风险之外,从连锁经营的特殊性角度分析还将面临以下五种风险。

(一)扩张过快风险

连锁企业往往通过不断扩张,力图获得更大的规模效益。然而,扩张成功与否将受到企业内外各种因素的制约。如果条件不成熟,增加门店就未必能收到理想的效果,有时甚至将原本优势的企业拖垮。扩张失败的原因呈多样性,主要有三大方面:①企业内部物质资源条件是否具备。有的是因资源配置比例失衡,如门店增多与物流配送能力不匹配,或适合岗位要求的管理和业务人员不足,导致商品供应和服务质量下滑。②企业经营管理能力是否相适应。有的是因管理手段和管理水平跟不上,在门店增多尤其跨地域扩张的情况下管理失控,导致工作效率和经济效益下降。③市场环境是否允许。有的是因市场饱和及重复建设,如不顾及地区的经济发展水平,超前兴建大型购物中心,在近距离重复开设大型综合超市,导致购买力不足或过度竞争使经营难以为继,等等。另外,还有一个不可忽视的因素是连锁企业以兼并、收购的形式扩张时因文化差异难以融合,导致人员思想和经营秩序混乱。其根本问题是对规模的经济性缺乏理性考虑,片面追求数量和速度,忽略了客观条件的适应性。

（二）选址不当风险

连锁企业在实施规模扩张战略中，新门店的选址策略十分关键，正确选址可以说是新店成功经营的首要条件。经常有新门店开张不久即关闭的现象，其主要原因往往与选址失误有直接关系。选址不当的风险性表现为多种情况：有的是盲目进入一个已经饱和或被强大竞争对手控制的市场，由于过度竞争导致赢利微薄甚至亏损；有的是商圈内消费者数量少或消费水平低，因缺少足够的购买力导致销售额不理想；有的是门店所在位置交通不便或交通管制不利（门前街道有栅栏封闭），引起客流不畅而严重影响销售；还有的是在异地扩张尤其跨国扩张时对选址地区的经济政策、治安状况、市政规划等情况缺乏了解而遭受重大损失。其根本问题是在选址决策前没有进行科学、充分的调查预测，简单草率行事造成无法挽回的重大损失。

（三）人才流失风险

许多连锁企业人员流动比例较大，其原因与商服行业人员流动性较大的特点相同。从高层管理人员看，虽然薪酬不菲，但比较证券、银行、保险、石油等行业差距悬殊，缺乏留住高级人才的诱惑力；从中层管理人员看，跳槽已成为职务升迁的一个捷径；从一般员工看，商服行业营业时间长，工作繁忙，节假日不能正常休息，收入不高，社会地位低，因而通过频频更换环境来改善工作条件。人员流动性大给连锁企业带来的不利影响比单体店更突出，可导致经营模式及管理制度方面知识产权的流失，技术人才和关键岗位业务人员匮乏，技术和供应商或客户大量流失、新手比重增大、员工队伍素质下降、业务熟练人手缺少影响新店开设，较大的人员培训和培养投入因人员流失而损失，等等。根本问题是企业欠缺科学完善的约束和激励机制，从而难以保证人员队伍的稳定性。

【案例1.2】

麦当劳高管跳槽中式快餐

中式快餐"真功夫"总裁蔡达标透露，他近日专程赴哥伦比亚商学院和伦敦商学院，向金融学、经济学的教授们请教全球金融危机的应对战略。不仅如此，他还从麦当劳（中国）市场部请来总监张帆，表明将逆势扩张的决心。

"真功夫"的门店总数已达300家，成为国内直营店数量最多的中式快餐品牌。但近80%的门店集中在广州、深圳、东莞等城市，而在华东、华北不成规模。走出华南市场打造全国品牌一直是蔡达标的最大梦想。或许正是基于此，他才把原效力于麦当劳的张帆聘请到"真功夫"担任营销总监这一要职。蔡达标称，他看中的是张帆在媒介广告资源整合方面的丰富经验。"明年我们会加大广告方面的投入，这些社会资源的利用对打造品牌来说非常重要。"

据"真功夫"内部人士透露，上任不久的张帆领导，做事风格明显与前任不同，这从近日"真功夫"应对麦当劳变相降价的战术中可见一斑。

从以上案例可以看出，企业高管跳槽后带走了企业的优势资源，增强了竞争对手的竞争实力，使企业在新一轮的市场竞争中遭遇挫折。

（资料来源：www.sdmsw.cn，2008-12-24.）

(四)加盟失控风险

发展加盟店是连锁企业实现低成本快速扩张的有效途径,但随之而来的各种问题及状况也使其面临多方面危机。其主要表现为:①加盟店管理水平低、服务质量差严重损害连锁企业的形象和声誉;②加盟店不严格执行统一管理规则,商品经营失控;③加盟者道德缺失,恶意侵占供应商货物及货款,甚至卷席而逃,造成极其恶劣的社会影响,等等。其根本问题是对加盟者的资格缺乏严格审查,对加盟者的经营行为缺乏严格监控。

(五)监管不力风险

连锁企业机构庞大,门店多且分散,有的遍布世界各地,距离遥远,鞭长莫及,大大增加了管理的难度。因此,连锁经营对应用各种现代化管理方法技术的依赖性较大,对各层次管理人员和业务技术的素质要求较高。然而,达到经营管理的高水平和保证作业过程的万无一失也都存在很大难度。在现实中,许多国内外赫赫有名的大型连锁企业都曾曝出不良新闻,如商品促销造成顾客拥挤踩踏事故、出售不符合食品质量标准的商品、保安人员殴打顾客、加盟商卷走供应商货款、在退换商品方面刁难顾客、商品促销搞价格欺诈、对供应商极度盘剥、侵犯员工合法权益等,此类现象在连锁企业中比较普遍。其根本问题是,目前连锁企业的经营管理水平和人员素质与其自身的社会经济地位、作用及消费者的要求存在较大差距,有待改善和提高。

三、连锁经营风险的防范措施

(一)更新经营理念

连锁企业,尤其是大型知名企业,应坚决摒弃"强者为王"、"店大压客"的陈腐观念,正确认识自身在现代社会中所承担和发挥的职能作用,增强责任感和使命感,为促进国民经济健康发展做出积极贡献。树立"双赢"观念,主动搞好与供应商之间平等互利的合作伙伴关系;树立"诚信"观念,自觉维护消费者利益,切实为消费者提供更好的服务、更大的实惠;树立"以人为本"的观念,积极创建先进的企业文化,依法保护员工权益,实现企业与员工共同成长。连锁企业不仅要做大,还要做强,更要在信守商业道德、服务社会方面做好。坚持与时俱进,始终把握正确的方向,争做行业的表率和楷模。

(二)提高经营者决策水平

连锁企业巨大的经营规模和高度集中的管理要求经营者必须具备较高的决策水平,而决策水平是以素质和能力为基础的。因此,经营者要注重锻炼、培养自身的专业素质和职业能力,包括:深刻认识连锁经营的运行规律,正确运用现代经营与管理理论和方法,准确分析预测市场态势和趋势,运筹帷幄、掌控全局和变革创新的能力等,努力增强决策的科学性和可行性,避免盲目性和主观性。

(三)增强员工队伍素质

针对连锁企业用工需求量大、不断大批补充新员工的特点,要设立专门的培训机构,有计划地组织新老员工不断学习和强化现代经营思想、专业理论、操作技术、企业管理制度、作业规程等方面的知识和技能,不断增强员工队伍的整体素质,为提高企业服务质量和经营管理水平提供思想和业务技术保证。

(四)强化科学管理

大力推行各种现代化管理方法和技术,并注重总结、积累经验,使之不断走向成熟和深化。针对连锁经营运行过程中出现的各种风险因素,通过健全、完善相应的管理制度从根本上加以扼制和规范,坚持依靠科学化来推进和扩大连锁化。

第三节 连锁经营的基本原理

连锁经营作为一种先进的、成功的现代商业经营方式和组织形式,其形成和运行有着特定的客观必然性。而规模经济理论、经济增长方式理论、分工理论、标准化管理理论等,则为深入理解和认识连锁经营的内在规律提供了科学依据。

一、规模经济理论

连锁经营突出的特点是经营规模大,明显的优势是规模效益高。深入分析规模与效益之间的内在联系,正确认识扩大规模与提高效益之间的相互关系,有利于对连锁企业的发展规模进行科学合理的规划。

(一)经济规模与规模经济的相互关系

经济规模是指各种生产力要素在一定范围内量的聚集程度。经济规模按空间范围大小可分为宏观规模、中观规模和微观规模三种类型。从连锁经营的角度研究,主要是指微观规模。规模经济是指扩大经济规模所带来的经济效益。

经济规模与规模经济两者之间存在根本区别:经济规模中的"经济"是指生产要素投入量的多少;规模"经济"中的经济是指产出的收益多少。

经济规模与规模经济互为条件:经济规模是规模经济的基础和前提,没有一定的经济规模就不可能产生规模经济;规模经济是经济规模的动机和目的,没有对规模经济的追求也就没有必要形成和扩大经济规模。

需要引起注意的是,经济规模与规模经济之间并非是绝对的正比关系,即并非经济规模越大,规模经济就一定越大。现实中存在两种情况:一种是,随着经济规模扩大而促经济效益提高,称之为"规模经济";另一种是,当扩张到一定规模后,如果继续扩大,将使经济效益下降,称之为"规模不经济"。

(二)经济规模与规模效益的相互关系

规模效益,是指随着经济规模扩大,引起长期平均成本呈下降趋势,从而使争收益增加。

但是，规模与效益之间并非简单的正比关系，即并非规模越大，效益就一定越高。实际上存在三种情况：第一种情况是最佳规模效益。带来最佳规模效益的，既不是规模非常大，也不是规模非常小，而是介于两者之间的一个适度规模，即存在一个临界点，亦可称之为最佳经济规模；第二种情况是在临界点之前，规模效益随着规模的扩大而递增；第三种情况是在超过临界点后，规模效益随着规模的扩大反而递减。经济规模与规模效益的关系如图1.1所示。

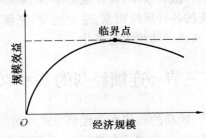

图1.1 经济规模与规模效益的关系

（三）最佳经济规模的衡量标准及选择

规模效益最大化是衡量经济规模最优化的标准，当规模变动导致新增经济效益最大时的规模应为最佳规模。根据经济学原理，当边际收益（MR）等于边际成本（MC）时，经济规模获得最大利润，即 $MR = MC$。当 $MR - MC = 0$ 时，达到最佳规模；当 $MR - MC > 0$ 时，表明还有扩大规模的空间；当 $MR - MC < 0$ 时，已呈现规模不经济状态，不宜再扩大规模。

现实中，最佳规模还将受到市场供求状况、市场竞争态势、企业生产经营能力、产品自身情况等因素的制约。这些因素直接影响到规模是否有必要扩大和是否有能力扩大。

（四）连锁企业规模的内涵及决定因素

连锁企业属于商业企业。商业企业规模是指基本经营单位内部经营要素投入的多少，及其合理结合所表现出来的经营服务能力大小。

商业企业规模发展受以下条件制约：

1. 市场条件

市场供求态势和变化是影响商业企业规模发展决策的主要因素，包括供给与需求的总量、结构、均衡状况等。企业规模是否需要扩大以及扩大的尺度应以市场需求的现实存在及潜力为前提。

2. 业态和商品条件

不同业态和不同商品的经营所需要投入要素的总量及配置比例各不相同，存在很大差异。门店规模不可与业态和商品经营定位相背离。另外，越是大型、高档经营的业态越要理性发展，如高档百货店、大型购物中心在一个城市里不宜建得过多，应以有足够的购买力支撑为准。

3. 物质资源条件

商业企业作为从事商品经营和服务的经济实体，其构成的物质要素包括资金、人员、商品、设备设施、土地、营业场所等。物质条件是否具备是制约商业企业规模发展的基本因素。

4. 人才和经营管理(技术)条件

一般来说,企业规模越大,对人才和经营管理(技术)水平的要求越高。这是影响商业企业规模发展的重要因素。

5. 门店选址条件

商业企业经营受地理位置、人口数量及结构、交通状况、商业设施密集程度、购买力水平、竞争者状况等因素的制约很大。因此,选址对于商业企业来说是一个风险性较高的重要决策,一旦失误,损失巨大,并且难以挽回,必须十分慎重。没有理想的店址条件,就不宜硬性开店。

综上所述,规模优势不是绝对的,而是相对的;规模扩张不是目的,只是手段;规模越大,经营管理的难度也就越大,面临的风险也越高。连锁经营规模效益最大化的实现,以最佳经济规模为条件。而最佳经济规模的确定,要以各方面制约因素的有机结合、协调平衡为基础。如果不顾及客观条件盲目扩张,反而事与愿违,则造成规模不经济的不良后果。

二、经济增长方式理论

连锁经营的运营模式具有规模化与集约化紧密结合的特点,从而形成了不可替代的独特优势。可以通过经济增长方式理论来分析和诠释其规律性。

(一)经济增长方式的含义

经济增长是指国家或地区在一定时期内由生产要素投入而带来的产品和劳务产出的增长。

经济增长方式,是指生产要素的投入、组合及使用方式,即资源的利用方式。

经济增长方式的实现受到一定的社会生产力水平、一定的经济体制、一定的经济发展战略、一定的投入要素结构、一定的经济增长目标等条件的制约。

(二)经济增长方式的类型及其内涵

从生产要素投入的角度,经济增长方式可分为两种类型,即粗放型经济增长与集约型经济增长。

粗放型经济增长,是以数量因素为主推动经济增长。其基本特征是:①经济增长主要依靠大量生产要素的追加投入来支撑;②经济增长以资金、劳动力、原材料、能源等资源的巨大消耗为代价;③经济增长的手段技术含量低,劳动力素质低,缺乏创新,管理粗放;④经济增长目标是片面追求数量、产值和速度。粗放型经济增长是一种低质量、低效益、高消耗的增长。

集约型经济增长是以质量因素推动经济增长。其基本特征是:①经济增长主要依靠非物质资源,即知识、科技、文化、人才等要素的投入来支持;②经济增长以经营理念和技术创新、资源优化配置及转移、学习效应、科学管理等因素为推动力;③经济增长的手段、技术含量和现代化程度高,创新性强;④经济增长目标是追求质量、效率和效益。集约型经济增长是一种高质量、高效益、低消耗的增长。

(三)经济增长方式转变的特点

经济增长方式转变是我国新时期社会经济发展的重大战略举措。党的十四届五中全会通过的《中共中央关于制定国民经济和社会发展"九五"计划和2010年远景目标的建议》明确提出:"积极推行经济增长方式转变,把提高经济效益作为经济工作的中心,实现经济增长方式从粗放型向集约型转变。"经济增长方式转变具有以下三个特点:

(1)一定的经济增长方式受社会生产力水平制约,任何国家在经济发展过程中都要经历一个由粗放型增长向集约型增长转变的历程,并且是一个相当长的历史过程。

(2)经济增长方式的粗放型和集约型是动态的、相对的,现在的粗放型可能是过去的集约型,当前的集约型又可能成为将来的粗放型,从粗放型增长向集约型增长转变是一个恒定的方向和无止境的过程。

(3)要用辩证的观点看待经济增长方式的转变,不能简单地否定粗放型增长方式。在现实生活中,不存在纯粹的粗放型增长或集约型增长,往往是两者并行,以其一为主。

(四)我国商业经济增长方式转变的重点和途径

目前,我国商业是以粗放型为主的增长。具体表现为资本投入大,网点数量和销售额增长幅度大、速度快,而流通环节多、费用高、周转慢、效能低,与我国社会主义市场经济和现代化建设及商业发展的要求很不适应。因此,我国商业经济增长方式转变任务十分紧迫。转变的重点应放在发展规模经济、优化产业结构、大力变革创新、提高科技水平,减少流通环节、降低流通费用、加速周转,提高质量、效率和效益上。

我国商业经济增长方式转变的主要途径是:①积极建立现代企业制度,实现制度创新;②加强科学管理,提高从业人员素质和经营管理水平,实现管理手段创新;③大力发展连锁经营、现代物流、电子商务及各种新型业态,实现经营方式创新;④深入学习运用现代营销理念和技术,提高市场竞争能力,实现赢利模式创新。尽快把商业经济增长方式转变到以质量和效益为中心的轨道上来。

可见,连锁经营体现了现代商业发展的方向和要求,并且是实现商业经济增长方式由粗放型向集约型转变的有效途径之一。

三、分工理论

企业内部职能管理的专业化分工,是连锁经营运营模式的一个突出特点。通过对分工理论的研究,有助于加深对连锁经营运营模式先进性和科学性的理解。

(一)亚当·斯密的分工理论

分工理论是经济学的创始人、英国经济学家亚当·斯密(1723—1790)对经济管理理论的一个重要贡献。他在1776年出版的《国民财富的性质和原因的研究》(简称《国富论》)一书中,将

"分工"作为讨论的开篇。他将资本主义的兴起和人类社会进步归结为分工和专业化带来的劳动生产力的提高,"劳动生产力上最大的增进,以及运用劳动时所表现的更大的熟练、技巧和判断力,似乎都是分工的结果",进而总结分析了分工能够提高生产效率的三点原因:第一,分工可以使劳动者专门从事一种生产作业,有利于增强操作技术的熟练程度,不断提高技术水平;第二,分工可以使劳动者专注于一个特定的技术领域持续深入研究,进一步改进工具和操作方法,促进发明创造;第三,分工可以使劳动简化,减少在传统生产劳动方式下,由一个劳动者独立完成产品加工的全部环节、由一种生产作业转换到另一种生产作业所耗费的时间和精力,提高生产效率。这一主张,从此成为企业管理理论中的一条重要原理。后来的专业分工、管理职能分工、社会分工等理论,都是在这一基础上延伸发展的。

亚当·斯密还进一步分析了分工的起因是源于人的才能差异和私利行为。人们通过分工所形成的专业化操作大大提高了生产效率,增加了社会财富,并经交换使个人财富增加。通过这一过程促使社会生产扩大,促进社会繁荣,并达到私人利益与社会共同利益的调和,即所谓"经济人"的观点。这一观点正是资本主义生产关系的反映,对资本主义管理思想的发展产生了深远影响。

（二）商业企业专业化分工管理的实施

企业管理是指在一定的经营思想的指导下,通过计划、组织、领导、协调、控制等职能活动,使企业内部资源得到合理投入、优化配置和有效利用,以最少的消耗获取最大收益的过程的总称。

商业企业管理的专业化分工,主要体现在对各种内部资源的分类管理。每类资源的管理构成一个专业系统,可分为八大专业系统:商品购销运存管理系统、服务质量(顾客)管理系统、物质技术设施管理系统、安全保障管理系统、财务管理系统、人力资源管理系统、行政事务管理系统和信息管理系统。每个专业系统各自建立一组业务流程系列,既利于纵向做专做精,又便于横向协调整合。

商业企业管理专业化分工的必要性,主要缘于企业内部各类资源的性质、功能及运行规律各不相同,对不同资源的管理所需要运用的业务知识和方法技术也不同,具有较强的专业性,并且对管理人员的素质要求也大相径庭。因此需要进行分工,在分工的基础上实施专业化的管理,从而有效地保证工作质量和预期的管理成果,而且,任何一个人也不可能精通所有资源的管理。"全"就不可能"精",若"精"则必"专"。从这一点出发,也应对管理人员进行分工,使其专注于某一类资源(领域)的运作,不断积累经验,不断提高业务水平。

连锁企业正是通过特定的组织结构设计,对总部与门店之间、各部门之间、各岗位之间的职能责任及权限进行明确界定,在专业化分工的基础上实现简化而高效的操作,从而达到集中决策和统一管理的要求。

四、标准化管理理论

标准化是连锁经营的一个重要标志和管理手段,如果没有标准化也就无法实现连锁化。标准化管理理论对于加强连锁经营管理具有重要的指导意义。

(一)标准化的含义

标准是对重复性事物和概念所做的统一规定。它以科学、技术和实践经验的综合成果为基础,经有关方面协商一致,由主管机构批准,以特定形式发布,作为共同遵守的准则和依据。按照标准的性质、制定层次和适用范围不同,可分为技术标准、管理标准,国际标准、国家标准及地方标准,行业标准和企业标准。其中,技术标准是根据不同时期的科学技术水平和实践经验,针对具有普遍性和重复出现的技术问题提出的最佳解决方案。管理标准是为了保证与提高产品及工作质量,实现总的质量目标而规定的各方面经营管理活动的具体标准;企业标准是指企业所制定的产品标准和根据企业内需要协调统一的技术要求、管理要求所制定的标准,是企业组织生产经营活动的依据。

标准化是指制定标准、组织实施标准和对标准的实施进行监督检查等一系列活动。其中,标准的制定是指标准制定部门对需要制定标准的项目编制计划,组织草拟、审批、编号、发布的活动,它是标准化活动的起点和首要任务。标准的实施是指有组织、有计划、有措施地贯彻执行标准的活动,是标准制定部门、使用部门或企业将标准规定的内容贯彻到生产经营领域中去的过程,它是标准化活动的中心任务。对标准的实施监督是指对标准的贯彻执行情况进行督促、检查、处理等活动。目的是促进标准的执行,保证标准的执行效果,考核标准的先进性和合理性,随时发现问题,为修订标准和改进标准化工作提供依据。

(二)企业推行标准化管理的重要意义

1. 标准化是企业管理的一项基础性工作

标准是企业人员行为的准则,也是企业进行日常管理的基本依据。如企业的设立、各岗位人员的配置及薪酬福利,工作任务及其考核,业务流程及操作,产品质量及服务质量等,都需要遵循一定的标准和规则,才能使全体人员各就其位、各司其职,各项工作有章可循、井然有序地进行,达到预期的质量和效率。否则,必然是各行其是,杂乱无章,经营活动无法顺利进行。

2. 标准化是提高企业管理水平的重要途径

标准化是现代化管理方法之一,已形成一整套特定的、成熟的运行体系。企业导入标准化管理方法,结合企业及行业的实际组织制定、实施和修订标准的过程,即不断培训和锻炼员工,优化和完善各项管理的过程。

3. 标准化是增强企业约束机制的有力保障

标准具有企业法规的性质,因而带有一定的强制性。它将企业全体人员、各项工作都纳入规范的轨道,规制其相互协调、有序高效地运行。这种独到而有效地控制企业整体工作秩序的功能作用,是其他管理方法所不能替代的。

(三)商业企业实施标准化管理的特点

1. 迫切需要标准化

商业企业以商品交换和服务为主要职能,商品经营是一个复杂的过程,具有环节多、因素杂、变化快、弹性大、人的个性行为比较突出等特点,企业整体的协调运行难度较大。因此,急需通过标准化将方方面面的因素、各个环节和各个岗位的工作加以规范,有序进行。尤其连锁企业从统一形象、统一管理、门店数量增速快的特性出发,对标准化有着更为迫切的需求。

2. 标准的形式呈多样性

商业企业标准化约束的对象包括全体人员、各类物质资源和各项工作三大方面,因此其标准体系由商品质量和服务质量标准,岗位和工作标准,业务流程和操作规程,企业标识,企业章程,企业管理制度等多种形式的载体构成。

3. 学习和执行标准是重点

有了标准但广大员工不了解、不执行就无法发挥作用。应将标准文件作为各类人员岗前培训和岗位培训的重要内容,不断强化学习教育,提高执行标准的自觉性。

4. 考核奖罚是关键

在管理制度中包含有对各项工作的考核奖罚办法。通过考核监督和掌握标准的实际执行情况,对考核结果严格兑现奖罚,以此保证各项标准的落实。

5. 不断修订和完善标准

标准的制定并非一劳永逸、一成不变的,或因标准本身不够完善,或因企业内外部条件发生变化而使标准不再适用,都需要对标准进行修订和补充。

本章小结

连锁经营是一种先进的商业经营方式和组织形式。

连锁经营是指经营同类商品、使用统一商号的若干门店,在同一总部的管理下,采取统一采购或授予特许权等方式,实现规模效益的组织形式。

连锁经营的主要特点是:①规模经营。连锁企业是由一个总部、一个配送中心和10个以上门店组成的联合体,并且在规模效益驱动下呈现不断扩张的发展趋势。②集中决策。所有门店的开发设计、商品组合、商品采购与配送、商品价格、商品促销、广告宣传、机构设置、人员配备、培训、财务核算、信息系统等关键业务都由总部集中策划和组织,各门店只有执行权,没有决策权。③统一管理。所有门店要达到"八个统一",即统一标识、统一采购、统一配送、统一价格、统一销售、统一服务、统一核算、统一管理。④分散销售。各门店具体负责组织开展商品销售和服务活动。

连锁经营具有规模化、组织化、专业化、标准化和普遍化等基本特征。

连锁经营突出的优越性,来自于得天独厚的规模扩张优势、市场拓展优势、成本控制优势、现代化取向优势和商业贡献优势等,并给企业带来了显著的规模效益,可观的市场空间和市场份额,鲜明的企业形象,较高的知名度和社会地位等。

连锁经营作为经济组织不可避免地存在各种经营风险。除一般经营中普遍存在的自然风险、道德风险、决策风险和竞争风险之外,从连锁经营的特殊性角度分析还面临五种风险,即快速扩张风险、选址不当风险、加盟失控风险、人才流失风险和监管不力风险,从而给企业带来巨大损失,甚至灭顶之灾。规避风险应采取的措施有:①更新经营理念,增强促进生产、满足消费、积极为国民经济发展作贡献的责任感和使命感,发挥表率作用;②提高经营者决策水平,锻炼培养科学决策的能力,避免决策的盲目性和主观性;③加强培训,不断增强员工队伍整体素质,为提高企业服务质量和经营管理水平提供思想和业务技术保证;④强化科学管理,大力推行各种现代化管理方法和技术,通过健全、完善相应的管理制度从根本上扼制各种风险因素,依靠科学化来推进和扩大连锁化。

对于连锁经营内在规律的认识,可运用规模经济理论、经济增长方式理论、分工理论和标准化管理等理论观点进行分析研究,使连锁经营在科学理论的指导下得以长足发展。

练习题

一、单选题

1. 我国原国内贸易部于1997年制定发布的《连锁店经营管理规范意见》规定,连锁经营应有的门店数量为 （　　）
   A.2个以上　　　　B.10个以上　　　　C.11个以上　　　　D.1个以上

2. 企业可分为单体企业、连锁企业和集团企业三种类型,这是 （　　）
   A.按所有制性质分类　　　　　　　　B.按市场空间范围分类
   C.按组织形式分类　　　　　　　　　D.按行业分类

3. 连锁经营是现代商业经营的一种 （　　）
   A.组织形式　　　　B.管理形式　　　　C.竞争形式　　　　D.营销形式

4. 当前雄居世界零售业霸主地位的连锁企业是 （　　）
   A.家乐福　　　　　B.西尔斯　　　　　C.麦当劳　　　　　D.沃尔玛

5. 随着经济规模扩大,长期平均成本呈下降趋势,从而使净收益增加,是指 （　　）
   A.经济规模　　　　B.规模经济　　　　C.规模效益　　　　D.规模不经济

二、多选题

1. 限额以上连锁餐饮企业应具备的条件是 （　　）
   A.从业人员在60人及以上　　　　　　B.从业人员在40人及以上
   C.年销售额在500万元及以上　　　　D.年销售额在200万元及以上
   E.年销售额在100万元及以上

2. 连锁企业内部组织结构的三大组成部分有 （　　）

A.分公司 B.门店 C.总部
D.总公司 E.配送中心
3.连锁经营适合的行业有 (　　)
A.批发业 B.零售业 C.制造业
D.物流业 E.餐饮服务业
4.连锁经营的主要特征是 (　　)
A.规模化 B.组织化 C.专业化
D.标准化 E.信息化
5.商业企业实施标准化管理的主要工作环节有 (　　)
A.制定标准 B.执行标准 C.考核标准执行情况
D.兑现奖罚 E.修订标准

三、判断题

1.只要拥有10或11个以上分店就是连锁企业。 (　　)
2.连锁经营的规模越大,所获得的规模效益也就越大。 (　　)
3.企业推行标准化管理所制定的标准并不是一成不变的,需要适当修订和完善。(　　)
4.要将我国商业经济增长方式由粗放型转变为集约型,并且彻底摒弃粗放型增长方式。
(　　)
5.连锁经营作为一种先进的商业组织形式具有显著的优越性,但也存在着各种风险。
(　　)

四、名词解释

连锁经营　经济规模　规模经济　规模效益　经济增长方式　标准与标准化

五、简答题

1.简要说明连锁经营的特征。
2.简要说明连锁经营的优势。
3.简要说明连锁经营的风险。
4.简要说明连锁经营风险的防范措施。

六、论述题

1.阐述经济规模与规模经济的相互关系。
2.阐述经济规模与规模效益的相互关系。
3.阐述连锁经营规模的内涵及决定因素。
4.阐述粗放型增长方式与集约型增长方式的区别。
5.阐述我国商业经济增长方式转变的重点和途径。

七、案例分析题

百安居在中国尝到"硬扩张"的苦果

扩张过快让百安居尝到了苦头。在鼎盛时期,百安居曾计划在2009年中国的门店达到100家。如今,来自其母公司翠峰集团2008年财报显示,到2009年1月31日,百安居在中国亏损超过5亿人民币。为此,百安居决定将中国目前的63家门店关闭22家,而剩余的41家店也会有17家进一步缩减面积。一位百安居相关人士透露,"亏损的主要原因就是百安居扩张过快,一些门店营业面积过大导致亏损"。

事实上,百安居从2005年开始进入了高速扩张时期,依靠母公司翠峰集团强大的资金实力与融资能力,再加上我国房地产迅速崛起,百安居从2005年的20多家门店在2008年扩展到了60多家。时任百安居中国区总裁卫哲就曾高调表示,百安居将在未来五年内建材超市将占据40%到50%的市场份额,他激进地认为:"规范的传统建材卖场应该与建材超市联合起来把不规范的建材卖场挤兑出市场。"可见当时扩张欲望之强烈。而失重的高速扩张之下所带来的后果是:①选址不慎。去年刚开的新店,现在又要关掉,可见当时没有很好评估。建材超市不同于传统家居卖场,不靠出租靠自营的模式更要求成本控制意识,超万平方米的大店增加了成本负担。②库存过大。在大干快上的大店模式之下,门店商品陈列和各产品系列单品选择都过于粗放铺陈,导致库存过大、成本增加。同时,粗放式管理又导致忽视顾客体验,引发品牌不全的评价。③收购不当。2005年4月,百安居投入8 500万英镑收购了欧倍德在中国的全部家居建材店共25个。能否将自身的管理复制到欧倍德,曾在当时被广泛质疑。现在花巨资买来的店却要花钱关掉。

在种种危机之下,百安居开始了艰难的转型。百安居将启动一项中国市场重振计划,其具体内容是:将投资4 000万美元,在2009年到2010年将缩小17家门店的营业面积,并对其进行升级改造;用训练有素的百安居员工替换供应商促销人员。这种改变在其3月20日开张的首家概念店已经显现。百安居亚洲区总裁麦特说:"这意味着百安居以后将更注重零售与消费者。"

(资料来源:中国经营报.)

问题:
1. 百安居在中国亏损的原因是什么?
2. 百安居的快速扩张引起了哪些问题?
3. 这一案例反映出规模与效益之间存在怎样的相互关系?

第二章 Chapter 2

连锁经营的产生与发展

【本章学习目标】

通过本章学习,了解掌握连锁经营产生的历史背景、发达国家和地区连锁经营发展的历程及特点,了解掌握我国连锁经营发展的状况、存在问题及破解路径。深刻认识发展连锁经营的必要性和重要性,分析掌握制约连锁经营形成发展的社会因素和企业内部因素,正确把握现代连锁经营发展的动态及趋势。

【本章主要概念】

起源　超级市场　业态　制约因素　趋势　自主创新

【案例导读】

充分认识促进连锁经营发展的重要意义

促进连锁经营发展对我国生产、流通、消费以及整个国民经济发展具有重要意义。首先,发展连锁经营,通过规模化采购和网络化销售连接大批生产者和千家万户的消费者,可以有效衔接产需,是发展大流通、带动大生产的重要措施。没有连锁经营等现代流通体系的建立,就不可能发展现代化大工业和社会主义市场经济。其次,发展连锁经营,有利于优化流通业态结构,提供质优价廉的商品和方便快捷的服务,引导促进消费,培育保护内需,促进国民经济持续、快速、健康的发展。第三,发展连锁经营,有利于提高流通的组织化程度,实现经营行为的标准化和规范化,净化市场环境,防止假冒伪劣商品进入流通领域,强化税收征管,是整顿和规范市场经济秩序的重要治本之策。第四,加入世贸组织后的三年内,我国将基本取消对外资参与佣金代理、批发、零售在地域、股权、数量等方面的限制,取消对外资参与特许经营的限制,流通领域必将出现更加激烈的竞争。发展连锁经营,扩大经营规模,提高企业国际竞争力,是新形势下我国应对国际竞争,参与国际合作与竞争的重要举措。各地区、各部门要进一步提高认识,高度重视发展连锁经营工作。

(资料来源:国务院体改办、国家经贸委《关于促进连锁经营发展的若干意见》,2002-8-12.)

从以上资料可以看出,我国政府对发展连锁经营的高度重视,以及连锁经营发展对于促进国民经济发展,推动现代化进程,满足生产与消费需求,提高企业竞争实力和优势等方面产生的深刻影响及重大作用。为此,非常有必要进一步研究探索连锁经营的起源及条件、发展状况及趋势,更好地运用连锁经营手段为企业和经济社会的发展服务。

第一节　发达国家及地区连锁经营的产生与发展

发达国家开展连锁经营已有150年的历史。期间历经长达百年缓慢发展的引入期和半个世纪快速发展的成长期,至今连锁经营已成为引领商业时代潮流的主导模式,代表了商业经营方式现代化的方向和趋势,展现出强劲的活力和生命力。

一、连锁经营的诞生

(一)连锁经营的起源

连锁经营起源于19世纪中叶的美国。1859年,美国人乔治·F·吉尔曼和乔治·H·哈特福在美国纽约创办了"大美国茶叶公司",以多个分店形式经营,并且一改以往从进口商进货的传统模式,实行直接从中国和日本大批量集中进货,大大降低了成本,零售价格低于同行业30%还多,立即赢得了市场竞争优势,公司自身也快速发展起来。1865年,该公司已扩展到了25家门店,全都开设在百老汇大街和华尔街一带;1869年更名为"大西洋和太平洋茶叶公司",并向美国东北部跨地域发展;1880年扩展到了100家门店,分布区域进一步扩大;1900年猛增到了200家门店,遍布太平洋和大西洋之间的整个大陆,经营范围增加了咖啡、可可糖、饮料、发酵粉等;至1930年,已拥有门店15 500多家,年销售额达100亿美元,成为当时全美最大的零售商。该公司采取自行投资同一资本开设门店的形式,称为直营连锁。

1865年,美国胜家缝纫机公司凭借产品特许经营权,在全美各地开设了有销售权的特约经销店,标志着特许连锁的出现。

1887年,美国有130多个食品零售商自愿联合投资开办了一个食品批发公司,对成员实行联购分销,各自保持独立产权,成为世界上第一个自由连锁店。

(二)连锁经营产生的社会背景

19世纪50年代,以蒸汽机为代表的第一次技术革命给西方国家经济社会发展带来了一系列深刻影响:产业结构由以农业为主向以工业为主转变,生产方式由手工操作向机器生产转变,生产组织形式由工场手工业向工厂制度转变,消费模式由少量生产和消费不足向初级大量单品生产和初级大量消费转变,人口由农村向城市集中。从而促进了商品流通扩大,批发与零售分离,商业竞争加剧,催生了商业竞争手段的创新。

处于这一历史时期的美国具备了商业经营方式变革的有利条件:大工业生产发展使商品

数量大增,消费需求迅速上升,要求商业规模扩大与之相适应;发达的铁路网和通信网的建立,推动了国内统一市场的形成,并为扩大贸易和物流配送提供了便利;工厂制度的确立促进了商业企业的专业化分工管理等。日益扩大的市场、日趋激烈的竞争和日臻完善的基础设施等因素交织而成的有利时机,使连锁经营这一新型的商业组织形式应运而生。

二、连锁经营的兴起

在美国,首家连锁企业取得成功后,虽有众多商业经营者纷纷效仿,但是发展比较缓慢。20世纪20年代曾一度呈现快速发展势头,1930年全美连锁经营市场份额已达到22%,又因遭遇战争、经济大萧条和《反托拉斯法》等多重矛盾而陷入停滞状态。直到20世纪中叶,连锁经营伴随着超级市场的大规模发展而在世界范围内迅速崛起,演绎成为零售业发展史上具有划时代意义的第三次革命。

(一)超级市场的出现

超级市场是一种新型的零售商业形态。20世纪30年代产生于美国经济大萧条时期。世界上第一家超级市场是美国人卡伦于1930年在纽约开设的金·库仑食品商场。超级市场的主要特点是:以经营食品和日用品为主,实行商品开架陈列、顾客自行选取、出口处一次性结算的服务方式,采取薄利多销、低费用高周转的赢利模式。其主要优点是:给顾客提供了极大的便利和实惠,有效地刺激了大量购买;实现了商业劳动的专业化、程序化和标准化操作,大大提高了运营效率;适合在城乡各类商业区域开设,能够满足各层次消费者的日常消费需求,有利于大规模、广泛性地推行和发展。超级市场的出现,带来了经营模式和消费模式的根本性变革,深受广大消费者和投资商的青睐。二战结束后,在美、日及欧洲各国迅速掀起超级市场的发展热潮。因此,被称为继以百货店诞生为标志的第一次零售革命之后的第二次革命。

(二)连锁经营与超级市场并行发展

战后,超级市场在美国得以大规模快速发展,与连锁经营方式的应用有着密切联系。一方面,连锁经营与超级市场具有诸多共同点。如专业化分工、标准化作业、信息化管理、低价格大批量销售等,都是两者的突出特点;另一方面,连锁经营的运营模式,能够满足超级市场的特定要求。如连锁经营的大批量集中采购、配送,为超级市场降低成本、加快周转提供了保证;超级市场在消费领域广泛的渗透性与连锁经营的低成本扩张优势相结合,使其如虎添翼迅速发展壮大。20世纪五六十年代,是美国超级市场依托连锁经营实现大发展时期。1965年,美国超级市场的食品销售额已占全美食品销售总额的76%。借此契机,连锁经营终于度过漫长的引入期,跨入成长期,迎来了大规模快速发展的黄金时代。

【案例 2.1】

德国有钱人多是超市老板

德国《经理人杂志》公布的调查显示,德国著名连锁超市阿尔迪的掌门人阿尔布雷希特兄弟分别拥有 170 亿欧元的资产,再度占据德国富豪榜前两名。现年 89 岁的卡尔·阿尔布雷希特和 87 岁的特雷·阿尔布雷希特的资产与去年基本持平,几乎没有受到金融危机影响。在美国《福布斯》杂志公布的 2009 年度全球富豪榜单上,兄弟两人都进入前十名。名列德国富豪榜第三名的迪特尔·施瓦茨是德国另一家著名连锁超市里德尔的老板,70 岁的施瓦茨的资产估计达 100 亿欧元。此外,汽车生产商保时捷家族以 45 亿欧元的资产位居第 13 名,汽车零件制造商博世家族名列第 30 位,资产估计达 30 亿欧元。

(资料来源:都市资讯报,2009-10-9)

从以上资料可以看出,超级市场与连锁经营相结合可产生并行发展的共赢效应,不仅使企业的低成本快速扩张成为可能,还带来了显著的经营成果及强大的抗风险能力。正是两者之间相互依托、珠联璧合,才有了超市业态的兴旺发达和连锁经营的长足发展。

三、连锁经营的发展

20 世纪 60 年代,连锁经营在世界范围内迅速崛起,呈现持续发展和主流态势。进而在 20 世纪 80 年代,借助于西方现代化进程和经济全球化的推动,以及现代管理思想和科学技术新成果的装备应用,将连锁经营提高到一个现代化、科技化、国际化发展的新台阶。

美国始终是世界连锁经营发展的领军国家。二战结束后,美国的连锁经营在经济复苏、人口增长及城市人口向郊外迁移、高速公路网的建成、计算机技术的普及和超级市场的强势发展等有利形势下异军突起,空前发展,并在深化完善连锁经营的运作手段方面不断取得新的进展。由初创阶段以"商标商品连锁"为主的低水平,提升到建立严格、统一的标准和制度、实现规范管理和运行的层面上来;由单纯发展直营连锁,扩展到特许连锁和自由连锁,并立法规制;由以零售业、餐饮业为主,拓宽到旅店业、旅游业、不动产业、健身美容业、清洁维护业、技术培训业、各种中介服务业等多种行业;由传统管理思想和技术的应用,发展到企业文化、信息技术等最新成果的引入;由国内市场扩展到国际市场,实现跨国连锁。连锁经营的运作水平大大提高,连锁经营在商业的主导地位日益凸显。1979 年,连锁经营实现销售额占美国全社会零售总额的 33.5%,1995 年达到了 50%以上。

欧洲的连锁经营自 20 世纪 60 年代开始起步。英国于 1962 年在伦敦成立了第一家连锁企业——"无酵母面包公司"。20 世纪 70 年代连锁经营快速发展,整个零售业以连锁店为主导。1977 年连锁经营实现销售额已占英国零售业总额的 60%以上。同一时期,在德国、法国、荷兰等经济发达国家,连锁企业也从无到有大量涌现,发展十分活跃。

日本于 1929 年引入连锁经营方式,成立了第一家连锁企业——"大东京洋品联盟",属于自由连锁。在 1937 年又相继出现了大东京文具连锁、大东京瓷器连锁、大东京鞋业连锁等 30

多家自由连锁企业,主要为了对抗大垄断资本。其后,因二战期间经济条件恶劣,日本的连锁经营没能发展起来。1963年,日本创立了战后第一家连锁企业——"不二店",是一家西式糕饼咖啡店。从此,连锁经营迅速发展,并覆盖行业十分广泛。日本政府为保护中小零售企业,采取了积极鼓励特许连锁和自由连锁、立法限制正规连锁的干预手段。

香港和台湾等地都是在20世纪60年代引进连锁经营,20世纪70年代开始迅速成长。到了20世纪末,在香港,酒楼、快餐、珠宝、服装、眼镜、中西药、书、面食、冲印、美容、百货等各类业态业种的连锁店随处可见。惠康、百佳两大超级市场连锁门店均发展到500家以上,市场份额达到40%以上,几乎垄断了全港副食品市场。20世纪90年代,日、美等大零售商的涌进,更加壮大了香港连锁化的阵容,形成了商业发展的主流。在台湾,各类连锁门店已有27 000多家,每年增长30%以上,连锁经营的市场份额达到35%以上。并有思捷集团(香港)、太平洋百货(台湾)等一批国际型连锁企业脱颖而出,在海内外市场均获得骄人业绩。

四、当前发达国家及地区连锁经营发展的特点

跨入21世纪,发达国家及地区的连锁经营走向成熟,并取得巨大成功,进入了生命周期的成熟阶段。呈现四大特点:

(一)连锁经营的运作模式基本成熟,与时俱进不断创新

历经150多年实践经验的积淀和人类社会发展史上三次技术革命的有力推动,发达国家的连锁经营伴随着社会经济发展和科技进步日趋完善,已经形成了比较完整的运营体系,涌现出一大批经营理念先进、标准化体系健全、信息系统发达、战略决策和市场运作熟练、营销业务和各项管理经验丰富、竞争实力雄厚、驰骋世界享誉全球的连锁企业,其现代化、科技化水平走在时代的前沿,成为引领现代商业发展的主流。连锁经营以经营观念和手段的不断变革创新,经受住了多次本国及世界性经济危机的考验,实现了可持续发展。

【案例2.2】
TESCO CEO提倡价值观——将价值定义为"最佳性价比"

在目前全球经济不景气的情况下,TESCO秉承"我们比任何人更为顾客尽心尽力"和"设身处地、推己及人"的核心价值观,不断地为顾客提供物美价廉的商品、优质的服务和良好的购物环境,再次赢得了顾客的青睐。近日,TESCO公布了其2009/2010财年全球第一季度业绩报告。根据该报告,TESCO全球业务增长强劲,集团业绩增长了12.6%。

特易购首席执行官Terry Leahy先生认为零售商应该注重钱的价值,这样才能留住消费者,安度金融危机。他在伦敦召开的由英国零售商会主办的会议上说:"在艰难时期,消费者寻求一种被商家争抢的优越感。这不仅仅是降价,而是在于给予价值。全心全意为消费者服务的零售商将得到他们的青睐,这对于现在和将来都是大有裨益的。但这不是件容易的事,这需要艰苦的努力以及必要的改变。我们的行业已经平稳地度过了以前的数次危机,这次也一定能安然度过。"Leahy将价值定义为"最佳性价比",他认为消费者会不遗余力地实现这个目的。

(资料来源:中国连锁经营协会,国际部.)

从这一案例可以看到,2008年全球零售百强排名第三的特易购以积极创新为根本对策克服当前全球性经济危机所造成的困境,大力倡导以消费者利益为核心价值的新理念,取得了良好的销售业绩,表现出战略思想及措施的成熟和稳健。

(二)连锁经营优势明显,主导地位突出

目前,发达国家及地区的连锁经营实现销售额占全社会零售总额普遍达到了60%,美国最高,已达到80%以上,尚有继续增长之势。世界零售百强清一色为大型连锁集团。2009年,《财富》1 000强中有109家连锁零售商榜上题名,其中跻身百强之列的有14家。沃尔玛不仅长期占据美国零售业霸主地位,并多次蝉联《财富》世界500强榜首。《福布斯》公布最新全球10大富豪,其中就有四位是连锁零售商。2007年全球的百强零售商见表2.1。

表2.1 2007年全球百强零售商

排行	公司名称	所属国家及地区	2007集团销售/百万美元	2007零售销售/百万美元	2007集团收益/百万美元	是否已进入中国
1	沃尔玛(Wal-Mart Stores, Inc.)	美国	378 799	374 526	13 137	是
2	家乐福(Carrefour S.A.)	法国	114 177	112 604	3 398	是
3	乐购(Tesco plc)	英国	94 740	94 740	4 266	是
4	麦德龙(Metro AG)	德国	88 189	87 586	1 347	是
5	家得宝(The Home Depot, Inc.)	美国	77 349	77 349	4 395	是
6	克罗格(The Kroger Co.)	美国	70 235	70 235	1 181	否
7	Schwarz Unternehmens Treuhand KG	德国	69 346e	69 346e	无数据	否
8	塔基特(Target Corp.)	美国	63 367	63 367	2 849	否
9	好市多(Costco Wholesale Corp.)	美国	64 400	63 088	1 083	否
10	Aldi GmbH & Co. oHG	德国	58 487e	58 487e	无数据	否
11	Walgreen Co.	美国	53 762	53 762	2 041	否
12	Rewe-Zentral AG	德国	61 820	51 929e	无数据	否
13	西尔斯(Sears Holdings Corp.)	美国	50 703	50 703	902	否
14	欧尚(Groupe Auchan SA)	法国	50 327	49 295	1 339	是
15	Lowe's Companies, Inc.	美国	48 283	48 283	2 809	否
16	Seven & I 控股公司(Seven & I Holdings Co., Ltd.)	日本	49 816	47 891	1 205	是

续表2.1

排行	公司名称	所属国家及地区	2007集团销售/百万美元	2007零售销售/百万美元	2007集团收益/百万美元	是否已进入中国
17	CVS Caremark Corp	美国	76 330	45 087	2 637	否
18	Centres Distributeurs E. Leclerc	法国	44 686	44 686	无数据	否
19	Edeka Zentrale AG & Co. KG	德国	46 468e	46 468e	无数据	否
20	Safeway, Inc.	美国	42 286	42 286	888	否
21	永旺（AEON Company Limited）	日本	44 749	41 339	589	是
22	Woolworths Ltd.	澳大利亚	42 275	41 021	1 481	否
23	ITM Développement International（Intermarché）	法国	41 103e	40 692e	无数据	否
24	百思买（Best Buy Co., Inc.）	美国	40 023	40 023	1 410	是
25	皇家阿霍得（Koninklijke Ahold N.V）	荷兰	38 589	38 589	4 037	否
26	赛思斯伯里（J Sainsbury Plc）	英国	35 809	35 809	660	否
27	SuperValu Inc.	美国	44 048	34 341	593	否
28	Casino Guichard-Perrachon S.A.	法国	34 622	32 159	1 261	否
29	科尔斯（Coles Group Ltd.）	澳大利亚	27 700	27 599	595	否
30	腾格尔曼（The Tengelmann Group）	德国	27 135	27 135	无数据	否
31	梅西（Macy's, Inc.（Formerly Federated Department Stores, Inc.））	美国	26 313	26 313	893	否
32	宜家（The IKEA Group）	瑞典	26 161	26 161	无数据	是
33	Delhaize Group	比利时	25 985	25 985	582	否
34	莫里森（WM MorrisonSupermarkets Plc）	英国	25 974	25 800	1 110	否
35	Rite Aid Corporation	美国	24 327	24 229	1 079	否
36	韦斯法玛斯（Wesfarmers Limited）	澳大利亚	30 107	24 007	941	否
37	Publix Super Markets, Inc.	美国	23 194	23 017	1 184	否
38	Loblaw CompaniesLimited	加拿大	27 493	21 114e	313	否
39	Système U, Centrale Nationale	法国	21 068e	21 068e	无数据	否

续表 2.1

排行	公司名称	所属国家及地区	2007集团销售/百万美元	2007零售销售/百万美元	2007集团收益/百万美元	是否已进入中国
40	萨尔瓦多科尔特英语(El Corte Inglés, S. A.)	西班牙	25 023	20 339	1 041	否
41	彭尼(J.C. Penney Co., Inc.)	美国	19 860	19 860	1 111	否
42	投影寻踪回归(PPR S.A.)	法国	27 087	19 351e	1 427	是
43	翠丰(Kingfisher plc)	英国	18 754	18 754	545	是
44	The TJX Companies, Inc.	美国	18 647	18 647	772	否
45	马莎(Marks & Spencer Plc)	英国	18 112	18 112	1 648	否
46	Mercadona, S.A.	西班牙	17 799	17 799	461	是
47	Baugur Group hf.	冰岛	18 027e	17 487e	无数据	是
48	科尔的公司(Kohl's Corporation)	美国	16 474	16 474	1 084	否
49	DSG International plc	英国	17 155	16 358	521	否
50	The Gap, Inc.	美国	15 763	15 763	833	否
51	山田电器有限公司(Yamada Denki Co., Ltd)	日本	15 521	15 521	434	否
52	合作(Coop Italia)	意大利	15 410e	15 410e	无数据	否
53	营养 Couche-Tard 公司(Alimentation Couche-Tard Inc.)	加拿大	15 370	15 370	198	否
54	路易 Delhaize 集团(Louis Delhaize S.A.)	比利时	14 653e	14 653e	无数据	否
55	亚马逊(Amazon.com, Inc.)	美国	14 835	14 452	476	是
56	屈臣氏(AS Watson & Company, Ltd.)	香港特别行政区	14 101	14 101	无数据	是
57	梅耶尔(Meijer, Inc.)	美国	13 877e	13 877e	无数据	否
58	米格罗(Migros-Genossenschafts Bund)	瑞士	18 934	13 816e	668	否
59	玩具"反"斗(Toys "R" Us, Inc.)	美国	13 794	13 794	155	是
60	联盟靴(Alliance Boots)	英国	30 724	13 748	无数据	否

续表 2.1

排行	公司名称	所属国家及地区	2007集团销售/百万美元	2007零售销售/百万美元	2007集团收益/百万美元	是否已进入中国
61	阁下巴特杂货公司（H. E. Butt Grocery Company）	美国	13 500e	13 500e	无数据	否
62	帝国有限公司（Empire Company Ltd.）	加拿大	13 778	13 487	322	否
63	国美电器（Gome Home Appliance Group）	中国	13 476	13 476	无数据	是
64	北欧合作社（Coop Norden AB）	瑞典	13 389e	13 389e	无数据	否
65	Inditex S.A.	西班牙	13 069	12 929	1 742	是
66	奥托集团（Otto Group）	德国	16 097	12 763	387	是
67	斯特普尔斯公司（Staples, Inc.）	美国	19 373	12 758	996	是
68	路易威登（LVMH）	法国	22 591	12 651e	3 195	否
69	合作（Coop）	瑞士	13 191	12 136e	292	否
70	约翰刘易斯（John Lewis Partnership Plc）	英国	12 121	12 121	261	否
71	国际合作社联盟集团（ICA AB）	瑞典	12 205	12 019e	321	否
72	首页零售集团（Home Retail Group plc）	英国	11 988	11 988	590	否
73	Circuit City Stores, Inc.	美国	11 744	11 744	320	否
74	乐华梅兰集团（Groupe Adeo (formerly Leroy Merlin Groupe)）	法国	11 651e	11 651e	无数据	是
75	H & M Hennes & Mauritz AB	瑞典	11 559	11 559	2 005	是
76	Arcandor AG (formerly KarstadtQuelle AG)	德国	25 009	11 545	无数据	否
77	Conad Consorzio Nazionale, Dettaglianti Soc. Coop. a.r.l.	意大利	11 246	11 246	无数据	否
78	新世界有限公司（Shinsegae Co., Ltd.）	韩国	11 213	11 213	563	是
79	办公室仓库（Office Depot, Inc.）	美国	15 528	11 009e	396	否
80	Kesko Corporation	芬兰	13 069	10 992	421	否
81	S集团（S Group）	芬兰	14 453	10 630	436	否

续表 2.1

排行	公司名称	所属国家及地区	2007 集团销售/百万美元	2007 零售销售/百万美元	2007 集团收益/百万美元	是否已进入中国
82	晶石奥地利 Warenhandels 股份公司（SPAR Österreichische Warenhandels-AG）	澳大利亚	10 570e	10 570e	无数据	否
83	Dansk Supermarked A/S	丹麦	10 374e	10 374e	无数据	否
84	乐天购物有限公司（Lotte Shopping Co., Ltd.）	韩国	10 550	10 339e	745	否
85	Uny 有限公事（Uny Co., Ltd.）	日本	10 533	10 217e	15	是
86	戴尔（Dell Inc.）	美国	61 133	10 182e	2 947	否
87	有限品牌（Limited Brands, Inc.）	美国	10 134	10 134	740	否
88	地铁公司（Metro Inc.）	加拿大	9 578	9 578	246	否
89	美元一般（Dollar General Corporation）	美国	9 495	9 495	13	否
90	Eroski 集团（Grupo Eroski）	西班牙	9 473e	9 166e	302	否
91	百联集团（Bailian Group）	中国	11 474	8 926e	无数据	是
92	诺德斯特龙（Nordstrom, Inc.）	美国	8 828	8 828	715	否
93	BJ's Wholesale Club, Inc.	美国	9 005	8 815	123	否
94	共同执行（Co-operative Group Ltd.）	英国	12 919	8 789	227	否
95	安东（Fa. Anton Schlecker）	德国	8 704e	8 704e	无数据	否
96	KESA 电气（Kesa Electricals plc）	英国	8 641	8 641	160	否
97	C&A Europe	比利时	8 528	8 528	无数据	否
98	高岛屋（Takashimaya Company, Limited）	日本	9 030	8 479	164	否
99	Somerfield Group	英国	8 431	8 431	无数据	否
100	大荣公司（The Daiei, Inc.）	日本	10 357	8 420e	271	否

注：①集团销售额与净收入/亏损可能包括非零售项目，部分零售商名称斜线后所列的是母公司的名称。
②e 为估计值。

（资料来源：中国连锁经营协会网站，www.ccfa.org.cn/index.jsp，2010-4-9。）

(三)连锁巨头规模大,增长速度快,国内市场占有率高,国外市场争夺激烈

当前世界零售业排名前三位的美国沃尔玛、法国家乐福和英国特易购,分别独占本国零售总额的 11.3%、14%和 27%。由于受经济、法律、人口增长以及零售网点分布等因素的影响,连锁经营在本土发展的空间受到约束,跨国发展成为规模扩张的重要出路。自 20 世纪 80 年代,各国有实力的连锁企业纷纷向国际市场发起凌厉攻势。目前,世界零售商巨头主要集中在美国、法国、英国、德国、日本、荷兰等经济发达国家,一般门店数都达到 3 000～4 000 个,分布在 10～30 个国家,实行全球性采购。30 年来,海外市场之争愈演愈烈,创出三天开一店抢占市场的高速度。沃尔玛在 1994～1997 年平均每年新增门店 300 家,2009 年已在全球 14 个国家共开设门店 7 900 个,在国际市场实现的年销售额约占企业总额的 24.6%;家乐福在全球 31 个国家拥有 15 000 多家门店,海外业务份额达到了 60%;特易购在全球 14 个国家拥有 4 300 多个门店,其中 42%的店铺分布于中欧与东南亚各国。发达国家连锁企业海外扩张战略的实施,不仅为其自身带来商机和利益,同时也在促进不同国家之间营销文化、消费文化的传播和交流方面起到积极作用。

(四)管理尚存不足,薄弱环节有待改善

发达国家连锁经营业绩斐然,但也存在一些不尽如人意的问题,主要表现在以下几方面。

1. 海外扩张屡遭失败

跨国连锁企业在海外高速度扩张的过程中,也时常伴有水土不服的惨痛失利。近年,沃尔玛先后从德国、韩国、香港、印度尼西亚、日本等地撤出,家乐福也相继从日本、韩国、瑞士、葡萄牙、香港等地全面撤离。甚至在有些国家刚进入不足一年即匆忙告退。

2. 对供应商极度盘剥

正是洋超市的连锁大鳄们创造了收取供应商通道费的赢利模式,包括店庆费、进场费、节日费、促销费、广告费、单项费、海报费、扣率、有条件返利、无条件返利、年终返利、堆头费、附加扣率、促销员费、倒推销商品费、其他损失费等名目繁多,并且以单方拟定的霸王条款强迫供应商就范。一般收费在销售额 10%以内供应商尚可承担,而多数洋超市都超过这一底线,收费最高的达到 23%,过重的负担令供应商苦不堪言,最终导致零、供关系恶化。另外,连锁企业凭借集中采购的大订单,对发展中国家生产商的价格谈判条件过于苛刻,压价过低,导致生产商仅能勉强维持再生产,引起员工收入极低、生存状态差等连锁反应。

3. 扩张过快或过度竞争使商品质量和服务质量难保证

同样拥有雄厚实力的海外连锁军团经常在同一国家同一城市相遇,短兵相接,原本价低利薄的洋超市也打起了价格战,竟然推出五折促销的策略。从而出现了为降低成本而降低商品质量的状况,甚至将那些不具备合法生产条件的小作坊的产品引进卖场,损害消费者的利益和连锁企业自身形象。另外,一些知名企业扩张过快也导致服务水平下降。如在家居建材店行业排名欧洲第一、世界第三的英国百安居,在中国因装修工期超长、工程质量差、费用过高和受

理投诉不当而屡遭消费者声讨。

4. 劳资纠纷遭剥削员工质疑

有着全球最佳经济效益的沃尔玛却常年劳资纠纷缠身,主要涉及克扣薪水和医疗保险、剥夺进餐和休息时间等问题。2008年12月,沃尔玛宣布就纠缠八年的63件集体诉讼达成和解,并将为此支付6.4亿美元的赔偿。此外,当年和解及正上诉的还有三起纠纷,赔偿金额分别为1.88亿美元、1.72亿美元和5 430万美元。

5. 管理疏漏事故频发

在许多知名品牌的大商场仍存在员工服务意识不强、操作不规范、道德缺失、管理不善等问题。影响较大、性质恶劣的事件有:2007年11月重庆一家乐福商场在促销活动中,发生争抢特价食用油踩踏事件,酿成3人死亡、10余人受伤的惨案。而在2005年成都一家乐福店就曾发生过开业促销数千人抢购特价商品造成5人受伤的事故。2008年6月,北京朝阳法院集中开庭审理家乐福8名采购课长收受贿赂案,暴露外资连锁企业内部监管不力的"软肋"。另外,超市保安现场执勤因怀疑商品失窃而侵犯顾客人权的行为也时有发生。

第二节 我国连锁经营的发展状况

一、我国连锁经营的沿革

我国早在公元前200多年就已出现开设分店的商业形式,可视为连锁经营的雏形。而作为现代经营方式,我国连锁经营起步较晚,仅有20余年历史。时间虽短,但发展较快,至今历经了四个跳跃式的发展阶段。

(一)引进和探索阶段(1984~1990年)

20世纪80年代中期,外资企业将连锁经营引进国内。首家进入的是1984年以商标特许形式在北京开设的皮尔·卡丹专卖店,其后又有肯德基和麦当劳相继在我国一些大城市落户,并以其鲜明而独特的经营和服务模式,令人大开眼界,使人们开始对连锁经营有了直接的感性认识。这一时期,国内也有连锁企业崭露头角。1986~1990年,先后有天津立达集团公司创办的天津利达国际商场、木兰集团旗下的沈阳木兰家电连锁和东莞市糖酒集团美佳超市在虎门开设的美佳食品连锁店等面世,拉开了我国连锁经营的序幕。这时,我国在连锁经营的理论研究、政府导向、舆论宣传、商业实践等方面都没有形成一定规模的声势和态势,尚处于启蒙状态。

(二)起步阶段(1991~1998年)

20世纪90年代初,上海、广东、北京等发达城市和地区的连锁经营在当地政府的推动下异军突起,率先大力发展。上海联华超市商业公司和上海华联超市公司于1991年、1992年相继成立，先是联华第一家标准型超市盛大开幕，随即华联创下一天内同时开6家门店的盛况，自此在上海掀起了大兴连锁超市新型商业形态的热潮，上海以几乎每三天开一新店的高速度走在了全国连锁化发展的最前列。至1998年，上海已有连锁门店2 700多个，年销售额近185亿元。上海联华超市商业公司在形成和巩固了本埠零售市场的绝对优势后，于1997年跨出上海，以平均每两天新开1家门店的速度向江苏、浙江及全国拓展，企业规模迅速壮大，一跃成为领跑全国连锁企业的排头兵。与此同时，1992年北京也以第一家连锁企业"希福连锁店"的成立为开端，在批发、零售、餐饮、服务等行业大力推行连锁经营。截止1998年，北京共有连锁企业30余家，门店1 500多个，总销售额达80多亿元。广东省是我国连锁经营起步较早、发展较快的省份。自1990年第一家连锁企业美佳超级市场在东莞创办，又有超市、便利店、专业店、百货店等多种业态连锁大量涌现，并且率先在全国推行了医药行业的连锁化，通过引进现代化管理手段、建立信息系统和采用集中采购配送方式，大大提高了医药行业的商品质量、服务质量、商业信誉和效益。1998年，全省已有连锁企业300多家，年销售超过300亿元。

（三）规模形成和确立主导地位阶段（1999~2009年）

1999年，对于我国连锁经营发展具有划时代的意义。这年，上海联华超市公司以年销售73.1亿元的业绩超过年销售61.2亿元的上海第一百货商店，名列全国零售百强第一，从此彻底改写了长期以来单体百货店独霸中国零售业榜首的历史。经过10多年来的努力，连锁经营在全国范围内初步形成了一定规模：1999年，全国连锁企业达到1 800家，门店26 000个。年销售1 500亿元，比上年增长50%。在中国零售50强中，有连锁企业20家，占40%；在前10名中，有连锁企业7家，其中内资连锁企业5家，外资连锁企业2家。

跨入21世纪后的10年间，我国连锁经营在各级政府的大力支持和指导下进一步快速发展。从1999年至2007年，连锁百强年销售额增长连续9年大幅度高于全社会消费品零售总额的增长。2008年虽增速放缓，增幅略低于全社会消费品零售总额增长3.2个百分点，但仍以18.4%增幅呈现出持续发展的好势头。至2008年，全国连锁门店达到181 063个，年销售达到21 273.41亿元，占全社会消费品零售总额19.6%。连锁经营涵盖了60余个行业，从业人员达到263.15万人。

（四）巩固提高和创新发展阶段（2010~2015年）

2010年我国连锁经营进入了新一轮发展期。这一阶段可与国民经济发展"十二五"规划期同步。在这一时期内，面临世界经济危机的严峻形势，面对海外连锁巨头的竞争威胁，我国连锁经营将逆势而上，继续保持稳步发展。重点在扩大连锁经营规模、完善连锁经营运营体系、提升连锁企业竞争力和推进自主创新等方面取得更大突破，把连锁经营提升到一个新水平。

二、我国连锁经营发展现状分析

目前，我国连锁经营发展的客观条件基本成熟，已进入规模和效益快速增长的成长期。通过对2008年我国连锁经营实际状况的分析可以看出,短短20年内,在各级政府的大力扶持下连锁经营取得了长足发展:零售、餐饮行业连锁经营和区域型连锁企业率先成长,连锁经营覆盖的领域不断扩展;连锁企业规模迅猛扩张,优势凸显,市场份额急剧扩大;连锁经营主体呈多元化格局,股份制和非国有经济占主流地位;并购、加盟成为主要扩张途径;外资连锁企业在我国进入全方位战略扩张阶段,国际化竞争日趋激烈。具体情况如下:

（一）我国连锁经营发展的规模及速度

2008年,全国连锁门店数为181 063个,同比增长14.5%;从业人员263.15万人,同比增长5.8%;实现商品销售额21 273.41亿元,同比增长15.7%。连锁经营呈现持续增长态势。近几年批发、零售和餐饮行业连锁经营增长状况见表2.2。

表2.2　近几年全国批发、零售和餐饮行业连锁经营增长统计表

年度	门店增长		从业人员增长		商品销售额增长		商品销售额占全社会零售总额的比例/%
	门店数/个	增长/%	从业人员数/万人	增长/%	商品销售额/亿元	增长/%	
2005年	115 432	35.5	210.2	26.6	13 042.16	49.2	19.4
2006年	140 284	21.5	242.8	15.5	15 515.95	19	20.3
2007年	158 109	12.7	248.74	2.4	18 394.3	18.6	20.6
2008年	181 063	14.5	263.15	5.8	21 273.41	15.7	19.6

连锁百强企业发展势头强劲。2008年连锁百强企业门店总数达到120 775个,同比增长10.6%;销售额达到11 999亿元,同比增长18.4%,占社会消费品零售总额的11.1%。截止2007年,连锁百强销售额增长幅度连续多年明显高于全社会消费品零售总额的增长水平,由2000年开始,每年增长幅度分别为53%、65%、52%、45%、39%、42%、25%和21%。2008年连锁百强销售额比2007年回落2.6个百分点,门店总数增长是10年来增幅最低的一年。连锁百强中前10家企业保持了较快增长,销售额达5 794亿元,占连锁百强销售总额的48%,2005年至2007年这一比例分别为47%、48%和50%。

在全国连锁经营领先发展的是上海、北京、重庆、广东等发达城市和地区。2008年,上海市连锁门店总数已达到18 080个,从业人员达30.26万人,实现商品销售额2 450.02亿元,占全市消费品零售总额4 537.1亿元的54%;北京市连锁门店总数已达到7 799个,从业人员达21.73万人,实现商品销售额1 481.17亿元,占全市消费品零售总额4 589亿元的32.28%;重庆市连锁门店总数已达到9 304个,从业人员达16.4万人,实现商品销售额430.47亿元,占全市消费品零售总额2 064.1亿元的20.86%;广东省连锁门店总数已达到25 258个,从业人员达34.42万人,实现商品销售额3 161.19亿元,占全省消费品零售总额12 772.2亿元的24.75%。

连锁经营发展比较滞后的是西部地区的西藏、陕西、甘肃、贵州、青海省及海南省,连锁门店数都不足 600 个。最少的是西藏,仅有 13 个连锁门店。

农村连锁经营发展取得一定进展。2008 年在中国连锁百强新开设的 23 844 个门店中,有 20 000 个是农家店,连锁店即将成为"万村千乡"工程的主力军。

(二)我国连锁经营的结构

1. 企业制度和所有制性质构成

2008 年,在我国内资连锁零售企业中,市场份额最大的是股份有限公司,实现商品销售额 9 979.6 亿元,占全国连锁零售总额 20 466.5 亿元的 48.76%;其次是有限责任公司,实现商品销售额 3 395.8 亿元,占 16.95%;第三是国有企业,实现商品销售额 2 511.3 亿元,占 12.27%;第四是私营企业,实现商品销售额 1 209.6 亿元,占 5.9%。其他还有集体、股份合作、联营等企业,实现商品销售额仅有 14~83 亿元,所占市场份额很小。

2. 内资与外资构成

2008 年,我国零售业内资连锁门店有 153 789 个,从业人员 161.49 万人,实现商品销售额 17 242.6 亿元;港澳台资连锁门店有 2 446 个,从业人员达 8.99 万人,实现商品销售额 727.2 亿元;外资连锁门店有 12 267 个,从业人员达 26.60 万人,实现商品销售额 2 496.7 亿元。内资、港澳台资和外资门店数量的比重依序为 91.3:1.4:7.3,从业人员数量的比重依序为 81.9:4.6:13.5,商品销售额的比重依序为 84.3:3.5:12.2。可见,内资在我国连锁经营中占据明显的主体和主流地位,但港澳台及外资以上三项指标所占比重已分别达到了 8.7%、18.1%和15.7%,并呈不断攀升趋势。在 2008 年中国连锁百强中,港澳台及外资企业有 19 家,门店数共 4 613 个,同比增长 13%,占百强门店总数的 6%;实现销售额 2 426 亿元,同比增长 17%,占百强销售总额的 20%。其中沃尔玛、大润发销售额增幅分别达 30.6%和 31.3%,远远高于百强平均增长水平,其极具挑战性的发展速度不容忽视。

3. 业态构成

专业店是我国连锁经营的主力业态,门店最多达 93 656 个,占零售业连锁门店总数的 55.58%;销售额最高,达 12 315.3 亿元,占零售业连锁销售总额的 60.17%。按销售额比重的大小排序,其次是加油站,门店 27 361 个,销售额为 8 473.4 亿元,所占比重分别为 16.24%和 41.4%。第三是标准型超市,门店多达 30 240 个,占 17.95%;销售额为 2 249.5 亿元,占 10.99%。第四为大型综合超市,门店达 8 072 个,占 4.79%;销售额为 2 233.8 亿元,占 10.91%。第五为百货店,门店达 3 805 个,占 2.26%;销售额为 1 943 亿元,占 9.49%。第六为专卖店,门店 14 651 个,占 8.69%;销售额为 1 112.7 亿元,占 5.44%。第七为便利店,门店多达 16 196 个,占 9.61%;销售额为 276 亿元,占 1.35%。其他还有仓储会员店、家居建材店、折扣店、厂家直销中心等业态,数量及比重相对较少。另外,餐饮连锁门店有 12 561 个,销售额为 806.9 亿元。在 2008 年连锁百强中,超市连锁企业占据了半壁江山,达 55 家,其中内资企业 42 家,外资企业 13 家。13 家外资企业共经营大型综合超市 755 个,2008 年新开门店 91 个,门店平均年销售额为 2.3 亿元。始终占据优势地位的是家乐福、大润发、沃尔玛、乐购、易初莲花、麦德龙、欧尚、易买得等。此外,连锁百强中有 30% 的企业开展了网上零售业务。

4. 连锁形式构成

目前,我国连锁经营的发展以正规连锁为主,以特许连锁为辅,自由连锁尚未真正起步。以 2008 年中国特许经营连锁百强中的 9 家零售连锁企业为例,在所拥有的 14 348 个门店中,加盟店有 9 982 个,占门店总数的 69.57%;加盟店实现年销售额 165 069 万元,占年销售总额 10 109 103 万元的 1.63%。所有加盟店都是便利店和超市业态,其中便利店占绝大多数。从这 9 家企业的统计数据看,特许连锁的门店数占了较大比重,而正规连锁的销售额则占了 98% 以上的绝对多数。联华门店总数为 3 932 个,其中加盟店 1 119 个;年销售总额 5 004 726 万元,其中加盟店销售额为 48 826 万元。联华的加盟店门店数与销售额所占比例分别为 28.46% 和 0.98%。2008 年中国特许经营连锁百强中 9 家零售连锁企业门店数和年销售额统计表见表 2.3。

表 2.3 2008 年中国特许经营连锁百强中 9 家零售连锁企业门店数和销售额统计表

序号	企业名称	品牌	门店总数/个	加盟店数/个	销售额/万元	销售总额/万元	业态
1	联华超市股份有限公司	联华	3 932	1 119	48 826	5 004 726	超市、便利店
2	美宜佳便利店有限公司	美宜佳	2 000	1 980	12 302	141 445	便利店
3	华联超市股份有限公司	华联	1 946	1 725	28 951	1 501 219	超市
4	浙江供销超市有限公司	浙江供销	1 920	1 820	4 965	200 000	超市、便利店、农家店
5	苏果超市有限公司	苏果	1 802	1 081	57 000	3 035 800	超市、便利店、农家店
6	山西金虎便利店有限公司	金虎	832	385	3 487	68 824	便利店
7	东莞市星翰商贸有限公司	上好	813	807	3 289	19 739	便利店
8	河北国大连锁商业有限公司	国大	600	576	3 500	76 350	便利店
9	天津劝宝超市有限公司	劝宝	503	489	2 749	61 000	超市、便利店

(三) 连锁经营的政府调控

我国连锁经营在 20 年的时间里,走过了发达国家半个世纪所走过的路程,发展是快速的,其中得益于政府的大力支持。1993 年,国家有关部门将发展连锁经营提升为带有方向性的流通体制改革措施,促进了连锁企业的发展。1995 年 3 月,国务院在上海召开了全国部分省市连锁商业座谈会,李岚清副总理到会并作了重要讲话。他指出:连锁经营是我国流通领域的一场革命,发展连锁经营在我国社会主义市场经济体制下具有重要意义和广阔前景。同年6月,原国内贸易部在成立了全国连锁店指导小组的基础上,颁布全国连锁经营发展规划,加大政府扶持力度和宏观指导。李岚清副总理在1997年全国连锁经营工作会议上反复强调"发展连锁经营是流通领域结构调整的主要方向"。原国内贸易局把发展连锁经营列入"五三一"工程,作为流通领域深化改革的首要内容。国内贸易"十五"规划和"十一五"规划都明确提出了关于连锁经营的发展目标。国家经贸委把连锁经营列入国家技术改造专项贷款计划和国家技术开发拨贷款计划。国家体改委、外经贸部、国家工商总局、国家技术监督局以及中国工商银行等都对推广和发展连锁经营予以大力支持并制定了相应的政策。国家统计局于2002年建立了连锁零售企业统计(半年报)。1995年以来,国家先后出台有关连锁经营的政策及法规有:《连锁经营列入国家技术专项贷款计划和国家技术开发拨款计划》、《外经贸部赋予19家连锁企业进出口经营权》、《对连锁企业进行资金扶持的政策》、《商业特许经营管理办法》、《国务院办公厅转发国务院体改办、国家经贸委关于促进连锁经营发展若干意见的通知》、《关于加强互联网上网服务营业场所连锁经营的管理》、《关于推进和规范出版物发行连锁经营的若干意见》、《关于发展农产品和连锁经营的意见》、《关于连锁经营企业有关税收问题的通知》、《关于连锁店登记管理有关问题的通知》、《关于连锁店经营专营商品有关问题的通知》、《企业连锁经营有关财务管理问题的暂行规定》、《关于连锁经营企业增值税纳税地点问题的通知》、《外商投资商业领域管理办法》、《制止价格垄断行为暂行规定》、《关于做好地级城市商业网点规划工作的通知》、《关于进一步做好农村商品流通工作意见的通知》、《关于开展"万村千乡"市场工程试点的通知》、《关于公布农资连锁经营重点企业的通知》、《连锁经营管理规范意见》、《零售业态分类》、《商业特许经营管理条例》、《商业特许经营备案管理办法》、《商业特许经营信息披露管理办法》等。一系列政策法规的出台为规范大型连锁零售企业经营秩序提供了强有力的制度保障。同时,地方政府从本地实际发展需要出发,也制定了一系列地方性法规、政策和具体措施,北京、上海、广州、武汉、天津等地方政府更是在财政、税收、贷款、租金等方面予以大力支持。这一切正是我国连锁经营在短时间内全面铺开、快速发展的重要原因。

三、当前我国连锁经营发展存在的问题

(一)我国连锁经营与发达国家比较的差距

1.社会化程度低

社会化程度低主要表现为连锁网点少,市场份额小,分布不合理,发展不均衡。我国连锁经营实现销售额仅占全社会消费品零售总额的20%,与发达国家60%~80%的连锁份额相比,相差2~3倍。还表现为,区域连锁发展不均衡,在经济发达地区的大中城市连锁门店密度较高,落后地区则比较稀少,乡村则更加稀缺,虽然有华联、联华、国美、苏宁、三联、武商等企业在发展农村连锁经营方面开始了一些有益的尝试,但远未形成气候和规模;行业连锁发展不均衡,零售和餐饮业连锁发展活跃,批发、物流及服务业明显滞后;业态连锁发展不均衡,超市、便

利店和专业店业态连锁化程度高,我国内资大型综合超市数量少,其他业态连锁化程度低。而美国早在20世纪70年代百货业连锁份额已达到94%。

2. 组织化程度低

组织化程度低主要表现为大型连锁集团少,连锁企业规模小,市场集中度低。我国最大的连锁企业国美电器与全球最大的连锁企业沃尔玛相比差距悬殊,年销售额和门店数比较,后者是前者的30倍和5.8倍。我国连锁百强实现销售额仅占全社会消费品零售总额11.1%,而沃尔玛一家企业的市场份额就达到11.3%。我国大多数连锁企业的门店规模和数量没有达到国际公认的连锁企业盈利点(门店营业面积500 m^2 以上、门店数量14家以上),全国限额以上连锁零售企业门店规模在14家以下的企业占连锁零售企业门店总数的近60%。

3. 科技化程度低

科技化程度低主要表现为信息技术普及率、商品配送率和标准化水平低。发达国家连锁企业JAN代码和POS系统已经普及,沃尔玛前后一共投入7亿美元建立起目前规模的计算机与卫星应用系统,现有6个卫星频道通信网络在运行。在沃尔玛卫星通信室里,可追踪了解全球任何一个门店、每个业务环节的营运情况,可使各门店的销售与配送中心保持同步,使配送中心与供应商保持同步。而我国连锁企业信息系统硬件建设投入不足,系统功能的开发和应用十分落后;商品集中配送能力与经营规模扩张速度不相适应,虽然90%以上的连锁零售企业都建有配送中心,但自动化水平低,在与供应商联网方面,基本处于空白。发达国家连锁企业的配送比例一般为80%~90%,而我国连锁企业的配送比例仅为30%~40%,配送品种少、效率低、成本高等问题比较突出。相当一部分连锁企业的"八个统一"没有落实到位,尤其许多加盟店不能做到统一进货、统一价格、统一服务、统一制度管理,甚至总部与门店之间没有建立任何经济业务联系,致使商品质量、服务质量和商业信誉没有保证。

4. 法制化程度低

美国的大店规制政策、日本的《大店法》、法国的《鲁瓦耶法》等,都对大型零售店铺网点布局和建设加以规范和严格审批,以保证零售网点开发的合理性和竞争的有序性,有效地限制垄断和保护中小企业的权益。而我国由于缺乏对商业网点建设的科学规划和规制,导致连锁店铺轧堆设置造成过度竞争,给外资连锁零售商超国民待遇造成与内资企业不平等竞争,大型连锁店铺任意选址造成中小企业生存困难等。

5. 国际化程度低

目前我国尚未培育出能在全球市场发展连锁店的国际型连锁企业,并且自2004年末我国零售业按WTO条款全面开放后,原有的合资企业由于外资纷纷转向独资而呈减少趋势。

(二)制约我国连锁经营发展的瓶颈及对策

1. 体制落后

政府行政管理体制是否完善直接关系到能否为连锁经营发展创造宽松的环境。多年来,内资连锁企业与外商之间的不平等竞争和跨地域扩张经营受到阻碍,一直是束缚我国连锁经营发展的体制性障碍。首先,一些地方政府片面追求吸引外资的业绩和保护地方利益,没有从商业整体发展的角度对外资连锁企业的进入进行规划和审批,并且在选址、网点建设、租金、税收、用工政策等多方面给予外商优惠和支持,使内资连锁企业缺乏公平竞争的外部环境。导致外资零售企业在中国发展速度过快,不仅压制了我国商业企业的发展,还将操纵工业企业的命脉,给国家安全带来隐患。其次,目前地区、部门、行业分割的行政管理格局对连锁企业异地扩张也十分不利。如在税收方面,按照现行税制规定,对于由同一资本开设的直营连锁店,不论门店开在哪里,所得税都在总部所在地统一缴纳。但地方政府大多采取抵制或不支持态度,迫使连锁企业只得将各地的直营店铺注册成一个个独立的企业法人。这种形式不仅违背连锁经营的运行规律,而且增加了企业的管理环节、费用和税负;在市场监管方面,有些地区各级技术监督、卫生部门都要对商品进行抽检,总部和配送中心检查后,还要重复检查门店的商品;在工商注册登记方面,有的地区审批手续复杂,费用偏高。这些问题严重挫伤了内资连锁企业的积极性,应在深入推进流通体制、财政体制、税收体制和工商管理体制的改革中尽快理顺和解决。尤其要学习借鉴国际通行的市场运营规则,按国际惯例来规范国内流通市场的管理。

2. 资金短缺

资金是连锁经营发展不可或缺的物质条件。连锁企业开设新的直营店,在购房或租赁、装修、设备等方面都要有一定的投入。据测算,开设一家 500 平方米的超市一般需投资 250 万元,装修费、设备费、商品资金的比例分别约是 20%、32%、48%,而要达到盈利规模必须开设 15 家超市,共需资金 3 750 万元;一般新开一家 15 000 平方米的超市将需要 3 000~4 000 万元。而我国绝大多数连锁企业都面临着自有资金少、资产负债率高、融资渠道狭窄等困难。一般企业很难得到银行贷款,上市融资的机会极小,又不允许发行企业债券,资金短缺问题长期得不到解决。不仅影响到门店数量的增加,还影响到信息系统和配送中心的建设,以及商品结构的优化,严重限制了我国连锁企业规模的扩大和运营质量的提升,使内资连锁企业在本国领土上与外资的竞争陷入被动境地。与之形成巨大反差的是,进入中国的外资连锁企业大都有几十年的资本积累,还可通过外国银行贷款获得充裕的资金,从而凭借雄厚的资金实力在我国大举实施并购扩大规模,采取先期亏损的策略抢占市场,迅速展开全方位的战略性扩张。在大型综合超市、大型购物中心等高端业态已经形成了外资垄断的格局。在中国加入 WTO 之初,"麦肯锡"就曾预言:在未来 3 至 5 年,中国 60%的零售市场将由 3 至 5 家世界级零售巨头控制,30%的市场将由国家级零售巨头控制,剩下不到 10%的市场零头则掌握在区域性零售巨头手中。如果我国连锁企业资金紧缺问题迟迟得不到改善,这一预言可能就会成为现实。解决问题的主要措施是:加大对国家重点扶持企业的资金支持力度,使其尽快发展成为国际性的大型连锁集团;银行贷款向那些经营管理基础较好、经济效益较高的连锁企业倾斜,支持其形成规模和跨地区扩张;对连锁企业信息系统和配送中心的建设采取政策性贷款扶持;通过加大连锁企业上市比例、发行企业债券等途径拓宽融资渠道。另外,随着对外开放程度的进一步提高,将有更多的国外商业资本、产业资本及风险投资资本的资金进入我国流通领域,也将缓解资金供求矛盾。

3. 人才匮乏

连锁企业规模大，扩张速度快，经营管理的科技含量和现代化水平较高。因此，对经营管理人才的需求数量较大，素质要求较高。伴随着我国连锁经营的不断扩大，经营管理人才匮乏的矛盾也日益突出。据《中国连锁业人力资源发展报告》保守估计，目前全国连锁经营从业人员缺口至少60余万，尤其采购主管、物流主管、信息主管、门店经理等岗位人才十分紧缺。由于我国连锁经营起步晚，连锁企业缺乏长期实践经验的积累，大专院校开设相关专业和课程时间短，因此人才培养体系远不成熟、不完善。目前，连锁企业用人主要来源于各行业原有人员和从社会、学校招聘，大都缺乏对连锁经营管理专业知识的系统学习掌握，岗位技能和综合素质参差不齐，并且流动频繁，人员队伍不稳定，难以适应我国连锁经营快速发展和国际化竞争的需要。这也是我国连锁企业在战略决策，采购配送及信息管理，商品质量和服务质量，营销手段及特色等方面明显逊色于外资企业的主要原因之一。

解决连锁企业人才需求问题可从两大途径入手：一是在校培养。通过大专院校设连锁经营专业和在经济管理类专业设相关课程进行系统的连锁经营理论知识和方法技术的教育，并采取校企合作的培养模式，使理论和实践教学更贴近连锁经营实际。二是在职培养。由企业组织岗前培训和岗位培训，根据企业和岗位特点，有针对性地开展思想和业务教育。关键是企业要配备或聘请高素质、高水平的培训教师，以保证提供高质量的培训。对中高层管理人员和关键岗位的业务技术人员，还可创造机会参加名校高层次的培训班，或到国外考察进修。

四、我国连锁经营新一轮发展的重点

1. 继续扩大连锁经营规模

一是全国连锁经营的整体规模进一步扩大。对比发达国家商业的组织化程度及其在国民经济产业结构中的比重，我国连锁经营规模存在较大差距。"十二五"规划期内，我国连锁经营的企业数量、门店数量、从业人员数量、销售额、市场份额等项指标都要有一定幅度的增长。二是企业规模进一步扩大。包括连锁企业的资产价值、门店数量、销售额、市场份额的大幅增长。根据我国消费市场的前景预测及社会消费品零售总额的预期，参照世界连锁百强的企业规模和产业集中度水平，我国连锁企业的规模尚有较大的发展空间。三是大型连锁企业网点布局的空间范围进一步扩大。由城市向农村拓展，由地区性连锁向区域性连锁、全国性连锁乃至国际性连锁拓展。在改变农村流通网点建设落后状态方面取得显著成果，在全球性扩张层面上实现零的突破。四是连锁经营所覆盖的领域进一步扩大。由现在的零售、餐饮行业为主，拓宽到更多的行业。

2. 进一步完善连锁经营的运营体系

目前我国连锁经营的实际运作很不成熟，尤其在体现连锁经营本质特征的基础层面上还存在着薄弱环节，如现代企业制度的建立及规范运行，管理制度及作业标准的健全和实施，核心人才的培养和激励，配送中心的建设及营运，信息系统的建立及其功能的开发应用，与供应商关系的协调,商品质量和食品卫生管理,服务质量管理,员工素质的培训和提高等,都亟待改善。对于这一系列直接关系到连锁企业正常运转的基本问题,必须下大力气加强和解决,否则,企业根本不可能做大做强。

3. 尽快提升连锁企业的竞争力

竞争力是连锁企业博弈市场并获得市场份额及市场地位的重要手段,竞争力的提升要以企业的综合实力、核心能力为基础和前提。综合实力既是企业生存发展的内在要求,又是企业素质的外在表现,是决定连锁企业运行状态和效果的基本条件。核心能力则是连锁企业保持强大持久竞争优势的根本保证。目前,面对那些来自海外的世界重量级的竞争强手,我国连锁企业显然处于弱势,力量对比差距悬殊。我国连锁企业必须尽快增强自身的实力,培育和提升核心能力,以应对挑战,在日趋激烈的国际化竞争中不断壮大。让连锁经营特有的强大活力和生命力得以充分展现和发挥。

4. 大力推进自主创新

自主创新是我国转轨经济期特定背景下提出的一个具有战略性意义的新概念。"自主创新是创新主体控制下的创新"。"自主创新的内涵要从四个方面加以理解:自主是前提,创新是要害,知识产权是关键,创新能力是核心。"[①]自主创新将是推动我国连锁经营新一轮发展的核心主题,其主要包括观念创新、制度创新、管理创新和技术创新。①观念创新的核心是价值观念的创新。现代连锁企业经营必须坚持满足生产生活需要和承担社会责任的价值取向。将创造顾客价值、节约资源、保护环境、维护市场秩序作为一切经营决策及活动的主导思想和原则。②制度创新的关键是产权制度创新。无论对于国有性质还是私有性质的连锁企业来说,产权制度既是现代企业制度的重要组成部分,又是探索资本运作方式的主要制约因素。创新的目的在于构建既能保证资本扩张的增值增效,又可规避风险的产权结构及实现途径。③管理创新的重点是变革企业赢利模式和品类管理模式,尽快从科学管理入手,根治这些严重影响零售商与供应商关系正常化并滋生腐败的难点问题。④技术创新的重点是积极探索和破解关于各种业态的深化经营、企业经营模式的变革和经营能力的提升、营销策略的调整、三种连锁形式的灵活运用和全面开发、企业经营管理与现代信息技术的进一步整合等一系列当前市场态势下我国连锁企业面临的深层次问题。通过自主创新走出一条具有中国市场经济特色的连锁经营成功发展道路。

第三节 现代连锁经营发展的条件和趋势

一、连锁经营发展的制约因素

连锁经营受到来自企业外部和内部两大方面因素的影响和制约,或是促进、或是阻碍其发展。

---

① 吴贵生,刘建新.对自主创新的理解.教育部哲学社会科学研究重大课题攻关项目:自主创新战略和国际竞争力的研究(05JZDH0014).

(一)社会因素

连锁经营作为一种经济概念和经济现象,属于历史范畴。它的产生和发展,与一定历史条件下社会经济、科学技术、人们物质和精神生活的发展水平密切相关,是以消费的增长、交通的发达、科技的进步和市场的成熟为前提的。其主要受到以下因素的制约:

1. 市场发育程度

连锁经营是西方市场经济发展到一定阶段的产物,并伴随市场经济的成长、成熟而演进。连锁企业是市场的主体,连锁店是商品流通网络系统的主要组成部分,连锁经营活动直接受到商品供求、价格、竞争等市场机制调节作用的影响,连锁企业的发展壮大有赖于健全完善的商品市场和金融、劳动力、房地产、技术、信息、产权等要素市场的支持。因此,统一、开放、竞争、有序的现代市场体系及其机制的建立与运行,是提升连锁经营发展水平的重要基础。

2. 科技进步状况

科学技术直接决定着生产力水平,从而推动了经济社会的变革和演进。人类社会进步,如商业的发达、市场的繁荣、产业结构和消费结构的升级,追根溯源,来自于技术革命的推动。科学技术不断取得的新成果,促使生产能力不断提高,为社会提供了更多可用于交换的商品品种和数量,从而促进了商品流通网络的不断扩大;促使交通运输、通信等商品流通基础设施不断完善,为连锁经营的物流配送提供了先进技术和条件;促使经营管理思想、方法不断更新,让连锁经营管理专业化、标准化、信息化、集约化的特定要求成为现实,使连锁企业对不断扩大的组织机构及营销网络的有效控制成为可能。因此,科学技术进步是决定连锁经营运营和发展的关键。

3. 生产发展水平

从生产决定交换的理论出发,生产的性质、规模和结构,决定了交换的性质、深度和广度。即生产规模越大及其社会化、现代化程度越高,对专业分销渠道的依赖程度就越大,参与交换的商品就越多越全。从而促进了商业规模的扩大、社会化大生产机理的导入、企业经营和商品结构的优化。因此,生产发展是连锁经营发展的前提条件。

4. 消费需求状况

从消费决定交换的理论出发,消费是交换的动力和目的,没有消费需求的存在,也就没有交换的必要。消费的水平、结构和方式,决定了交换的规模、结构和方式。消费水平不断提高,消费结构不断升级,决定着连锁经营总体规模的扩大,不同行业、业态、业种发展比重及商品营销策略的调整。据发达国家的经验,人均年收入在250~600美元时,连锁商业开始发展;当收入达到600~850美元时,连锁将向大规模、国际化发展。消费需求的潜力越大,连锁经营的发展前景就越广阔。因此,消费需求是连锁经营生存发展的最根本的决定性因素。

5. 商业分工情况

连锁经营作为一种经营方式和组织形式,其实质是工具和手段。连锁经营的发展必须依附于商业,以商业企业为载体。商业越发达,内部分工越细化,新型商业形态不断涌现,大大丰富了连锁企业的类型结构,强化了连锁经营的服务功能。当年超级市场业态的兴起给连锁经营带来了大规模发展的契机,之后各种新型业态的相继出现,又使连锁经营向更宽泛的消费领域和更深入的消费需求延展。因此,商业分工不断细化,是连锁经营提供人性化的细致服务和保持活力的基本途径。

6. 政府推进力度

连锁经营是在政府对商品流通的间接宏观调控之下推进的。政府的调控手段有三种形式:一是经济手段,主要利用税收、信贷、价格等经济杠杆对连锁企业的经营活动及利益关系进行引导、调节和控制;二是法律手段,主要通过经济立法和经济司法对连锁企业的经济关系和经济行为加以规范和制约;三是行政手段,主要通过制定扶持和培养政策、限制和规制政策对连锁经营的运行给予规划、引导和干预。因此,政府调控是创造良好秩序和环境,促进连锁经营健康发展的重要保证。另外,国际性、全国性和地方性连锁经营协会在行业自律和协调服务方面发挥的职能作用,以及对组织、指导、促进连锁经营发展的贡献也不可忽视。

正是由于各个国家、一个国家内不同地区在以上六个方面的实际情况各不相同,形成了目前世界上不同国家之间、一个国家内不同地区之间连锁经营的不同特点,以及发展水平的不均衡状态。

(二)企业因素

连锁企业的发展壮大需要以雄厚的资金、成熟的技术和严密的管理作为支撑,其主要制约因素有:

1. 资源条件

连锁企业是由各种生产力要素构成的经济实体。连锁企业必须达到一定规模才能获得预期的规模效益,并在规模效益的驱动下呈现不断扩张的趋势。这就需要较大的资源投入,包括资金、人员、商品、设施、信息、经营、管理、技术等基础性要素,还包括知识、科技、文化等主导性要素。连锁企业的业态和业种不同、规模不同、经营定位不同,所需要投入的要素种类相同,但数量和比例不同。

2. 管理水平

连锁企业的组织机构庞大,网点分散,往往跨区域、跨国扩张,管理难度较大。连锁经营的运营模式本身又具有专业化、标准化、集约化、信息化的特定要求,管理的科技化和现代化程度较高,必须有较高的管理水平与之相适应,主要表现为企业管理思想和目标,管理体制和机制,管理手段的科学性和先进性。

3. 品牌形象

企业的品牌形象是企业综合素质的外在表现,是企业的人员素质及精神面貌、商品质量及经营面貌、服务质量及服务作风、购物环境及工作环境、企业标识、公共关系、管理水平、经济效益等方面的实际状况在社会公众视觉和心目中形成的广为认同的总体印象。衡量企业品牌形象优劣的综合标准是知名度和美誉度。良好的品牌形象,是连锁企业增强资源的聚集力和吸引合作伙伴以实现规模扩张的一个极其重要的条件。

4. 价值观念

价值观是指人们对事物是否有价值和价值大小的总评价和根本看法,是决定人的行为的心理基础和内驱力。企业的价值观念是指企业员工共同拥有的价值观,它是企业经营思想的核心,对企业的经营方向、基本政策、经营目标、管理制度、风气和礼仪的形成产生决定性影响。共同的价值观一旦确立,可形成强大的精神力量,对全体员工起到凝聚、引导和规范作用。价值观是将企业引向成功或失败的根本因素。

5. 竞争实力

企业竞争力的构成包括"五要素",即知名品牌、市场占有率、盈利水平、社会信用度和核心专长。连锁经营的规模效应能给连锁企业带来一定的竞争优势,但是要打造强大的竞争实力,必须努力在这五个方面取得领先地位,才能真正掌握竞争的主动权。

6. 核心能力

核心能力也称为核心专长和核心竞争力,是指企业独特的能力,包括整合企业各要素的能力,在某个方面具有突出专长的能力,超越竞争对手获得超额利润的能力和保持强大持久的竞争优势的能力。在当前的竞争形势下,不具备核心能力的企业,即使规模再大,也只能是外强中干,可能会取胜一时,很难实现长远发展和永续经营。

由于不同企业在这六个方面的具体情况不同,导致不同企业之间运营效率和经营成果的巨大差异。有的连锁企业越做越大越强,兴盛不衰;而有的连锁企业则举步维艰,经营难以为继。

二、现代连锁经营的发展趋势

(一)连锁经营成为世界商业经营方式现代化的主流,涵盖领域进一步拓宽,向更多行业,尤其是现代服务业延伸

连锁经营得天独厚的优越性已被世界上众多连锁企业的巨大成功和辉煌业绩有力地证实了。通过连锁经营获取最佳效益和领先地位,成为所有追求远大目标的商业企业的必然选择。连锁经营在各国的市场份额最终将达到90%以上,并且在扩大就业、创业、拉动经济增长、增加纳税等方面作出重大贡献。连锁经营作为一种成熟的、便于复制的商业模式,将伴随着各国产业升级的进程在第三产业的各个行业广泛拓展。不仅涵盖批发、零售、餐饮、酒店、美容美发、洗衣、旅游、娱乐等传统行业,尤其向现代服务业大举延伸,如律师、会计师、信息咨询、文化传媒、教育培训、医疗保健、房地产、金融、证券、汽车等诸多新兴行业。

(二)连锁企业扩张途径偏重于三大选择

1. 特许经营成为最具增长潜力的连锁经营形式

由于直营连锁发展到一定程度,将遭遇反垄断、投入成本过大、经营管理能力达到极限等因素的制约，不可能无限扩大。而特许经营则以发展加盟店的运作模式可大范围地吸纳社会资本，实现低成本扩张。因此，特许连锁的门店数量将在三种连锁形式中占有较大比重。

2. 发展区域性连锁公司势头凸现

连锁企业选择一些区域性连锁公司，授权委托其在该区域内代为实施加盟店招募、人员培训、促销、管理、收取加盟费、指导费等职能，并向区域性公司支付一定的报酬。这种更为快捷的扩张模式省却了连锁企业一家一家地开设直营店和发展加盟店的时间、精力耗费，目前已被看好，并将广为采纳。

3. 并购和重组更加频繁、活跃

并购是一种快速扩大资本规模、销售网络和市场份额，谋求更大规模效应的有效途径。国内外诸多零售巨头都是多次以此方式实现快速度、大幅度增长，一跃跻身于领先行列的。不断寻找并购目标和时机，是当前和未来凡有实力的连锁企业大力实施的战略举措。

（三）连锁经营国际化竞争愈演愈烈，资本集中度进一步提高

为突破国内市场的局限性，越来越多的连锁企业到海外开辟更大的发展空间。这是早在20世纪80年代即已呈现的明显趋势，并历经30年的实践，积累了丰富的实施海外扩张战略的经验。在经济全球化的今天，这种趋势愈加明显。国际性连锁企业的数量将更多，所占领的国际市场空间范围将更广，获取的市场份额将更大。零售业将形成少数企业瓜分大部分市场份额的竞争格局。

（四）连锁企业的营销和服务不断深化和提升，创造顾客价值、承担社会责任、绿色营销、人性化服务等现代经营理念得以倡导和体现

连锁企业在激烈的竞争中更加注重深入了解和充分满足消费者的需求，不断创新和推出更为细致周到的服务措施，并在经营活动中处处体现节约能源和保护环境的强烈意识。另外，多业态复合化连锁经营方式愈加普遍，一种由相关行业集合组成、提供连带性服务的连锁购物商场（Franchise Mall）比较盛行。如将汽车经销与汽车消费相关的轮胎店、汽车维修店、汽车五金店、汽车电机店、汽车装饰店等集于一个专业小商场中，让顾客感到非常便利。许多加油站也吸纳了这种优点，在原来单一的加油站里附设了汽车维修中心和24小时便利店。

（五）电子商务成为连锁企业新的经济增长点

虚拟市场的竞争是连锁企业面临的新挑战。目前，网上购物方式已被世界上越来越多的消费者选择。在美、英、法、德、日、韩等许多国家网购已成消费时尚，网上销售额大幅增长。日本全国70%的销售额是在网上实现的，2008年通过电话购物、网上购物等在线方式完成的零售消费总额超过了百货店、便利店等实体店铺销售的规模。利用遍布各地的连锁网点开展网络营销成为连锁企业新的收入来源，甚至一些经营失败的连锁企业在危急之下另辟蹊径，通过开发电子商务而获重生。伴随连锁企业的发展，电子商务的功能还将进一步增强和发挥。

本章小结

连锁经营起源于19世纪中叶的美国。决定连锁经营产生和发展的社会因素有市场发育程度、科技进步状况、生产发展水平、消费需求状况、商业分工情况、政府推进力度等;企业因素有资源条件、管理水平、品牌形象、价值观念、竞争实力、核心能力等。

发达国家开展连锁经营已有150多年的历史。期间历经长达百年缓慢发展的引入期和半个世纪快速发展的成长期,至今已成为引领商业时代潮流的主导模式,代表了商业经营方式现代化的方向和趋势,展现出强劲的活力和生命力。

我国早在公元前200多年就已出现开设分店的商业形式,可视为连锁经营的雏形。而作为现代经营方式,起步较晚,但推进较快。短短20年内,在各级政府的大力扶持下持续快速发展:零售业和餐饮业连锁经营率先成长,连锁经营覆盖领域不断扩展;连锁企业规模迅猛扩张,优势凸显,市场份额急剧扩大;连锁经营主体呈多元化格局,股份制和非国有经济占主流地位;并购、加盟成为主要扩张途径;外资连锁企业在我国进入全方位战略扩张阶段,国际化竞争日趋激烈。目前,制约我国连锁经营发展的瓶颈是体制落后、资金短缺和人才匮乏三大方面因素。我国连锁经营新一轮发展的重点是:继续扩大连锁经营规模,进一步完善连锁经营的运营体系,尽快提升连锁企业的竞争力,大力推进自主创新,走出一条具有中国市场经济特色的连锁经营成功发展道路。

现代连锁经营的发展趋势是:连锁经营成为世界商业经营方式现代化的主流,涵盖领域进一步拓宽,向更多行业、尤其是现代服务业延伸;连锁企业扩张途径偏重于发展特许经营、授权委托区域性连锁公司代理、并购和重组三大选择;连锁经营国际化竞争愈演愈烈,资本集中度进一步提高;连锁企业的营销和服务不断深化和提升,创造顾客价值、承担社会责任、绿色营销、人性化服务等现代经营理念得以倡导和体现;电子商务成为连锁企业新的经济增长点。

练习题

一、单选题

1.连锁经营产生的时间是 （ ）
A.19世纪50年代　　　　　　　　　　B.20世纪30年代
C.20世纪60年代　　　　　　　　　　D.20世纪80年代

2.世界上第一家连锁店诞生在 （ ）
A.英国　　　　B.韩国　　　　C.日本　　　　D.美国

3.连锁经营的兴起,标志着零售业发展史上经营方式的 （ ）
A.第一次革命　　　　　　　　　　　B.第二次革命
C.第三次革命　　　　　　　　　　　D.第四次革命

4.零售业发展史上经营方式第二次革命的标志是 （ ）

A.百货店的诞生　　　　　　　　B.连锁经营的兴起
C.超级市场的出现　　　　　　　D.自动售货机应用
5.我国连锁经营的发展正处于生命周期的　　　　　　　　　　　　　　（　　）
A.引入期　　B.成长期　　C.成熟期　　D.衰退期

二、多选题
1.当前制约我国连锁经营发展的瓶颈是　　　　　　　　　　　　　　（　　）
A.体制落后　　B.竞争激烈　　C.经济危机
D.资金紧缺　　E.人才匮乏
2.政府推进连锁经营所运用的三种调控手段有　　　　　　　　　　（　　）
A.计划手段　　B.经济手段　　C.法律手段
D.市场手段　　E.行政手段
3.当前我国发展连锁经营比重较大的业态是　　　　　　　　　　　（　　）
A.百货店　　B.超市　　C.购物中心
D.专业店　　E.餐饮服务业
4.自主创新的内涵是　　　　　　　　　　　　　　　　　　　　　（　　）
A.自主是前提　　B.管理是基础　　C.创新是要害
D.知识产权是关键　　E.创新能力是核心
5.衡量企业品牌形象优劣的综合标准是　　　　　　　　　　　　　（　　）
A.销售增长率　　B.知名度　　C.市场占有率
D.资金利润率　　E.美誉度

三、判断题
1.连锁经营与商品生产存在直接联系,因此,一有了商品生产,就有了连锁经营。（　　）
2.连锁经营刚一诞生即在世界范围内迅速兴起。（　　）
3.超级市场只适合在城市发展,不适合在农村开设。（　　）
4.消费水平越高,需求潜力越大,连锁经营的发展前景就越广阔。（　　）
5.连锁企业具有规模大的优势,可以此保证其在市场竞争中立于不败之地。（　　）

四、名词解释
超级市场　业态　价值观念　自主创新

五、简答题
1.简要说明制约连锁经营发展的社会因素。
2.简要说明制约连锁经营发展的企业内部因素。
3.简要说明我国连锁经营新一轮发展阶段的重点任务。
4.简要说明当前我国连锁企业技术创新所涉及的深层次问题。

六、论述题

1. 阐述我国大力发展连锁经营的重要意义。
2. 阐述当前发达国家及地区连锁经营发展的特点。
3. 阐述当前人才因素对我国连锁经营发展的影响及其破解对策。
4. 阐述我国连锁经营新一轮发展阶段自主创新的内涵。
5. 阐述现代连锁经营的发展趋势。

七、案例分析题

2008金牌店长赴美国考察报告

2008年4月27日至29日,应全美州农业厅联合会(NASDA)的邀请,中国连锁经营协会组织2008金牌店长考察团一行15人,参观了在美国芝加哥举办的2008全球食品精品展(Global Food & Style Expo)。参观完该展览后,考察团还在美国境内考察了TARGET、RALPH'S、CIRCUIT CITY、MACY'S等零售企业的门店。经过本次考察,我们深刻地感受到了美国现代零售业对行业宏观发展趋势以及门店管理细节的深入研究。

一、领先的现代零售理念

通过在随后的连锁店门店考察及美国同行的介绍,考察团成员无不真切地感受到美国零售企业在重视企业社会责任、消费者购物趋势、食品安全、环保节能等方面的先进经验与理念。

二、便利为先的服务

便利同时体现在购物过程中及之后的使(食)用过程。例如,拥有超大的停车场,并且在距离入口最近的区域给伤残人士预留了停车位;每个门店的布局都很科学,商品分类清晰,沿着主通道行进即可买到绝大部分的日常用品;很多门店都配备了自助结算设备,自动化程度很高,操作简单;商品陈列新颖,RALPH'S门店使用了很多小的陈列道具,既吸引消费者的注意力,又不影响通道畅通;在所用门店都设置干净的洗手间,并提供洗手液、卫生纸、擦手纸及烘干机;由于现代社会的快节奏,消费者的时间非常有限,就需要零售企业提供经过初加工的食品以缩短烹饪时间,在参观的各连锁门店里,均陈列有大量的预包装食品。据统计,美国家庭平均准备晚餐的时间不超过15分钟。

三、高品质的商品

消费者越来越重视商品的品质,尤其钟爱更健康、更新鲜的食品,如可口可乐鉴于此专门生产了有利于控制体重的饮品——Diet。在参观过程中,不仅看到各门店陈列有大量的有机食品,在COSTCO有两排总长超过40米的货架陈列保健品,针对婴幼儿、中年到老年各个年龄段,而且RALPH'S还设有牙科诊所等医疗保健机构。更有专家预言,在未来10年,健康将成为美国消费者购物的首要原则。

四、重视食品安全

美国政府很早就意识到可追溯体系的重要性,并一直致力于此方面的研究。据美国同行介绍,他们已经准备学习、引进日本在此方面的先进经验及其系统,如用于信息查询的二维条码;由于部分人群存在基因缺陷,对特定的食品有过敏反应,因此在很多食品的外包装上都详细注明了成分,提(警)示不适合食用的特定人群。

五、注意环保节能

由于近期能源紧缺凸显且原材料价格飞速上涨,美国同行认为2008年将是美国零售业最为艰苦的一年。为了降低能源消耗、保护环境,同时也为了降低企业自身的成本、更具市场竞争力,各零售企业在环保节能方面做了大量的工作:所有门店都有自然光采光系统,照明设备数量与功率都较小,但由于设计合理,非但不影响卖场的明亮度,反而可以突出卖场的主角——商品;我们也看到了很多回收塑料瓶的活动,交回一定数量的瓶子就可以换得小礼物或现金;TARGET为了节约电力,全部采用封闭式的冷冻设备,同时也用直白的宣传语——HELP YOURSELF TO LOW PRICES(自己动手、享受低价)引导消费者;在MACY'S,我们没有看到奢华的化妆品岛柜,取而代之的是朴素的小货架和柜台,不仅减少了对木材等装修原材料的使用,还避免了不必要的开支。来自百货企业的团员感叹:如此高档的百货店、品牌,是如此的节约,每个品牌每年可节约10万元的装修费用,把节约下来的部分开支让利于消费者,绝对双赢。

"不虚此行,收获颇丰!"是全体考察团成员的一致感受,同时也由衷地感叹国内零售业与国际零售业存在较大的差距。希望CCFA能够多组织类似的考察活动,带领广大的本土零售业者走出国门,开拓眼界,与国际同行交流。

(资料来源:中国连锁经营协会.)

问题:

1. 美国连锁企业所注重的现代经营理念是什么?
2. 从美国连锁企业在营销和服务上采取的具体做法中得到哪些启示?

第三章
Chapter 3

连锁经营的基本模式

【本章学习目标】

通过本章学习,了解掌握正规连锁、特许连锁和自由连锁三种基本模式的含义、特征及运作规律;能够正确区分三种连锁模式的特点和利弊;能够正确把握不同连锁模式的必备条件、经营管理方法及开发途径。

【本章主要概念】

正规连锁 特许连锁 自由连锁

【案例导读】

联华超市股份有限公司"资本运作五部曲"

联华超市股份有限公司(以下简称联华股份)是引领中国连锁零售业快速发展的超大型连锁超市公司,也是国内首家在香港主板市场上市的超商企业(0980.HK)。旗下拥有世纪联华、联华标超、华联标超、快客便利、联华OK网上销售、联华复星药业五大业态领域、七大品牌企业。

以资本运作著称的联华股份自1991年5月创建以来扩张节奏不断加快,提出并实施了"资本运作五部曲":第一次资本运作,吸纳上海实业和三菱商事两大公司,把联华超市从原来单一的国有企业改制成为有限公司,资本从1 200万元扩大到1.8亿元;第二次资本运作,联华超市进入上海市郊各区县,与当地的供销社或与当地的商业企业组建合资公司,形成多元产权结合的企业;第三次资本运作,是从1998年开始,并购一些中小型超市公司和便利公司,通过直营店、加盟店、合资店、并购等形式扩张,联华股份进入快速发展阶段;第四次资本运作,是2002年7月联华溢价增资2.1亿元,入主浙江最大的超市公司——杭州华商集团公司;第五次资本运作,是2003年6月联华股份通过在香港H股主板市场挂牌上市,进入国际资本市场。

十多年来,联华股份突飞猛进,净资产由1991年的1 200万元发展到2008年的28.9亿元,资产总额达到137.01亿元。1999年,联华股份以73亿元的销售规模,改变了我国百货业长期居于主导地位的历史;销售规模连续12年跻身中国快速消费品连锁零售企业百强第一;2003年,联华股份在香港资本市场获得中国"最佳小型上市公司"和中国"最佳新上市公司"两项殊荣;2007年,联华股份以75.63亿元的品牌价值,排名世界品牌实验室《中国500最具价值品牌》商业连锁板块第一;联华股份还先后荣获中国优秀特许品牌、第十一届全国企业管理现代化创新成果一等奖、全国商业服务业先进企业和上海市文明单位、上海市商业品牌"龙头"企业等国家和上海市各类奖项150余个。

面向未来,联华股份将坚持"依靠技术进步,提高综合竞争能力;加快转型提升,提高整体盈利能力;强化管控体系,提高抗风险能力;优化供应链建设,提高持续发展能力",立足创新,保持联华股份持续稳健发展,为社会创造最大的价值,为股东及投资者带来理想的回报。

(资料来源:联华超市股份有限公司.)

从以上资料可以看出,联华超市公司的成长历程中通过多次成功的、大手笔的资本运作,采取正规连锁和特许连锁两种模式,实现了企业跨越式的迅猛发展,取得了连续12年名列中国快速消费品连锁零售企业百强第一的骄人业绩。本章将具体阐述正规连锁、特许连锁和自由连锁三种基本模式的特点和运作规律。

连锁经营从企业所有权和经营管理集中程度的角度可分为三种基本模式:正规连锁、特许连锁和自由连锁。这三种连锁模式各自具有特定的含义、运作规律和利弊,从不同角度为连锁经营的广泛推行及规模扩大提供了灵活多样的方法和途径。

第一节 正规连锁

一、正规连锁的定义

正规连锁也称直营连锁。国际连锁经营企业协会对正规连锁的定义是:"以单一资本,直接经营11个以上门店的零售业或饮食业。"日本通产省对正规连锁的定义是:"处于同一流通阶段,经营同类商品和服务,由同一经营资本并在同一总部集中性管理机构统一领导下,进行共同经营活动的、由两个以上单位门店组成的零售企业集团。"美国商务部对正规连锁的定义是:"由总公司管辖下的许多门店组成。它往往具有行业垄断性质,利用资本雄厚的特点大量进货、大量销售,具有很强的竞争力。"

结合连锁经营的定义加以归纳,正规连锁的内涵可理解为:由一个投资主体投资开设和经营10个以上门店,并且形象与营运高度集中统一的连锁形式。

二、正规连锁的特点

(一)单一资本

单一资本即所有门店的产权都归属于一个企业。

(二)统一管理

统一管理即形象与营运高度集中统一,所有门店都必须严格做到"八个统一"。

1. 统一标识

所有门店的名称、内外部装修设计和装饰、商品陈列设施及陈列风格、服务人员着装等都是统一的,以保证连锁店经营形象的一致性。

2. 统一采购

各门店没有商品采购权,可向总部提出要货计划,由总部设置的专门采购部门集中统一进行采购;并且各门店经营的商品结构也是统一的,以保证连锁店商品经营特色的一致性。

3. 统一配送

各门店商品货源的补充,由连锁企业专设的配送中心统一进行配送。配送中心是专门承担连锁企业商品运输、储存、装卸搬运、包装、流通加工、配送、信息处理等物流功能的机构。

4. 统一价格

在同一地区内各门店的商品销售价格执行统一的标准,并且是由总部统一确定的。

5. 统一销售

各门店的商品促销、广告宣传等营销活动按照总部统一制定的策略和部署执行。

6. 统一服务

各门店的服务质量管理执行总部的统一规定,包括营业时间、商品质量、店容卫生、接待礼仪、服务规程、服务设施、服务项目、受理投诉等方面,以保证统一的服务标准和水平。

7. 统一核算

各门店编制营业结算日报表,将货款统一送到总部指定的银行,由总部直接与银行进行结算和信贷业务。销售利润全部由总部统一分配。

8. 统一管理

各门店主要负责商品销售和服务现场的管理,人、财、物及信息等各类资源的计划、配置、使用过程的监控均由总部负责。

三、正规连锁适用领域

正规连锁可应用于所有适合连锁经营的行业、业态和业种。但在多业态复合化连锁的企业实践中,主要侧重于对门店规模较大不宜实施特许连锁的业态采取正规连锁形式。

四、正规连锁规模扩张的途径

正规连锁开发门店主要通过三条途径：

(1)自行投资建设。企业投入资金建设商场并直接组织经营。

(2)兼并、收购及联合。对符合自身发展战略要求的企业实施兼并、收购或联合，是一种实现低成本快速扩张的有效形式。如沃尔玛从1962年至2000年，38年共收购了30多家企业，平均每年收购一家，使其迅速成为世界上规模最大的零售企业。

(3)租赁场地。选择适合开设门店的场地，在租赁合同约定期限内支付租金，利用租用的场地开设门店从事经营。

【案例3.1】

国美疯狂并购，收购成战略扩张"常态"

收购哈尔滨黑天鹅电器、收购易好家、收购永乐、收购大中，收购已经成为国美战略扩张的"常态"。2007年12月14日夜间，国美电器发布公告，以36亿元人民币收购大中电器的全部资本，此前大中与苏宁已经进行了长达十几个月的谈判。此次收购距离国美的主要竞争对手苏宁宣布放弃与大中电器的收购谈判仅仅两天时间，国美就把这个仅差与苏宁拜堂的"新娘"给抢了过来。至此，中国家电连锁零售行业持续数月之久的大中并购案终于尘埃落定。国美为何愿意以36亿元人民币收购全国门店不足百家的大中电器？如此急速收购扩张的战略意义何在？对于斥资36亿元人民币现金收购大中的目的，国美官方表示收购可以节约机会成本和时间成本，使资源可以得到更合理的配置。显然，这些不过是套话而已。广东省商业经济学会秘书长王先庆教授和中山大学岭南学院陈宏辉教授认为，国美收购大中的真正动机可以归结为以下四点：

1. 战略扩张和布局的需要

国美就其发家地而言，战略布局显然不能少了华北和华南两块。在华南，国美占有天时地利，显然不怕苏宁的竞争，但在华北，大中作为战略第三方始终留下悬念，能否成功收购大中，对于国美显然具有"决胜中国"的意味。

2. 可持续健康发展的需要

在目前市场背景下，家电零售专业店的门店资源越来越稀缺，尤其是在一些一线城市，新建门店选址难上加难，于是，收购业内其他企业便成了快速获得门店资源的便利手段。眼下，家电连锁零售业本身已经成长到一个从开店布点转入并购运作的新阶段，谁的销售网络覆盖面广，谁就能在价值链上获得更多附加值，拥有更大的谈判主动权。如果不把握目前这个机遇，国美在主业的后续发展中将留下长期隐患。

3. 竞争策略的需要

面对国内外越来越激烈的竞争态势，国美必须强化自身的竞争优势。张大中苦心经营20余年的大中电器是北京地区目前最大的家电零售连锁企业，在京拥有62间门店，占据北京消费电子产品市场约50%的市场份额，是当仁不让的北京老大哥。后起之秀国美和苏宁在京的门店数目分别是54家和42家，分居第二、第三位。如果国美能把大中电器的销售网络整合归己所有，其带来的好处是不言而喻的。

4. 资本运作的需要

作为资本市场与零售市场同步运作且资本运作是主线的"领导性"企业，国美始终用资本说话，一切有利于资本利益是部署任何战略的前提。国美收购大中，显然满足资本价值最大化的目的。在一定意义上，此次收购是资本利益的直接推动。这次收购向市场和机构投资者表明，国美有能力、也有信心成为中国连锁家电零售企业老大，大大提升了国美的品牌影响力。从市场反应看，在宣布收购大中当天，国美的股价随即上涨5.5%。与此同时，高盛也将国美的目标价由20.6港元调高至22.6港元，维持"买入"评级，星展银行也将国美的目标价调高19%，至24.34港元。

从战略管理的角度而言，企业之所以会采取并购活动，其原因主要在于企业对外部环境的判断、对自身资源和能力的评价。如果外部环境（包括总体宏观环境、行业环境和竞争环境）的变化给国美带来的机会大于威胁，国美就有可能通过并购活动来进一步整合连锁家电零售产业，使外部环境更加有利于自身的发展；同时，如果国美自身的资源（包括财务资源、实物资源、人力资源和组织资源）和能力（包括行政管理能力、市场营销能力和资金筹措能力）的积累达到了一定的程度，也会促进国美在整合产业链、并购同类企业上产生冲动。国美采取连续的大手笔收购战略，主要目的是为了增强其在连锁家电零售产业的话语权，从而进一步提升在进货时的讨价还价能力，占领更大的市场份额。

（资料来源：http://info.homea.hc360.com/2008/02/141700385490-3.shtml.）

五、正规连锁的必备条件

实施正规连锁相对特许连锁和自由连锁而言，承担了较大的经营风险。若有不慎，则损失巨大。自行投资和自行经营也需要具备相应的条件，所必备的条件包括以下五项：

1. 具有资金实力

正规连锁是以自行投资的方式来开设门店的，至少要开设10个以上，并呈不断扩张的趋势，开店及运营所需要的资金量十倍、百倍地高于单体店。没有足够的资金，是无法实行正规连锁形式的。

2. 具有健全的标准化体系

为保证各门店切实达到"八个统一"的要求和新开设门店迅速走上正常运营的轨道，以及对众多门店实施有效的控制，必须推行标准化管理，建立健全一整套以管理制度、作业流程、人员素质和工作质量标准为载体的标准体系,并组织实施。没有标准的建立和执行,就无法达到正规连锁"统一管理"的要求。

3. 具有鲜明而独特的企业形象设计

连锁企业必须运用 CIS 企业识别系统的理论与方法,通过构建独具特色的理念识别、视觉识别和活动识别三大体系,塑造出鲜明的企业形象,以便于消费者认知和认同,并利于扩大宣传和影响。从而使新开设,尤其是异地开设的门店易于被广大消费者所接受,达到迅速占领市场,扩大销售的目的。

4. 具有门店开发能力

正规连锁自行投资开设门店,承担了较大的经济风险。其中门店选址是一项风险性较大的决策。一旦选址不当,销售不理想,所投入的建设费用或租金、装修费用以及门店运营所需各类资源的投入,都将遭受难以挽回的损失。因此,必须善于运用商圈测定和立地分析等选址技术,增强选址决策的科学性和准确性。

5. 具有经营管理能力

正规连锁自行投资开设门店所承担的经营风险也比较大。如果经营管理不善,经济效益不佳,就无法在常规期限内收回投资,经济损失不可避免。连锁企业机构庞大,网点分散,整体控制难度较大,尤其是商品采购、商品配送、信息管理、人力资源管理等关键环节管理的繁杂程度和难度相对单体店要高得多,同时又面临不断加剧的市场竞争,没有较强的战略、策略的决策和实施能力是难以应对的。

六、正规连锁的利弊分析

(一)正规连锁的优点

(1)正规连锁以产权为纽带将所有门店紧密结合为一体,相对特许连锁和自由连锁而言,总部对门店的指导和控制强度更大,有利于完全按照连锁企业的统一意志发展,能有力地保证企业经营目标的实现。

(2)正规连锁严格实行以"八个统一"为特征的高度集中的统一管理,对企业品牌形象的维护力度更强,有利于促进企业经营管理整体水平的提高,能有效地维护和增强企业的品牌价值。

(二)正规连锁的缺点

(1)正规连锁自行投资进行规模扩张,对人、财、物等物质资源的需要量较大,对各类资源管理花费的精力较多,因而容易受到资金、人员、物质技术设施等条件和管理能力有限性的制约,限制了规模的扩大和企业的发展。

(2)正规连锁由连锁企业自行承担全部投资,直接负责各门店的经营管理,相对特许连锁和自由连锁而言,企业所承担的风险更直接,可能遭受的损失更严重。

七、正规连锁经营的运作

正规连锁是在三种连锁模式当中连锁经营的基本特征最明显、最典型的一种连锁形式。正规连锁的经营管理活动主要包括以下基本内容：

(1) 连锁企业经营思想及发展战略规划；
(2) 连锁企业组织结构设计；
(3) 连锁企业人力资源管理；
(4) 连锁门店开发与设计；
(5) 连锁经营商品采购管理；
(6) 连锁经营商品配送管理；
(7) 连锁经营商品销售管理；
(8) 连锁经营商品价格管理；
(9) 连锁经营服务质量管理；
(10) 连锁经营设备与安全管理；
(11) 连锁经营财务管理；
(12) 连锁经营信息系统管理。

以上各项管理的具体运作具有连锁经营的特殊规律，与传统经营存在根本差异。必须正确了解掌握其特点、方法和技术，以保证连锁企业的顺利运行及健康发展，使其特有的优势得以充分体现和发挥。也正是这一系列管理内容构成了连锁经营理论体系的基本框架及内涵。

第二节 特许连锁

一、特许连锁的定义

特许连锁也称加盟连锁。美国特许连锁协会对特许连锁的定义是："特许经营是由一方(特许权拥有方)给予另一方(特许权接受方)的合同性特许。它包括：①在特许经营时期内，同意或要求特许权接受方在特许权所在方的名下，或在与其有关的名义下，或使用他的名义从事某一商业活动；②授予特许权所有方在特许经营时期内连续行使管理控制的权利，在该时期内，特许权接受方在其商业活动中须服从于特许权所有方；③要求特许权所有方对特许权接受方的商业活动提供帮助(关于特许权接受方在商业活动组织方面的帮助，有人员培训、推销、管理等)；④在特许经营时期，要求特许权接受方按期向特许权所有方交纳钱款，其数量按特许性质或按特许所有方提供的商品或服务量计算；⑤双方之间的关系不是持股公司与其子公司或同一持股公司下属的子公司的关系，也不是个人与受许人控制的公司之间的关系。"美国商务部对特许连锁的定义是："主导企业把自己开发的商品、服务和营业系统(包括商标、商号等企业象征的使用、经营技术、营业场所和区域),以契约的形式授予加盟店在规定区域内的经销权或营业权。加盟店则交纳一定的营业权使用费,并承担规定的义务。"我国商务部对商业特许经营的定义:"是指通过签订合同,特许人将有权授予他人使用的商标、商号、经营模式等经营资源,授予被特许人使用;被特许人按照合同约定在统一经营体系下从事经营活动,并向特许人支付特许经营费。"

对于以上定义所涉及的主要概念诠释如下:

(1)特许权,是指被特许人在一定地区范围内使用特许人商标、商号、产品、专利和专有技术、经营管理模式等知识产权的权力。

(2)特许人,是指将特许权有偿转让给被特许人的一方,即特许权所有方,也称盟主。

(3)被特许人,是指有偿取得特许权,并按照特许人指定的形式和条件进行经营的一方,即特许权使用方,也称加盟方。

(4)特许经营合同,是指特许人与被特许人之间签订的具有法律效力的书面契约,以明确双方的权利和义务。特许经营双方的关系是通过签订契约形成的,契约是连接双方关系的纽带。特许经营合同的基本条款是由特许人制定的,被特许人对合同条款几乎没有修改的余地,必须服从合同的约定,严格按照特许人指定的形式和条件进行经营。

二、特许连锁的特点

(一)特许权有偿转让

特许连锁的核心是特许权的转让,即企业无形资产或知识产权的转让。转让的主要内容包括特许人商标、商号、营销技术、管理制度(作业流程及标准)、经营模式等。这一转让是有偿的,被特许人应向特许人交纳一定费用,包括:①加盟金,也称权利金,是被特许人为了享有特许人转让的知识产权而在签订特许经营合同时一次性交纳的;②管理月费,是针对特许人提供的业务指导、人员培训和促销广告等服务而每月支付的费用;③履约保证金,是为了防止被特许人拖欠款项(如货款、违约惩罚金等)而交纳的。交纳费用的项目,由双方在签订合同时商定;交纳费用的标准,一般根据特许人的品牌价值高低、招募加盟店的成本大小、提供的资源和服务等具体情况来计算和商定;交纳费用的形式,有的是按销售或毛利提成,有的是按定额。

(二)特许人与被特许人的产权各自独立

开展特许经营的连锁企业与被特许企业,即盟主(总部)与加盟店在产权上是各自独立的。加盟店拥有独立的法人资格、产权、人事权和财务权,在严格履行《特许经营合同》有关经营管理规定的前提下自主经营、自负盈亏。

(三)加盟店的形象设计与营销、服务活动高度集中统一

为确保连锁企业的形象信誉、营销特色、服务质量和管理水平的一致性,所有加盟店都必须实行标准化的作业及管理,严格按照盟主(总部)的统一规定进行店铺设计、组织营销和服

务,盟主(总部)有权对此进行严格监管和控制。如麦当劳分布在世界各地有19 000多家门店,其中80%是加盟店,家家门店装潢装饰、产品和服务都严格执行统一的技术和管理标准。与其匹敌的肯德基,遍布全球上万家门店的形象也如出一辙。

(四)双方通力合作是成功的关键

特许连锁是由盟主(总部)与加盟店的合作来实现的。因此若要获得双赢,必须依靠双方的共同努力。严格履行特许经营合同是最基本的要求,应特别注意的是,盟主(总部)要主动为加盟店提供指导和服务,加盟店要尽力维护盟主的形象和信誉。

(五)加盟时限具有延展性

盟主(总部)与加盟店的合作期限以《特许经营合同》双方约定的时间为准,一般为5年、10年、15年或20年不等的长期合同。基于对双方利益的保护,无正当原因,盟主(总部)不得随意终止合同或在合同期满后不延展合同,加盟店也不得在合同期内随意违约。

三、特许连锁的适用领域

从盟主维护自身形象和信誉、对加盟店比较容易控制的角度和加盟者投入少、比较容易进入的角度综合考虑,那些规模小、投资额不是很大的业态业种比较适合开设加盟店。一般来说,餐饮业、服务业以及零售业的大部分业态都适合发展特许连锁,如便利店、药店、快餐店、酒店、洗衣店、旅行社、汽车加油站、汽车修配、摄影扩印、清洁服务、建筑装修、健身美容、人力中介等。目前,美国零售、餐饮、服务业开展特许连锁的比重达到50%以上。现代服务业的发展为特许连锁开辟了更为广阔的发展空间,如会计、审计、评估、法律、投资咨询、管理诊断、教育培训、现代物流等新兴行业。

四、发展特许连锁的必备条件

发展特许连锁的企业必须具备以下条件:

1.具有正规连锁成功经营的基础

根据实践经验,连锁企业一般先从正规连锁起步,形成一定规模(至少10个以上门店),并且企业管理体制和机制基本健全完善,运营状态和经营业绩良好,门店形象和服务标准统一,积累比较丰富的经营管理经验后,才开始发展特许连锁。也只有在这一基础上,盟主(总部)才有能力对加盟店的经营管理业务进行指导和控制。

2.具有企业品牌的高知名度和美誉度

企业品牌是企业宝贵的无形资产,连锁企业特许权的转让,首要是企业"知名商标"使用权的转让。企业拥有较高的知名度和美誉度,是吸引和招募加盟者的重要条件。加盟者往往都是慕名而来,一方面出于对名牌企业的信任,另一方面欲借名牌效应达到吸引消费者、扩大销售和盈利的目的。假如企业信誉不佳或默默无闻,对加盟商的招募势必无人响应。

3．具有盈利性较好的业态业种定位

业态业种定位是否合理，直接关系到加盟商的经济效益。连锁企业应科学选择处于生命周期兴盛阶段、市场尚未饱和、盈利空间较大的行业，来正确引导加盟者的资金投向。而且业态业种定位也是关系到连锁企业自身成功经营和长远发展的关键环节，倘若在一个市场饱和、过度竞争或已进入衰退期的领域内开展特许连锁，前景必然不容乐观。如曾在美国被看好的"Box"食品店，时兴不到五年的时间就自动消亡了。

4．具有较强的指导、服务和监管能力

特许经营不仅仅是特许权的转让，与此同时，盟主(总部)还要承担对加盟商的培训、指导、服务和管理的任务。盟主(总部)主要协助加盟商选择店址，进行店面和店堂设计，规划商品组合与商品配置，筹划开业，提供培训，提供管理和作业手册，开展经营咨询诊断服务，给予财务及促销广告业务支持，组织商品货源统一采购与配送，进行日常营销和服务活动的检查监督等。这就要求连锁企业本身必须具备比较成熟、完善的经营管理运行体系，及其强有力的控制功能，否则难以履行以上职责。

五、特许连锁的利弊分析

(一)特许连锁的优点

1．加速规模扩张

特许连锁通过转让特许权来增设门店，不受自身物质资源和精力有限的制约，相对正规连锁自行一家一家地开店要明显地省钱、省时、省力，可使企业在短时间内迅速扩大规模。

2．节约投资和运营成本

特许连锁利用加盟商的资本开设门店来扩大连锁经营的规模，大大减少了自身的资本投入；特许连锁由加盟商负责组织门店的经营管理活动和承担财务核算、人事安排及分配、设备设施维修、安全管理等繁杂的事务及费用，大大降低了规模扩张相应增加的运营成本。因此，特许连锁是企业实现低成本快速扩张的有效途径之一。

3．提高市场份额

加盟店实现的销售额纳入连锁企业经营业绩的总体统计。因此，特许连锁在使企业规模迅速扩大的同时，销售额也相应快速地大幅度增长，使企业的市场占有率大大提高，企业的市场地位大大提升。

4．增加经济收入

特许权的有偿转让，为连锁企业开辟了一个新的经济增长点和盈利途径，所收取的各项费用增加了连锁企业的经济效益。

5．分散经营风险

加盟店实行自负盈亏，使连锁企业避免了因门店经营管理不善造成的经济损失。经营风险由加盟商分担，连锁企业的经济损失风险大大降低。

6. 扩大企业声望

伴随着特许连锁带来的连锁企业的快速发展，尤其是跨区域的加盟店大量增加，将使连锁企业的名气和社会影响也在不断拓展的地域空间迅速传播和扩大。成功的特许经营会给连锁企业带来更高的知名度和美誉度。

7. 提供创业机会

特许连锁不仅对自身发展有利，而且对社会的贡献也比较突出，尤其表现在提供创业机会方面。特许连锁进入的门槛低，并且提供现代化营销与管理技术的指导培训和低成本的商品采购配送及广告宣传服务，大大降低了加盟者的投资和营运成本及风险，使人们比较容易接受和运用这一经营模式。因此，一个声名显赫的盟主，能够吸引成千上万的投资人踊跃加盟，对于缓解社会的就业压力和增加税收起到了积极作用。

8. 支持中小企业发展

连锁经营凭借得天独厚的竞争优势，对众多单店经营的中小企业形成无法抗拒的威胁和挤压，使其市场空间越来越小，几乎难有立足之地，甚至造成小企业大量倒闭。而发展特许连锁则给中小企业的生存发展提供了一个坚实平台和广阔前景，使其从加盟连锁经营特定的优越性中获得活力和生命力。

9. 得到政府扶持

凡连锁经营发达的国家和地区政府，都将发展特许连锁作为保护中小企业发展的一项主要措施，制定实施有关政策和法规给予鼓励和支持。例如，日本政府对加盟店所需现代化设备资金提供低息、贴息，甚至无息贷款的优惠；新加坡政府对加盟店提供装修改造优惠贷款和25%~50%的委托咨询费；印度尼西亚对加盟商简化注册牌照程序；美国、加拿大等国家也都纷纷为中小企业加盟特许连锁创造有利条件。

（二）特许连锁的缺点

1. 特许人的形象和声誉容易受到损害

盟主（总部）与加盟店之间存在紧密的利益连带关系，如果盟主（总部）对加盟商选择不当或监管不力，加盟商存在不服从盟主的经营管理规定、服务质量差、损害消费者利益、侵占供应商货款、商业欺诈、侵害员工权益、经营管理水平低、经营不景气等行为和现象，就会给盟主的形象和声誉造成损害，使其品牌价值下降。如果连锁企业片面地追求规模和速度，导致品行不良、效益不佳的加盟商比重过大，必将给连锁企业带来灭顶之灾。

2. 对加盟店的控制难度较大

加盟店拥有产权，且自负盈亏，在思想意识上和实际运行中具有较强的独立性。由此，加盟店为了自身利益而不顾及盟主（总部）的约束，甚至不惜损害盟主（总部）利益的现象在所难免。而盟主（总部）对加盟店的监控，尤其是异地加盟店的监控，往往受到精力、能力的制约，有时管理不及时、不到位，连锁经营整体形象和水平的一致性遭到削弱。例如，盟主（总部）对加盟店按实际销售额的比率收取的费用，可能会因加盟商隐瞒真实数据而减少；加盟商侵吞供应商商品和货款卷席而逃,盟主(总部)事后才知道,等等。

3.盟主(总部)与加盟店之间易于发生矛盾和合同纠纷

因双方都有各自独立的利益,又因商业经营活动涉及的因素多、变数大,在合作过程中很容易出现矛盾冲突。经常发生的问题有:双方在对合同条款的理解和解释、加盟金的计算与缴纳、对加盟商的监督评价与处罚、盟主(总部)提供的服务等方面存在异议和摩擦。如果矛盾较多,会不利于双方合作,使盟主(总部)终日纠纷缠身、麻烦不断,将严重影响企业正常经营和发展。

六、特许连锁的开发

(一)特许连锁的开发途径

1.直接招募和管理加盟商

通过招募、签订特许经营合同和收取一定的加盟费,特许人直接将特许权转让给被特许人。被特许人获得特许人所拥有的商标、商号、营销技术、管理制度(作业流程及标准)和经营模式等无形资产的使用权,投资开办加盟店,并在特许人规定的统一形象和模式下开展经营活动。这种形式适合于国内扩张。

2.委托区域代理

特许人将一定区域范围的特许权转让给一个代理人,该代理人自己不开办加盟店,而是在该区域内向申请加盟者转卖特许权。这种形式比较适合进行海外扩张。对于特许人来说,管理一个区域代理商要比直接管理一个个分散的加盟店要简单省事,并节约管理成本。

3.招募地区加盟商

被特许人购买下一个区域的全部特许权,在该区域内开设若干个门店自行开展经营,而不是将特许权再转卖出去。

4.所有权合作特许

特许人不但授予被特许人经营特许权,从中获得特许权转让和使用费,还对加盟店占有一部分股份,相当于合营。

5.配送特许

特许人不但授予被特许人经营特许权,还授予被特许人设立批发仓库、向其他被特许人供应和配送货物的权力。

(二)特许连锁的开发程序

加盟店的开发过程主要包括以下工作环节:

1.招募宣传

(1)发布招募信息。可利用电视广播和报纸杂志等媒体广告、召开说明会或座谈会、POP店面广告、加盟说明书或DM(平面媒体)等多种形式广泛进行招募加盟商的宣传。

(2)开设专线电话。为有意加盟者提供24小时电话语音资料说明。

(3)提供书面资料。向基本符合要求的有意加盟者提供较完整的书面资料,或附带加盟申请书。

【案例3.2】

哈尔滨中央红小月亮超市加盟商招募信息
中央红小月亮加盟手册

一、门店运营无风险

不会经营或者不会管理不要紧,小月亮公司免费为您提供规范化、标准化的培训和实训,并免费提供店铺营运手册一套,完全可以保证加盟店的健康发展。

二、商品经营无风险

加盟小月亮公司,经营的商品就等于投了保险。小月亮公司不仅拥有强大的统一采购、统一配送的商品优势,而且加盟期满后,统配商品由公司统一收回,为您提供后续保障。

三、设备投入无风险

设备可以由小月亮公司投入,按年收取租赁费;您也可以在小月亮公司的指导下自行购买设备,加盟期满可以按现时的市场价格扣除折旧后由公司回收。

四、资金投入无风险

最小资金投入,只需缴纳加盟金和信誉保证金(保证金可返还)。商品及设备的投入可以由小月亮公司负责,您只需提供必要的保障(现金、房产等抵押)即可。

加盟热线:0451-84885055 13704516608 刘先生

总部地址:哈尔滨道里区埃德蒙顿路73号

网　　址:http://main.chinasun.cn/cvsshop

(资料来源:哈尔滨中央红集团.)

中央红小月亮超市有限责任公司是哈尔滨中央红集团公司控股的子公司。自1997年成立以来,在市政府大力扶持下,秉承"服务社区、与民为邻"的服务理念,"你挣钱我发展、加盟小月亮做老板"的发展理念,"放心满意中央红、便利快捷月亮行"的经营理念,集大卖场、社区便民超市、便利店三种业态并存发展。现有连锁门店200余家,注册资金2 350万元,是全国"连锁百强企业"之一。

2.加盟商资格认定

(1)面谈。根据连锁企业对加盟商条件的具体要求,通过个别面谈或集体面谈,观察了解有意加盟者的基本情况,同时让其了解加盟商的权利义务等事宜。

(2)签订加盟预约。与初步审核符合要求的加盟申请者签订加盟预约,以避免加盟者流失。

3.进行店面和加盟费用评估及加盟商财力审查

(1)评估加盟店店址。加盟商必须拥有或承租有店面,对其地点按业态选址条件进行评估。包括营业面积、所在地点的繁华程度、商圈范围内顾客密度和购买力水平、交通状况、竞争者状况、经济效益预测等。

(2)加盟费用评估。包括保证金、加盟金、业务培训指导、广告促销费、货款及周转金等项费用具体金额的测算。

(3)审查申请加盟者财力状况及其他相关条件。判断其有无支付初期周转金能力、贷款能力、人员招聘和管理能力。

4.正式签约

经审核,申请加盟者符合加盟条件,双方签订《特许经营合同》。合同内容包括：

(1)当事人的名称、住址；

(2)授权许可使用特许经营权的内容、期限、地点及是否具有独占性；

(3)特许经营费的种类、金额、支付方式以及保证金的收取和返还方式；

(4)保密条款；

(5)特许经营的产品或服务质量控制及责任；

(6)培训和指导；

(7)商号的使用；

(8)商标等知识产权的使用；

(9)消费者投诉；

(10)宣传与广告；

(11)合同的变更和解除；

(12)违约责任；

(13)争议解决条款；

(14)双方约定的其他条款。

5.培训

对加盟商(店长)进行门店营运专业知识和技能培训。

6.开业筹划

协助加盟商制订开店计划,对工作流程及进度控制做出具体安排。其主要内容包括：

(1)明确经营方针目标；

(2)规划商品组合；

(3)规划营业布局；

(4)提供店面设计和内外部装修计划；

(5)代理采购商品和营业设备设施；

(6)提供完整的管理制度(作业流程及标准)；

(7)协助进行人员招聘及培训；

(8)规划开业广告、促销；

(9)指导商品配置及陈列;
(10)短期经济效益预算;
(11)组织人员上岗试营业;
(12)指导筹备开业典礼。

【案例3.3】

哈尔滨中央红小月亮超市特许加盟协议书

合同编号:_____ 牌匾号:_____

特许方(以下简称甲方):哈尔滨中央红小月亮超市有限责任公司

受许方(以下简称乙方):

甲、乙双方经共同协商,依据《中华人民共和国合同法》及相关法律、法规、政策的规定,在自愿、公平、有偿、诚信的基础上,就甲方同意乙方成为甲方加盟店具体事宜达成如下协议:

第一条:甲、乙双方的法律关系

甲方、乙方均为独立的法人或乙方为具有完全民事行为能力的自然人,即甲、乙双方为独立的权利主体,自主经营、自负盈亏、独立纳税、独立承担法律责任。乙方不具有代甲方发生任何行为的权利,任何一方不得以对方名义向第三方的法律行为主张权利、承担法律义务。乙方的员工(或工作人员)不是甲方的员工(或工作人员),也不是甲方的代理人,甲方对其劳动关系及员工(或工作人员)的行为不承担任何责任。乙方在营业执照规定的项目及甲方规定的范围之内依法经营。甲方对乙方加盟前和加盟后的债权债务不承担任何责任。

第二条:加盟期限

自　　年　　月　　日始至　　年　　月　　日止,加盟期限为叁年。

第三条:加盟事项

1.在本协议有效期内,甲方同意乙方依本协议,按甲方《加盟店管理规定》,在乙方拥有的坐落于　　房屋开办甲方的加盟店。

2.在本协议有效期内,甲方同意乙方悬挂、使用甲方"中央红小月亮"的招牌与标识。

3.乙方加盟店的经营面积为　　平方米,加盟店的特许加盟编号为:哈　　月　　号。

第四条:甲方的权利和义务

1.甲方作为连锁总部负责向乙方无偿提供店内店外的形象设计、牌匾的制作和悬挂、店内布局设计、商品配置设计、商品陈列设计,甲方允许乙方在加盟有效期内使用甲方开发的加工、生产、销售、服务及其他经营方面的技术。

2.甲方对加盟店内的货架、收银机、冰箱、冰柜等所需设施设备指定品牌、规格、质量标准并提供可选择的供应商,享受低于市价的优惠价格,由乙方自行购置。经营备品和作业服在总部统一领取,乙方自行承担费用。

3. 甲方提供统一采购的商品供乙方选择，并确保所提供乙方商品的质量。

4. 甲方负责对乙方经销商品价格、商品质量、服务质量、环境质量等进行跟踪检查与指导。

5. 甲方可在乙方店铺交通距离200米以外增设店铺，同时乙方享有在同一街区开设第二家加盟店的优先权。

6. 甲方在乙方开业前，本协议执行期间，负责对乙方从业人员免费进行培训和实训，传授经营管理技术和法规、制度并进行实际操作训练。

7. 甲方在本协议期满或出现不可抗力的原因致使乙方终止经营，由甲方指定标准购买的设备设施可以按现时的市场价格扣除折旧后甲方回收。

8. 在甲方同意的前提下，乙方可转让加盟店及加盟特许权，同时甲方享有优先受让权。

9. 甲方有权检验索取并存档，乙方办理的营业执照、卫生许可、税务登记、店主身份证等必备证照的复印件。

第五条：乙方的权利与义务

1. 乙方在甲方特许经营范围内自筹资金、自主经营、自负盈亏、独立核算、独立承担风险与法律责任。

2. 乙方加盟店的室内外装修须按甲方的标准进行施工，费用由乙方承担。设备设施乙方可在甲方现有设备中选用，按年收取　　元租赁费；也可由乙方在甲方的指导下自行购买。

3. 乙方不得在加盟店以外任何地方使用甲方的商号、商标及标识。本协议终止或解除后，乙方不得继续使用甲方的商号、商标及标识（包括加盟主自费制作的牌匾），并把牌匾摘下返还甲方。乙方在使用甲方所有标志时不得有降低甲方形象、损害甲方商誉的行为。否则，甲方将通过法律手段追究乙方违约责任。

4. 乙方在店铺开业前，应按甲方的标准，其微机收银系统与甲方联网，合作期内不得擅自终止联网。

5. 乙方如需变更加盟店店址，须向甲方提交书面申请，经甲方同意，并重新签订协议后方可执行，乙方承担一切变更店址所需的费用。

6. 乙方的工作人员在营业时间内应穿着与甲方要求一致的工作服，佩戴统一的号章，以维护甲方企业形象。

7. 乙方在开业前，须办理营业执照、卫生许可、税务登记等必备证照，并主动提供给甲方存档。

第六条：商品的管理

1. 乙方所经营的商品全部由甲方统一采购、统一配送，价格为供应商供给甲方的价格，甲方不加价提供商品货源。如所配送的商品价格高于门店自采价格，经核实后，差价部分由总部承担。

2. 乙方自提或甲方配送到店的商品，乙方应派专人作为收货验收员，收货同时由甲、乙双方负责人签字、收货验收员签字。

3. 乙方要货交接地在乙方门店,进货清单当面交接清楚,严格验货,如乙方发现货品破损、超过保质期、顶期、短斤少两等问题,乙方有权拒收,并由甲方负责调换合格商品。对所送商品乙方没有提出任何异议,视同合格商品。

4. 乙方在开业一个月内总部对门店的滞销商品进行统一调整,在以后的经营中商品的调换按照门店的返、换货标准执行,由运营部指导员到门店指导、调换。由于乙方经营中人为损坏造成商品变质,甲方不作退调处理。

5. 终止协议时,乙方经营的系甲方配送的商品除顶期、超期、破损以外,符合门店返、换货标准的商品,质量(保持原质原样)经甲方确定无误后,一个月内为乙方返回剩余商品,并做一次性终结。

第七条:加盟店管理规定

加盟者应认同甲方的经营理念和管理规定,乙方对店铺的管理必须按照甲方制定的《加盟店管理规定》执行。

第八条:加盟金

乙方在签订协议时,作为甲方的加盟店需向甲方一次性支付三年加盟费人民币_____元。不论是本协议期满还是中途解约,甲方不退还乙方加盟费。

第九条:信誉保证金

乙方在加盟期间需向甲方交纳人民币_____元,作为信誉保证金。加盟期间乙方没对甲方的信誉造成损坏的,加盟期满后甲方按银行同期活期存款利率计息返还乙方。

第十条:结算方式

1. 甲方可根据乙方要求为乙方提供月份相关经营报表和财务报表。

2. 除特殊原因外,乙方应保证计算机网络的畅通,按照甲方《计算机数据网络管理规定》,按时接收和传送各项微机数据,乙方应按日传送销售数据,以确保甲方及时准确地为乙方提供经营情况报表。

3. 采用预存货款方式结算的,甲方根据乙方预存货款的余额,通过微机自动控制商品调拨。当预存货款账户余额小于当次调拨金额时,微机自动停止调拨。

第十一条:合同的解除

1. 乙方如违反本合同中各条款规定,甲方以书面形式通告乙方改正其行为,超过指定期限,乙方不完全改善,甲方可解除合同,摘掉标有甲方字号的牌匾(在一年之内摘匾的,牌匾制作费用由乙方承担),乙方牌匾摘除后,不允许再悬挂标有甲方字号的牌匾。

2. 乙方发生下列各项中任何一项行为,甲方有权即刻解除合同。

(1)乙方受到查封、扣押、拍卖、变卖等处罚或乙方自行出卖、转兑店铺;

(2)未得到甲方的书面同意私自出让本合同的部分或全部权利义务,或对店铺设立担保等其他处置;

(3)乙方严重损害了甲方字号、商标的名誉、商誉;

(4)乙方受到刑事处罚或严重的行政处罚;
(5)在与甲方合同生效合作期间同时与第三方签订同类性质的合同。

第十二条:违约责任

1.甲、乙双方必须按本协议书规定执行,否则按违约处理。

2.甲、乙双方不得擅自终止本协议,任何一方违约致使本协议无法履行,违约方承担违约责任。

3.因国家政策变化或由于不可抗力因素致使本协议无法履行,甲、乙双方均不承担违约责任。

第十三条:争议解决方式

甲、乙双方若有争议事项,应首先本着平等、公正的原则协商解决;如协商不成,可向人民法院提起诉讼,甲、乙双方商定由甲方总部所在地的人民法院管辖。

第十四条:本协议未尽事宜,甲、乙双方可协商一致制定补充规定,补充规定与本协议具有同等法律效力。

第十五条:本协议自甲、乙双方签字、盖章之日起生效。

第十六条:本协议共两份,甲、乙各执一份。

甲方签章: 　　　　　　　　　　乙方签章:
地址: 　　　　　　　　　　　　地址:
电话: 　　　　　　　　　　　　电话:
　　　　　　　　　　　　　　　身份证编号:
　　　　　　　　　　　　　　　签约时间:　　年　　月　　日

七、特许人与被特许人的相互选择

(一)加盟商对盟主(总部)的选择

加盟商拟加盟某个连锁企业应考虑的因素和了解的事项有:

1.公司的基本情况

公司的基本情况包括公司设立时间,注册资金,所有制性质,是否上市,经营业态业种,推行连锁经营的开始时间,现有门店类型及数量,现有员工数量,年销售额,公司经营理念,经营管理水平及特色,行业地位及声誉,公司发展规划等。

2.公司加盟店的运营状况

公司加盟店的运营状况包括推行特许连锁的开始时间,选择加盟商的标准,现有加盟店数量和销售、盈利情况,为加盟店提供指导和服务的项目及其落实情况,加盟商对公司的反映和评价等。

3.加盟投资及费用预算

开店投资预算包括加盟金,保证金,培训费,店面租金,店面装修及设备费用,周转金,商品及包装费用,促销广告费用,开办杂费,其他费用等;开业后费用包括每月权利金,促销广告费用,营运指导费用等。

4.加盟经营收益预测

加盟经营收益预测包括年销售额、毛利率、费用率、利润额等。

加盟商在准确了解上述情况的基础上,选择信誉高,形象好,投资收益预期理想,指导和服务主动到位,收费合理的连锁企业。

(二)盟主(总部)对加盟商的选择

盟主(总部)对加盟商资格审核认定应考虑的因素和了解的事项有:

1.人品
考查申请加盟者有无信用、法纪方面的不良记录。

2.健康状况
考核申请加盟者能否有足够的体力和精力从事经营管理工作。

3.学历及工作经验
考核申请加盟者是否具有能胜任店主职能的智力和专业知识。

4.人格特征
考查申请加盟者是否具有从事商业经营的兴趣、热情、特质及发展潜力。

5.加盟动机
考查申请加盟者是否具有加盟特许经营的明确目的和充分的心理准备。

6.对拟加盟企业及行业、市场的了解
考查情况作为公司提供培训的依据。

7.家庭状况
家庭生活正常稳定,有利于增强加盟商的责任感、自信心和对加盟店的精心经营。

盟主(总部)在准确了解上述情况的基础上,选择品行端正,诚实守信,身体和心理健康,责任心强,有商业经营的兴趣和发展潜力,最好有一定经营管理经验的申请人作为加盟商。

第三节 自由连锁

一、自由连锁的定义

自由连锁,也称自愿连锁或合作连锁。美国商务部对自由连锁的定义是:"由批发企业组织的独立零售集团,即批发企业主导型任意连锁集团。成员零售店经营的商品全部或大部分商品是从该批发企业进货,作为对等条件,该批发企业必须向零售企业提供规定的服务。"日本

通产省对自由连锁的定义是:"分散在各地的众多的零售商,既维持各自的独立性,又缔结成永久性的连锁关系,使商品的进货和其他事业同化,以达到共享规模利益的目的。"

根据以上定义,自由连锁的实质是企业之间为了共同利益而建立的经济合作关系,是一种以契约为纽带,实现零售商、批发商或制造商之间横向或纵向联合的商业组织形式。

二、自由连锁的特点

(一)中小企业为对抗垄断威胁而自发结成经济联盟,"集中进货"是合作重点

自由连锁的形成,是因中小企业面对不断发展壮大的连锁企业的垄断威胁,处于明显劣势,市场份额日渐萎缩,经营难以为继。为了摆脱困境,众多单店经营的中小企业通过契约缔结成一个大型连锁集团,联合开展采购、促销和广告宣传等业务活动,从而降低成本,扩大销售,提高利润,以此达到共同对抗大型连锁企业竞争的目的。其中"集中进货"是自由连锁的核心,众多中小企业自发地联合起来,首要目的是形成大批量低价进货的优势。

(二)产权和经营权各自独立,合同期限较短,成员进出自由

自由连锁集团的成员多为小企业,各自拥有独立的产权和经营权。各成员企业不仅独立核算、自负盈亏,而且经营品种、经营策略和经营方式也都自行决定。契约条款及合作内容由成员企业共同协商而定,合同的约束力不是很强,企业加入与退出都比较容易。合同期限也较短,一般为一年。

(三)总部可单设,也可由核心企业兼任总部职能

自由连锁的总部可以单独设置总部机构,也可以由核心企业兼任总部职能;可以由一个大型企业担当,也可以由几个大型企业组成;可以是批发商,也可以是零售商或制造商。例如,欧美国家的自由连锁一般以批发企业为主导,有的是一个批发企业,有的是两个或几个批发企业组织众多零售店建立连锁集团,有的以核心批发企业兼任总部职能,有的单设总部专门负责连锁集团的统一管理。零售店全部或部分商品从该批发企业进货,批发企业向零售店提供规定的服务。日本多为零售主导型。由众多零售店自发组织起来,联合一个或几个批发公司建立总部,或共同投资新设立一个批发公司兼总部,也有的总部与批发公司分离单设。因而有的总部是经营兼服务型,有的总部是专门的服务型。

(四)注重协调总部与加盟店之间、加盟店互相之间的利益关系

1.总部与加盟店之间相互配合与支持

自由连锁集团总部与加盟店是利益的共同体。总部的经费由各加盟店共同出资缴纳,每年按销售额或毛利额的一定比例向总部上交加盟金、管理费等;总部为加盟店提供指导和服务,履行确保加盟店利益的责任。总部以连锁经营形式获得的利益,要以培训、物质技术设施投资(如物流系统、信息系统等)的形式返还给加盟店。

2. 加盟店之间相互协调

各加盟店独立经营,相互之间存在竞争关系。适当的竞争可促进企业增加活力和提升竞争力。但加盟店之间应注意经营的适当照应和调整,加强在连锁经营中为共同利益的合作,尽量避免过度竞争。

三、自由连锁的适用领域

从发达国家和地区的实践经验看,自由连锁主要应用于批发企业和小型零售企业。在美国,自20世纪50年代,批发企业逐步认识到与零售企业建立稳定业务关系的重要性,于是主动发起联盟,将众多零售企业吸引进来,形成了以批发业为主导的自由连锁。在日本,零售业的自由连锁比较普遍和活跃,吸引加盟企业数量最多的是以床上用品经营为主的"全国日之友会"和以食品经营为主的"全日食连锁店",均有1 500家左右。我国香港等地自由连锁集团的成员,主要是传统的"夫妻店"形式的杂货店。

四、发展自由连锁的必备条件

(一)发起者要有合作的意愿和共同的目标

自由连锁集团是由企业自发组成的,并且合作的内容、形式和利益分配是由成员企业共同商定的,只有在达成一致意见的前提下,合作关系才能形成,连锁组织才能成立。日本自由连锁发展活跃的原因之一就是日本小企业的合作意识比较强。因此,当大型企业的垄断造成市场竞争压力增大时,许多小企业主动联起手来,建立"联购分销"的机制与之抗衡。

(二)总部要有为加盟成员创造共同利益的能力

总部是凝聚和领导连锁集团内各成员企业的核心,并通过发挥强有力的服务与管理功能来建立和维系集团成员的行为规则及共同利益,从而实现结盟的目的。根据发达国家的经验,自由连锁总部必须承担以下职能:

(1)编制连锁集团中长期发展计划、投资计划、培训计划和经营计划;

(2)发展新的加盟成员,扩大连锁集团规模;

(3)组织联合采购、联合配送、联合促销和联合广告宣传;

(4)进行经营管理业务指导,包括店面设计、商品陈列、财务管理、劳动管理等;

(5)提供培训和信息服务;

(6)协调总部与加盟成员、加盟成员之间的利益关系;

(7)评价加盟店的经营业绩。

(三)加盟成员要自觉服从和支持总部的管理

自由连锁组织比较松散,总部对加盟成员缺乏强制性的约束力,只能靠加盟成员的自觉性来配合、支持。因此,加盟成员只有正确认识连锁集团共同利益与自身个别利益,长远利益与既得利益之间的联系,并在此基础上处理好与总部的关系,自觉服从和支持总部的统一管理,才能维护连锁集团的存在、运行及发展,才能获得连锁经营带来的经济效益和竞争优势。否则,就会造成连锁组织的崩溃和瓦解。

(四)连锁集团要有不断发展新成员的能力

自由连锁也是通过规模效应来提高加盟企业的效益,连锁集团规模越大,分摊后的成本越低,利润就相对越多。因此,自由连锁集团的规模应呈不断扩大趋势,日本规定自由连锁集团的加盟店必须达到30个以上。无论总部还是加盟企业都要积极为争取更多新成员的加入做出努力。

五、自由连锁的利弊分析

(一)自由连锁的优点

1. 自由连锁为中小企业的生存发展提供了保证措施

通过自发合作并签订契约,将众多分散经营、势单力薄的中小企业缔结成一个经济联盟,共同对抗大型企业的市场垄断,大大增强了中小企业的竞争力。成员企业还可从连锁组织中获得经营管理业务的指导和服务,分享到规模经营带来的积极效应和经济效益。可见,自由连锁是中小企业在大型连锁企业占绝对优势的竞争格局下求得生存发展的有效形式。

2. 自由连锁组织易于建立和扩张

自由连锁集团的建立和运行不需要太大的投资,对加入者没有严格的限制,合作关系与合作条件比较宽松,合作内容与形式根据各自的利益和需要共同商定,既有利于连锁组织规模的不断扩大,又有利于增加中小企业参与连锁经营、享受规模效益的机会。

3. 自由连锁组织成员经营自主性强,利于创新和突出特色

自由连锁形成的自发性、合作的自愿性、产权的独立性、经营的自主性等特点,给加盟企业保留了充分的自主经营的权利和空间,有利于发挥各加盟企业的积极性和创造性,突出各自的经营特色,灵活发展。

(二)自由连锁的缺点

(1)自由连锁组织的约束力较小,凝聚力不强,稳定性差,使自由连锁集团发展的大规模、长期性受到一定局限。

(2)自由连锁组织成员各自独立经营,缺乏高度集中统一的管理,营运质量和效率参差不齐,难以形成可与正规连锁匹敌的企业品牌价值和形象。

(3)自由连锁的发展与地域的商业经营及文化的传统有密切联系。凡是企业之间缺乏合作精神或过多考虑局部利益、既得利益的地区,发展自由连锁就比较困难,企业之间难以在合作项目和利益分配上达成一致意见,也难以保持长期稳定的合作关系。这正是我国自由连锁迟迟发展不起来的原因之一。

第四节　三种连锁模式的比较与运用

三种连锁形式同属于连锁经营方式,具有共同的本质特征,又由于各自的运作方法不同、适用对象不同、利弊不同,而存在诸多方面的具体差异。为了正确把握和运用各种连锁模式,有必要对其特点进一步加以对照和比较。

一、三种连锁模式的共同点

三种连锁形式都具有连锁经营的基本特征:都以追求规模效益优势为主要竞争手段;都采取一个总部领导多个门店的扁平式组织结构;都不同程度地实行集中统一管理,包括统一形象,集中采购与配送,联合促销和广告宣传,标准化作业等。

二、三种连锁模式的不同点

三种连锁模式的不同点主要表现在以下五个方面:

（一）所有权的差异

正规连锁的全部门店与总部为同一资本、同一法人,各门店没有独立产权和法人资格,属产权高度集中的所有权形式;而特许连锁和自由连锁所有门店的产权都是各自独立的,各门店拥有独立的法人资格,属于产权分散的所有权形式。

（二）经营权的差异

正规连锁的经营权是高度集中的,经营决策主要集中在总部,各门店只有经营决策的执行权;而特许连锁和自由连锁所有门店作为独立法人,实行自主经营、自负盈亏,都有经营自主权。

（三）管理模式的差异

正规连锁实行高度集中统一的管理,总部与门店之间对各项管理职能有明确分工,总部设职能部门直接负责所有门店的商品采购与配送,人、财、物和信息管理,企业形象设计（CIS 企业识别系统）,管理制度（作业流程及标准）的制定与实施等,门店主要负责销售和营业（服务）现场的管理;特许连锁的门店除拥有经营权、销售和营业现场的管理权外,还有独立的财务权和人事权,其他职能管理则受总部统一规范和严格控制;而自由连锁的各项管理完全由各门店共同商定,根据各门店的意愿,可集中统一,也可自行其是,有较大的自由度。

（四）适用行业的差异

正规连锁的应用,在多业态经营的大型零售连锁集团中以百货店、大型专业店、大型综合超市、仓储会员店业态等大型零售店为主,对单一业态业种经营的连锁企业来说,批发、零售、物流、餐饮、服务等行业中的各类业态业种及大小店铺都适用;特许连锁的应用,主要适合于店铺规模较小、比较好控制的业态业种,如便利店、小型专业店、杂货店、快餐店等;自由连锁的应用,比较适合于批发企业和单体经营的中小零售企业。

(五)核心点及利弊的差异

正规连锁的核心是总部高度集权的统一管理,优点是企业品牌形象好、营运质量和效率高、规模效应明显、规模效益突出,缺点是投资大、经营风险大;特许连锁的核心是特许权的转让,优点是利于低成本快速扩张和提高连锁企业市场额,缺点是门店控制难,存在损害品牌声誉的风险;自由连锁的核心是"共同进货",优点是加盟及合作条件宽松,利于调动门店积极性、创造力和突出经营特色,缺点是组织松散、凝聚力不强、稳定性差。

三种连锁模式的主要特点的比较,见表3.1。

表3.1 三种连锁模式的主要特点的比较

项目	正规连锁	特许连锁	自由连锁
所有权	总部与各门店同一资本	门店所有权各自独立	门店所有权各自独立
经营权	总部集中统一经营	门店自主经营	门店自主经营
形象设计	各门店完全一致	各门店完全一致	各门店基本一致
商品货源	统一采购配送	统一采购配送	大部分统一采购配送 小部分自行进货
价格管理	总部统一规定	总部统一规定	门店自主决定或协商约定
促销及广告宣传	总部统一实施	总部统一实施	门店自主决定或协商约定
教育培训	统一培训	统一培训	门店自主决定
标准化管理	严格执行营运手册	严格执行营运手册	门店自主决定
合同期限	无	五年以上	多为一年
总部约束力	极强	较强	较弱
总部收费	无	5%以上	5%以下
门店店长	总部聘用	加盟店店主	加盟店店主

三、三种连锁模式的运用

连锁经营三种基本模式各具特点、各有利弊,又相互补充,为连锁经营的发展拓宽了领域和途径。三种连锁模式的运用具有一定的规律性。

(一)具有一定的发展顺序

从企业发展看,一般先行发展正规连锁,当正规连锁达到一定规模,并取得成功经验后,如已有较高的企业知名度和良好声誉,已建立起形象鲜明、示范性强的标准门店,在此基础上再开始发展特许连锁。

从地区发展看,一般先发展正规连锁和特许连锁,当大型连锁企业形成明显的垄断趋势,对中小企业构成巨大的竞争威胁时,众多中小企业才不得不自发地联合起来,采取自由连锁的形式与之抗争。

(二)具有一定的发展比例

从多业态复合经营的大型零售连锁集团看,大型零售店,如百货店、大型综合超市等均为正规连锁;小型零售店,如便利店多为特许连锁。其中,正规连锁的门店数量比重小,而销售额的比重大;特许连锁则相反,门店数量比重大,而销售额的比重小。

从单一业态经营的大型连锁集团看,大型店也都采用正规连锁。如连续四年在我国零售和连锁百强中名列第一的国美电器,2008年拥有门店1 362家都是直营店。随着全国家电下乡的快速推进,国美将会大力发展农村市场的连锁经营网络。在国美物流、配送、销售网络能够覆盖到的农村地区,国美将会发展直营店。在覆盖不到的地方,国美才会发展特许加盟店。再如,连锁百强排名第二的苏宁电器,2008年拥有门店812家,其中有120家曾是加盟店,2007年12月苏宁电器发布公告终止所有的加盟合作,并斥资近3亿元,将所有19个特许加盟企业涉及的120家加盟连锁店全部"收编"为直营店。公告解释,苏宁电器在连锁发展初期,因资金和管理能力等方面的局限,无法在国内同步进行大规模直营连锁扩张,因此在部分地区允许通过特许加盟形式进行连锁发展。但经过多年的发展与积累,尤其SAP系统上线以后,苏宁电器已具备在全国范围内直营发展的综合管理能力。将加盟店改成直营店后,苏宁电器将把企业资源、管理精力等,集中到直营店面的经营质量提升和精细化管理上。美国的大型零售店都是正规连锁;小型店中特许连锁经营比重较大,如麦当劳,在全球19 000家门店中,加盟店占了80%。

从单一业态经营的小型连锁企业看,大都采取正规连锁形式。这一点正与三种连锁模式的发展顺序是相一致的。

(三)具有一定的发展趋势

首先,从连锁经营发展的总趋势看,正规连锁应为连锁经营的主流。凡是注重企业品牌价值和形象的连锁企业,在资源条件允许的情况下,都会坚持大力发展直营店。事实上,在零售业,正规连锁门店的营运效率和质量才真正体现出连锁经营的现代化、科技化和标准化特征和水平。虽然正规连锁的门店数量要绝对少于加盟店,但其销售额绝对大大高于特许连锁,可达到十倍、上百倍之多。

其次,特许连锁以低成本快速扩张的独特优势呈现出巨大的拓展空间和发展潜力,是对正规连锁最理想的补充。

第三,自由连锁为在正规连锁和特许连锁企业的夹缝中艰难生存的众多中小企业提供了有效的竞争手段。

本章小结

连锁经营从企业所有权和经营管理集中程度的角度可分为三种基本模式:正规连锁、特许连锁和自由连锁。这三种连锁模式各自具有特定的含义、运作规律和利弊,从不同角度为连锁经营的广泛推行及规模扩大提供了灵活多样的方法和途径。

正规连锁也称直营连锁,是由一个投资主体投资开设和经营10个以上门店,并且形象与营运高度集中统一的连锁形式。正规连锁的特点:①单一资本。即所有门店的产权都归属于一个企业。②统一管理。即形象与营运高度集中统一,所有门店都必须严格做到"八个统一",即统一标识、统一采购、统一配送、统一价格、统一销售、统一服务、统一核算、统一人、财、物及信息等各类资源的管理。实施正规连锁的必备条件包括:资金实力、健全的标准化体系、鲜明而独特的企业形象设计、门店开发能力和经营管理能力等。

特许连锁也称加盟连锁,是指通过签订合同,特许人将有权授予他人使用的商标、商号、经营模式等经营资源,授予被特许人使用;被特许人按照合同约定在统一经营体系下从事经营活动,并向特许人支付特许经营费。特许连锁的特点:①核心是特许权的有偿转让;②特许人与被特许人的产权各自独立;③加盟店的形象设计与营销、服务活动高度集中统一;④双方通力合作是成功的关键;⑤加盟时限具有延展性。实施特许连锁的必备条件包括:具有正规连锁成功经营的基础;具有企业品牌的高知名度和美誉度;具有盈利性较好的业态业种定位;具有较强的指导、服务和监管能力等。

自由连锁也称自愿连锁或合作连锁。其实质是企业之间为了共同利益而建立的经济合作关系,是一种以契约为纽带,实现零售商、批发商或制造商之间横向或纵向联合的商业组织形式。自由连锁的特点:①中小企业为对抗垄断威胁而自发结成经济联盟,"集中进货"是合作重点;②产权和经营权各自独立,合同期限较短,成员进出自由;③总部可单设,也可由核心企业兼任总部职能;④注重协调总部与加盟店之间、加盟店互相之间的利益关系。实施自由连锁的必备条件包括:发起者要有合作的意愿和共同的目标;总部要有为加盟成员创造共同利益的能力;加盟成员要自觉服从和支持总部的管理;连锁集团要有不断发展新成员的能力等。

三种连锁模式的运用具有一定的规律性:一是具有一定的发展顺序。从企业发展看,一般先行发展正规连锁,当正规连锁达到一定规模,并取得成功经验后再开始发展特许连锁。从地区发展看,一般先发展正规连锁和特许连锁,当大型连锁企业形成明显的垄断趋势,对中小企业构成巨大的竞争威胁时,众多中小企业才采取自由连锁的形式与之抗争。二是具有一定的发展比例。从多业态复合经营的大型零售连锁集团看,正规连锁的门店数量比重小,而销售额的比重大,特许连锁则相反,门店数量比重大,而销售额的比重小。从单一业态经营的大型连锁集团看,大型店都是正规连锁,小型店中特许连锁经营比重较大。从单一业态经营的小型连锁企业看,都采取正规连锁形式。三是具有一定的发展趋势。首先从连锁经营发展的总趋势看,正规连锁应为连锁经营的主流,凡是注重企业品牌价值和形象的连锁企业,在资源条件允许的情况下,都会坚持大力发展直营店。其次,特许连锁以低成本快速扩张的独特优势呈现出巨大的拓展空间和发展潜力,是对正规连锁最理想的补充。第三,自由连锁为在正规连锁和特许连锁企业的夹缝中艰难生存的众多中小企业提供了有效的竞争手段。

练习题

一、单选题

1. 产权各自独立、商品营销和服务高度集中统一的连锁形式,属于 （　　）
   A. 正规连锁　　B. 直营连锁　　C. 特许连锁　　D. 自由连锁
2. 自由连锁合同的期限一般为 （　　）
   A. 1年　　B. 5年　　C. 10年　　D. 15年
3. 特许连锁的核心是 （　　）
   A. 所有权的转让　　B. 特许权的转让　　C. 经营权的转让　　D. 决策权的转让
4. 目前,在麦当劳所有门店中加盟店的比重达到了 （　　）
   A. 10%　　B. 30%　　C. 50%　　D. 80%
5. 担任加盟店店长的应是 （　　）
   A. 总部专为加盟店聘用人员　　B. 加盟店店主
   C. 从总部选派的管理人员　　D. 加盟店聘用人员

二、多选题

1. 特许连锁实行自主经营、自负盈亏,因而拥有 （　　）
   A. 所有权　　B. 经营权　　C. 财务权
   D. 采购权　　E. 人事权
2. 正规连锁规模扩张的途径包括 （　　）
   A. 兼并　　B. 收购　　C. 委托代理
   D. 租赁场地开店　　E. 投资建设
3. 适合特许连锁的零售业态有 （　　）
   A. 百货店　　B. 大型专业店　　C. 便利店
   D. 快餐店　　E. 大型综合超市
4. 自由连锁集团成员企业的商品货源是 （　　）
   A. 大部分自行采购　　B. 小部分统一采购配送　　C. 全部统一采购配送
   D. 小部分自行采购　　E. 大部分统一采购配送
5. 自由连锁的缺点有 （　　）
   A. 不利于发挥门店的创造性　　B. 凝聚力不强
   C. 组织松散　　D. 不利于调动门店的积极性
   E. 稳定性差

三、判断题
1. 自由连锁的核心是特许权的转让。（   ）
2. 特许经营合同一到期,即可无条件地解除双方的合作关系。（   ）
3. 正规连锁的门店是自主经营、自负盈亏的。（   ）
4. 连锁企业一般先发展正规连锁,待条件成熟后才开始发展特许连锁。（   ）
5. 特许经营合同的条款,是由特许人与被特许人共同协商制定的。（   ）

四、名词解释
正规连锁　特许连锁　自由连锁　特许权　特许人　被特许人

五、简答题
1. 简要说明正规连锁的特点。
2. 简要说明特许连锁的特点。
3. 简要说明自由连锁的特点。
4. 简要说明正规连锁的优缺点。
5. 简要说明特许连锁的优缺点。
6. 简要说明自由连锁的优缺点。

六、论述题
1. 阐述正规连锁的必备条件。
2. 阐述特许连锁的必备条件。
3. 阐述自由连锁的必备条件。
4. 阐述三种连锁模式的运用规律。

七、案例分析题

警钟:华润万家一加盟店老板卷巨款走人

这家加盟门店于2007年6月份开业。2008年3月5日上午,这家知名品牌超市的200多名供货商带着被卷走的数百万货款凭据,聚集在店门前追讨货款。而该门店的老板据称早已在几天前卷款走人,并在过去的两天内将超市值钱的货品洗劫一空。据调查,这家门店共设有水果、蔬菜、熟食、面包、肉档、鱼档、茶叶档七个内部专柜,拖欠押金及销售款从1万元到10万元不等;另拥有400多家供货商,拖欠货款及押金从数千元到14万元不等。总计拖欠专柜及供货商货款数百万元。受害供货商涉及伊利奶粉、统一饮料、徐福记糖果、立白洗衣粉、红禧油等400余家。供货商回忆被超市推脱结款的过程:过年期间超市称放假待节后结算,2月18日超市称财务生病,28日称财务手术,一直至3月4日老板失踪,超市仍然正常营业,许多供货商尚不知情,而超市内的专柜在停业前一刻还在守候老板重返。在供货商之间,还相传有财务人员昨晚将全天营业款装进篮球带走了。据柜台商户说,前天晚10点,老板带了三辆大卡车停在超市门前,拉走了超市大部分值钱货品,有食用油、汽水等。被人问及,称给物业抵款及有客户订单。

5日上午9点，超市所属物业组织供货商登记货品及欠款金额，供货商拿着厚厚的凭据单及"华润万家生活超市货商结算凭证"逐一抄录在册。供货商李先生在业内多年，他说，之所以任由超市一拖再拖货款，是因为"超市拿着《华润万家超级市场有限公司授权书》博取了供货商信任"。这份《授权书》显示：经深圳华润万家超级市场有限公司决定，同意以特许经营加盟的形式开办生活超市加盟店，经营期限由2007年1月1日至2011年12月31日，在经营期限内可以使用华润万家便利(生活)超市的商号及有关的知识产权，其权利、义务以加盟商与深圳华润万家超级市场有限公司签订的《特许经营加盟协议》为准。一名供货商坦言，他之所以和这家门店做生意，就因为看中了"华润万家"的牌子，尽管业内流传着该店老板在之前不到两年时间，就有过多达两次的"卷款逃跑"前科，但认为其既然加盟了华润万家超级市场有限公司这样的全国大品牌超市，就继续跟他合作。一名供货商说："这家加盟店一共有约50名员工，但是老板或者管理层的亲属就有十几个。我们曾经去看过他们的仓库，乱七八糟的，让人看了觉得华润万家的牌子要大打折扣。"

　　据了解，超市此前共有5个股东，其中两人已于2个月前退股，现股东为3人。拨打老板及股东的电话，均关机或停机。由于加盟店只享有商标使用权，因此华润万家超级市场有限公司不承担任何货款赔偿责任。

（资料来源：南方都市报.）

问题：
1. 这一案例中所发生的事件暴露出加盟商存在哪些问题？
2. 加盟商的问题给所加盟的连锁企业带来怎样的影响？
3. 这一事件启示连锁企业在发展加盟连锁过程中应注意加强哪些管理环节？

第四章
Chapter 4

连锁经营组织结构设计

【本章学习目标】

通过本章学习，理解连锁经营的组织体系，了解组织结构的含义和组织设计的原则，了解连锁经营的总部、门店、配送中心的职能，能够运用组织结构的基本理论对连锁总部、不同行业的连锁门店、配送中心的组织结构进行设计。

【本章主要概念】

组织结构　连锁总部　门店　配送中心

【案例导读】

科维特公司的组织结构

20世纪50年代初，弗考夫和中学时代的伙伴创办了科维特公司。这家公司在10年内把营业额从5 500万美元提高到75 000万美元，一跃成为零售史上发展最快的公司之一。在20世纪60年代初，这家公司平均每七个星期增设一家大的商店，很快扩充到了25家商店。

从一开始，科维特的管理就是集权式的。总部操纵着所有的经营活动和其他各项政策，商店经理和其他管理人员只被赋予少得可怜的权力。弗考夫经常四处巡视，直接管理相当多数量的商店，直到这一数量超出了他力所能及的范围。

科维特公司的规模越来越大，他所面临的问题也变得越来越复杂。当公司的商店还没有超过12家时，弗考夫及其总部的高级管理人员还能够亲临现场给各商店作指导。但是，随着公司的扩大，面对面的监控、控制等一系列问题变得难乎其难了。后来，科维特公司在经营上的问题开始日趋严重。最后公司不得不减少新店的增设，把注意力转向了现有的商店。最后弗考夫仍然无法拯救公司，科维特公司被斯巴坦斯工业公司收购，弗考夫从舞台中心消失了。

（资料来源：http://www.open.edu.cn/CmsFile/2002/06/11/5ae01316 - ba32 - 4a8a - 896f - 312b9596c1c2/001.html.）

从以上资料可以看出,科维特所采用的组织结构和管理方式使他获得了成功,也导致了他的失败。然而,随着组织目标、规模等因素的改变,连锁企业如何设计组织结构来确保有效的监督管理。连锁总部应采用什么样的管理模式?连锁门店、配送中心又如何设计组织结构?在连锁企业组织设计时应遵循哪些原则?这正是本章所要阐述的内容。

第一节 连锁企业的组织结构设计

一、组织结构设计的含义和原则

(一)组织结构设计的含义

组织结构,是指为实现一定的组织目标,对组织内部人员进行分工的具体模式。其基本框架是:纵向划分管理层次,横向划分管理职能,分别设置相应的部门和岗位。每个岗位的人员要有明确的职务、职能、职责和职权,从而构成一个完整的组织结构体系。

组织结构的本质是组织成员之间的分工协作关系。组织结构的内涵是组织成员职、责、权、利关系的协调。组织结构的体系构成包括职能结构、层次结构、部门结构、权责结构等。

组织结构设计,是对组织内部的部门和岗位设置进行具体规划,并制订出具体方案的活动过程。通过组织结构设计,进行合理分工,以及职能、责任、权力和利益的合理组合与协调,使组织内部全体人员相互协调、密切配合,共同完成组织目标。

组织结构设计的成果,是组织系统图和职务说明书。组织系统图描述了组织内部的机构设置(包括各管理层次和职能部门),以及相应的岗位职务和相互关系;职务说明书详细描述了各个岗位职务的职权和职责,以及相关的纵向、横向关系。

(二)组织结构设计的原则

1. 目标原则

企业组织设计的根本目的,是为实现企业的战略任务和经营目标服务的,组织结构的全部设计工作必须以此为出发点和归宿点。任何一个企业在不同的发展时期都有其特定的目标,组织结构的调整都应以实现目标为衡量标准。

2. 分工协作原则

连锁企业的管理,工作量大,专业性强,分别设置不同的专业部门,有利于提高管理工作的质量与效率。在合理分工的基础上,各专业部门只有加强协作与配合,才能保证各项专业管理的顺利开展,达到组织的整体目标。组织的设计必须从整体出发考虑上下左右协调配合的关系。

3. 统一指挥原则

连锁企业的组织结构设计是要各级机构及个人必须服从一个上级的命令和指挥,只有这样才能保证政令统一、行动一致。统一指挥原则是建立在明确的权力系统上的,权力系统则要依靠上、下级之间严明的指挥链而形成。简单来说,就是当组织结构建立起来以后,在运转的过程中,一个下级不能同时接受两个上级的指令。

4. 管理幅度原则

连锁企业应尽力限制组织层次,因为组织层次越多,各个层次间的沟通就越困难,产生的协调问题就越多。连锁店经理的管理幅度应视其不同职位而有所不同,分店经理应能对分店所有员工实施管理,而部门经理应能对本部门员工实施管理。根据国外的情况,管理幅度可为 1~24 人,一般认为以 7~8 人为宜。在连锁店的组织管理中,层次高的经理要解决决策性问题,其管理幅度宜窄些;层次低的经理处理日常事务,可放宽管理幅度。

5. 精简高效原则

精简与高效是手段和目的的关系。"精"是指队伍精干,是提高效率的前提;"效"包括工作效率和工作质量,提高效率是组织设计的目的。具体地说,精简高效包含三层含义:一是连锁企业应具备较高素质的人和合理的人才结构,使人力资源得到合理而又充分地利用;二是要因职设人而不是因人设职,避免人浮于事的现象;三是连锁企业的组织结构应有利于形成群体的合力,减少内耗。

6. 稳定与灵活相结合原则

稳定和灵活相结合原则要求组织设计时,既要保证组织在外部环境和企业任务发生变化时,能够继续有序地正常运转,同时又要保证组织在运转过程中,能够根据其变化情况作出相应的变更。组织应当保持员工队伍的相对稳定,这对增强组织的凝聚力、提高员工的士气是必要的。组织的灵活性,就短期而言,是指因经济的波动性或业务的季节性而保持员工队伍的流动性;就长期而言连锁企业要选用一些具有较好适应性的组织形式和措施,使组织在变动的环境中,具有一种内在的自动调节机制。

二、连锁企业组织结构设计

连锁企业之间在规模、空间范围、行业、业态、连锁形式等方面存在差异,可从不同角度分为多种类型,而不同类型的连锁企业需要有相应的组织结构体系与之匹配,因此连锁企业的组织结构设计分为总部型和事业部型两大类。

(一)总部型组织结构设计

总部型组织结构设计适合于连锁企业初创时期,经营上尚未突破地区界限,或卖场规模大而网点数量少或网点分布比较集中的情况。其组织结构设计可采取二级模式,即"总部—分店"模式。

总部型组织结构根据企业规模大小的差异,分为两种具体形式:

1. 直线型组织结构

直线型组织结构主要适用于连锁企业的初创阶段,也就是连锁门店的数目不多(10~20家)、门店面积不大、经营商品较少、经营区域集中的连锁企业。在连锁企业的初创时期,总部最重要的任务在于制定出合适而基本的各项运作制度,由于初创时期连锁企业规模较小,总经理负责总部所有业务,集采购、培训、开店、设计于一身,各分店经营对总经理负责。直线型组织中总经理可以承担起小型连锁企业的中央管理任务,而且决策权集中、控制及时、人员少、效率高,因此比较适合初创时期企业的发展。但直线型组织专业分工较差,随着分店数的增加,必将增加专门的职能部门,步入职能型组织。直线型组织结构见图4.1。

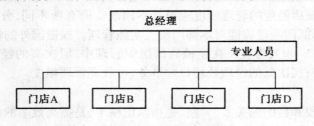

图4.1　直线型组织结构

2.直线职能型组织结构

(1)一般连锁企业的直线职能型组织结构。随着连锁企业进一步发展,规模不断扩大,商品品种不断增加,经营区域也不断扩大,当分店数达到某一程度后,更须将其引向标准化、制度化、效率化的运作,而各项职能也逐渐由部门来运作,此时连锁企业将过渡到直线职能型组织。直线职能型组织在组织体系上一般分为两层:上层是总部管理整体业务的组织系统;下层是门店,见图4.2。

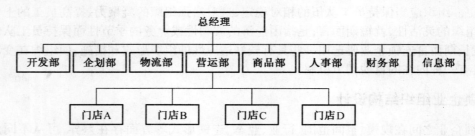

图4.2　一般连锁企业的直线职能型组织结构

在图4.2所示的组织结构图中,部门按照职能设置,门店根据连锁企业的扩张而增加设置。

(2)规模较大连锁企业的直线职能型组织结构。如图4.3所示,如果连锁企业规模较大,职能部门增加而导致协调工作大量增多时,总经理感到力不从心,可以在总经理和职能部门之间设置一个中间管理岗位,如副总经理或总经理助理进行协调工作。但由于上级协调的有效程度取决于组织中每个上级所负责协调的部门相关性特征,因此,在组织结构设置中,应把那些业务上相关程度高、交往频繁的部门划归在同一上级的协调范围中。另外,在直线职能型组织结构中,如果一个连锁企业是复合型连锁,即不仅有直营连锁门店,还有特许连锁门店,则职能部门往往还增加一个特许经营部,专门负责特许加盟事务。

第四章 连锁经营组织结构设计

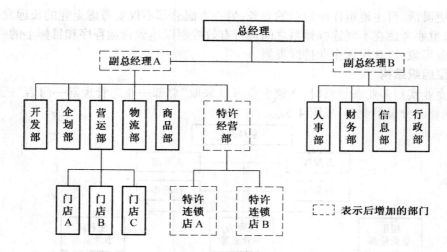

图 4.3 规模较大连锁企业的直线职能型组织结构

【案例 4.1】

苏果超市有限公司的组织结构

苏果超市有限公司的组织结构见图 4.4。

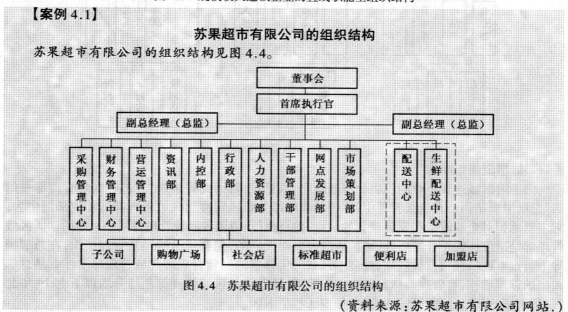

图 4.4 苏果超市有限公司的组织结构

(资料来源：苏果超市有限公司网站.)

(二)事业部型组织结构设计

事业部型组织结构可分别按业态、地区、连锁类型设置,因此可分为三种形式。

当连锁企业所经营业态多、分布区域广或同时采取多种连锁形式时,许多的运作已很难完全由总部单独操控,为促成某专项事业的发展,连锁企业可以采取事业部型组织结构,即每个事业部都拥有完整的运作组织职能,一方面可避免因企业组织过于庞大而产生僵化弊病,使各

87

事业部都能更灵活、自主地运作所经营的业务;另一方面总部不仅要考虑企业的长远发展方向和投资重点,也要考虑在不同连锁体系之间进行有效控制以达到营运程序和目标上的一致,树立统一的企业形象,以此保证企业持续发展。

1. 业态型组织结构

当连锁企业实行多业态经营时,连锁企业可以采取"总部—业态管理部—门店"三级组织结构,按不同业态分设事业部,见图4.5。

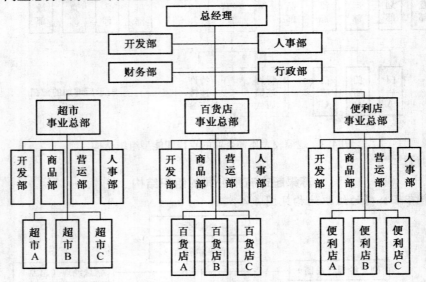

图 4.5　业态型组织结构

2. 区域型组织结构

由于跨区域连锁企业的门店分布范围广、数量较多,因此宜采用"总部—区域管理部—门店"三级组织结构。在三级管理中,连锁总部的部分职能转移到区域管理部的相应部门中去,它主要承担对企业政策和发展规划的制定、监督执行、协调各区域管理部同一职能活动。区域管理部是适应连锁企业发展、区域扩展的需要而设立的,拥有自己的经营管理组织,在总部指导下负责本区域经营发展规划,处理本区域门店日常的经营管理。区域管理部实际上是总部派出的管理机构,有管理与执行能力。在我国,最常见的区域管理部往往分为以下七个:华北区、华东区、东北区、西北区、西南区、华中区和华南区。

如果连锁企业的发展跨出了国界,那么其在组织结构设计中,一般在总部设立国际事业部负责海外连锁事业的发展。当连锁事业进一步扩大,在多个国家都有自己的事业部,成为国际性连锁组织时,连锁企业还可以并行设立亚洲事业部、欧洲事业部、北美事业部、非洲事业部等管理各大区域的连锁事业。区域型组织结构见图4.6。

3. 混合型组织结构

混合型组织结构是综合以上各种组织结构的划分方法,它一般用于大规模的连锁企业中。

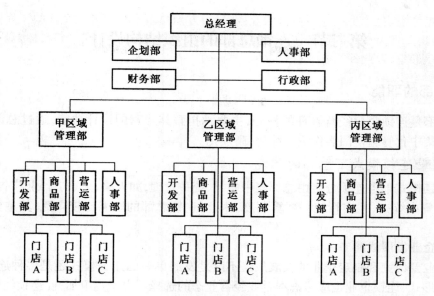

图 4.6 区域型组织结构

混合型组织结构见图 4.7。

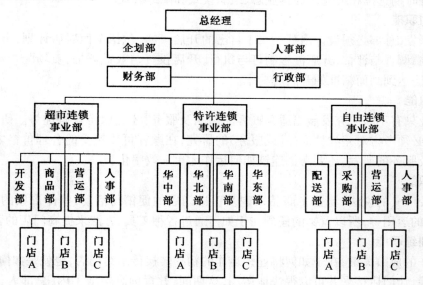

图 4.7 混合型组织结构

第二节 连锁总部的组织结构设计

一、连锁总部的职能

连锁总部是连锁企业经营管理的核心,主要承担整体经营的设计功能,通过总部的标准化、专业化、集中化管理使门店作业单纯化、高效化。

(一)直营连锁模式下总部的职能

直营连锁模式下各连锁分店由总部集中领导、统一管理,如人事、采购、计划、广告、会计和经营方针都集中统一,并实行统一核算制度,因此,连锁总部的职能比较广泛,其主要职能如下:

1. 制定企业发展战略

连锁企业要研究和制定企业的发展战略不论是发展单一的连锁模式还是多种连锁模式。除了连锁的形式,连锁企业也应考虑本企业经营业态的选择。由于竞争加剧,连锁经营业态模式也向多元化发展,如超级市场、便利店、百货商店、专卖店等。连锁企业应根据企业的实力,在不同的发展时期选择相适应的经营业态、组织模式和配送模式。

2. 展店的职能

即门店开发,总部必须设计出真正属于自己的开店策略,包括全面展店计划,市场潜力分析与计算,商圈调查与评估,开店流程制订与执行,开店投资与效益评估,卖场配置规划等,总而言之,要设法达到高而精准的开店成功率。

3. 研发职能

连锁企业只有不断研究发展出适合顾客的商品及服务,才能保持竞争优势。研发职能是否能被发挥,必须考虑对差异性商品(或服务)的研究,在顾客可以接受的合理价格之内,除了考虑对商品及服务的研发,还要考虑连锁如何运作才更加效率化。

4. 营销职能

营销是较广义的说法,涵盖了商品采购及引进门店的促销与活动,整体形象的塑造与建立,广告媒体的运用等,所以营销的任务在于如何通过各种工具、方法来提高门店的营业额。

5. 教育训练职能

连锁运作的成败关键,在于如何将连锁运作的精华转接传承给门店,也就是如何将连锁运作成功的经验,让门店接受并可以很快地运用,这期间,教育训练扮演了内(总部人员)、外(加盟店)部传承中介的角色,使之在最短的时间内进入该领域运作,并提高经营管理的能力,进而能够预见和描绘未来连锁发展的蓝图。

6. 指导职能

门店运营过程中,许多问题将接踵而至,仅靠教育训练,势将缓不济急且可能会应接不暇,因此,总部指导人员辅导门店的职能将是必要的:一则可以将总部的最新经营技术和政策规划及时传递给门店店员;二则可以即时解决经营中出现的各种问题,协助门店运作得更有绩效。

7. 财务职能

财务职能是发展连锁的关键。所谓财务职能包含了正确的账务及会计系统,税务处理,防弊与稽核,善用并调度资金等,通常财务扮演着较为被动而守势的角色,但若能充分发挥其职能,则也可避免发生营运的危机,甚至也会因其灵活调度而增加非营业方面的收入。

8. 信息管理的职能

只有掌握充分的信息,才能建立更科学、更宏观、更具前瞻性的经营观,并为正确决策提供依据。信息搜集主要集中在经营环境的变化、相关资讯的整合、国际发展脉络与趋势、新观念新技术及内部营运资讯的整合等。

(二)特许连锁模式下总部的职能

特许权所有方,即为特许连锁店总部,它除了向加盟店根据合同提供有关特许权力外,还负责审查加盟店资格(审查时间有时长达一年多),选择批准加盟店,制订经营方针计划,实行统一管理,包括统一进货、统一资金管理、统一结账、统一业务指导、统一培训、统一促销等。其主要职能如下:

1. 管理职能

除了加盟店的销售和各种日常工作之外,总部要处理包括成本费用和利润的计算与核算,福利及社会公共事务等。连锁总部统一处理加盟店的经营统计,并对其经营业绩进行比较和分析,并提供改进的意见与建议。

2. 产品开发与服务改进职能

根据各连锁店当地的市场变化与竞争,连锁总部需要及时改变产品的品种、质量、外观、促销方法和服务办法,开发出适合市场需求的新产品和更优质的服务方法,并以合适的价格和方式提供给各个加盟店。

3. 系统开发职能

具有完善的系统支持才能保证连锁企业整体的优势。其中包括:拥有先进技术和管理的商品加工制造供应商,包装供应商及分销商等采购网络系统,完善健全的人力资源管理和培训系统,营销系统,市场推广,准确快速的财务统计及分析等。

4. 促销职能

所有加盟店的促销活动和广告费用都由连锁总部统一统筹安排,不但可以提高连锁企业的整体形象,还因为规模效应而降低相关费用。

5. 教育和指导职能

连锁总部负责对所有加盟店的从业人员及管理人员提供定期的教育和培训,直到加盟店能够有效运营。

6. 财务与金融职能

连锁总部通过融资活动向加盟店提供资金援助。对于财力薄弱或资金困难的加盟店,连锁总部以连带担保的方式,与融资机构协商,帮助加盟店获得贷款。

7. 信息收集职能

连锁总部及时向各个加盟店提供世界各地的市场信息和消费动向等资料。同时,连锁总部还要收集连锁企业系统内各加盟店的各种信息,编成各种有重要参考价值的信息,及时提供给各个加盟店作为参考。

8. 后勤支援职能

连锁总部统一采购商品以及生产商品所需要的原材料,为所有加盟店提供所需的各种物资。

(三)自由连锁模式下总部的职能

由于各连锁店独立核算,有较大的劳动人事自主权,因此在财务管理和劳动人事管理以及经营业务方面,总部对连锁店只是起指导作用。其他如统一采购配送、统一广告促销和企业形象设计,共同开展职工培训和利用市场信息等,都是与直营连锁总部的职能基本相同。

美国自由连锁商店总部的职能大致有12项:①确定组织大规模销售计划;②共同进货;③联合开展广告等促销活动;④业务指导,包括店堂装修、陈列等;⑤组织物流;⑥教育培训;⑦信息利用;⑧资金融通;⑨开发店铺;⑩财务管理;⑪劳保福利;⑫帮助劳务管理。

在日本,自由连锁商店总部(集团本部)必须具有执行下列职能的能力:①组织职能,即本部必须能够及时协调成员关系,重组集团组织,使之适应经营需要;②计划职能,即本部负有编制集团的长期发展战略计划、中短期营运计划、资金调集及分配计划、投资计划、人员培训计划、零售经营计划等责任;③调控指导职能,即按计划要求,对成员企业的经营活动和行为进行指导、扶持或限制以及协调集团长期利益关系同成员企业短期利益,成员企业同主导企业利益关系的职能;④商品供应职能,包括决定集中进货的商品数量、进货对象和渠道选择的职能以及为成员企业配送、保管商品的职能。

二、连锁总部的组织结构设计

连锁总部的组织结构设计分为以下两种类型:

(1)把总部划分为"总经理室"、"营业本部"和"管理本部"三个部分,其中"营业本部"和"管理本部"均直属总经理领导,由副总经理分管,下属的经营管理部门由部门经理负责管理,而"总经理室"可由总经理助理分管。其结构见图4.8。

(2)由总经理直接管理开发部、营运部、商品部、财务部、管理部和企划部等职能部门,这些部门分别由副总经理和各部门经理负责管理。其结构见图4.9。

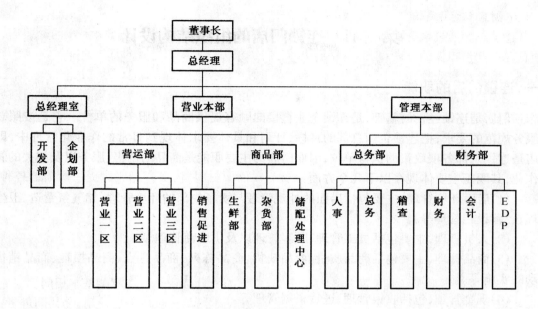

图 4.8 连锁总部管理模式一

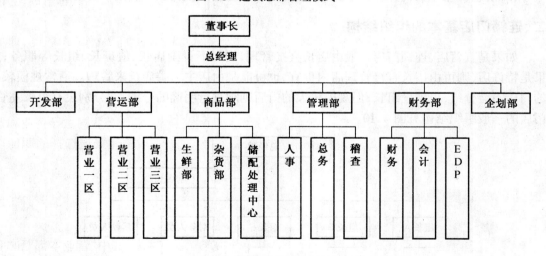

图 4.9 连锁总部管理模式二

第三节 连锁门店的组织结构设计

一、连锁门店的职能

门店是连锁经营的基础,是连锁企业直接向顾客提供商品和服务的单位。它是按照总部服务规范的要求,把连锁企业总部的目标、计划和具体要求体现到日常的作业化管理中,即门店是连锁总部各项政策的执行单位,因而门店的主要职能是商品的销售、服务以及相关的管理作业,其职能主要体现在以下几个方面:

(1)店面环境管理,主要包括店面的外观管理与卖场内部的环境管理(如气氛营造、卫生管理、经营设施管理等)。

(2)人员管理,主要包括员工管理、顾客管理以及供应商管理。

(3)商品管理,主要包括商品质量、商品缺货、商品陈列、商品盘点、商品损耗、商品销售活动的实施等。

(4)现金管理,包括收银管理、进货票据管理等。

(5)信息管理,主要包括门店经营信息管理,顾客投诉与建议管理,竞争者信息管理等。

二、连锁门店基本的组织结构

如果是直营店,连锁门店一般由店长直接管理,同时下设副店长、值班长、组长等职务;如果是特许店,则可由店长直接管理店内事宜,也可能是由店主另聘店长来管理。通常规模较小的门店不会分组,也不设组长;但规模较大的门店则须进行明确的分工,并分别设有组长主管。门店的一般组织结构见图4.10。

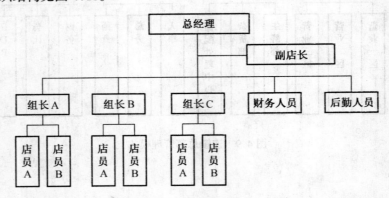

图4.10 门店的一般组织结构

三、不同行业连锁门店的组织结构设计

门店的组织结构主要视门店的性质、业态特征、规模大小、商品结构等因素的不同而有所差异。在我国,连锁经营的行业主要集中在三个行业:零售业、餐饮业和服务业。

(一)零售业

零售业的连锁经营要按照经营的品种、销售形式、经营方式采取不同的连锁业态,因连锁业态的不同设计有不同的组织结构。下面主要介绍在我国常见的五种零售业连锁门店的组织结构。

1. 便利店

连锁便利店主要经营的商品是即食食品、日用小百货,如牛奶、面包、啤酒、饮料等商品,同时销售有限的其他产品或服务,如杂志、代收煤气费、水费、代充公交卡等。便利店的商圈范围小,位于居民区,顾客步行5分钟内可到达,营业时间很长,有些还是24小时营业,店铺面积在100平方米左右。连锁便利店的组织结构见图4.11。

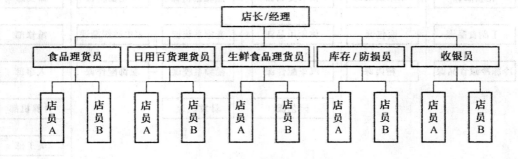

图4.11 连锁便利店门店的组织结构

2. 超市

超市一般在市、区级商业中心、交通要道及大型居住区,设有大众化衣、食、日用品,商品种类齐全,顾客可一次性购齐所需商品,出入口分设,在收银台统一结算。大型超市(营业面积在6 000平方米以上)还注重开发自有品牌,并设有不低于营业面积40%的停车场。连锁超市门店的组织结构见图4.12。

3. 百货店

百货店一般在市、区级商业中心,历史形成的商业集聚地,经营产品门类齐全,主要目标顾客以追求时尚、选择高档精品的年轻人和中上层人士为主,以服饰、鞋类、箱包、化妆品、家庭用品、家用电器为主,采取柜台销售和开架面售相结合的方式经营的零售店。百货店一般营业面积较大,在6 000平方米到20 000平方米,因此组织结构也比较复杂。连锁百货店门店的组织结构见图4.13,如果百货店还经营超市的业务,在门店的组织结构中可设置百货事业部和超市事业部,然后再分别设置相应的部门。

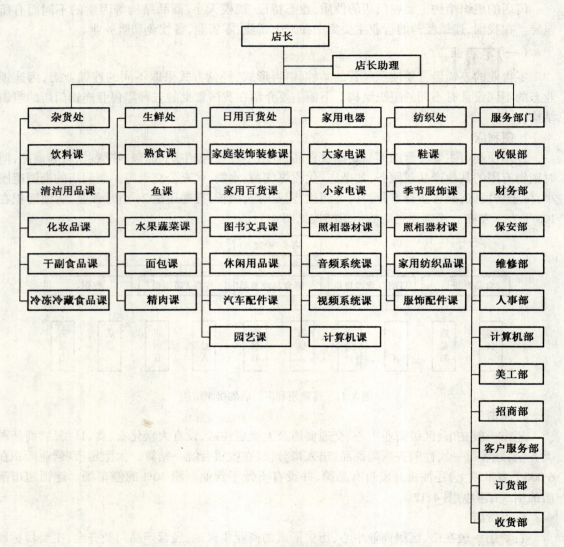

图 4.12 连锁超市门店的组织结构

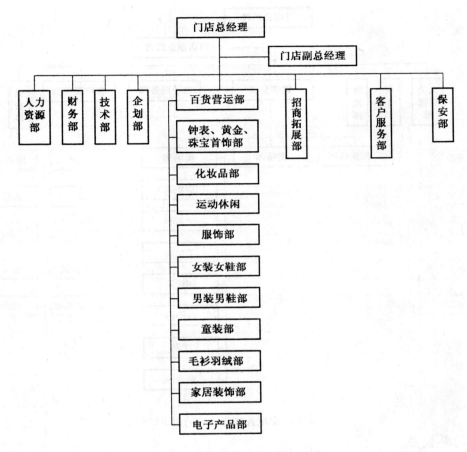

图 4.13　连锁百货门店的组织结构

4. 专业店

专业店一般设在市、区级商业中心以及百货店、购物中心内,主要集中销售一类产品,如化妆用品、家电产品等,其产品组合窄而深,针对有目的选购某类商品的流动顾客为目标市场,如国美、苏宁、百安居、屈臣氏等。以经营家电产品的门店为例,连锁经营的专业店的组织结构见图 4.14。

5. 专卖店

专卖店一般设在市、区级商业中心,专业街以及百货店、购物中心内,主要以销售某一品牌系列商品为主,以中高档消费者和追求时尚年轻人为目标顾客,采取柜台销售或开架面售的方式。目前,国内的专卖店包括服装、汽车、手机、计算机等多种产品。连锁经营的专卖店门店的组织结构可参考图 4.10。

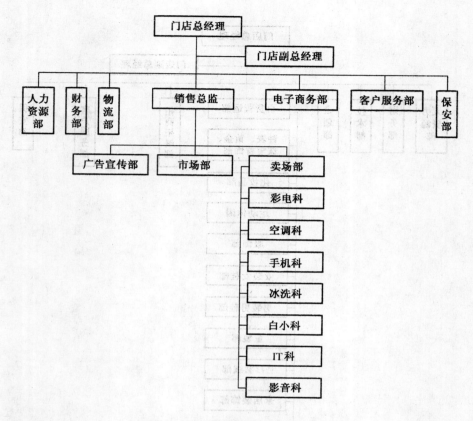

图 4.14 家电连锁专业店的组织结构

(二)餐饮业

采取连锁经营餐饮店的类型主要有:速食汉堡店、一般餐厅、日本料理店、比萨店、中式速食店、冰淇淋店、咖啡店等。在餐饮业中,连锁门店的一般组织结构见图 4.15。总经理在加盟店中为加盟方法人或其指定代表,如果采用直营店的方式,驻店经理则是总部派驻的店长,多为楼面经理。

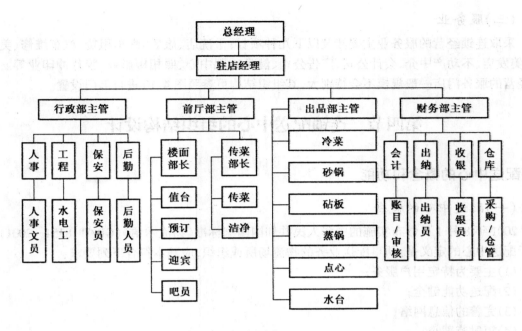

图 4.15　餐饮连锁店的组织结构

【案例 4.2】

北京麦当劳公司组织结构图

北京麦当劳在组织管理上有自己的结构(图 4.16)。组织结构是一个管理的系统,它是麦当劳经营思想的一种保证,为了适应日益变化的经营环境加上麦当劳自身的发展、壮大,麦当劳的组织结构也会变化,一旦变化,公司会不定期地通过书面的方式公告于众。对于这一点员工应该有思想准备,并且经常明白自己的工作位置、自己的主管和下级、有关的部门及同事。这对员工的工作、协调、计划或是发展都是有益的。

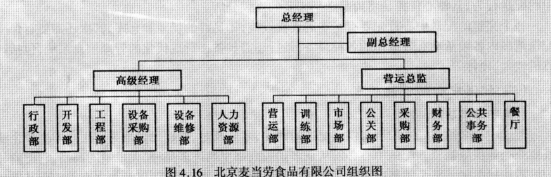

图 4.16　北京麦当劳食品有限公司组织图

(资料来源:麦当劳公司管理人员手册.)

(三)服务业

采取连锁经营的服务业主要涉及以下几种项目:干洗店、旅店、汽车租赁、汽车维修、美容院、美发店、不动产中介、会计公司、广告公司、健身减肥中心、照相摄影业、胶片冲印业等。连锁经营的服务门店一般规模不会特别大,其组织结构可参照图4.10进行部门设置。

第四节 连锁配送中心的组织结构设计

一、配送中心的概念和功能

(一)配送中心的概念

2001年8月1日颁布实施的中华人民共和国国家标准《物流术语》(GB/T 18354—2001)中关于配送中心的定义是:从事配送业务的物流场所或组织,应基本符合下列要求:

(1)主要为特定用户服务;
(2)配送功能健全;
(3)完善的信息网络;
(4)辐射范围小;
(5)多品种、小批量;
(6)以配送为主,储存为辅。

也就是说,配送中心是从事货物配备(集货、加工、分货、拣选、配货)和组织对用户的送货,以高水平实现销售和供应服务的现代流通设施。配送中心是基于物流合理化和发展市场两个需要而发展的,是组织配送式的销售和供应,执行实物配送为主要功能的流通型物流结点。

连锁企业的配送中心是位于物流节点上,专门从事货物配送活动,承担连锁企业物流专业化管理职能的组织机构,是连锁经营最基本的支撑条件。其设立的主要目的是为了实现物流中的配送行为,其核心任务是将商品送到需要的连锁分店。

一个完整的配送中心首先要有基本的硬件设施,如足够的场地和仓库,其次还需要有保障配送范围内各项活动有效运作的各种设备,最后还需具备进行现代化的管理信息系统,包括计算机软件、硬件等。

(二)配送中心的功能

1.集中采购功能

配送中心必须首先采购所要供应配送的商品,才能及时、准确无误地为其用户即生产企业或商业企业供应物资。配送中心必须从众多供应商那里购进多品种、大批量的商品,它把商品的供需连接起来。整个的集中采购过程包括筹集货源,订货或购货,以及与之有关的商品质量检查、结算、交接等工作。采购是配送的准备阶段和基础性工作,因此配送中心应根据市场的供求变化情况,制订并及时调整统一的、周全的采购计划,并由专门的人员与部门组织实施。

2. 储存保管功能

配送中心的服务对象是连锁店的各个连锁分店,为了顺利而有效地完成向连锁分店配送商品的任务,更好地发挥连锁组织的规模效益,通常配送中心要兴建现代化的仓库并配备一定数量的仓储设备,存储一定数量的商品,以调节供求矛盾。

储存,一是为了解决季节性货物生产计划与销售季节性的时间差问题,例如,玩具是全年生产的,但主要在儿童节和圣诞节期间进行销售,为了防止缺货,常常在节日之前就要开始储备;二是为了解决生产与消费之间的平衡问题,为保证正常配送的需要,满足用户的随机需求,在配送中心不仅应保持一定量的商品储备,而且要储存商品保管、保养工作,以保证储备商品的数量,确保质量完好。例如,农产品在特定的时间里收获,但却在全年消费,所以一定的储存提供了存货缓冲,使配送活动在受到采购和顾客需求的限制条件下提高效率。

3. 分拣功能

分拣是将选出的库存商品,按每位客户订货单要求的品种、数量、规格进行分类配货、理货、集中,形成不同的送货单元。在订货或进货时,不同的连锁分店对于货物的种类、规格、数量会提出不同的要求,又由于现代配送中心要求及时、迅速、准确无误地把订货商品送交客户,针对这种情况,为了有效地进行配送,即为了同时向不同的用户配送多种货物,配送中心必须采取适当的方式对连锁分店所需的商品进行拣选,并且在此基础上,按照配送计划分装和配装货物。这样,在商品流通实践中,分拣就成为配送中的一项关键作业。

4. 分装功能

从配送中心的角度来看,它往往希望采用大批量的进货来降低进货价格和进货费用,但是连锁门店为了降低库存、加快资金周转、减少资金占用,则往往要采用小批量进货的方法。为了满足用户的要求,即用户的小批量、多批次进货,配送中心就必须进行分装。

5. 集散功能

货物由几个公司集中到配送中心里,再进行发运或向几个公司发运。凭借其特殊的地位以及拥有的各种先进的设施和设备,配送中心能够将分散在各个生产企业的产品集中到一起,然后经过分拣、配装向多家用户发运。集散功能也可以将其他公司的货物放入该配送中心来处理、发运,以提高卡车的满载率,降低费用成本。

6. 流通加工功能

流通加工是指商品在从生产领域向消费领域转移的过程中,为了提高物流效率,维护商品质量和促进方便销售,对商品进行的加工处理活动。配送中心从供应商处购进的商品不一定都适合企业直接销售给顾客,因此在配送过程中,为了解决生产中大批量、小规格和消费中的小批量、多样化要求的矛盾,按照用户对货物的不同要求对商品进行适当的加工处理。例如,根据各商店的订货需求,按照消费批量的大小,进行集配分货、拆包分装、开箱拆零、拆箱组配后拼箱等。对农副产品的分类整理包括生鲜食品的切分、洗净、分装、刷标记、贴标签等。流通加工是提高商品附加价值,实现商品差别化的重要手段,其作用越来越大。

7. 配装功能

由于每个连锁分店对商品的品种、规格、型号、数量、质量、送达时间、地点等的要求不同,当单个客户的配送数量达不到运输车辆的载运负荷或装不满货车的有效容积时,可以集中不同客户、不同种类的商品进行组配装载。通过确定商品之间合理的配装比例,使装载商品尽可能达到货车的载重和装满货车的容积以取得最佳的装载效果。

8. 送货功能

将配好的货物按到达地点、到达路线以及送货客户的先后次序将产品送交客户。运输车辆可以租用社会运输力量或选用自己的专业运输车队。

9. 信息处理功能

配送中心为管理者提出更加准确、及时的配送信息,也是用户与配送中心联系的渠道。因此,作为集物流各项功能于一身的组织机构和主体,必须建立完整、高效、灵敏的信息处理系统,为整个流通过程的决策、组织、控制、运转提供依据。此外,配送中心还要与客户企业建立直接的信息交流,及时得到客户的销售信息,以有利于组织货源,保持最佳库存量。同时还要将销售和库存信息迅速、及时地反馈给制造商,以指导生产。

二、配送中心的类型

(一)按配送中心的设立者分类

1. 制造商型配送中心

制造商型配送中心(Distribution Center Built by Maker, M.D.C.)是以制造商为主体的配送中心。这种配送中心里的物品100%是由自己生产制造,主要是以家用电器、汽车、化妆品、食品等为主,通过配送中心则使物流距离缩短,建立迅速向顾客配送的体制用以降低流通费用、提高售后服务质量和及时地将预先配齐的成组元器件运送到规定的加工和装配工位。从物品制造到生产出来后条码和包装的配合等多方面都较易控制,所以按照现代化、自动化的配送中心设计比较容易。但对零售商来说,因为从这里配送的商品,只局限于一个生产厂的产品,难以满足销售的需要,因此社会化程度较低。

2. 批发商型配送中心

批发商型配送中心(Distribution Center Built by Wholesaler, W.D.C.)是由批发商或代理商成立的配送中心,以批发商为主体的配送中心。批发是物品从制造者到消费者手中之间的传统流通环节之一,一般是按部门或物品类别的不同,把每个制造厂的物品集中起来,然后以单一品种或搭配向消费地的零售商进行配送。这种配送中心的物品来自各个制造商,它所进行的一项重要的活动是对物品进行汇总和再销售,这种一次送货,配送品种多样,对于不能确定独立销售路线的工厂或本身不能备齐各种商品的零售店,是一种有效的办法。这种全部进货和出货都是社会配送的方式,社会化程度比较高。

3. 零售商型配送中心

零售商型配送中心(Distribution Center Built by Retailer, Re.D.C.)由零售商向上整合所成立的配送中心。从批发部进货或从工厂直接进货的商品,经过零售店自有的配送中心,再向自己的网点和柜台直接送货。零售商发展到一定规模后,就可以考虑建立自己的配送中心,为专业物品零售店、超级市场、百货商店、建材商场、粮油食品商店、宾馆饭店等服务,其社会化程度介于前两者之间。

4. 专业物流配送中心

专业物流配送中心(Distribution Center Built by TPL, T.D.C.)是以第三方物流企业(包括传统的仓储企业和运输企业)为主体的配送中心。它是在储运公司仓库实现由储存型向流通型转变的基础上建立起来的,可以越过批发企业自己的仓库或配送中心,直接向零售店配送商品。这种配送中心有很强的运输配送能力,地理位置优越,可迅速将到达的货物配送给用户。它为制造商或供应商提供物流服务,而配送中心的货物仍属于制造商或供应商所有,配送中心只是提供仓储管理和运输配送服务。这种配送中心的物流设施的利用率高,成本低,服务范围广,现代化程度往往较高。

【案例4.3】

干货物流公司

美国除生鲜食品之外的货物统称干货。干货物流公司(DSC)成立于1960年,开始只是一家普通的仓储企业,从1979年起将各地的干货仓库改作运输和配送公司,并于1981年签订了第一份配送合同。从此,公司的配送中心及配送业务发展到全美国,公司名称也由原来的干货储存公司变更为干货物流公司。这从一个侧面反映出美国物流观念变化与物流业发展的轨迹。该公司现有35个配送中心,100万平方米仓库,2 000多名员工,每年配送商品在540万吨以上,是美国大型专业物流企业之一。公司的主要业务是将300多家工厂生产的商品配送给美国各地7 000多家零售企业,其中16家工厂的商品由该公司独家配送。公司对配送的商品没有所有权与经营权,主要是为工厂服务,工厂生产的商品就近存入该公司各地的配送中心,零售商向工厂订货,工厂汇总后通知公司送货,送给谁由工厂决定,具体送货时间由各配送中心与零售商店协商确定。货款由零售商与工厂结算,配送中心向工厂收取相应的物流费用。所有环节包括存货、处理订单和配送商品都由以卫星通信为载体的计算机网络跟踪控制。

该公司的配送中心地处芝加哥西部的一个郊区,到附近的机场及3条高速公路只需几分钟,主要为美国中西部的零售商配送商品。该中心拥有一个占地13万平方米的立体仓库(库高9米),库房两侧有342个供卡车装卸货物的库门,有先进的安全控制及自动化喷淋系统,以及装有可视屏(计算机终端)的叉车,但没有自动分拣设施。通常的作业流程为:装满工厂货物的卡车从库房一侧卸货,然后根据商品的品类、生产厂家等资料,由工人刷涂该中心自编的仅供储存、发货用的条形码,再用叉车送到指定的货架(指令由计算机终端给出);接到配送货物的指令后,由工人拣选商品,送到库房的另一侧装入卡车。该中心负责人说,货物进出库房最理想的情况是,白天进晚上出,但实际上做不到,据统计,该中心储存的包装食品1年周转12次(即最多存放30天),储存的其他干货1年周转7.5次(即最多存放49天)。

(资料来源:百度文库.)

【案例 4.4】
食品配送公司

食品配送中心是一家具有批发(分销)功能的配送公司,在国内拥有 30 家配送中心,主要分布在东部地区,公司总部也设在东部,因此东部地区的配送中心由公司总部统一经营(统一采购、统一配送)。位于加州地区的一个配送中心,有占地 1 万平方米的立体仓库和 38 辆运货卡车,以及维修车间、加油站等,由于远离公司总部而实行独立经营。其主要业务是根据市场调查的情况从生产企业进货(买断或代理),再根据零售企业的订单组织商品配送,货款结算时间对工厂是 21~30 天时间,对零售企业是 7 天时间。该中心仓库内没有自动分拣设备,都是手工操作,由工人现场手写代码,分区存放(分为两类:需即时送走的和需储存一段时间的)。该公司于 1996 年底实行计算机管理,达到上述干货公司的水平。

值得一提的是该中心货运卡车的管理。卡车调度的原则是尽可能多地利用社会卡车,只有为了降低成本时才用自有卡车。该中心的 38 辆卡车由专门机构统一调度使用,并且通过公共计算机网络与货主、专业运输公司、卡车协会(即美国个体卡车司机协会)等组织保持联系,及时沟通货源与卡车流向的信息,以保证卡车回程运输的货源,避免卡车空驶。

(资料来源:百度文库.)

【案例 4.5】
沃尔玛连锁公司的配送中心

作为美国最大的连锁公司,共设有 30 个配送中心,这些配送中心只为公司所属的连锁店配送商品,不接受其他商店的订单,也不实行独立核算。连锁店铺将订单传递给临近的配送中心,配送中心汇总后报公司总部,商品由公司总部向工厂统一采购,店铺将货款汇至总部,由总部与工厂结算,配送中心不负责货款结算。

沃尔玛连锁公司的 Podter-ille 配送中心,拥有 11 000 多平方米的立体仓库,位于加州地区,为周围 4 个州的 77 家店铺配送商品,每天进出库的商品达 15 万~20 万箱(件)。该中心的自动化设施齐备,除了公司总部与各地配送中心,以及配送中心内部实行计算机管理外,库房内从货物入库时的分拣、刷码到进入指定的货架,从订单处理、拣选商品、传送到指定的库房门待装卡车,全部是自动化操作。该配送中心代表了目前美国物流管理与技术的最高水平。

(资料来源:百度文库.)

(二)按服务范围分类

1. 城市配送中心

城市配送中心(City Distribution Center,C.D.C.)是以城市范围为配送范围的配送中心,一般直接配送至各个连锁店铺。由于城市范围一般处于汽车运输的经济里程,这种配送中心可直接配送到最终端用户,且采用汽车进行配送。所以,这种配送中心往往和零售经营相结合,由于运输距离短,反应能力强,因而从事多品种、少批量、多用户的配送较有优势。

2. 区域配送中心

区域配送中心（Regional Distribution Center，R.D.C.）以较强的辐射能力和库存准备，向省（州）际、全国乃至国际范围的用户配送的配送中心。是否决定建设区域配送中心主要考虑两个因素：一是连锁门店的分布范围；二是每个配送中心的辐射能力。这一问题在中小型连锁企业中无需考虑，但对于辐射全国的大型连锁企业就显得非常重要了。这种配送中心配送规模较大，一般而言，用户的规模也较大，配送批量也较大，而且，往往是配送给下一级的城市配送中心，也配送给营业所、商店、批发商和企业用户，虽然也从事零星的配送，但不是其主体形式。

（三）按配送中心的功能分类

1. 储存型配送中心

储存型配送中心主要有很强的储存功能。一般来讲，在买方市场下，企业成品销售需要有较大库存支持，其配送中心可能有较强储存功能；在卖方市场下，企业原材料、零部件供应需要有较大库存支持，这种供应配送中心也有较强的储存功能。大范围配送的配送中心，需要有较大库存，也可能是储存型配送中心。例如，瑞士 GIBA–GEIGY 公司的配送中心拥有世界上规模居于前列的储存库，可储存 4 万个托盘；美国赫马克配送中心的储存区可储存 16.3 万个托盘。我国目前建设的配送中心，多为储存型配送中心，库存量较大。

2. 流通型配送中心

流通型配送中心包括通过型或转运型配送中心，基本上没有长期储存的功能，仅以暂存或随进随出的方式进行配货和送货的配送中心。其典型方式为：大量货物整批进入，按一定批量零出。一般采用大型分货机，其进货直接进入分货机传送带，分送到各用户货位或直接装载，商品在配送中心的储存时间一般不超过 24 小时，储存量很少。例如，日本的全家便利商店，门店每天两次向总部订购日配品，然后由总部向工厂订货，工厂将商品送到配送中心后，配送中心立即分拣配货，分几批向门店送货。

3. 加工型配送中心

以流通加工为主要业务的配送中心。配送中心具有加工职能，根据用户的需要或者市场竞争的需要，对配送物进行加工之后进行配送的配送中心。在这种配送中心内，有分装、包装、初级加工、集中下料、组装产品等加工活动。采用这种类型时，如果是食品，一般采取非常温储存，商品配送也采取非常温运输。世界著名连锁服务店肯德基和麦当劳的配送中心，就是属于这种类型的配送中心。在工业、建筑领域，混凝土搅拌的配送中心也是属于这种类型的配送中心。上海六家船厂联建的船板处理配送中心、原物资部北京剪板厂都属于这一类型的配送中心。

（四）按配送货物的属性分类

1. 专业配送中心

专业型配送中心是专门配送某一类商品的配送中心，如食品配送中心、日用品配送中心、医药品配送中心、化妆品配送中心、家电品配送中心、电子产品配送中心、书籍产品配送中心、服饰产品配送中心、汽车零件配送中心、生鲜处理中心等。由于所配送的产品不同，配送中心的规划方向也就完全不同。例如，生鲜品配送中心主要处理的物品为蔬菜、水果、鱼肉等生鲜产品，属于低温型的配送中心，是由冷冻库、冷藏库、鱼虾包装处理场，肉品包装处理场，蔬菜包装处理场及进出货暂存区等组成的，冷冻库的温度为-25℃，而冷藏库的温度为0℃~5℃（又称为湿货配送中心）。而书籍产品的配送中心，由于书籍有新出版、再版及补书等特性，尤其是新出版的书籍或杂志，其中的80%上架，直接理货配送到各书店去，剩下的20%左右库存在配送中心等待客户的再订货。另外，书籍或杂志的退货率非常高，达到3~4成。因此，在书籍产品的配送中心规划时，就不能与食品、日用品的配送中心一样。服饰产品的配送中心也有淡旺季及流行性等的特性，而且，较高级的服饰必须使用衣架悬挂，其配送中心的规划也有其特殊性。对于不同种类与行业形态的配送中心，其作业内容、设备类型、营运范围可能完全不同，但是就系统规划分析的方法与步骤有其共同之处。配送中心的发展已逐渐由以仓库为主体的配送中心向信息化、自动化的整合型配送中心发展。值得注意的是，一些大规模的连锁企业常常选择专业型配送中心。对于部分商品的配送有时也可以考虑利用他人成熟的专业配送系统，例如，英国的香蕉流通主要由三大公司控制，它们拥有几十年的经验，能规范、有效地进行香蕉配送，因此，英国连锁超市不需要建立香蕉配送中心。

2. 综合型配送中心

综合型配送中心是指那些配送多种货物或商品的配送中心，诸如既有日用品、工业品，又有鲜活食品、副食品。对于规模不大的连锁企业来说，常常配备综合型的配送中心，负责配送连锁门店的绝大部分商品，否则不易形成规模效益。

三、配送中心的组织结构

(一)连锁经营企业物流组织发展的五个阶段

1. 第一阶段的组织结构

连锁企业物流组织最初的组织结构一般是分割形式的，并没有综合的物流部门，不同的物流活动被分配到传统的职能部门中（如市场营销部、财务部、商品部等）。图4.17所示，显示了在没有综合物流部时的组织结构形式。在这样分割形式的组织结构中，综合物流系统的优点并没有体现出来。由于部门间缺乏交流，综合物流常常是次优化的，不能充分发挥其在提供竞争优势方面的潜力。

2. 第二阶段的组织结构

连锁经营企业发展到第二阶段时，开始出现配送部门。这个部门是一个单独的管理部门。图4.18所示，描绘出这种组织结构的形式，转移的物流活动以"+"表示。图4.8中，市场营销部将其50%的物流活动归并给配送部，商品部门将部分物流活动归给配送部，财务部没有变化。在第一阶段中连锁企业的物流工作主要是控制配送、商品仓储、物流管理、物流控制、物流系统计划等。在第二阶段中的物流组织,管理趋势是着重于以下几个方面:减少承运人、减少绝对库存、改善车辆的使用情况、关闭重复的设施、减轻工作负担。在这个阶段中,连锁企业很少收集配送方面的数据用来支持决策,而且配送也没有形成真正的领导地位,配送经理一般只有有限的权限与技能。连锁企业从第一阶段发展到第二阶段,可以节省约10%的成本。

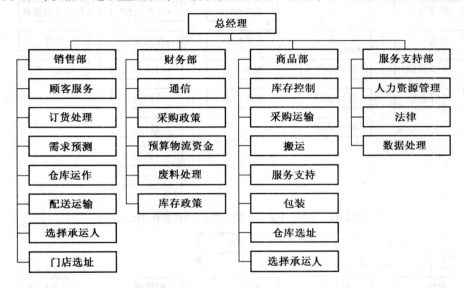

图4.17 连锁经营企业第一阶段的物流组织结构图

3. 第三阶段的组织结构

在第三阶段的物流组织中,配送经理的工作增加了订货处理、顾客服务、库存控制等内容(图4.19)。在这个阶段,销售部门和商品部(生产部)已经被取消了绝大多数的物流功能,一些配送经理的工作头衔改成了物流经理。这个阶段重组的障碍是那些因移交物流活动而失去权利的部门。在这个发展阶段,中层或高层经理,包括营销、商品(生产)、财务部门的经理应该已经受过综合物流知识方面的培训,认识到综合物流可以保证企业整体目标的实现,提供更高水平的顾客服务。

第二阶段的配送经理强调运输,而第三阶段的配送经理强调预算。这些配送经理在物流管理中的主要工作有规划物流系统以获得绩效的回报、巩固综合物流组织、执行综合物流措施等。配送经理采取的具体战术有重新计划配送网络,减少订货过程中的纸面工作,采用ABC分类法进行库存管理,更好地协调采购与库存管理的关系,更密切地进行库存监控。如果组织得当,这个阶段比上一阶段可节省约15%的成本。

4. 第四阶段的组织结构

在第四阶段中,物流被看作是具有独立功能的部门,连锁企业开始有自己的物流经理(图4.20),所有的物流活动都由物流经理管理。在这个阶段,综合物流还不是十分明显,综合物流

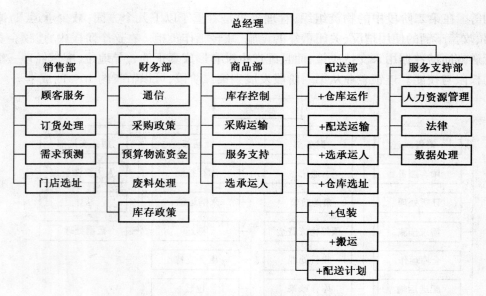

图 4.18 连锁经营企业第二阶段的物流组织结构图

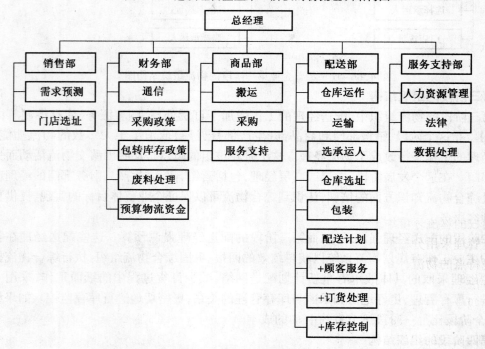

图 4.19 连锁经营企业第三阶段的物流组织结构图

的战略也没有被包括在最高的战略决策中。然而,连锁企业的管理层已能理解综合物流对实现企业总目标的重要性。其他职能部门的经理也意识到综合物流的纽带作用,能够帮助他们取得持续的竞争优势。他们也意识到综合物流仅仅是服务定位的,物流是以合适的成本、既定的服务水平,将商品提供给顾客时所提供的必要的帮助。

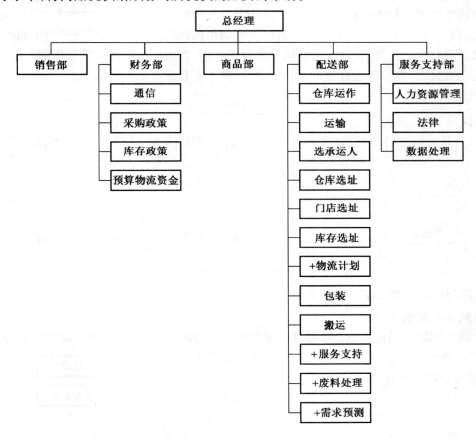

图 4.20　连锁经营企业第四阶段的物流组织结构图

在集权的物流环境中,物流活动都是由一个人来总控制,这个人通常是公司的最高领导。如果物流管理采用分权形式,物流政策由物流经理在总部制订,但允许不同的地区管理部制订适合本地特点的物流计划。通常,随着公司的规模不断扩张,结构更加复杂,更多地倾向采用分权的方法。

在第四阶段中的综合物流经理比前几个阶段更加专业化。在这样的企业环境中,综合物流经理负责平衡成本与服务、规划信息系统、改善各职能部门的合作关系,制订计划和进行预算、评估成本——服务盈亏平衡点、评估物流绩效等工作。为了实现物流目标,物流经理所采用的具体战术有制订正式的库存计划、分析顾客利润率、设定顾客服务目标及评估供应商绩效。与第三阶段相比,此阶段可减少 15% 的成本。

5. 第五阶段的组织结构

第五阶段的物流组织结构应该是矩阵式的。与前面几个组织结构比较,在矩阵式的组织结构(图4.21)中,综合物流才真正成为服务性的部门。它可以帮助协调从商品采购、商品储存到商品销售的整个物流过程。就像法律部门可以为销售、财务、商品等其他部门提供基本服务一样,实质上,此时的物流经理已经充当协调者的角色,是连接综合物流与其他功能的螺栓。只有在总经理的全力支持下,矩阵式结构才能发挥作用,因为它是一种团队工作的方法。由于这种结构在责任、职权和沟通方面的复杂性,所以要不断监控才能确保成功。

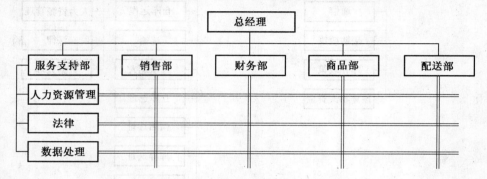

图4.21 连锁经营企业第五阶段的物流组织结构图

(二)配送中心的组织结构类型

1. 直线职能制组织结构

直线职能制组织结构也称金字塔式组织结构,是一种按配送的基本职能来层层划分的,在这种模式下,下级对上级负责,上级的工作内容是监督下级,配送中心的经理负责所有的活动,如订货、库存、保管、运输、配货、客户服务等。其组织结构见图4.22。

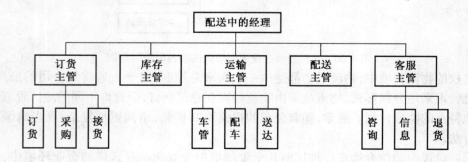

图4.22 配送中心的直线职能制组织结构图

2. 职能型组织结构

职能型组织结构是指企业按职能划分部门来组织经营活动,可体现企业活动的特点。配送中心是利用其高效、快速的配送能力实现商品顺畅流通的,其基本职能是营销、储运和财务,同时还包括一些保证经营活动顺利进行的辅助性职能,如人事、公共关系、法律事务等。在组织发展上,这样的配送中心在从事配送工作的同时还注重商品的开发与销售。所以这样的配送中心与一般的配送中心不同之处在于它是具有各种功能的物流组织,而且多了商品开发、业务开发与营销企划部门,见图4.23。

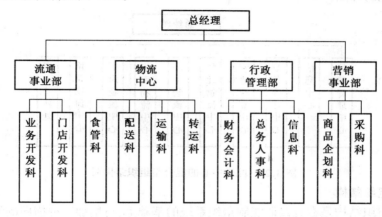

图4.23 配送中心的职能型组织结构图

3. 区域型组织结构

区域型组织结构在经营范围分布很广的企业中,应按区域划分部门,建立区域型组织结构,即将一个特定地区的经营活动集中在一起,委托给一个管理者去完成(图4.24)。区域型配送中心强调的是网络,对企业的机动性要求强,要求配送中心能够立即适应变动的环境,有较高的任务协调能力及明确的绩效责任。按区域划分部门可以调动各地区管理者的积极性,加强各地区各种活动的协调,还可以减少运输费用和时间,降低配送成本。但也存在着需要较多管理人员,造成机构重复设置、高层管理者难以控制各地区管理工作的问题。

图4.24 配送中心的地区型组织结构图

4. 混合型组织结构

目前在市场成立了越来越多的专业配送中心,它们属于第三方物流。这些公司是将商品从制造商或进口商运至零售商的中间流通者,提供企业的物流支援活动,收取商品价格的某百分比来作为收入来源。这样的物流组织强调以构建全国或区域性的配送网络与全程运输、短途配送能力的结合为主。所以其在组织设计上多采用混合式的结构(图4.25),强调地区性物流中心的独立性与跨区域性物流服务的联结,以一体性系统的物流组织作为服务架构。所以混合型物流组织就是指利用综合功能型物流组织与地区型物流组织的设计要素的优点来设定物流组织。它的特点是部门间及部门内的协调可以同时进行,结合功能型组织的效率及地区型组织适应环境的优点。

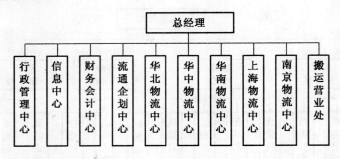

图4.25 配送中心的混合型组织结构图

5.矩阵型组织结构

矩阵型的组织结构是在直线职能制组织系统的基础上,再增加一种横向的领导系统,组成一个为完成一个特定规划任务的机构(图4.26)。这种组织的成员,一般都接受两个方面的领导,即在工作业务方面接受原单位和部门的垂直领导,而且在执行具体规划任务时,接受规划任务负责人的领导。这种组织的优点是:机动、灵活,可随项目的开发与结束进行组织或解散,避免各部门的重复劳动,使管理方法更具专业化。

配送中心的计划与运作往往贯穿于配送中心各种职能之中,配送中心经理负责整个配送系统的管理,但对其中的活动并没有直接的管辖权。配送中心分享职能部门的决策权,各项费用的支出,不仅要通过各职能部门的审查,还要通过配送中心经理的审查。各部门协调合作以完成特定的配送作业。矩阵型组织结构见图4.26。

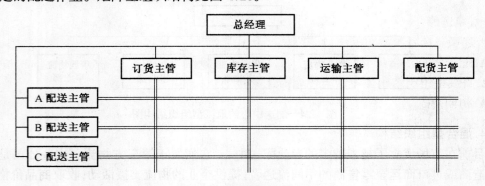

图4.26 配送中心的矩阵型组织结构图

本章小结

连锁企业由于其特殊的经营特点,使得其组织结构和具体职能与传统商业的组织形式有着明显的不同。连锁企业组织结构和职能的确立是连锁企业发展的重要环节。一个连锁企业的组织往往同时面临提高内部效率和增强外部适应性的要求,即组织设计必须满足三方面的需要:目标市场的需要、公司管理部门的需要和员工的需要。

连锁总部是连锁企业经营管理的核心,它除了自身具有决策职能、监督职能外,主要承担整体经营的设计功能。其基本职能是:制定基本政策、连锁门店开发、商品采购管理、商品的物流配送管理、资金运作管理、商品促销管理、门店营运督导等。连锁总部的组织结构形式一般可分为两种模式,即总部管理模式和地区管理部管理模式。

门店是连锁经营的基础,主要职责是按照总部的指示和服务规范要求,承担日常销售业务。因而,门店是连锁总部各项政策的执行单位,不折不扣、完整地把连锁企业总部的目标、计划和具体要求体现到日常的作业化管理中。连锁门店的组织结构相对较简单,因为连锁企业实行的是商品采购、配送、财务等作业的总部集中性统一管理。而门店的组织结构主要视门店的性质、业态特征、规模大小以及商品结构等因素的不同而有所差异。

配送中心是位于物流节点上,是连锁企业的物流机构,专门从事货物配送活动的经营组织或经营实体。配送中心有集中采购、储存保管、分拣、分装、流通加工等功能。配送中心的组织结构要按照其发展的阶段、规模的大小设计不同的组织结构。

连锁企业组织结构设计必须注意:店面经营部与采购部门的协调、配送中心的设置、地区性管理组织或事业部组织的设置。顾客、信息化技术等成为促使必须对连锁经营组织变革的主要影响因素,组织战略、社会发展、技术创新、组织成长、组织文化等连锁企业组织变革应考虑的关键因素。

练习题

一、单选题

1. 连锁总部各项政策的执行单位是 (   )
   A. 配送中心　　　B. 门店　　　C. 管理者　　　D. 职能部门

2. 直线型组织结构主要适用于连锁企业的 (   )
   A. 初创阶段　　　B. 扩张阶段　　　C. 成熟阶段　　　D. 衰退阶段

3. 区域型配送中心强调的是 (   )
   A. 人员　　　B. 管理　　　C. 技术　　　D. 网络

4. 当连锁企业经营商品的种类数目多,成为多元化的企业时,连锁企业可采取的组织结构是 (   )
   A. 事业部型　　　B. 直线职能型　　　C. 区域型　　　D. 混合型

5.物流被看作是具有独立功能的部门,属于连锁经营企业物流组织发展的（ ）
A.第一阶段　　　　B.第二阶段　　　　C.第三阶段　　　　D.第四阶段

二、多选题

1.连锁门店的职能包括（ ）
A.店面环境管理　　B.信息管理　　C.商品管理
D.现金管理　　E.人员管理

2.按配送中心的设立者分类,配送中心分为（ ）
A.制造商型　　B.批发商型　　C.零售商型
D.专业物流型　　E.加工型

3.从事配送业务的物流场所或组织,应基本符合的要求有（ ）
A.主要为特定用户服务　　B.配送功能健全　　C.完善的信息网络
D.少品种　　E.小批量加工

4.连锁总部的职能包括（ ）
A.连锁门店开发　　B.资金运作管理　　C.商品物流配送管理
D.商品的促销管理　　E.门店营运督导

5.连锁企业的管理模式包括（ ）
A.专业管理模式　　B.事业部管理模式　　C.总部管理模式
D.混合管理模式　　E.地区管理部管理模式

三、判断题

1.连锁门店的组织结构会因为门店的性质、业态特征、规模大小、商品结构等因素而有所差异。（ ）
2.门店的基本职能包括基本政策的制订。（ ）
3.连锁总部的职能包括决策职能和监督职能。（ ）
4.配送中心是连锁企业经营管理的核心。（ ）
5.由于跨区域连锁企业的门店分布范围广、数量较多,宜采用即"总部—区域管理部—门店"的三级组织模式。（ ）

四、名词解释

配送中心　组织结构　区域型组织结构　零售商型配送中心　专业配送中心

五、简答题

1.简要说明连锁总部的管理模式。
2.简要说明百货店的特点。
3.便利店的特点是什么,主要设置哪些部门?
4.简要说明配送中心的功能。
5.简要说明配送中心的直线职能制组织结构的构成。

六、论述题
1. 阐述连锁总部组织结构设计的类型。
2. 阐述百货店主要设置哪些部门。
3. 阐述配送中心的类型。
4. 阐述连锁经营企业物流组织的发展阶段。
5. 阐述配送中心组织结构类型及特点。

七、案例分析题

家业达从单一区域到跨区域连锁经营的组织变革

1992年7月,木匠出身的严征注册成立了家业达家私实业有限公司。1995年,他又建立了家业达家私展厅。自此,家业达由家具生产转型为生产与展销并举的业态模式。1997年,严征去意大利考察,发现高档家具商场很受欢迎,而且是当地家具展销的主要业态。于是,于2000年兴建了"家业达家具商场",该商场成为当时该省最大的家具展销和集散中心。三年后,家业达又投资兴建了一家高档家具商场,并命名为"家居博览中心"。2004年,家业达家具卖场销售收入达到了20亿元,在该省家具市场占到30%左右的份额。这个成绩奠定了家业达在本土家具展销市场上的领导地位。

事实上,自1996年到2005年,家业达不但兴建了家具博览中心,而且原来的家具制造业发展势头良好,尤其在儿童家具领域进入了行业前列。除此之外,家业达还购买土地经营工业园开发,兴建古玩商城、低档家具城、电子和办公用品商场。这样一来,公司总共拥有了6个不同的业态,是一家名副其实的集团公司。在这个时候,企业朝向何处走,这一问题摆在了严征的面前。2005年5月,德路科咨询小组提出了一个大胆而又令人振奋的建议:以招商式高档家居博览中心为主营业务,走连锁经营的发展道路,以该省为中心,向周边乃至全国扩张布局,而对于其他业务,则逐渐予以剥离。

实施跨区域连锁化发展,是家业达之前从未有过的经验,公司自身也没有经验丰富的管理人才,对于这一业态的准备工作几乎是空白。走跨区域连锁经营之后,仅仅依靠电话、电子邮件、视频通信类的管理手段,无法实现真实的管控。在调研分析会上,项目组组织研讨并初步进行了归纳,认为主要面临以下四个方面的挑战:跨区域连锁的项目投资经验不足、商场运营标准化的管理体系不成熟、集团总部的跨区域管控系统不具备、缺乏合格的店长人员储备。

面对上述挑战,基于战略的要求,公司首先从根本的组织模式上进行了变革。鉴于当前处于跨区域发展的起步阶段,选择了总部直接管理各个博览中心的模式,并有设置类似区域管理中心的机构,以减少管理指挥和信息反馈的层次。这样一来,总部不但可以直接管理各个商场,推动总部政策的落实,同时也可以第一时间从一线获得经营的信息,以提高总部决策的速度和准确度。至于未来,待集团在单个区域开店超过四家以上的时候,再考虑逐步设置区域管理中心。

(资料来源:博锐管理在线.)

问题：
1. 家业达的发展战略是如何转变的？其转变是否正确？
2. 家业达为什么要进行组织结构的变革？
3. 家业达在跨区域发展中处于哪一阶段,应选择什么样的管理模式？
4. 家业达选择这样的管理模式有什么好处？
5. 请为家业达总部设计组织结构图。

第五章

连锁经营人力资源管理

【本章学习目标】

通过本章学习,了解岗位设置的概念、掌握连锁经营的总部、门店、配送中心应设置的主要岗位及相应的人员配备,能够运用人员招聘的方法,进行科学的人员招聘,使企业达到合理的人员配备,掌握连锁企业人员培训及考核的方法,使连锁企业的培训与考核体系更加科学。

【本章主要概念】

岗位设置　人员配备　人员招聘　岗位说明书　人员培训　人员考核

【案例导读】

深圳市好家庭体育用品连锁经营有限公司人力资源管理问题

深圳市好家庭体育用品连锁经营有限公司创建于1994年,公司一直秉承"倡导健康生活新概念,最大限度满足民众对健康生活的需求"的企业宗旨,以信息化、现代物流、个性服务为基础的运营模式,依托全国市场网络,全面服务于中国康体市场,现已成为国内康体产业最富创新能力、最有知名度和最具实力的公司之一。近几年来,在统一的品牌指引下,企业不断探索与国际先进模式相对接的专业营销体系,努力追求"诚信、卓越、健康、服务"的经营理念,完善了一个务实、创新、有远见的管理团队,形成了健身器材和体育用品连锁经营、专业健身器材国际化合作经营、康体路径全新概念推广经营、专项体育用品和俱乐部投资管理五大业务体系。

由于企业对管理的重视不够,好家庭最近两年发展缓慢,发展遇到较大瓶颈。其主要问题如下:企业缺乏正确、规范的使命、愿景,企业家的理念没有转化为明确、统一的具体的企业理念和管理原则;总部业务部门职能定位不清晰,统一、强有力的总部市场和销售管理部门尚未建立;企业缺乏明确的战略制定程序和依据,战略制定过程缺少"集思广益",并且高层很少参与战略制定过程,对战略目标的认同度不高;公司的目标没有真正转化为各级管理层的工作目标;总部对分支机构缺乏管理支持、指导、监督,集权与分权的关系没有处理好,存在一定失控现象(分支机构执行力差),总部与分支机构的关系类似"供应商和客户的关系";公司没有遵循基本的组织管理原则,缺少奖励和惩罚机制,对高管缺少激励和约束机制,导致积极性不高;人力资源管理体系非常薄弱,没有基本的薪酬和考核制度,全国的政策不统一。因此迫切需要解决制约业务发展的管理问题,特别是人力资源管理问题尤为重要。

(资料来源:世捷咨询.)

从以上资料可以看出,企业的连锁经营要想取得成功,发展迅速,必须有强大人力资源管理体系作为保障。深圳好家庭体育用品连锁经营有限公司,没有进行合理的岗位设置、职责划分,更缺乏招聘、培训、考核等机制,使其发展遇到较大瓶颈。然而,连锁企业如何进行岗位设置?如何进行人员招聘以达到合理的人员配备?连锁企业如何进行人员培训和考核,保证企业内在的激励性?这正是本章所要阐述的内容。

第一节 岗位设置

一、岗位设置的概念与原则

(一)岗位设置的概念

岗位设置是指在工作分析的基础上,确定组织需要什么样的岗位(即岗位的类别)和多少岗位(即岗位的数量)。岗位的设置是以明确的岗位职责和合理的分工为基础,以合适的任职条件作为保证的。一定时期内,组织存在多少工作量饱满且连续的同类型工作,就需要设置多少岗位。进行岗位设置是一件非常重要且必要的工作。它体现的不仅仅是组织发展的现状和未来趋向,还能体现各个岗位之间的流程关系。进行好的岗位设置除了明确职责,划分工种范围外,对于组织效率的提高起到非常大的作用。

(二)岗位设置的原则

1. 任务目标原则

任何一个企业在不同的发展时期都有其特定的目标,岗位的调整、增加、合并或取消都应以实现目标为衡量标准。根据任务需要招聘员工,才能保证连锁企业的营运效率。

2. 协调配合的原则

岗位设置必须从整体出发,考虑上下左右协调配合的关系。各个岗位要在整体目标、任务下有明确的分工,并在分工的基础上形成一个协调配合、优化组合的岗位群体。连锁企业机构设置要做到分工合理、协作明确,对于每个部门和每个员工的工作范围、工作内容、相互关系等都应有明确的规定。

3. 能级原则

能级是指组织机构中各个岗位的等级。不同的工作层次、不同的工作性质、不同任务,职责不一样,难易程度也不一样,对岗位的要求也不一样。岗位应从低岗设起,避免低岗位能承担的职责和任务,而设高的岗位。一般来说,在一个企业、单位中,岗位能级从高到低可以分为四大层次,分别为决策层、管理层、执行层和操作层,呈上小下大的阶梯状、金字塔形结构分布。

4. 精减原则

企业设置岗位的数量应限制在能够有效地完成企业的任务所需岗位的最低数。某一机构岗位数量的多少,取决于该机构在整个系统中的地位和作用,取决于该机构任务的多少、复杂程度,以及人员的需求和经费状况等。一个岗位能承担和完成的,不能设两个岗位,以达到少投入、获得最高效率和最大效益。

5. 责权利相对应的原则

该原则要求权力与责任、才能与职位相对称。每个工作岗位都需要不同技能、知识、经验的人才,为此,要按照每个员工的知识、技能、兴趣、经验,安排适当的职位。

二、连锁总部主要部门的职责

(一)开发部门的主要职责

开发部门主要负责新门店开发与老门店改造的计划与推进,其主要职责如下:

(1)选址标准的确定;

(2)新开店或加盟店的商圈资料调查,包括人口数、家庭结构、收入水平、消费偏好、行业竞争状况;

(3)估算投资回收期和投资收益率,交财务部审核以申请店面开发资金;

(4)店面营业设备的采购与安装,编制新开店投资预算;

(5)新开店工程的监督和验收,也就是按照制订店面建设、装修、设计的统一标准建设新店,进行内外部装修,但要对工程进度和质量进行严格监督和控制;

(6)制订店面营业设备的使用和保养制度,监督和不定期检查店面执行情况。

(二)企划部的主要职责

企划部是公司的参谋部,主要是把握公司经营现状和宏观环境动态,就公司的组织发展与

经营事业制定和调整战略目标与规划,供总经理及其他部门参考,其主要职责如下:

(1)拟定年度季、月营销计划;

(2)负责市场资讯的收集、分析与呈报,制定营销策略,包括短、中、长期营销策略的发展与拟定;

(3)广告宣传及各项活动的规划执行;

(4)广告促销计划的统筹、规划与督核;

(5)门店制作物的设计、规划及门店布置,包括门店配置图(台账图)规划、门店图形的绘制、宣传及美工、广告文字的作业、门店POP作业;

(6)负责媒体与报纸杂志的相关事宜,包括联络沟通事宜、效益评估事宜、各项刊物及制作物的设计、规划;

(7)协助营运部达成营运目标,撰写营销专案计划,进行年度、季、月各项广告与促销计划的规划,工作分配与各组工作的指导与监督;

(8)门店促销活动的相关事宜,包括门店促销活动教育,指导与执行督导,促销活动现场的布置与彩排,促销成果的回报与修正建议,其他有关宣传与促销现场的执行事项,相关资料的存档(如企划案、相片等)。

(三)营运部门的主要职责

连锁体系中一般均设有营运部,总部营运部主要是根据连锁总部所制定的规范标准,对连锁门店的日常经营作业进行计划、督导和评价,以保证门店作业标准化。其主要职责如下:

(1)公司营业目标的执行、分析与报告;

(2)根据区域各分店的具体情况(如市场环境、经营规模、经营状况与潜力等)分解并具体化后下达各分店,制订门店年度销售计划,拟订门店年营业目标;

(3)编制年度总营业费用预算的报告;

(4)店面岗位责任、作业规范、服务规范的制定,督导各区域门店服务及加盟营运;

(5)店面经营指导,包括商品陈列、POP广告设置、店员培训;

(6)分店、分区域促销计划的制订和执行;

(7)监督并指导各门店人事考核、奖惩分配、员工提升、降级和调动建议的作业情况;

(8)各区店面经营业绩的考核制度的制订与执行;

(9)定期以书面形式向连锁企业最高管理层汇报营运部工作情况,汇报各连锁门店作业中出现的主要问题、产生这些问题的原因以及提出相应的改进办法。

(四)物流部门的主要职责

总部的物流部门涉及整个企业的采购、储存、运输等职能,其主要职责如下:

(1)商品采购制度的制订与执行;

(2)商品货源的把握与开发,供应商的档案管理;
(3)制定和执行全公司各品种商品的计划;
(4)商品配送制度、仓库管理制度的制订与执行;
(5)商品采购价格的谈判与制订;
(6)新商品开发与滞销商品的淘汰;
(7)物流活动的开展与管理,包括到货商品的验收、保管与维护、适当的流通加工(如分装、配组等)、库存控制、对各分店的商品配送服务。

(五)财务部门的主要职责

连锁企业的财务部门是至关重要的,从连锁企业整个营运过程来看,要控制企业的营运资金,主要包括投资资金、流动资金和货币资金。
(1)资金运用计划的制订,资金管理与调度;
(2)资金筹措、分配与使用等管理制度的制订;
(3)编制各种财务报表、会计报表与分析报告;
(4)审核各部门开发项目的投资预算或经营活动的经费预算,保证资金供给与提出预算修改建议;
(5)审核各项费用、进货凭证;
(6)经营费用管理制度的制订与执行情况的监督,营业成本控制工作的监督;
(7)公司的财务收支,包括供应商货款的结算、税金交纳;
(8)总部与各分店财务核算制度的制订与执行;
(9)内部审计,对各分店(以及配送中心)实行定期盘点作业监督和不定期的盘店抽查;
(10)会计计算机系统作业与管理。

(六)行政部门的主要职责

行政管理在企业中主要有管理、协调和服务三大功能;其中管理是主干,协调是核心,服务是根本。行政管理部门推动和保证着企业生产、资金、销售、开发等业务的顺利进行和相互之间的协调。其主要职责如下:
(1)保持和促进良好的公共关系,包括与消费者协会等民间组织以及工商、税务、消防等官方机构的良好关系的协调;
(2)下级单位运作事项稽查与协助;
(3)制度的制定与执行;
(4)办公用品采购与管理制度的制定与执行;
(5)会议的参与;
(6)会议的召开与主持;

(7)各部门提供良好的工作秩序和工作环境；
(8)健全保安的各项制度,做好消防、治安、防盗工作的指导和管理；
(9)保护企业的各项设施,保证企业财产安全；
(10)对投诉者的投诉,作出回复,监督有关部门处理,或上报总经理责成有关部门处理。

(七)人力资源部门的主要职责

(1)制订公司人力资源计划；
(2)员工任免迁调考勤、考绩、奖惩、退休及抚恤办理事项；
(3)公司劳动工资、福利待遇、岗位考核、人事变动等人事制度的制订与执行；
(4)员工出勤、公差、请休假管理事项；
(5)劳动人事合同和档案管理；
(6)制订年度教育训练计划、编制预算；
(7)人力资源开发,包括员工招聘和员工培训(岗前培训、再培训、在职培训)计划的制订与执行；
(8)各项保险业务办理事项；
(9)公司人际关系与员工士气调查、分析、发扬、改进；
(10)内部师资的培养,配合营业单位执行各级训练、专案训练事宜。

(八)信息服务部门的主要职责

(1)公司管理信息系统的开发和维护,包括硬件设备的购置安装和软件的设计,总部的主机系统及各分店、配送中心终端的连接；
(2)商品经营部进、销、存各环节的数据统计整理和分析,满足有关经营部门对经营商品信息的需要,为提高商品管理水平服务；
(3)定期或不定期地自主或应有关经营部门要求展开专题市场调研活动；
(4)保持与外部环境的密切联系,随时随地搜集消费需求变动趋势、行业竞争状况、经济景气等有关信息,进行加工处理,作出分析报告,供有关部门决策参考。

三、连锁门店主要岗位的设置

由于连锁经营适用行业广泛,不同行业的业务性质不同,其门店的岗位设置也会有所不同,这里主要以从事与零售有关的连锁企业为例,介绍门店各岗位的职责。

(一)店长的岗位职责

店长是一个门店的核心人物,他要对门店的运作进行统筹安排,对门店的运行负责。店长是总部政策的执行者,是门店经营活动的指挥者。其直属部门是营运部；直属上级是地区营运部总监；适用范围为各门店店长。店长的主要职责如下：

(1)制订门店销售、毛利计划,并指导落实;
(2)全面负责门店管理及运作,传达并执行营运部的工作计划;
(3)负责与地区总部及其他业务部门的联系沟通;
(4)负责门店各部门管理人员的选拔和考评;
(5)监督门店的商品进货验收、仓库管理、商品生动化陈列、商品质量管理、商品损耗等作业活动;
(6)审核店内预算和店内支出;
(7)负责门店人员的培训;
(8)门店各项促销计划的制订与执行;
(9)加强防火、防盗、防工伤、安全保卫工作;
(10)授权值班经理处理店内事务;
(11)负责店内其他日常事务。

(二)副店长(助理店长)的岗位职责

副店长(助理店长)的直属部门是营运部,直属上级是店长,适用范围为各门店副店长(助理店长)。其主要职责如下:

(1)制定各部门量化工作指标,追踪各部门报表完成情况,及时采取纠正措施并将异常情况反馈店长;
(2)在店长的领导下行使分管部门工作或被授权处理店长不在时的店内事务;
(3)对店内人员的合理定编、增编、缩编,向店长提出建议;
(4)审查各部门员工业绩考评记录,并报店长;
(5)检查各部门"营运规范"的执行情况,并组织辅导、考评;
(6)起草各项规章制度和通告,完善各管理机制;
(7)制度审批后,负责向下属部门解释、传达、监督并反馈其执行情况;
(8)与政府职能部门联系、协调,保证商场的正常运作;
(9)起草店内各项费用预算及其送审、申报工作;
(10)做好消防安全,及时处理各项突发事件;
(11)加强各部门间的沟通与协调,及时了解情况,并提出整改意见;
(12)了解管理人员和员工的思想动态并予以正确引导。

(三)财务部主管的岗位职责

财务部主管的直属部门是行政部,直属上级是行政部经理,适用范围为各门店财务部主管。其主要岗位职责如下:

(1)协助收集整理预算编制、预算控制;

(2)负责店内的现金、支票、计票等管理；

(3)负责店内的现金、支票等的管理和传递；

(4)检查每天收银结款工作,分析结款差异；

(5)按照公司要求,准备店内合理额度的备用金；

(6)负责现金办公室(金库)的管理；

(7)与总部财务部保持工作联系；

(8)保持与银行有关职能部门的联系,维护商场良好的外部环境；

(9)整理销售、进货管理的资讯,并对异常提出报告。

(四)收银员的岗位职责

收银员的直属部门是收银部,直属上级是收银部主管,适用范围为收银员、现金室人员、前台人员。收银员的主要岗位职责如下：

(1)确保收银动作的规范化、标准化,提高收银速度和准确性；

(2)公司财产(如收银机、验钞机、收银台、计算机等)的保养；

(3)提高警惕,注意防盗,确保顾客所购的每件商品均已收银,不得遗漏；

(4)保证充足的零用钱,并识别伪钞；

(5)各种票据和文件的收集、保管和传递；

(6)负责收银区前台的清洁卫生；

(7)清楚商品的分类编码及价格情况和促销活动内容；

(8)迅速并礼貌地完成收银和商品装袋工作；

(9)按规定将现金上缴；

(10)为顾客提供良好的服务,回答顾客咨询；

(11)协助盘点和对前区的商品进行理货、补货。

(五)客服员的岗位职责

客服员的直属部门是顾客服务部,直属上级是客服部主管,适用范围是客服员、播音员、存包员。客服员的主要岗位职责如下：

(1)接受符合会员资格的单位或个人的办卡申请；

(2)大宗会员、顾客的登门拜访和接待；

(3)所有工作区域(客服台、存包处、赠品发放处、电器检测区、退货处、顾客入口处)随时清洁卫生；

(4)熟悉各部门分工、商品陈列情况、经营原则,了解公司阶段性促销方案及特价商品的快讯；

(5)顾客投诉的处理和记录；

(6)顾客的退/换货处理。当顾客前来要求退/换货时,检查其是否符合退/换货要求;楼面主管来领取退/换货时,必须仔细核对其清单上的内容并签字确认;

(7)顾客存/取包;

(8)负责促销商品的赠品发放;

(9)接受顾客咨询;

(10)超市快讯的追踪、分发;

(11)全店的广播服务工作;

(12)爱惜公司财产(如播音系统、计算机、会员卡打卡机、过塑机等),并定期检查。

(六)理货员的岗位职责

理货员的直属部门是门店食品部、百货等各部门,直属上级是各部门主管、副主管,适用范围是各部门的理货员。理货员的主要岗位职责如下:

(1)保障库存商品销售供应,及时清理端架、堆头和货架并补充货源;

(2)保持销售区域的卫生(包括货架、商品);

(3)保持通道的顺畅,无空卡板、垃圾;

(4)按要求码放排面,做到排面整齐美观,货架丰满;

(5)及时收回零星物品和处理破包装商品;

(6)按照规范要求打印价格卡和条形码,保证销售区域的每种商品都有正确的条形码和正确的价格卡,剩余的条形码及价格卡要收集,并统一销毁;

(7)整理库存区,做到商品清楚,码放安全,规律有序;

(8)先进先出,并检查保质期;

(9)事先整理好退货物品,办好退货手续;

(10)微笑服务,礼貌用语;

(11)理货员随身携带:笔一支、刀一把、手套一副、封箱胶、便签若干,各种货架的配件要及时收回材料库,不能放在货架的底下或其他地方。

(七)导购员的岗位职责

导购员的直属部门是门店食品部、百货等各部门,直属上级是各部门主管、副主管,适用范围是各部门的导购员。导购员的主要岗位职责如下:

(1)热情回答顾客的问题,并帮助顾客选购商品;

(2)为顾客提供必要的服务,如装袋、称重等;

(3)协助理货员进行商品陈列、商品盘点和价格标签的粘贴更换;

(4)作为后备收银人员随时加入收银工作;

(5)协助店长处理顾客抱怨问题。

(八)防损员(保安员)的岗位职责

防损员(保安员)的直属部门是防损部(保安部),直属上级是防损部(保安部)正、副主管,适用范围是消防员、稽核员、监控员、安全员。防损员(保安员)的主要岗位职责如下:

(1)负责本店顾客、员工和外来人员的安全管理;

(2)负责本店商品和资产的安全管理;

(3)负责本店收银区、金库、送款等钱财安全;

(4)负责本店消防安全管理,定期进行消防设备检查、消防隐患检查,制订火灾应变措施并组织执行,做好全员消防安全教育;

(5)负责突发事故处理,包括买卖纠纷、盗窃、蓄意破坏、干扰、停水、停电、风灾、水灾、地震等应变及突发事件发生时的人员疏散;

(6)车辆、门锁、钥匙管理;

(7)开门、关门作业,开门前检查所有上锁门是否正常,在职值班保安员巡场检查关门前清场,关门后定时监视报警;

(8)专业文件归档、保管;

(9)在营业时间内对收银区连续监控,保证钱财安全,维护顾客财物不受损失;

(10)员工通道管理;

(11)货物进出管理;收货区检查厂商携带出入商场的物品,核对携出人身份与表上所列是否相同,携出日期与所填日期是否为同一日,携出物品与表上所列是否相同,检查交货完毕车辆是否夹带本商场设备及商品;

(12)处理和平息顾客与顾客,顾客与员工,员工与员工之间在现场发生的冲突;

(13)稽核顾客的购物是否与销售明细表相符,确保顾客无遗漏商品。

四、配送中心主要岗位的设置

配送中心的岗位设置应根据配送中心的作业流程来决定。一般来讲,配送中心可以设置以下岗位。

(一)采购或进货管理组

采购或进货管理组主要负责订货、采购、进货等作业环节的安排及相关的事务处理,同时负责对货物的验收工作。

(二)储存管理组

储存管理组负责货物的保管、拣取、养护等作业的运作与管理。

(三)流通加工组

流通加工组主要负责按照要求对货物进行包装和加工。流通加工组的主要职责如下:

(1)进、出货作业;
(2)卸货;
(3)仓库货物的拣取;
(4)每日仓库货物盘点;
(5)货品的安全维护;
(6)流通加工。

(四)配货组

配货组根据顾客订货的要求和组织运输的要求,对于出库的商品进行分拣、拣选和配货(组配)。

(五)运输组

运输组负责制订合理的运输方案,调度车辆和人力,将货物送交客户,同时对完成的配送作业进行确认。

(六)营业管理组或客户服务组

营业管理组或客户服务组负责接收和传递客户的订货信息和送达货物的信息,处理客户投诉,受理客户退换货请求。

(七)账务管理组

(1)负责核对进、出货表单、库存管理表单、配送完成表单等;
(2)协调、控制、监督整个配送中心的货物流动;
(3)负责管理各种费用发票和物流收费统计、配送费用结算等工作;
(4)客户单据的核对、评估、签收与运费计算;
(5)仓租、卸柜、流通加工、理货费的账务处理;
(6)与银行业务接洽事项;
(7)薪资核算处理;
(8)会计决算、申报,制作每月资产负债表及损益表;
(9)开立应付票据,整理核对发票;
(10)整理凭证、开立传票及登账;
(11)申报营业税,申报各项所得;
(12)成本会计登账,应收账款的收款及结转。

(八)行政管理组

(1)办理公司劳保、医保业务;
(2)人事资料的登录、整理、更新与统计工作;

(3)文件的公告与归档；
(4)文书收发、处理和档案管理；
(5)员工薪资的核对；
(6)电话、信件处理；
(7)公司文具购置；
(8)财产管理、维修；
(9)缴纳各种税款、水电费；
(10)员工制服的采购与发放；
(11)车辆保养、车辆喷漆、领牌验车、保养费填写与校对。

（九）信息管理组

(1)设计计算机作业流程、代码；
(2)建立系统测试规范标准并进行系统评估与改进工作；
(3)撰写操作手册，执行有关业务的教育训练工作；
(4)操作系统的建立与更换，系统程序的维护与管理；
(5)网络通信系统的建立、维护及管理；
(6)操作员的训练；
(7)安排作业日程，协调应用系统作业时间；
(8)收集整理资料，并登录、核对原始数据及相关资料；
(9)统计分析各项作业状况，随时检查与改进；
(10)计算机耗材的申请、管理、保养；
(11)待修计算机设备的送修处理；
(12)文件存档的管理。

（十）退货与坏货处理组

当营业管理组或客户服务组接到顾客的退货信息后，应安排车辆回收退货商品，再集中到配送中心退货处理区进行清点整理，然后根据所退货的状况和退货的原因，按有关退货制度处理。

以上岗位是一般配送中心应设置的主要岗位，但由于配送中心的规模、作业内容、服务对象不同，其岗位的设置也会有所不同。

第二节 人员配备

一、人员配备的概念

企业各部门人员的配备是根据企业人员配备架构的形态、原则以及企业组织任务和目标，企业组织和企业组织各部门的划分，并结合企业人力资源的实际情况来进行人员的配备，目的是要达到群体结构优化。人员配备是对组织中全体人员的配备，既包括主管人员的配备，也包括非主管人员的配备。

二、连锁总部主要人员配备

连锁店随着分店数的增加，人力需求是一个重要问题。连锁总部应根据发展需要制订人力规划，做适当的人力编制安排，并进行人员的培养和储备，使人力成本降至最合理，而服务水平能维持或提高。

（一）开发部人员配备

开发部的人员配备可视连锁企业的发展需要来确定。采取快速开店策略的连锁企业（1~2月开一家店）可配备4~5名开发人员；一般开店速度的连锁店（3~4个月开一家店）可配备2~3名开发人员。

（二）企划部人员配备

企划部可配备3人，要指派熟悉流通业务、经营管理知识、店铺作业、现代化管理工具的人员担任。其中包括：

（1）企划部经理1人，对总经理负责，直接上级为总经理，下属为企划部职员，为总经理提供直接的企业发展战略建议，参与公司营销战略制定，编制传播规划，承担公司广告传播工作的实施和广告效果测评，负责网站管理工作，组织开展产品包装设计工作，组织开展终端加盟店的形象建设与相关市场调研工作。

（2）文案策划文员1人，对企划部经理负责，直接上级为企划部经理，不设下属。负责公司活动策划的企划工作，完成公司布置的日常工作，具体工作向企划部经理汇报。

（3）形象设计制作专员1人，直接上级为企划部经理，不设下属。负责企业标识系统的设计制作和执行标识系统实施方案的落实。

（三）营运部人员配备

营运部由营运部经理和督导组成，督导可按区域划分，原则上每一区域内，一个督导管理6~10个门店，每周每个督导对所管辖区域的每个门店至少督导两次。督导人员通常具备以下条件：

（1）有一年半到三年的门店实务经验。督导应掌握门店各个作业岗位和作业环节的基本标准与技能,并能指导作业人员的不足与改进方法。

(2)有丰富的专业知识。督导人员除具备门店管理经验外,还必须有丰富的专业知识,如计算机知识、商品知识、计量分析知识等。

(3)有良好的沟通技巧和强烈的责任感。

(四)采购部人员配备

水产、畜产、农产、食品、日用百货、烟酒等,每个部门可配备采购经理一名、助理采购人员一名,并根据连锁企业实际采购工作量作适当调整。在国外,超级市场生鲜部门的一个采购员通常要负责30~50个品目的商品采购,杂货部门的一个采购员则要负责200~300个品目的商品采购。采购经理和助理通常要具备以下条件:

(1)大专以上学历,管理、商业、营销、经济或相关专业优先;

(2)三年以上本业态工作经验及两年以上采购主管管理工作经验;

(3)熟悉计算机操作,熟知食品、百货的商品专业知识及采购商品的谈判流程技巧等。

(五)财务部人员配备

财务部人员可按照企业规模、财务工作的多少而配备人员。由于各个门店的传票通常集中在财务部处理,因此可以配备1~2名财务人员,1~2名会计人员,而资料处理人员(EDP)可按每5~7个门店配备1名。对于财务部经理应具有中级以上职称,具有会计师资格,并具有5年以上相关工作经验。会计人员应具有初级以上职称,并具有3年以上相关工作经验。资料处理人员应具有初级以上职称,并具有1年以上相关工作经验。

三、连锁门店人员配备

不同连锁店规模不同、经营管理水平不同、店址位置不同,人员的需求量就不同。连锁店可以根据自身的经营状况选择合理的编制方法。一般人力编制可分为以下三种方法。

(一)可量化人力编制

可量化人力编制是指可用营业额、来客数、平均客单价、店数、营业面积等量化数据,以数学方程式来表示的人力编制衡量方法,常用的公式如下。

1. 以每人目标营业额或每人目标服务顾客数为衡量标准

编制人数 = 目标营业额/每人目标营业额 = 目标来客数/每人目标服务顾客数

此公式适用于与营业额、来客数有关联的人力编制,每人目标营业额或每人目标服务顾客,须事先以工作分析或经验法订出可衡量指标。

2. 以可用薪水费用额度为衡量标准

此方法从成本费用及预算控制考虑,在可用的薪水额度内进行人力编制。但是在连锁店运作中,即使营业额未达标准,也必须有最基本的人力编制。

编制人员 = (目标营业额 × 目标人事费用率)/平均个人薪水标准额

3. 以店数作为衡量标准

$$编制人数 = 卖场面积/每人服务面积$$

例如：某连锁分店的卖场面积为 1 000 平方米，每人服务面积如定为 20 平方米，则人员数量为 50 人。总人数确定后还必须根据季节、日期、峰值时间等因素来决定每班次的人数。

（二）非量化人力编制

非量化人力编制适用于无法直接以营业额、店数等数量化标准衡量的人力编制，如企划人员只能以其职位说明书的工作内容进行工时分析，或是参考相关同行的标准来定制人力资源编制。

（三）弹性编制

弹性编制法是运用量化编制的方法来规划保持连锁分店正常经营的基本人数，再根据经营的需要，通过雇佣临时工的方式满足连锁分店经营的弹性需要，即人力的总体规划是有弹性的。连锁分店每天经营的高峰期以及节假日，连锁分店对服务人员的需求会增多，但需要增加的人数因节假日不同而不同，把这部分人员称为弹性人员，可以按工时的需要来聘用临时工，如每日高峰期 2 小时的临时工，节假日 8 小时的临时工。

【案例 5.1】

某家电连锁企业天津分店人员配备

某家电连锁企业天津分店人员配备见图 5.1。

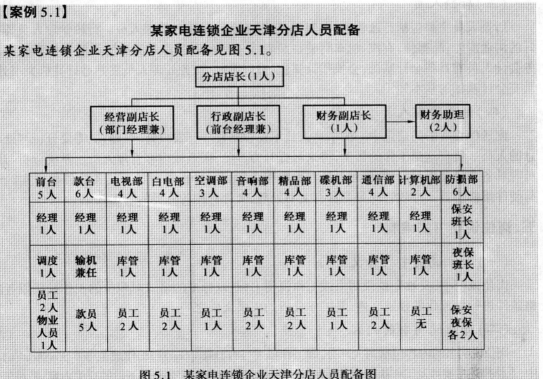

图 5.1 某家电连锁企业天津分店人员配备图

（资料来源：http://www.docin.com/p-7711821.html.）

四、配送中心的人员配备

(一)保管作业人员

保管作业人员通常包括进货人员、出货人员、退货人员、拣货作业人员、流通加工人员、卸柜搬货人员、商品验收人员等。在工作环境上,上述作业人员会耗费较多时间在储运区处理货品,一般而言,为配合日、夜间配送出车及拆柜、卸货,保管作业通常分为二或三班制,24小时运作。作业人员需高中毕业,管理人员需大专以上学历,还需两年以上仓储实务经验,理解物流概念,会操作拖板车。

(二)行车理货人员

行车理货人员包括大货车、小货车、拖车等驾驶员,随车作业人员。行车理货人员代表公司,犹如一面镜子,反映出公司的物流服务品质,对影响公司声誉甚大,所以配送人员的服装仪容、态度修养、专业知识均给客户,甚至消费者留下深刻的印象。行车理货人员需高中以上学历,理解物流概念,会操作拖板车,具有驾驶执照,两年以上驾驶实务经验,品行端正,勤劳肯学习。

(三)后勤人员

后勤人员主要包括行政管理、车辆保养、财务会计及账务管理人员。行政管理人员需有良好的沟通能力,品德佳,有汽、机车驾驶执照者优先。车辆保养人员需懂得简易修车技术。财务会计人员需具备会计基础,会操作计算机统计软件。账务处理人员需熟悉计算机文书处理,具有会计基础的基本知识。

(四)信息管理人员

配送中心所需的信息中心的信息人员不仅包括程序开发设计、维修,更需要分析与处理信息的人员。负责这类工作的员工,将来可提升为产品、渠道或内部管理人员。系统分析与设计员需具备系统分析与设计、程序设计与网络相关知识。操作管理员需具备软件程序实践经验与硬件维修经验。行政管理员需具有文书处理、文件管理与分类的管理知识。

五、岗位说明书的编制

(一)岗位说明书的含义

岗位说明书,又称职位说明书或工作说明书,是以标准的格式对职位的工作及任职者的资格条件进行规范化的描述文件,是工作分析的成果文件之一。

(二)岗位说明书的内容

岗位说明书的内容包括两大部分,即工作描述(Job Description)和工作规范(Job Specification)。其中,工作描述主要涉及工作执行者实际在做什么、如何做以及在什么条件下做的有关内容,是对工作职责、工作活动、工作条件以及工作对人身安全危害程度等工作特性方面的信息所进行的书面描述。工作规范,又称为任职资格,指工作执行者为了圆满完成工作所必须具备的知识、能力、技术以及其他要求。

1. 工作描述的内容

(1) 工作标识(Job Identification),又称为工作识别,指是关于职位的基本信息。

(2) 工作摘要(Job Summary),又称为工作目的,指是对工作内容的简单概括,通常用简洁、明确的一句话表述该岗位的工作内容和存在的价值,包括该岗位的主要职责(What)、范围(Within)、目的(Why)。

(3) 工作职责(Responsibilities and Duties),指该岗位通过一系列活动来实现组织的目标,并取得一定的工作成果。

(4) 工作权限(Authority of Incumbent),指根据该岗位的工作目标与工作职责,组织赋予该岗位的决策范围、层级与控制力度。

(5) 工作关系(Relationships),包含两部分内容:第一部分是该岗位在组织中的位置,用组织结构图来反映;第二部分是该岗位任职者在工作过程中,与组织内部和外部各单位之间的工作联系,包括联系的对象、联系的内容、联系的方式和联系的频次。

(6) 工作环境(Working Conditions)。工作环境界定的是经常性工作场所的自然环境、安全环境(工作危险性)和社会环境。此外,工作环境还关注由于工作本身或工作环境的特点给任职者带来的工作压力,主要包括:工作时间的波动性、出差时间的百分比、工作负荷的大小。

但是,并非任何工作描述都包括上述内容。其中工作标识、工作摘要、工作职责和工作关系四项被称为核心内容,是任何工作描述中都应必须具备的。而其余的内容则是选择性内容。

2. 工作规范

工作规范又称为任职资格,它界定了工作对任职者的教育程度、工作经验、培训、知识、技能、能力、心理特征等方面的要求。当它作为招聘甄选的依据时,也可以视为任职要求或者雇佣标准。工作描述和工作规范的区别于工作描述是对职位本身的内涵和外延加以规范,工作规范是对人的要求。

【案例 5.2】
某连锁超市门店客服经理的岗位说明书见表 5.1。

表 5.1 某连锁超市门店客服经理的岗位说明书

职位名称:客服经理　　　　　　　　说明书编号 NO:

职位编号	CS01	部门	客服部	部门定员		组别	
直接上级	店长	直接下属	部门主管	工资级别		月薪标准	
审　核				批　准			
序号	工作内容			工作标准			
1	建立、完善的制度、体制			1. 适时推出适时性制度、体制; 2. 与总公司、门店保持一致; 3. 与各部门互相配合; 4. 随业务的变化作适时调整			

续表 5.1

序号	工作内容	工作标准
2	巡视、检查员工出勤、礼仪、早会、工作等情况	1. 及时掌握员工纪律情况； 2. 严格按照公司制度处理； 3. 及时纠正不良行为，不断提高员工的自觉性
3	组织召开例会	1. 准确上传下达； 2. 总结前一天、布置当天工作； 3. 及时纠正错误行为
4	参加各组组织的晨会	1. 不定期的轮流参加； 2. 在 9:00 前完成
5	参加店长组织的例会或其他会议	1. 准时参加，遵守纪律； 2. 做好记录，总结会议精神并向下传达、落实； 3. 详细汇报部门工作，听取他人意见及上级的布置安排
6	协同下属解决下属解决不了的问题	1. 在无别的事务时予以积极开展； 2. 准确了解下属的各项事务； 3. 起带头作用，鼓励员工
7	处理下属解决不了的问题	1. 认真对待，及时解决； 2. 细心做好有关的协调工作，不超过 24 小时解决问题； 3. 严格按照程序、制度办理
8	签批下属	1. 认真核验、证实无误后，及时完成并返还递交者； 2. 不得任意耽误下属； 3. 严格按照程序、制度办理
9	巡场、检查各组的工作开展及工作效果	1. 不定期地进行协助员工解决问题，并指导员工工作； 2. 严格要求员工工作的程序化、规范化，同时按时、按要求、按规定完成各项工作； 3. 追究不良工作效果的工作责任
10	给主管提合理建议，分配下属工作	1. 善于捕捉机会，及时跟进主管管理员工工作； 2. 让主管得到更好的辅导
11	与员工及其他部门沟通，听取各方意见	1. 不定期、随时进行； 2. 耐心听取、做好笔记； 3. 及时协调解决部门与部门之间的问题； 4. 及时掌握下属的行为、思想
12	监督、检查收银设备的正确操作、维护	1. 不定期抽查、观察，及时纠正错误操作； 2. 保证设备得到正常的维护及正常的操作

续表 5.1

序号	工作内容	工作标准
13	总结每日工作	1. 认真记录重要事件及特殊情况; 2. 有效计划第二天工作
14	制定考评制度	1. 制定科学的考评标准; 2. 设计合理的考评方案
15	人员招聘、异动	1. 认真考察对方,优胜劣汰、吸纳新人; 2. 坚决执行考评制度,优胜劣汰,淘汰下属; 3. 严格遵守人事制度
16	对下属进行激励及职业素质培训等	1. 制订有效的激励制度,贯彻于本部门; 2. 随时指导员工的行为方式、方法,引导员工进入良好的思想状态
17	安排本部门各组员工培训	1. 业务水平提高,严格执行培训制度及培养计划安排; 2. 让员工熟练掌握业务知识、技能、技巧
18	正、副主管排班和考评	1. 认真、合理排班,保证任务完成; 2. 严格执行考评制度及积极运用考评结果,公平、公正
19	作日、月工作总结并分析、思考新思路	1. 如实总结当日、当月的异常、非常工作情况及解决方案、办法; 2. 深入探究工作实施计划,创新思维
20	组织、指挥完成本部门的突击性、异常工作	1. 合理安排人力,调整工作时间; 2. 密切配合其他部门的工作; 3. 任务落实到个人
21	完成店内轮值班	按规定要求完成
22	检查工作区域卫生	1. 每天至少一次; 2. 保证地面、墙角、收银柜台等洁净; 3. 严格按照规章处理
23	向上级作工作汇报,并接受上级的指示、指导	1. 每周一次,预约后进行; 2. 重大事项,随时上报; 3. 理解、领会上级精神
24	上级交办的其他事务	按时、按要求完成
25	落实、贯彻上级精神	1. 及时做好宣传、讲解工作; 2. 随时接受下属的咨询; 3. 准确、按要求完成并达到预期效果

续表5.1

序号	工作内容	工作标准
26	安排客服、团购组员工接受收银技巧培训	1. 每位前台部员工都可以独立上收银台； 2. 不定期进行
27	审核部门的费用预算	1. 认真审核预算项目、内容； 2. 按时完成审核，及时返还递交者并予以修改
28	接受顾客的咨询、投诉	1. 耐心、细心听取对方陈述； 2. 及时解决对方期望的问题； 3. 规章制度及时办理
29	审阅下属递交的咨询、投诉	1. 仔细、认真； 2. 沟通现存问题及探讨解决问题的方案； 3. 及时对其工作予以正确指导及安排
30	突击性工作的组织、指挥	1. 合理安排人力，调整工作时间； 2. 密切配合其他部门工作； 3. 保证任务的完成
31	听取各组主管汇报工作	1. 每日一次； 2. 准时与下属碰头，听取汇报，及时解决问题
其他责任	1. 防火、防盗、防损；2. 发现、培养、输送人才；3. 紧急情况下安全疏散顾客	

客服经理的任职资格

性别：男女均可	年龄：28~40岁	身高：男：170厘米 女：160厘米	视力：正常	语言：普通话标准
知识	1. 教育：大专以上学历，管理、商业、营销、经济或相关专业优先；			
	2. 培训：计算机操作，财务知识，营销知识，礼仪服务知识；			
	3. 经验：三年以上本业态工作经验及一年以上管理工作经验；			
	4. 技能：熟悉计算机操作，熟知商品专业知识及标准的顾客服务工作方法，熟悉卖场动线、端架等规划、设计，熟悉人事管理常识			

续表 5.1

能力	1. 良好的谈判、沟通、协调能力； 2. 一定的文字书写及语言表达能力； 3. 出色的人际交往能力； 4. 较强的观察、总结、分析、判断、决策能力； 5. 一定的人事管理、优秀的领导、指挥能力及工作指导、分配能力； 6. 独立处理问题能力； 7. 准确的商品识别能力
性格特征、兴趣	细心，热情大方，处事果断，遇事冷静，积极主动，兴趣广泛，有良好的服务意识
身体状况	身体健康、精力充沛、五官端正
品质	细心，耐心，心理承受力强，忍耐力强，正直诚实，纪律观念强，大公无私，有吃苦耐劳精神及团队合作精神
涉及知识	商品管理知识、人事管理知识、一定的财务税务知识、消防安全知识、公关、礼仪服务规范知识、信息系统条码知识、设备操作维护知识，了解《消费者权益法》《质量法》、消费心理学、商品知识、计算机知识等
技术能力	熟悉计算机系统操作，熟悉信息技术系统，熟悉人际交往技巧，熟悉本部门各组工作和工作方法，熟悉礼仪服务工作流程、工作方法，具有精湛的点钞技术，麻利的收银技术和键盘操作，熟悉财会工作流程
使用设备	计算机、打印机、收银机、验钞机、条码机
身体姿势	坐:30%，站:70%
工作情况	1. 场所：室内； 2. 时间：9:00～17:30； 3. 交往对象：顾客、团购客户、店内各部门职员、相关职能检查人员； 4. 其他：精神集中，工作压力大
晋升途径	副店长、店长或后勤职能部门管理人员
补充信息	1. 熟悉门店的有关管理制度及各部门的工作流程； 2. 熟悉门店结构、商品种类及布局。

(资料来源：博锐管理在线.)

第三节 人员招聘

一、人员招聘的概念及原则

(一)人员招聘的概念

连锁企业人员招聘就是从本企业人员缺乏的实际情况出发,从本单位或社会"择优"聘用所需的经营管理人员、技术人员或熟练的一线人员的人事活动。

(二)人员招聘的原则

1. 公平和公开的原则

连锁企业在进行招聘时,通过公开的招聘渠道吸引足够多的应聘者,能够使招聘者有广阔的选拔余地;其次人力资源部门及经办人员在人员招聘中,必须克服个人好恶,以客观的态度及眼光去甄选人员,做到不偏不倚、客观公正,通过公平竞争使人才脱颖而出,吸引人才,进而能够对企业内部员工起到激励作用。

2. 量才适用原则

明确各个职位的要求和条件,根据每个人的专长、能力、志向、条件等做到才以致用,各得其所,各尽其才。另外,在人才招聘中,必须注重应聘人员的品德修养,在此基础上考察应聘者的才能,做到以德为先、德才兼备。

3. 宁缺毋滥原则

从长远来看,一个岗位宁可暂时空缺,也不要让不合适的人占据。在企业招聘时,对可招可不招的人员尽量不招,对可少招可多招的人员尽量少招,以保证员工工作的饱满度。

二、人员招聘的程序

(一)制订招聘计划

1. 招聘的规模

招聘的规模就是指企业期望通过招聘活动所吸引的求职者的数量。在确定招聘规模时,常使用金字塔模型,即根据组织希望录用的人数以及组织常用的筛选流程,以及组织筛选比例,自上而下地确定每一阶段需要参加筛选的人数,直至最终确定需要参加第一轮筛选的人数。使用这一模型确定招聘规模,取决于两个因素:一是筛选流程,即求职者需要经历的筛选环节的数量,筛选环节越多,招聘的规模相应就越大;二是各个筛选环节的通过率或淘汰率,这一比例的确定需要参考企业以往的历史数据和同类企业的经验,通过率越低,招聘规模就越大。

例如,某企业在的职位空缺为5个,面试与录用的比例为3:1,那么就需要15人来参加面试;而笔试与面试的比例为4:1,因此就需要60人来参加笔试;求职者与参加笔试的比例为10:1,所以企业需要吸引600名求职者,招聘的规模也相应就是600人。

2.招聘的范围

招聘的范围就是指企业要在多大的地域范围内进行招聘活动。连锁企业在确定招聘范围时,通过考虑以下两个主要的因素。第一个因素是空缺职位的类型。一般来说,层次较高或性质特殊的职位,需要在较大的范围内进行招聘;而层次较低或者比较普通的职位,在较小的范围内进行招聘即可。第二个因素是当地的劳动力市场状况。如果当地劳动力不足,则要扩大招聘范围;反之,则可在本地招聘。

3.招聘的时间和地点

在确定招聘时间时可采用时间流失数据法。该方法显示了招聘过程中关键决策点的平均时间间隔,通过计算这些时间间隔确定招聘的时间。招聘地点的选择主要考虑的是最能够产生效率的劳动力市场,如劳动力市场、大学校园等。

4.招聘预算

在招聘计划中还要对招聘的预算作出估计,其成本主要由以下费用组成:

(1)人工费用,主要包括工资、福利、差旅费、生活补助及加班费。

(2)业务费用,主要包括通信费、专业咨询与服务费、广告费、资料费、办公用品费等。

(3)一般管理费用,主要包括临时租用设备、场地等费用。

(二)选择招聘信息发布渠道

连锁企业经营的最大效益就是资源可以共用,尤其是招聘工具的运用,通过连锁店总部的综合运用,可使效益发挥最大,也可根据单店需要进行个别招聘,使招聘工具的运用更具弹性。

1.媒体广告

媒体广告主要以电视、广播、报纸、杂志、网络等为主。广播电视广告主要用于招聘企业的高级管理人才;报纸广告是企业进行招聘时使用最为频繁的媒体;杂志广告是企业招聘专业的管理人员和技术人员的最佳选择;网络广告则比较适用于名声较大的企业使用。

2.店头POP

门市橱窗张贴招聘广告,可立即收到效果,并适合单店招聘并且费用最低,但招聘范围不够广泛。

3.夹报传单

采取夹报或商场柜台置放招聘传单的方式,可针对特定区域或人员招聘,适合单店或在共同区域内的连锁店使用。

(三)确定招聘方式

1.内部招聘

内部招聘是指从企业内部正在任职的员工中选择填补组织空缺职位的方法。其方法主要包括：

(1)企业公告法。它是通过向员工通报现有工作空缺，从而吸引相关人员前来申请这些空缺职位。企业公告中应包括空缺职位的各种信息，如工作内容、资格要求、上级职位、工作时间、薪资等级等。

(2)档案记录法。在企业的人力资源部，一般都有员工的个人资料档案，从中可以了解到员工在教育、培训、经验、技能、绩效等方面的信息，通过这些信息，企业的高层和人力资源部门就可以确定出符合空缺职位要求的人员。

2. 外部招聘

外部招聘是指从企业外部吸收应聘者的方法。

(1)媒体广告。通过各种媒体刊登招聘广告，此方式的运用最为普遍，但须花费较多的时间。

(2)人才招聘会。招聘会就是通过参加社会举办的供需见面会达到招聘人员的目的的招聘方式。招聘会一般分为两大类：一类是专场招聘会，即只有一家企业专门组织、举行的招聘会；另一类是大型综合性人才招聘会，即由某些中介机构组织，有多家单位参加的招聘会。专场招聘会有的是面向特殊人员举行的，如面向学生的校园招聘会、面向技术人员举行的招聘会等。

(3)网上招聘。网上招聘主要有两种类型：一种是在本组织的网页上发布招聘信息；另一种是由专业网络招聘服务机构提供招聘服务。

(4)校园招聘。校园招聘是指企业招聘人员直接走进校园，从在校的即将毕业的学生中选拔人才。校园招聘上的求职者普遍是年轻人，学历较高，工作经验少，可塑性强，这类员工进入工作岗位后能较快地熟悉业务、进入状态。

(5)猎头公司。猎头公司是通过专业人士为企业招聘服务的机构，它的服务对象是招聘高级管理人才和高级专业人才。

(6)员工推荐。通过企业的员工、客户或者合作伙伴推荐候选人来进行招聘，此方式所招聘的对象一般稳定性较高。

(四)回收应聘资料

连锁企业发布招聘信息后，招聘人员就要回收求职者的应聘资料，然后要剔除那些明显不符合要求的人员，从而减轻选拔的工作量。初步筛选剔除的人员信息，组织应当存入招聘信息库，供以后使用。另外，在企业接待过程中，要向应聘者介绍连锁企业对专业人才的需求情况，并宣传本企业的发展前景，以激发应聘者的积极性，同时也在交谈或接触中对应聘者进行初步考察。

(五)人员测试筛选

人员测试是指通过一定的方法对员工的能力和个性进行考察，并以具体的分数进行量化的过程。当应聘人员较多,超过招聘计划时,应通过专业知识考核,淘汰一批弱者,以保证有较强竞争能力的人员入选。人员测试主要包括智力测试、个性测试、身体能力测试、认知能力测试、知识测试等。

(六)面试甄选

选拔面试用来判断与工作有关的知识、技能和能力并确认来自其他来源的信息资料。这种深入的面试可对来自申请表、各种测试和推荐材料的信息进行综合性的核对,以便作出最后的选拔决定。面试的具体形式主要有以下几种。

1.个别面试

在这种形式下,一个应聘者与一个面试人员面对面地交谈,有利于双方建立较为亲密的关系,加深相互了解。但由于只有一个面试人员,所以决策时难免有偏颇。

2.小组面试

通常是由两三人组成面试小组对各个应聘者分别进行面试。面试小组可由人事部门及其他专业部门的人员组成,从多种角度对应聘者进行考察,提高判断的准确性,克服个人偏见。

3.成组面试

通常由面试小组(由两三人组成)同时对几个应聘者(最好是五至六人)同时进行面试。在面试人员的引导下,完成一些测试和练习。在这个过程中,对应试者的逻辑思维能力、解决实际问题的能力、人际交往能力、领导能力等进行测试,以便于作出用人决策。

(七)招聘效果评估

招聘过程的最后一个步骤就是评估招聘的效果,其目的是发现招聘过程中存在的问题,提高招聘的效果。

第四节 人员培训

一、连锁企业人员培训的特点

人员培训是指企业有计划地实施有助于员工学习与工作相关能力的活动。这些能力包括知识、技能和对工作绩效起关键作用的行为。培训是使员工在自己现在或未来工作岗位上的工作表现达到组织的要求而进行的培养及训练。连锁店的经营方式是有差异的,要通过人员培训来获得整体的良好服务品质和企业形象的一致,而连锁企业的人员培训要注重自身的特点。

(一)标准化

在一个连锁企业,各分店遵循统一的标准,如服务标准、外观装饰、商品质量、价格等。在整个系统内,对各分店的店长和其他员工的工作范围、工作任务、工作技能等应保持一致。另外,通过标准化的作业流程与培训,使顾客在任何地点、任何时间、任何服务人员的连锁店中都要获得一致的服务。

(二)差异性

在连锁企业中,不仅企业战略不同,培训的内容及重点不同,而且不同知识水平和不同职位的员工,所承担的工作任务不同,知识和技能的需要也不同。一般理货员只需要有高中以上文化水平;而一个店长就需要协调能力,对突发性问题的处理能力等;企业的高层人员还必须掌握国内外同行业的最新发展动向。这种差异性反映在具体的培训工作中,包括培训方式的多样性和灵活性,培训内容的丰富性。

(三)及时性与实用性

在连锁企业中,由于分店开发的速度较快,所以培训要使员工在尽可能短的时间内适应岗位的需求,所以培训一般针对性较强,周期短,具有速成的特点。另外,企业应设计好培训项目,使员工所掌握的技术、技能、更新的知识能适应新的工作,还要让受训者获得实践机会,将培训成果转化为生产力。

(四)战略性

连锁企业的员工培训,不仅为了培训和训练企业眼前岗位上空缺的员工或眼前发展分店所需要的各种人员,更重要的是服从于企业的长远战略,并与企业各领导阶层的培训机制结合起来。要满足这一要求,关键在于做好人才预测和培训计划,其中包括对企业员工进行持续培训和再培训工作。

(五)广泛性

在连锁企业的培训中,员工范围上至连锁总部,下到各分店;员工培训的内容涉及各种品类的商品知识、促销技巧等,还要涉及企业经营活动或将来需要的知识、技能及其他问题,而且员工培训的方式与方法也具有更大的广泛性。

二、人员培训的方法

(一)演示法

演示法(Presentation Methods)是指将受培训人员作为信息的被动接受者的一些培训方法。其主要方法包括:

1.授课法

授课法就是通过培训者讲授或演讲的方式来对受训人员进行培训。这种方法的优点在于:可以同时对一大批受训人员进行培训,成本比较低;培训者能够对培训过程进行有效的控制。同时,由于讲课的内容往往比较概括,要求受训人员同质程度比较高,因此,这种方法大多用于一般性的知识培训。使用这类方法时,材料需富有内涵并且是与工作相关的例子,为学习者提供更多的参与机会,并穿插附加问题,调动学习者积极思考,在加强教学互动中,提高学习者的注意力和学习成效。

2.远程学习法

远程学习法通常被一些地域上较为分散的企业用来向员工提供关于新产品、企业政策或程序、技能培训以及专家讲座等方面的信息。远程学习包括电话会议、电视会议、电子文件会议以及利用个人计算机进行培训。它的主要优点在于可以为分布区域广、难以集中的员工提供高水平的专家培训,并节省大笔的差旅费和时间。它的最大缺点是教师与学生、学生与学生之间缺乏互动。

3.视听法

视听法主要是指利用投影、幻灯片、声带、录像等视听技术手段来实施培训的方法。这种方法可用来展示预先录制的内容以展示行为、技术或说明问题,还可用来录制和重放受训者在课程中的表现。这种方法被广泛用于提高受训者的沟通技能、面谈技能、服务技能等。

(二)专家讲授法

专家讲授法是一种要求受训者积极参与学习的培训方法。这种方法有利于开发受培训者的特定技能、理解技能和行为,将其应用于工作当中,可使受训者亲身经历一次工作任务完成的全过程。

1.在职培训法

在职培训法是指新员工或没有经验的员工通过观察并效仿同事及管理人员执行工作时的行为而进行的学习。在职培训的方法主要有学徒制与自我指导培训法。

2.情景模拟法

情景模拟法就是指利用受训者在工作过程中实际使用的设备或者模拟设备以及实际面临的环境来对他们进行培训的一种方法。

3.讨论法

讨论法就是指由培训者和受训者共同讨论并解决问题的一种培训方法。

4.案例分析法

案例分析又称案例研究(Case Study),它要求受训者去研究分析那些描述现实工作情形和真实经营管理事件的案例。

5.角色扮演法

角色扮演法(Role Playing)就是指给受训人员提供一个真实的情景,让他们在其中分别扮演不同的角色,做出他们认为适合每一种角色的行为和情感。在扮演过程中,培训者随时加以指导,在结束后组织大家讨论,以各自对扮演角色的看法来发表意见,这其实就是通常所说的"换位思考"。

6.游戏培训法

游戏培训法严格来讲也属于情景模拟法的一种。游戏培训法可分为普通游戏和商业游戏

(包括管理游戏)两种。普通游戏是指经过精心设计,包含有许多与员工工作有密切关系的知识、态度、行为等内容的游戏活动。商业游戏(包括管理游戏)主要用于开发受训者的经营决策能力和管理技能。在商业游戏中,受训者被要求在规定的场景中,必须收集信息,分析情况,仿照商业竞争规则或管理规则,作出决策,推行方案,涉及企业经营管理实践、财务管理、市场营销、劳工关系等各个方面的活动。

7. 行为模仿法

行为模仿也称行为示范或行为塑造,主要是指向受训者展示一个关键行为的模型,然后给他们提供实践这些关键行为的机会并提供其实践情况的反馈,促使培训成果在实践中转化的一种培训技术。

(三)团队建设法

团队建设法又称团队建设培训法或团体学习法,主要是指让受训者分享各种经历和观点,理解动态的人际关系及其力量,树立起对群体或团队的认同感,审视自身和同事的优缺点,并恰当对待,从而提高群体或团队绩效的一类培训与开发方法。

1. 冒险学习法

冒险学习法又称探险学习法或户外培训,是指运用有组织的户外活动来开发受训者的团队协作能力和领导技能的一种培训方法。这种培训方法常用的结构性个人和群体的户外活动有爬墙、攀绳、信任跳、登山、爬梯子、有保险的蹦极与走钢丝等。冒险性学习在开发诸如自我知觉、问题解决、冲突管理、风险分担等与团队有效性有关的技能时最为适用。

2. 团队培训法

团队培训旨在调动群体或团队成员个人的知识、态度,是通过协调在一起工作的不同个人的绩效从而实现共同目标的方法行为,通过协调个体的活动和绩效来促进团队绩效的提高,从而有效实现团队的共同目标。一个团队或群体成功与否,取决于其成员个人决策活动中的相互协调、处理潜在危险情况的思想准备以及团队的绩效等方面的因素,其中团队绩效又取决于团队成员的知识、态度和行为三个要素。团队培训对于必须分享信息、协同工作、个人行为与群体绩效密切相关的团体是非常有用的。

3. 行动学习法

行动学习法是指给受训集体或工作小组布置一项实际工作难题,要求他们合作制订出解决该问题的行动计划并负责组织实施这一计划的培训方式。受训集体或团队一般由6~30人组成,可以包括不同部门的代表、顾客、经销商等人士。这种方法由于其"行动"涉及的是员工实际面临的问题,有助于发现妨碍团队有效解决问题的非正常因素,并有利于学习与培训成果向实践高效转化,此方法在欧洲被广泛采用。

4. 工作轮换法

工作轮换法就是通过调动员工工作职位的方式来进行培训的方法,通过职位的变化可以丰富员工的工作经验,扩展他们的知识和技能,使他们了解其他职位的工作内容,从而能够胜任多方面的工作。在职位轮换过程中,员工不可能深入地了解各个职位的详细工作内容,因此这种方法更适用于对通用型的管理人员进行培训,对于专家型的管理人员进行培训,采取这种方法的效果就不是很理想。

三、连锁企业人员培训的内容

(一)新员工培训

新员工培训也称岗前培训或上岗培训,主要包括两方面的内容:一是基础教育;另一个是业务培训。

1. 基础教育

(1)企业理念的培训。通过介绍企业发展史、企业宗旨、企业哲学、企业精神和企业作风,让新员工知道应以什么精神面貌工作,应以什么样的态度进行人际交往。

(2)企业制度的培训。组织新员工认真学习企业的规章制度,如考勤、奖励、财务、福利、晋升制度等,以及与企业经营活动有关的业务制度和行为规范,如站姿、礼貌用语、怎样接待顾客、怎样接电话、服务禁忌等。

(3)企业物质层面的培训。让新员工了解企业的内外环境、各部门和单位的地点和性质、本企业的经营范围及各种视觉识别物及其含义。

2. 业务培训

业务培训包括以下几个方面:参观门店运营的全过程、本部门的相关业务知识、工作流程、工作要求及操作要领;收银机、标价机等设备的操作、维护、简易故障的排除及清洁;商品陈列与补货技巧;基本报表技巧;安全防范与紧急事件处理。

(二)店长与助理店长的培训

针对店长与助理店长等管理人员的培训内容,主要包括管理技能和专业技能两方面的内容,管理技能的培训主要包括领导、激励、沟通的技巧;会议及简报技巧;危机处理;人力资源管理等,在必要时,还应组织他们学习系统的管理理论与技能,如管理学、企业经营战略、企业文化、连锁经营管理、领导科学等;专业技能的培训主要包括生意圈情报收集与分析、经营分析、营销管理、预算编制与控制、商品管理、店内形象维护、营业管理报表制作等。

(三)中层督导人员的培训

中层督导人员成为各店与总部沟通的协调者,问题解决者及专业辅导者。对于管理技能的培训,应注重从情境领导、团队建立、咨询诊断、组织沟通、人际关系、时间管理等方面的内容进行;对于专业技能的培训应注重从商圈调查与商情分析、经营分析指标的建立与运用、竞争性策略的分析与运用、谈判技巧、门店辅导等方面的内容进行。

(四)总部企划人员与各部门主管的培训

总部企划人员与各部门的主管需要具备系统性思考能力、企划能力、组织沟通能力、协调能力,对于这些管理人员的培训应主要集中在与其所负责的职能有关的专业知识,此类训练宜由该部门自行规划、执行,其主要培训内容应包括企业实务、系统分析与创新精神、沟通技能、情报收集分析等。

(五)总部高层管理者的培训

总部高层管理者需具备宏观的观察、分析、理性决策能力及微观、感性的直觉能力,其主要培训内容应包括国内外产业环境分析、国内外商情分析、战略的制定、领导谈判与决策、领导素质的培养等。

第五节 人员考核

一、人员考核的主体

人员考核是指按照一定的标准,采用科学的方法对员工履行自己职责、完成任务的情况的考察,主要是对工作人员在工作过程中表现出的品行、工作态度、工作能力、工作业绩进行评价,并以判断工作人员与其所从事的职位要求是否相称。人员考核的主体主要有以上几种。

1. 主管

主管人员根据组织的要求定期对自己的工作情况进行评价。常用的主管考核的典型方式是述职报告。这种形式有利于主管人员自觉地培养和提高自己的政治素质、业务水平和管理能力。其不足之处是,主管人员可能过多地描述自己的成绩而很少涉及自己的不足。

2. 上级

在企业的人员考核中,上级对下级的绩效经常要进行考核。一般而言,当上级是主管人员的直接上级时,其考核结构比较真实、客观。

3. 同事

在连锁企业中,除上级主管人员外,如同级主管人员、人力资源部门、下级等同事之间都可以考核。同事之间接触较多,了解深入,因此所做的评价比较客观、可信。不足之处是主管人员的人缘好坏起很大作用。

4. 外部人员

一个企业的顾客或客户显然是外部评价的来源。对于销售人员和其他服务性工作来说,顾客恐怕是能够对某些行为提供唯一真正准确看法的人。有的公司就将顾客对服务满意程度的评价作为确定高层销售经理奖励的一种辅助手段。

二、人员考核的内容

对连锁经营员工的考核内容主要包括德、能、勤、绩及个性的考核。

1. 德

德包括思想政治、工作作风、社会道德、职业道德水平等方面。思想政治主要指员工的政治倾向、理想志向、价值取向。工作作风指员工办事时的风格,如是否雷厉风行,是否尊重别人、实行民主;是否尊重科学、知错必改等。社会道德是指员工处理个人与社会关系的倾向,如是否遵纪守法、维护公共利益等。职业道德是指员工在履行职务方面表现出来的道德倾向,如对待顾客的态度、保守商业秘密、是否公平对待下属等。

2. 能

能指员工从事工作的能力,包括体能,学识、智能、技能等内容。体能取决于年龄、性别和健康状况等因素。学识包括文化水平、专业知识水平、工作经验等项目。智能包括记忆、分析、综合、判断、创新等能力。技能包括操作、表达、组织等能力。能力是人事考核的重点。

3. 勤

勤指员工的积极性和工作中的表现,包括出勤、纪律性、干劲、责任心、创造性、主动性等。

4. 绩

绩指员工的工作效率及效果。一般来说,连锁经营员工业绩的考核可以从以下几个方面进行:总利润的增加、服务和销售网点增加、营业额增长、仓库管理费的降低、采购成本的降低、市场占有率的提高、商品周转率加快、知名度提高、广告效果显著、管理成本降低、店铺形象的提升等。

5. 个性

个性指员工的性格、兴趣、嗜好等。为合理安排工作,有时必须考虑员工的性格、兴趣、习惯和嗜好对该工作是否有利。

三、人员考核的方法

连锁经营企业人员考核的方法很多,从总体上可分为定量考核方法和定性考核方法两类。定量考核方法是一种对企业各部门和员工的工作绩效及其表现比较准确的考核方法。这种方法对有具体定量指标的部门和员工比较适合。因为这种方法比较复杂,在此不详述。下面主要介绍几种定性考核的方法。

(一)比较法

比较法是指按被考评者绩效相对优劣程度,通过比较确定每位被考评者的相对等级或名次的方法。在这里介绍两种:排序法和分等法。

1. 排序法

排序法有简单排序法和交替排序法。简单排序法就是考评者将所有被考评(或本部门)的员工从绩效最高者到绩效最低者排出一个顺序。交替排序法就是考评者首先在被考评的员工中找出最优者,然后再找最差者,接着找出次优者和次差者。如此循环,将所有被考评者排列完。

2.分等法

分等法主要用以评估在操作层工作的员工。通常按员工的综合工作表现和员工潜在的发展能力进行分等评估。先将被评估员工分成五个等级,然后确定每个等级在被评估员工中所占的百分比。例如,部门 A 共有员工 100 人,分成较好、高于标准、平均标准、低于标准和较差五个等级。其中平均标准的员工应占 40%,即 40 人。各个等级的百分比确定之后,将被评估员工按评估结果分等列表。

(二)特性法

特性法即通过关注员工在多大程度上具有的、被认为对企业的成功非常有利的特性。图评价尺度法是常用的一种方法。图评价尺度法首先挑选出对企业成功有利的一些特征,并对其界定和分级。清单所列举的每项特性都以五分(或其他的分数)的评价尺度进行等级评价(表 5.2)。其次,评价者一次只要考虑一位员工,然后对照图评价尺度,从中圈出与被评价者所具有的特性程度最为相符的分数。

表 5.2 图评价尺度法等级评价表

绩效维度	评价尺度				
	优秀	良好	一般	合格	较差
知识	5	4	3	2	1
沟通能力	5	4	3	2	1
判断力	5	4	3	2	1
管理技能	5	4	3	2	1
质量绩效	5	4	3	2	1
团队合作	5	4	3	2	1
人际关系	5	4	3	2	1
主动性	5	4	3	2	1
创造性	5	4	3	2	1
解决问题的能力	5	4	3	2	1

(三)行为法

1.关键事件法

关键性事件就是一种书面考核资料。按照关键事件考核方法,考核人员应对员工表现中最令人赞许和最令人难以承受的行为进行书面记录。当一个员工与工作有关的"关键性事件"发生时,经理便将其记载下来。每个员工的关键性事件清单在整个考核期限内始终予以保留。当关键性事件方法和其他一些方法同时使用时,就可以更充分地说明为什么一个员工被给予一个特定的考核评定。

2.行为锚定等级评价法

行为锚定等级评价法是建立在关键事件法基础之上的。该方法的目的在于:通过建立与不同绩效水平相联系的行为锚定来对绩效维度加以具体界定。在同一个绩效维度中存在着一系列的行为整合,每种行为事例分别表示某一维度中的一种特定绩效水平。锚定等级评价法通常要求按照以下五个步骤来进行。

(1)进行岗位分析,获取关键事件,对一些代表优良绩效和劣等绩效的关键事件进行描述。

(2)建立评价等级。一般分为5~9级,将关键事件归并为若干绩效指标,并给出确切定义。

(3)对关键事件重新加以分配,由另一组管理人员对关键事件作出重新分配,把它们归入最合适的绩效要素指标中,确定关键事件的最终位置,并确定出绩效考评指标体系。

(4)对关键事件进行评定。审核绩效考评指标登记划分的正确性,由第二组人员将绩效指标中包含的重要事件由优到差,从高到低进行排列。

(5)建立最终的工作绩效评价体系。

3.行为观察量表

行为观察量表法也称行为评价法或行为观察法或行为观察量表评价法。行为观察量表法适用于对基层员工工作技能和工作表现的考察。行为观察量表法包含特定工作的成功绩效所需求的一系列合乎希望的行为。运用行为观察量表,不是要先确定员工工作表现处于哪一个水平,而是确定员工某一个行为出现的频率,然后通过给某种行为出现的频率赋值,从而计算出得分。

表5.3 行为观察量表法示范例

管理技能
(1)为员工提供培训与辅导,以提供高绩效。
几乎没有　1　2　3　4　5　几乎总是
(2)向员工清晰说明工作要求。
几乎没有　1　2　3　4　5　几乎总是
(3)适度检查员工的表现。
几乎没有　1　2　3　4　5　几乎总是
(4)认可员工重要表现。
几乎没有　1　2　3　4　5　几乎总是
(5)告知员工重要信息。
几乎没有　1　2　3　4　5　几乎总是
(6)征求员工意见,让自己工作更好。
几乎没有　1　2　3　4　5　几乎总是
总分数 =
很差　　差　　满意　　好　　很好
10分以下　11~15分　16~20分　21~25分　36~30分

(四)结果法

结果法是对员工的一种工作或某一工作群体的可衡量性结果的考核,最常用的一种方法是目标管理考评法。

目标管理是指详细确定员工希望在一个适当的时期内所实现的工作表现方面的各种目标,并将其列入管理计划。这种方法包括两项内容:一是必须与每位员工共同制订一套便于衡量的工作目标;二是定期与员工讨论其工作目标的完成情况。在具体操作中,这种目标的制订往往要与整个组织的目标相协调。首先确定组织的目标、部门的目标,然后要求员工按照部门的目标制订自己的个人工作计划,即本人要为部门目标的实现做出多少贡献。评价期过后,部门主管要就每名员工的实际工作成绩与预定的目标进行比较,并把结果进行反馈。

本章小结

随着连锁经营企业组织的不断扩张,管理思想和管理体系的建设就尤为重要,通过系统化的人力资源管理,科学的岗位设置,合理的人员配备,依靠高效率的内部分工和各部门的协调配合,实现连锁企业的规模经营效益。

连锁企业岗位设置是指在工作分析的基础上,确定组织需要什么样的岗位(即岗位的类别)、多少岗位(即岗位的数量)。按照岗位设置的六项原则,对连锁总部、门店、配送中心进行部门及岗位设置并确定各部门及岗位的主要职责。

连锁企业人员配备的目的是要达到群体结构优化。连锁总部的人员配备主要包括开发部、企划部、营运部、采购部、财务部的人员配备;连锁门店的人员配备可以根据自身的经营状况选择合理的编制方法,主要的方法包括可量化人力编制、非量化人力编制、弹性编制;配送中心人员配备主要包括保管作业人员、行车理货人员、后勤人员和信息管理人员。在整个人员配备的过程中,要编制岗位说明书,即明确岗位的基本职责(工作描述)和任职资格(工作规范)。

连锁企业的人员招聘应在明确其基本概念和原则的前提下,按人员招聘的程序有条不紊地进行。招聘计划应包括招聘规模、范围、时间、地点、预算的确定;连锁企业招聘信息发布的渠道包括:媒体广告、店头POP和夹报传单;招聘方式主要有内部和外部招聘两种;回收应聘资料时,要注意人员信息的剔除和存档;人员测试主要包括智力测试、个性测试、身体能力测试、认知能力测试、知识测试等;面试甄选的具体形式主要有个别面试、小组面试和成组面试;招聘过程的最后一个步骤是招聘效果的评估。

连锁企业人员培训具有标准化、差异化、及时性、实用性、战略性和广泛性的特点。人员培训的方法包括演示法、专家讲授法和团体建设法。连锁企业人员培训的内容主要包括新员工、店长、助理店长、中层督导人员、总部企划人员与各部门主管和总部高层管理者的培训。

人员考核的主体包括主管、上级、同事和外部人员。人员考核的内容包括德、能、勤、绩和个性。人员考核的方法主要有比较法、特性法、行为法和结果法。

练习题

一、单选题

1.门店的核心人物,即总部政策的执行者是　　　　　　　　　　　　　　　　　　(　)

A.店长　　　　　　B.店长和副店长　　C.导购员　　　　　　D.客服员
　2.决定配送中心岗位设置的主要根据是（　　）
　A.配送中心人员的数量　　　　　B.配送中心的作业流程
　C.配送中心的业务　　　　　　　D.配送中心的规模
　3.采取快速开店策略的连锁企业(1~2个月开一家店)可配置开发人员（　　）
　A.1~2名　　　　B.2~3名　　　　C.3~4名　　　　D.4~5名
　4.给受训人员提供一个真实的情景,让他们在其中分别扮演不同的角色,做出他们认为适合每种角色的行为和情感。在扮演过程中培训者随时加以指导,在结束后组织大家讨论,以各自对扮演角色的看法来发表意见。这种培训方法属于（　　）
　A.角色扮演法　　B.游戏培训法　　C.情景模拟法　　D.行为模仿法
　5.对工作内容进行简单概括,主要包括岗位的主要职责(What)、范围(Within)、目的(Why)等,是指（　　）
　A.工作标识　　　B.工作关系　　　C.工作权限　　　D.工作摘要

二、多选题

　1.人员招聘的原则包括（　　）
　A.公平原则　　　B.量才适用原则　C.公开原则
　D.择优原则　　　E.宁缺毋滥原则
　2.连锁门店主要岗位的设置应包括（　　）
　A.店长　　　　　B.门店开发员　　C.收银员
　D.客服员　　　　E.导购员
　3.岗位说明书的内容包括（　　）
　A.工作描述　　　B.工作职责　　　C.工作规范
　D.工作活动　　　E.工作条件
　4.演示法是指将受培训人员作为信息的被动接受者的一些培训方法,主要包括（　　）
　A.授课法　　　　B.远程学习法　　C.讨论法
　D.团队培训法　　E.视听法
　5.新员工培训的内容包括（　　）
　A.管理技能　　　B.基础教育　　　C.业务培训
　D.沟通技能　　　E.危机管理

三、判断题

　1.在连锁企业的岗位设置中,数量越少越好。（　　）
　2.招聘的规模与求职者需要经历的筛选环节的数量是成反比的。（　　）
　3.在连锁企业的培训中,所涉及的员工范围和培训内容都是广泛的。（　　）

4. 工作轮换法适用于对专家型的管理人员进行培训。（   ）
5. 在员工考核中，只需考核员工的工作效率和效果，没有必要对员工的个性进行考核。（   ）

四、名词解释
岗位设置　人员招聘　岗位说明书　员工培训　人员考核

五、简答题
1. 简要说明连锁总部开发部门的主要职责。
2. 简要说明连锁门店人员配备的人力编制方法。
3. 简要说明工作描述的内容。
4. 简要说明连锁企业人员培训的特点。
5. 简要说明连锁企业人员考核的主体。

六、论述题
1. 阐述连锁总部主要岗位的设置。
2. 阐述配送中心主要岗位的设置。
3. 阐述连锁企业人员招聘的程序。
4. 阐述连锁企业人员培训的内容。
5. 阐述连锁企业人员考核的方法。

七、案例分析题

麦当劳的人力资源管理

1. 不用天才与花瓶。

麦当劳不用所谓"天才"，因为"天才"是留不住的。在麦当劳里取得成功的人，都得从零开始。炸薯条、做汉堡包，是在麦当劳走向成功的必经之路。他们必须懂得，麦当劳请的是最适合的人才，是愿意努力工作的人，脚踏实地从头做起才是在这一行业中成功的必要条件。与其他公司不同，人才的多样化是麦当劳的一大特点。麦当劳的员工不一定聘用大学生，而是从不同渠道聘用员工。麦当劳的人才组合是家庭式的，年纪大的可以把经验告诉年纪轻的人，同时又可被年轻人的活力所带动。麦当劳不讲求员工是否长得漂亮，只在乎他工作负责、待人热情，让顾客有宾至如归的感觉。

2. 没有试用期。

一般企业试用期要3个月，有的甚至6个月，但麦当劳3天就够了，这3天也给工资。麦当劳没有试用期，但有长期的考核目标。考核，不是一定要让你做什么。麦当劳有一个360度的评估制度，就是让周围的人都来评估某个员工：你的同事对你的感受怎么样？你的上司对你的感受怎么样？以此作为考核员工的一个重要标准。

3. 培训模式标准化。

麦当劳的员工培训，也同样有一套标准化管理模式。培训从一位新员工加入麦当劳的第一天起,麦当劳的新员工直接走向了工作岗位。每名新员工都由一名老员工带着,一对一地训练,直到新员工能在本岗位上独立操作。麦当劳新员工是在工作和培训合二为一中贯彻麦当劳 Q.S.C&V 黄金准则。Q.S.C&V 分别是质量(Quality)、服务(Service)、清洁(Clean)和价值(Value)。这样在工作、培训一体化中将企业文化逐渐融入麦当劳每位员工的日常行为中。

4.晋升机会公平合理。

在麦当劳,适应快、能力强的人能迅速掌握各个阶段的技术,从而更快地得到晋升。面试合格的人先要做 4~6 个月的见习经理,做基层工作岗位,并参加 BOC 课程(基本营运课程)培训,经过考核的见习经理可以升为第二副理,负责餐厅的日常营运。之后还将参加 BMC(基本管理课程)和 IOC(中间管理课程)培训。表现优异的第二副理将接受培训部和营运部的考核,考核通过后,将被升迁为第一副理,即餐厅经理的助手。以后他们的培训,全部由设在美国及海外的汉堡大学完成。一直升至餐厅经理后,经过下一阶段的培训,他们将成为总公司派驻其下属企业的代表,成为"麦当劳公司的外交官"。其主要职责是往返于麦当劳公司与各下属餐厅,沟通传递信息。

5.培训成为一种激励。

麦当劳的培训理念是:麦当劳的管理人员要打造自己的团队。麦当劳公司的总经理每三个月就要给部门经理做一次绩效考核,其中有两条考核目标:一是如何训练你的下属——什么课程在什么时候完成;二是一定要培训出能接替你的人,你才有机会升迁。如果事先未培养出自己的接班人,那么无论谁都不能提级晋升,这是麦当劳一项真正实用的原则。

(资料来源:世界经理人.)

问题:

1.麦当劳的人力资源管理都有哪些特色?

2.麦当劳的员工培训为什么能取得成功?

3.麦当劳采用的是什么评估制度?

4.为什么麦当劳的培训理念是成功的?

5.如果你是麦当劳在中国分部的人力资源主管,应在哪些方面加强人力资源开发与管理工作?

第六章
Chapter 6

连锁门店开发与设计

【本章学习目标】

通过本章学习,掌握连锁店不同开发策略的分析与选择方法;熟悉连锁企业市场开发的工作流程;能够掌握开店的选址方法与流程,能够安排与协调开店的准备工作;准确掌握连锁店的店面及内部设计的原则与操作流程。

【本章主要概念】

资本决策　发展速度决策　直营连锁　商圈　市场调查

【案例导读】

世界的"小肥羊"

内蒙古小肥羊餐饮连锁有限公司于1999年8月诞生在内蒙古包头市,是一家以自然人发起的股份制跨国企业。该公司以经营小肥羊特色火锅连锁为主业,兼营小肥羊调味品及专用肉制品的研发、加工及销售,是中国首家在香港上市的品牌餐饮企业(0968.HK),被誉为中华火锅第一股。

2008年我国餐饮业百强企业排行榜中,内蒙古的"小肥羊"以43亿元的营业额仅次于百胜餐饮位列第二位。目前,小肥羊公司拥有一个调味品基地、两个肉制品企业、一个物流配送中心、一个外销部门、国内五大餐饮市场区域、国际三大餐饮市场区域、350家火锅连锁店遍布了全国各省、市、区、特别行政区以及美国、日本等海外市场。

"小肥羊"的经营策略就是依靠品牌力量开拓市场。与肯德基900多家店中只有40多家加盟店相比较,"小肥羊"大部分是加盟店。一般情况下,加盟者已经有了一定规模的餐饮店面,只是借"小肥羊"的招牌和一定的秘方配料进行单店经营,并向"小肥羊"总公司交纳合同约定数额的加盟费。特许连锁虽然为"小肥羊"的统一管理带来了一定的困难,但不可否认的是,正是因为"小肥羊"的"借力发力",才使得自己在短短几年中取得骄人的成绩,成为中国本土餐饮业的领头羊。

(资料来源:李红丽.连锁经营管理实务[M].北京:化学工业出版社,2007.)

第一节　连锁店的开发

连锁经营的优势在于规模。连锁经营从本质上说,是一种追求规模经营和规模效益的经营方式。但连锁规模不单单是指连锁分店的数量和规模的大小,更为重要的是在定位准确的前提下,注重连锁分店质量的提升,从而提高其辐射效应,是一种有机的扩张。"小肥羊"成功的市场拓展说明,连锁经营的成功关键在于市场开发要定位准确,计划完善,同时要正确把握连锁经营市场的发展变化规律。连锁企业市场开发必须从战略的高度加以考虑,以长期战略构想为依托,科学规划,稳步推进,最终实现可持续发展的战略目标。

一、连锁店开发决策的基本内容

连锁店开发决策,除了要考虑每个分店是否能独立生存,还要考虑扩张速度、发展路径、连锁方式、功能定位、竞争战略等多种因素。每种扩张方式都要考虑到向什么区域扩张,采取策略的风险如何,店铺扩张的密度和速度应保持在什么样的水平等。

1. 资本决策

连锁规模是连锁经营的关键问题,只有正确的决策,连锁企业才有可能健康成长,才可能不断增加竞争力,一旦在规模经营决策中失误,连锁企业就会大伤元气,甚至走向破产或解体。连锁企业要扩大规模,首先必须有一定数量的资本。解决扩张资本来源问题是扩张的第一步。连锁企业可以以自己创业经营的积累作为扩张资金来源。然而创业之初,连锁企业资本并不雄厚,依靠最初的一家店或几家店所能实现的积累也相当有限,因此虽然使用自有资本的成本低,却不可能支撑连锁企业持续扩张。创业者可以是一个人,也可以是合伙人,在创业中土地、房屋、设备均可作为投资。但在扩张阶段,依靠连锁企业自有资本扩张大多只能进行现金投资,创业者可以通过将他(或他们)在其他方面的资金转移过来的方式来追加投资,但仅靠创业者自身和企业积累,连锁店扩张的步子则难以迈大。

连锁店扩张资本至少还有以下两种来源:一是扩大资本金,通过股票集资。可按有关法律要求设立有限公司、组建管理体系,面向社会、其他企业、事业单位、本企业员工发行股票,筹集资本实施扩张。二是发行债券和银行贷款。

2. 业态决策

在创业业态内的扩张要考虑向什么区域扩张。在扩张区域方面,连锁店扩张要考虑下列两个因素:一是所要扩张区域的市场情况与竞争水平;二是连锁店(总店)与分支店的分布与其扩张的区域联系是否紧密。在扩张区域上通常采取下列方式:

(1)以现有连锁店(总店)和分店为中心区域,呈同心圆向四周扩张;

(2)依托与连锁店(总店)、配送中心和现有分店之间的交通网络进行扩张,在主要交通线交界处扩张网点;

(3)依托与连锁店总店与配送中心连接的主要交通干道,在其两侧实施带状扩张。

在选择扩张区域时必须对有关区域作商圈分析、区位分析和地点分析,严格按业态所需条件确定开店地点。如果创业者发现自身所处业态已处在衰落期,则要实施业态转移式扩张,即放弃原有的业态,进入新业态扩张。之所以出现这种情况是因为创业阶段对业态策划工作可能不够完善。选择新的业态作为扩张对象时,企业一定要对业态的生命周期进行周密评估,小的零售商以选择处于成长期的业态作为主要扩张对象,大的零售商以选择处于开发期的业态为扩张对象更佳。如果创业者在创业业态内实现了成功的连锁扩张,但随着企业的成长,行业竞争加剧,连锁商可考虑向其他业态扩张,这样企业就走上了多业态连锁。目前,大多数大型连锁商都是多业态连锁,一般包括百货连锁、超市连锁、专卖连锁、药店连锁等。实施多业态连锁时企业可以充分利用原有的商标、店标、市场形象、商业信誉,甚至使不同业态实现连锁互补,从而增强企业抗风险能力。

3. 扩张方式决策

连锁扩张方式也需要认真规划。第一种扩张方式是自身不断开出分店,以企业对每家分店拥有完全的所有权为特点,小型的正规连锁适宜采取这种方式;第二种方式是兼并,通过对小型连锁商或独立零售商实施兼并扩大连锁规模,一般只有实力雄厚的大特许商或大型正规连锁公司才有实力采取兼并行为。这是在市场上适宜开店的地点不是很多,市场已高度饱和的情况下采取的。兼并有多种多样的形式和目的:若小型连锁商或兼并对象是上市公司,可采取股票收购的方法;若兼并对象并非上市公司,则可以通过对其所有者的所有权实施购买实现兼并。

4. 开店密度决策

连锁店的扩张密度也要合理。如果在同一地区开的连锁店过多,则连锁店的不同分店之间产生互相竞争,自相残杀,导致每个分店的营业业绩不会很好,企业在众多店铺上的投资就有可能得不到好回报。如果在同一地区开的连锁店过少,则虽可在短期内使分店保持好的业绩,但分布过疏的网点会给竞争对手留下了可乘之机,一旦竞争对手打入这一区域,则连锁店各家分店业绩均会受影响,令企业后悔莫及。因此,连锁店的扩张密度要依据市场规模合理设计。一般而言,最适宜的密度是两家分店之间的距离保持在边缘商圈相交到次级商圈相切的水平上。如果边缘商圈相距过远,则对方打入的机会很大;如果分店之间使次级商圈相交,则企业自身两家分店会彼此争夺业务,导致内部竞争。

5. 发展速度决策

连锁企业的扩张速度不宜过快,新店开发需要一笔不小的资金投入,投资回收需要一定的周期,扩张过快会使企业资金紧张,债务负担过重。扩张除了资金投入以外还需总部配送能力的支持,还需总部有较强的扩张所需的人力资源的开发培训能力的支持。总结国内外连锁企

业的开发扩张经验,概括而言,市场扩张过快可能带来以下弊端:

(1)使总部的开发部门负担过重,可能使新开店的质量下降,特别是对新店的选址考虑不够周密;

(2)使企业规模迅速扩大,总部与分店之间的沟通、对分店的管理、分店营业人员与经理的培训都变得比较困难,使扩张无序,从而导致失败;

(3)使企业对市场情况的变化难以进行适应性调整;对市场风险预测不够及时、准确;

(4)使新开出的分店与原型店之间出现"变异",如果这种变异是有意识的必要的调整,则有利于市场的良性扩张。但在扩张过快的情况下,大多数变异都使新店在经营管理方面较之原型店的水平有所下降,这将严重损害原型店的商业信誉,导致顾客忠诚度的下降。

连锁业是一个进入与退出壁垒相对较低的行业,这是因为店铺相互之间容易模仿。如果一种经营模式趋于完全成熟,连锁经营商才考虑扩张,那么也许会因为错失良机而被竞争对手抢先,从而失去竞争优势。而且连锁业也是一种规模出效益的行业,这些都决定了连锁经营商会尽力拓展自己的市场,加快开店步伐,尽快形成规模效益。所以,连锁企业也不宜扩张太慢,如果扩张速度较慢,连锁企业经营的规模效益将不明显,连锁企业获得规模优势的时间就越晚,企业甚至有可能就此陷入经营不善的泥潭,在达到规模水平之前就破产倒闭。抢先占领开店的黄金地点,适时扩张,是连锁经营商成功经营的关键所在。因此,连锁店扩张的步子太大不行,太小也不行。一般而言,连锁店从创业到达到规模经济宜在 2~3 年内实现。连锁超市的规模效益要超过 15 家以后才会逐步显现。

然而没有基础的盲目扩张有时会适得其反,出现欲速则不达,甚至不堪设想的后果,我国的郑州亚细亚商场、日本八佰伴连锁超市的失败就印证了这一点。所以,以何种速度进行扩张,需要连锁经营商在扩张之初就作出科学、准确的发展战略规划。总结连锁经营商的成功经验,扩张速度取决于三方面的条件:管理基础、资源条件和市场机会。

(1)管理基础。标准化管理是连锁经营的最显著特点之一,也是市场拓展取得成功的必然条件。其目的是确保连锁店铺的统一鲜明的形象,稳定商品质量和服务质量,简化工作流程,提高管理效率,并控制人为因素对经营管理可能造成的不利影响,从而做到成功模式的标准化复制。

另外,连锁企业的总部与店铺是分工的关系,总部对各个门店起着管理支持的作用,在管理支持 10 家店铺时,可以应付自如,各方面管理十分到位,可是当管理支持 100 家甚至更多的店铺时,就可能手足无措、漏洞频出。所以总结原型店的成功模式,形成科学系统的标准化管理模式,是连锁店成功地开拓市场的先决条件。企业发展阶段不同,对管理的要求不同,当连锁企业发展壮大时,组织机构需要重新调整设计,信息管理系统需要进行修正和扩容,仓储和配送等能力也要及时跟进。当这一切尚未准备好时,盲目地扩张会带来不良的后果,可能出现的情况是店铺开得越多,亏损越大。所以有人说:总部有多强大,店铺就能走多远。这是对管理基础的第二个要求。

(2)资源条件。连锁企业还要考虑扩张所需的各种资源状况,包括资金实力是否雄厚,融资渠道是否畅通,财务成本是否在可控范围内等。人力资源的招聘、培训、流动能否对市场扩张形成支撑作用,信息技术的引进与有效利用是否充足等,这些因素都会制约扩张的步伐,乃至以后的经营业绩成长。

(3)市场机会。扩张速度还取决于机会本身,如果市场机会转瞬即逝,或错过了一个极佳店址选择机会,将损失巨大,连锁企业也许会贸然前行,因为对它而言,为了不丧失或许是千载难逢的机会,即使牺牲眼前利益着眼于未来良好发展前景也是值得的。当然,盲目跟进和谨小慎微的保守做法都是不足取的,连锁企业唯一可行的是在这两种态度之间权衡利弊,从中找到一个最佳的扩张速度。

6. 地区规模决策

连锁企业是通过在一定地理范围上的店铺分布来实现其规模经营的。因此,地区规模决策对连锁经营是相当重要的。连锁企业的地区规模一般可分区域性、全国性和国际性规模。

(1)区域性连锁。区域性规模就是连锁企业以某一地区市场为目标,在该区域内进行规模经营,力求在某一地区开拓市场,建立连锁性企业形象。实行这种规模决策往往是由商品性质、市场需求状况、企业的实力等因素决定的。

商品的销售最终还是由市场需求状况决定的。需求的区域性特点就决定了企业的地区性战略。所以,对市场需求的调查是决定地区战略的前提和基础,连锁店的市场导向决定了它必须按市场调查、市场分析、市场预测、市场决策的顺序来制定战略。

(2)全国性连锁。全国性连锁是指企业以国内统一市场为目标,发展连锁经营,企业在社会商誉、资金实力达到一定条件以后即可实行此战略。从组织形式上可以分为两种:由总部控制的连锁和总部授权的地区性连锁。

由总部控制的连锁是一种集权模式。不论是连锁店的规模,还是数量,都由总部统一集中管理,各地区无权扩展自己的分店。这种形式有利于集中管理,实现企业的既定目标。但往往由于对分店控制得过死,成长也较缓慢。麦当劳初期为了保证加盟店的质量,防止过度发展,就采取此种战略。

总部授权的地区性连锁是当前连锁企业市场开发战略中较常见的运用模式。由总部授权于某些地区的分部全权负责本地区的连锁开发,本地区的分店向地区分部负责,分部又向总部负责,形成一种类似于事业部制的组织结构。它的特点在于授权和分层。这一战略可以增加企业的地区适应性,加快企业的成长速度。

(3)国际性连锁。一般来讲,规模较大的连锁企业采取国际连锁较为适宜。中小型企业则因资金、人员的实力以及外汇变化的风险等,并不是很适合这种连锁方式。但是根据统计资料显示,采取国际连锁战略,中小型企业比大型企业更为积极。实行国际化经营的连锁店,既要符合整个公司系统的经营目标,又要灵活地适应东道国环境的变化,这是摆在国际经营连锁店面前的一个重要课题。

连锁店在国际经营中所面对的基本问题是:谁应该作出什么样的决策;母公司和分店如何分配决策权。

国际连锁店在总店、分店之间分配决策权,即确定决策层次时可有三种选择:在总店决策,在分店决策,总店与分店之间分享决策权。到底选择何层为决策层,主要取决于公司的管理取向、企业的内部属性(如规模、技术水平等)、对国际壁垒的认识以及和东道国的环境力量。一般来讲,财务、研究和开发活动要最大限度地反映总部的意图,所以,这些方面的决策应集中在公司总部;广告、促销、人事和日常生产决策由母公司和子公司平等分配;而采购、产品定价、市场研究活动基本上属于分公司经理的权限。

7. 配送决策

企业必须考虑到配送中心的扩张问题。配送中心的扩张应与分店的扩张区域、扩张速度相配合。连锁企业创业之初,一般由原来的配送中心承担对各新开分店的配送业务,但随着分店的增加,原有配送中心的配送能力有限,企业必须增加新的配送中心。企业配送中心的分布也要合理,要保持适当距离,过近会造成配送能力的浪费;过远会使配送半径过大,导致配送时间过长,配送成本过高。

8. 宣传推广决策

连锁经营企业应根据市场环境的特点,充分利用各种渠道和机会进行连锁经营的市场推广,以吸引尽可能多的潜在加盟商。连锁经营宣传推广的渠道和方式很多,主要方法如下:

(1)在相关报纸、杂志、电视等媒体上投放广告。
(2)参加连锁经营展会或相关行业展会、专业展会。
(3)召开加盟说明会,发布特许经营招商信息。
(4)建立连锁经营项目网站,并通过因特网发布、传播加盟信息。
(5)委托咨询顾问机构、行业协会、代理机构等第三方进行代理招商。
(6)通过邮件进行连锁经营推广。
(7)鼓励连锁经营企业内部职工加盟创业。
(8)利用直营店或加盟店店面进行宣传推广。

二、连锁企业区域网点布局的原则

1. 合理布局

连锁网点布局要充分考虑企业发展方向和长远利益,根据周边地区的人口数量和结构,消费水平和发展趋势,市场环境和现有商业网点布局,旅游景点和交通条件等因素进行统筹规划,应以满足消费需求、提升商品流通业竞争力为目标,以商业功能区、人口分布、快速轨道、快速干道交通网络等要素为依托,与现代服务业的发展相结合,优化连锁网点业态结构,合理规划布局。

2. 顾客至上，以人为本

连锁经营网点既是一个商业场所，又是大众活动的公共空间，网点的选择要充分体现以人为本的思想，本着"方便顾客"的原则，选择贴近顾客、交通方便的地点，充分考虑不同消费人群的特点，加强服务功能。

以消费者为中心的原则应体现在三个方面：

（1）连锁规模应充分考虑商圈内消费者的数量、购买力、购买习惯以及这些因素的发展潜力和趋势，而不能凭主观想象，甚至认为可以改变这些情况。

（2）必须最大限度地便利消费者，节约消费者的购买时间，这一点在便利连锁店的开店数量上是首先应考虑的问题。毫无疑问，便利店从数量上就要充分便利消费者，以此作为店面选址的主要原则；与此相反的现象是，店铺数量的多少并不是把便利消费者放在首位，而是把便于系统内部管理放在首位，将本应分散于各地的店铺不适当地集中合并，扩大店铺的基本商圈，延长消费者购买商品的时间。

（3）充分考虑消费者购买商品和服务时的消费心理。对日常消费品，消费者不愿多跑路，而愿意图方便，就近购买；若购买的是挑选性强、价格较高的耐用商品，就不惜时间成本到商业中心区，因为那里的商品种类更齐全，可供选择的余地更大，售后服务更完善。人们对饮食和生活服务方面的消费心理也一样，一般日常生活用餐和生活服务都希望就近，而对于高档的需求则不择路程远近，有的还慕名前往。

网点不仅要提供满足消费者需求的商品和服务，而且要提供良好的购物环境和完善的配套设施，以利于更好地发挥不同连锁业态的商业功能，提高消费者的消费满意度，尽可能满足顾客一次消费购买的心理，以节省顾客的购买时间。假如只注重内部空间的营造，忽视外部环境的完善，饮食、娱乐、休息、停车场等配套设施建设落后，就会降低店面总体的功能档次。"顾客至上，以人为本"是连锁企业赢得顾客信任与支持、提升竞争力的重要基础。

3. 依托行业背景，凸显特色

从事不同行业的连锁企业应结合自身的行业特点进行网点规模布局，凸显特色（包括定位特色、经营特色、管理特色、建筑外观特色等），以适应不同层次、不同需求的消费者，从而注重塑造品牌形象，增强网点的吸引力和辐射力。如快餐连锁受到人员流动的影响极大，应选择流动人口密集的地区，如机场、火车站、长途客运站等；美容美发连锁店最好设在固定人口密集的地区，如主要商业区、步行街等；服装专营店适宜设在闹市区或大学集中区等；日用品超市可以选择缺乏商业网点的城乡居民区或规模较大的城市社区；大型百货店、大型综合超市、购物中心、仓储式商场以及大型专业店等连锁网点的布局定位就不应局限于社区，而应考虑区域、全市甚至于周边地区的大商圈，同时从"繁荣大都市商品流通业"的角度出发进行网点的布局，打造现代化、高层次、大规模、多功能的大型连锁网络，如城乡结合部。值得注意的是，位于老城区的网点除了应凸显与众不同的品位和格调外，更要注意与周边的文化氛围相融合，避免破坏积淀深厚的商业文化，以便很好地延续历史文脉和"商脉"。

20世纪90年代以来，随着我国经济和社会的发展，在我国经济发达地区，如上海、北京、广州等大城市的城乡结合部陆续建立了一些新型的、超大规模的购物中心。超大规模购物中心(SHOPPING MALL)产生于20世纪五六十年代，在美国等发达国家逐步发展壮大，它掀起了商业经营方式的新浪潮，并逐渐以其购物、餐饮、休闲、娱乐、旅游等综合性经营模式与完美的环境配套设施而风靡欧、美、日及东南亚等国家及地区。

SHOPPING MALL 的定义是："大型零售业为主体，众多专业店为辅助业态和多功能商业服务设施形成的聚合体。"其显著特征是：

(1)规模大。SHOPPING MALL 由若干个主力店、众多专业店和商业走廊形成封闭式商业集合体，面积通常在10万平方米以上。

(2)功能全。SHOPPING MALL 集购物和其他商业服务，甚至金融、文化功能于一体，进行全方位服务。

SHOPPING MALL 作为商业零售业发展历程中的最高形式，在其发展过程中，经历了不同的阶段，也呈现出不同的经营风格。美国的 SHOPPING MALL 主要依托市郊高速公路建立封闭式大型购物中心，规模巨大、设计简洁是其显著的特征。欧洲在沿袭美国模式的基础上，不断以旧城市商业中心的改造和复古建筑、人文设计，赋予购物中心新的发展内容。日本、东南亚地区大量出现的购物中心，有以"大型仓储式超市"替代百货店作为主力店的发展趋势，重点突出休闲娱乐功能和商品成本优势。我国的 SHOPPING MALL 虽然发展较晚，单体规模也不如欧美国家，但发展速度很快，在经营模式上主要以购物、餐饮服务业为主，收入稳定的"白领"阶层为其主要消费对象。

4. 适于长期发展

网点建设是一项长期投资，关系企业的发展前途。网点一旦确立便难以改动，因此连锁企业在规划网点时，必须具有发展的眼光，从长计议。有的网点现在看来是最佳选择，但随着城市的改造和发展渐渐变得不适合设点；而有的网点现在并不理想，但可能具有商业发展潜力，会成为未来的商业中心。比如，以前上海浦东地价一直低于浦西，一些企业购买下浦东地区地价较低的土地兴建商业设施和其他不动产。随着浦东新区的快速发展，地价成倍上升，这些企业就卖掉地产赚取差价，商业设施则变成其经营网点。

同时，为实现连锁经营的目标，企业需要在协调开发策略与长期战略规划的基础上设计出一系列行动，注重细节，其中包含开店组织、日程安排、人员工作分派、进度控制等基本实务。

【案例 6.1】

家乐福冠军超市的北京败局

家乐福旗下的冠军超市定位于社区型的生鲜连锁超市，1999年由家乐福并购，在全球9个国家拥有约2 300家店铺，在欧洲颇有业绩。2004年5月，冠军超市首次登陆中国，在位于北京市朝阳区劲松农光里开出首家店铺，之后又陆续开出了8家店铺。家乐福的冠军超市进入中国的初衷就是希望代替大部分中国人采购生鲜食品的农贸市场。然而两年过去了，"冠军"还是离开了。从冠军超市在北京开出首店到匆匆离开仅仅两年时间。面对发展势头正猛的大卖场和中国老百姓更为习惯的农贸市场，冠军超市的出现还为时过早，还是倒在了夹缝中。有专家认为，冠军超市的生鲜食品价格还是过高，在中国百姓目前的消费习惯和消费能力下，短时间内生鲜超市还是难以代替农贸市场的。

（资料来源：刘冬梅. 连锁企业网点开发与设计[M]. 北京：科学出版社，2008年.）

进入21世纪，中国连锁业不断传来"做大"的消息，连锁企业的扩张步伐纷纷提速，某些企业正步入一种误区，即盲目追求网点数量的扩张，忽略了企业内涵的提升，在做大做强中把做大放在了首位。诚然，表面上看，连锁企业的竞争优势取决于"规模效应"，连锁企业发展就意味着规模的扩张，即所谓的"规模经济"。但许多连锁企业只看到了表面的现象，而忽视了它们背后的决定性因素，而正是这些因素决定了企业发展的快慢和效益。事实上，企业核心竞争力在企业成长过程中才真正发挥关键的和决定性的作用。沃尔玛之所以获得成功，不仅是因为它具备现有规模，而且其背后强大的超越竞争对手的核心能力支撑它不断扩张。企业只有先做强，然后才有可能做大。中国连锁业的发展应该着眼于内涵的培养，立足于核心能力带来的竞争优势，而不是盲目追求店铺规模的外延式扩张，企业只有不断培育和提升自己的核心竞争力，才能在未来的竞争中脱颖而出。

三、不同连锁经营方式的开发模式选择

连锁经营方式可分为正规（直营）连锁、特许（加盟）连锁和自由连锁三种主要形式。不同的方式各有优劣，连锁企业在市场开发中应该根据不同连锁模式的特征和自己的实际情况，全面考量，灵活把握。一般而言，大多数大型连锁店是以正规（直营）连锁和特许连锁为主的，在企业的不同发展阶段和不同的商业环境下，采用混合连锁形式也较为多见，但对不同连锁形式有一个固定比例要求，如麦当劳的特许连锁店占总数的80%，直营连锁店占20%。而美国大型零售商几乎完全是以直营连锁为主，仅在国外进行合资式的特许连锁。因此，连锁店决策层必须考虑和分析企业以哪一种连锁形式为主，哪些连锁形式为辅，大致保持一个什么比例。

1. 正规（直营）连锁

正规连锁也称直营连锁，是指总部对其全资开设或者控股开设的连锁门店进行集中管理、统一核算的经营方式。目前各连锁体系中，以直营连锁占大多数，原因在于其较易管理控制，可以统一调配资金、设备、商品及人员，有利于充分利用企业资源，提高经营效率。另外，由于

各连锁店不是独立主体,其关闭、调整和新店的开设基本上属于公司的内部事务,受外界制约相对较少,因此总公司对分店布局和新店开发具有较大的灵活性和方便性,而且商品品质也较易维持;但其缺点则为投资大、风险高、人力资源成本负担重,总公司一般必须有较强的经济实力和运营能力,而且要能够处理好集中管理和分散经营的关系。

这种连锁经营模式的门店开发具有以下特征:

(1)各连锁分店由一个企业、一个人或同一个投资主体开店,资本结构单一,各分店不具有独立的法人资格,不能作为独立的企业存在。哈尔滨的裕昌食品连锁店即为这种模式。

(2)总部对连锁分店拥有全部的所有权、经营权、监督权,即实施人、财、物、库、销等方面的统一管理。在连锁企业初创时期较适于采用这种模式进行市场开发。

2. 特许连锁

特许连锁又称合同连锁或加盟连锁,是指通过签订连锁经营合同,总部授予加盟门店使用其拥有的商号、商标和经营技术及销售其开发商品的特许权,加盟门店支付特许费的经营形式。采用特许连锁经营方式,对总公司来说,能以较少资本达到迅速发展公司业务的目的,它实际上具有一种融资的功能。部分企业因资金有限,为了迅速占领市场也采取了特许连锁经营的形式来拓展,同时通过经营权的转让也能为总公司积累大量的资本,使公司的无形资产变为有形资产,从而增加公司的实力和发展潜力。一旦公司实力增强,也可以收购或收回各家店铺的特许经营权。

特许连锁是以特许人为主导企业构成的连锁经营体系,所以要求连锁企业在商标、专利、专有技术等经营资源方面首先要有较大人力、财力投入,这也是成功地进行市场拓展的先决条件。特许连锁的市场开发另一个重要条件是总部要有较强的技术指导和人员培训能力,这也是加盟商特别看重的因素之一。特许连锁的市场开发风险也是显而易见的,即如果加盟商不按照主导企业的规定执行生产经营活动,将对原型店的商业信誉度和美誉度造成严重伤害,也将影响主导店的下一步市场开发。

3. 自由连锁

自由连锁是指通过签订连锁经营合同,总部拥有独立法人资格的门店合作,并在总部的指导下集中采购、统一经销的经营模式。自由连锁既具有连锁经营的规模优势,同时又能保持独立小店的特有经营特色,因此,对于中小企业来说,发展自由连锁是比较合适的。自由连锁具有较好的灵活性、转换性和发展潜力,可以逐渐发展成为独资连锁或特许经营。

自由连锁模式在市场开发中由于统一性较差,在开发决策时,容易组织分散且不稳定,特别是由于受地域限制较大,在协调各方面关系,制定统一的发展战略,以及搜集商业信息并及时反馈等方面受到较大限制。

四、门店功能定位与门店经营场所获得方式

(一)门店的功能定位

连锁企业在建立自己的门店网络时,都希望下面的门店赢利,但是连锁企业的若干家门店所处的地理位置、竞争对手等不同,所以销售和赢利结果自然也有所不同。那么是不是销售业绩差就应该撤店关门呢?只有在开设之前就要明确每家门店在整个连锁体系中的功能,才能在开发和运营的过程中有所侧重。

1.形象店

门店的第一大功能是广告宣传功能,如经常见到的所谓旗舰店,承担着主要的宣传功能。例如,耐克在北京王府井步行街上有一家两层楼的店铺,装修得非常豪华,是否赢利呢?但是无论这个店是否赢利,有一点很明确,它的广告效果是毋庸置疑的。所以这种门店被称为形象店,换句话说,这种店从销售的角度考虑可能未必理想,更多的是出于形象宣传的考虑,货品销售不是主要的,更多的是为树立品牌形象。像服饰连锁店美特斯·邦威在国内设有几个2 000~3 000平方米、四五层楼高的巨型店以及李宁开设的2 000平方米的店都被叫做形象店。这种店铺的销售利润可能不是企业放在第一位的,企业更看中的是它对市场开发、品牌推广和形象提升方面不可替代的作用。

2.销售店

在建立好形象店之后,企业就得考虑第二类功能的门店。企业不能只推广品牌做形象,企业终究是要靠利润生存的,所以第二类门店被称为销售店。有人可能会问,企业开哪家店不是为了销售?这里谈的是主力销售店,可能面积未必很大,形象未必很好,但是销售额很高。一般企业经营者对主力销售店的偏爱可能超过了其他类型的门店,但是主力销售店在销售过程中,由于其销售额比较高,所以它的商品需求量往往非常大,而且由于企业的商品资源和其他支持往往都倾斜在了销售店,意味着产生库存的可能性很高。如果企业经营者作一次店铺效益评估,就会发现,销售店往往没有赚钱,它挣回更多的是商品,这种店铺产生的库存过多。所以主力销售店越多,最后退回总部的货会越多,因此应运而生了第三类店铺。

3.促销店

这类店铺往往不以销售正常商品为主(当然不是指过期、过季商品),促销店的主要工作内容,就是接主力销售店遗留下来的库存,而这批商品往往还在季内,只是由于企业没有大量的商品去供应主力销售店,去保证它的完整性,出现了缺码、断号等情况,这批货要撤下来,撤下来给谁呢?放在库房里名副其实就是库存。但是如果企业在建立连锁网络系统的过程中,建立一些专门处理库存的促销店,退回的这些货并没有退回库房,而进入到了促销店。这些促销店的目的就是消化库存,正常的促销店对库存处理起到正向的影响,如李宁的零码折扣店等。

4.网络店

在连锁体系中还有一种店铺,不是主力销售店,不是旗舰店,也不是促销店,这种店排为第

四类,被称为网络店。这种店赢利的空间很小,但是其作用是其他店无法取代的,网络店的布点作用在于抢占市场份额。

例如,某连锁企业在一条商业街上连开三家店,一家主力销售店,两家辅助店,这两家店就是网络店。首先,一家店卖 10 万元,三家店卖 30 万元的可能性很小,但是商品储备比两家店多,却远远达不到三家店的水平,实际上库存风险降低了;而且一条商业街上这三家店铺布局完之后,无论竞争对手开到哪家店附近,该企业只要调整商品结构,挨着竞争对手的那一家店铺以针对性的促销品为主,在网络店里搞促销,竞争对手无论是否进行促销跟进都竞争乏力。不跟进,客流明显流失;跟进,这家网络店本来就是用来防御竞争做消耗战的,用一家店的消耗就把对手利润消耗掉了,另外两家店就可以安心赢利,这就是网络店的作用,不让竞争店在自己的势力范围内落足。

5. 培训店

以上四种店铺是连锁体系中的四种形态,但是随着连锁体系的扩张,人力资源问题逐渐会凸显出来,新招聘的员工不能很快适应岗位技能的要求,挖过来的人还有一个企业文化的了解适应过程,所以连锁经营需要一个人才培养基地,因此更强大的一个门店产生了,这是门店的第五个功能。这个店既不为赢利,也不为做形象,它的功能是公司里对新员工为适应各个岗位需要而设立的一个培训基地,当这个店成熟以后,可以源源不断地向其他店铺输送经过严格培训的合格的店长、主管等,无论其他店铺缺乏何种人才,可以直接从培训店中抽调。

总之,在连锁体系中应该建立好这五类店铺。当然这五类店铺有些可以合并,如形象店和培训店可以合并,网络店和促销店可以合并,但是作为连锁企业一定要明确它们各自的功能。因为不同功能的店铺对员工的要求和店址的要求都不同,这样在店铺开发的时候就可以未雨绸缪,有的放矢。

(二)门店经营场所的取得方式

1. 购买

购买门店所在地点的物业所有权。此做法的优点是:第一,可永续经营、享受不动产增值的利益,可掌握用途主控权,如果属于本公司自有,向银行借款时门店可以当做抵押品,便于筹措资金。第二,抵制通货膨胀的能力强。缺点是资金需求大,投资风险高,而且店址变化缺乏灵活性。

2. 承租

即以合约方式承租店面经营(以 10 年为宜),其优点与购买方式相反,如果租金每隔几年就要调整,其租金上涨的缺点也令众多连锁企业倍感压力,有些店铺甚至不得不关门撤点,把在经营期间已经培育的大批忠实顾客丢掉。如哈尔滨位于中央大街的最早开设的肯德基店在物业租赁期满后,业主提出要大幅度增加租赁费,最后双方无法达成协议而迫使这家每天顾客盈门的快餐店不得不另寻店址。利用承租经营这种方式,店铺的繁荣带来的地价上涨的好处并不完全属于店铺开发者,而且由于物业并非自有,经营者也难以由于经营需求而对店铺进行硬件设施进行大型改造。

五、连锁店开发的基本流程

（一）门店选址

选址计划包括门店位置选定、位置取得和店面整备。

1. 位置选定

位置选定即门店选址，也就是适合门店开设的位置的选定，一般分三步走：第一步，区域市场选择；第二步，店铺位置类型选择；第三步，具体位置选择。这三步是一个由"面"到"点"的选择过程。由于门店存在形态的多样性和选址目的的差异，这三个层次在实际的选址活动中不一定全部存在，也不一定需要全部按照顺序依次进行。

2. 位置取得

选定合适的地点后，位置取得的可能情况有购买土地（土地所有权的转移）、设定土地使用权或土地租赁权、确保建筑物的租赁权等。

3. 店面整备

店面整备即为门店开发做好基础准备工作。店面整备的内容包括与开店有关的所有项目，如店前道路的改善、电煤、自来水的引入以及施工时各种危险的防范措施、施工人员准备等。

（二）商品计划

1. 商品经营定位

业绩创造来自商品销售，商品是连锁店的生存命脉，科学的商品定位能活跃门店的生命力，使店铺更加蓬勃发展。要做好商品经营定位首先需要进行市场需求分析与竞争态势分析，在此基础上结合门店业态进行目标市场定位，确定需要满足的消费者需求，并根据需要满足的需求确定商品组合。然而每个需求点的产品品牌很多，店铺必须根据自身情况选择每一个需求点的品牌，也就是目标品牌的锁定，接下来就是根据目标品牌定位寻找出品牌背后的目标供应商，当然，有些时候品牌定位与供应商定位是同时进行的。

2. 经营方式及合作条件的确定

确定了商品结构之后，需要与供应商洽谈合作，而与供应商合作的前提是先确定与供应商的合作模式。根据与供应商交易方式的不同，连锁店常见的采购方式有租赁、联营、代销和经销。

（1）租赁。租赁严格意义上讲不是采购，它仅仅是将店铺中的某块固定面积的经营空间租给供应商来经营，经营范围必须是店铺在商品定位环节希望在此面积经营的商品，也就是根据店铺的规划来出租卖场营业空间。一般来说，在租赁模式下，门店根据面积与位置收取固定租金，供应商自己进行商品库存控制、销售人员配置、货款收银等各项工作。店铺方相当于商业地产运作,作为房东(或二房东)赚取房租,对供应商的具体运作不做参与。家乐福的生鲜食品经营就是这种经营模式。

(2)联营。联营是指店铺在计算机系统中记录详细的供应商信息,但是不记录详细的商品进货信息,销售时由门店方进行统一收银。在结账时,店铺财务部在双方认可的购销合同中所规定的付款日,在"当期"商品销售总金额中扣除当初双方认可的"提成比例"金额后,将剩余销售款付给供应商。在这种方式下,联营商品的销售人员配备与商品库存控制由供应商进行。

(3)代销。代销是指门店在计算机系统中记录详细的供应商及商品信息,销售时由店方配备销售人员并统一收银。在每月的付款日准时按"当期"的销售数量及当初双方进货时所认可的商品进价付款给供应商。剩余的货可以退货或换货,代销商品的库存控制一般由店铺方进行。

(4)经销。经销又称买断采购,是指门店计算机系统记录详细的供应商及商品信息,可能是现金采购,也可以是在双方约定的账期,按当初双方签订合同时所认可的商品进价付款给供应商,供应商主要负责供货,至于后续的销售工作由店方进行。通常情况下,换货、退货是不存在的,这种方式下门店的商业风险最大,相对来说,利润也最高。

(三)采购招商

在与供应商的合作方式确定之后,店铺方就可以与供应商进行采购谈判,并签订合作合同。签约之后,供应商按照门店的商品管理流程将货品摆放到店铺货架上,达到可销售状态。

(四)开店宣传

宣传活动的内容包括开店日期、宣传主题、宣传标语、重点宣传地区、媒体运用、商品企划配合等。

1. 宣传计划

(1)宣传活动计划应在开店前两个月立案,内容包括宣传主题与重点、宣传文案、宣传期、商圈的重点地区、店铺特性等。

(2)开店实施前的引导宣传。如召开招商会、记者招待会、筹备情况说明会等,以通过各种媒体开展开店前的公共关系活动。

(3)开店宣传活动的实施。开店宣传活动在开店前一个月左右展开,在开店当天达到活动的高潮。实施方式与内容主要是对商圈内家庭的访问、各种广告媒体的运用、公共关系活动的开展、开店当天庆祝活动的实施等。

(4)开店后的宣传活动。开店后的宣传活动配合上述系列宣传活动的内容,是开店宣传活动的持续,包括文化性活动、商品促销、服务性措施等。

2. 宣传活动开展的重点

(1)开店宣传活动计划形成之际,应考虑公司内外的因素及预算情况,协调营业、行政、人事、财务等部门,经研究分析后再作调整或进入实施阶段。

(2)在宣传活动的内容方面,应列出开店预定日、宣传标题、文案表现、店铺特性、楼层构成特色等诸项活动的重点。

(3)施工现场外观和周围建筑物也可作为宣传之用。

(4)在广告媒体的运用方面,应针对诉求对象进行有效的组合,以求发挥最大的宣传效果。

(五)建设计划

1. 建筑计划

建筑计划主要有以下三个方面:

(1)门店配置及面积的确定。对建筑法规的规定事项、周围的环境状况、建筑施工的安全问题等,均要统筹考虑。在建筑面积的运用上,应根据资金状况、管理体制、对卖场面积及后勤设施的空间和配置以及将来扩建的可能性进行整体规划。

(2)平面计划的确定。确定卖场规划与货位布局,将卖场进一步划分为销售空间、服务提供空间、商品陈列空间、作业空间等。对顾客出入口、员工出入口、商品出入口、顾客动线、商品运送动线、员工动线都应充分考虑,为使卖场面积得到最有效的运用而进行详细计划。

(3)建筑物外观的确定。为求整个建筑物能具有吸引力并能加深顾客的印象,对建筑物的外观设计及使用的建材要充分考虑,要使卖场不但能容纳商品及防风避雨,而且更具有促销功能。

2. 设备计划

设备包括空调设备、给水排水设备、电力照明设备、通信设备、运送设备、消防安全设备等。

3. 装潢计划

(1)对天花板、墙壁、柱子、地面等色彩和装潢材料的确定和使用,以配合商品特性的表现。

(2)照明设备及配置方式的确定,以发挥整个卖场的灯光效果。

(六)人员计划

人员计划包括开店组织结构的设计,根据组织结构进行各岗位薪酬体系的设计,根据用工计划制订员工招聘计划、培训计划与上岗计划。

(1)组织架构对新店的管理效率。必须建立使工作任务得以分解、组合和协调的框架体系,也就是设计组织结构,并将新店的各项工作有机地配置给相应的组织部门。

(2)以优化组合为出发点,把不同专业背景的人员按不同的工作性质加以组织,从而使门店具有完成各项工作的功能,即人员功能的定岗定编,分类培训。

连锁经营规模的优势在于拥有众多的连锁分店,连锁规模越大,其组织结构就越复杂。如果组织系统设计不合理,就没有连锁店的优势,甚至阻碍连锁店的正常运转。连锁店总部的作用是统一门店的后勤作业,使之达到标准化、专业化和集中化。连锁店总部与分店的关系是专业化分工的关系。实践证明:总店的管理系统越强,专业化分工越明确,门店的运作和新店的开发就越顺畅。

第二节 连锁店的选址决策

连锁店的开设,首先遇到的问题就是选择合适的开店地址。可以说,任何开店者都期望能找到理想中的"黄金地段"。有专家指出:找到一个理想的店面,开店创业就等于成功了一半。开店不同于办厂开公司,以零售为主的连锁经营模式决定了店面的选择至关重要,它往往直接决定着店铺运营的成败。

一、连锁店选址决策的基础工作

(一)商圈构成

1.商圈的概念和特征

所谓商圈是指以店铺所在地为中心,沿着一定的方向和距离扩展,吸引顾客的辐射范围,即店铺吸引顾客的地理区域和店铺服务功能的辐射范围。商圈具有区域性、层次性和不规则性特征。

2.商圈的形态

门店商圈的大小与数量是由各种因素综合决定的,其中包括店铺的类型及规模,竞争者的坐落位置,交通便利程度,人口密度等。据此,商圈的主要形态可以分为以下五类。

(1)商业区。该区为商业行业的集中区,其特色为商圈大,流动人口多、热闹,各种商店林立。其消费习性为快速、流行、娱乐、冲动购买及消费金额比较高等。

(2)办公区。该区为办公大楼林立。办公区的消费习性为便利性、外来人口多、消费水准较高等。

(3)住宅区。该区户数多,至少有 1 000 户以上。住宅区的消费习性为消费者群稳定,要求便利性、亲切感、家庭用品购买率高等。

(4)文教区。该区附近有大、中、小学等。文教区的消费习性为消费群以学生居多,消费金额普遍不高,休闲食品、文教用品购买率高等。

(5)混合区。该区的住商混合或住教混合。混合区具备多种商圈形态,具有多元化的消费特色。

(二)商圈分析

1.商圈分析的概念

商圈分析就是经营者对商圈的构成、特点、范围以及影响商圈规模变化的因素进行调查、评估和分析,为门店选址、制订和调整经营方针提供依据。商圈分析有以下三方面的作用。

(1)商圈分析是合理选址的基础。在明确商圈范围和分析市场商圈内人口规模和特点、商品供应情况、竞争程度等各种市场和非市场因素的基础上,预测经济效益、评估店址的价值、选择合适的店址,使商圈、店址、经营条件有机地结合起来,创造出经营优势。

(2)有助于制订经营竞争策略。当前连锁店广泛采用非价格竞争策略,如改善形象、完善售后服务等。通过商圈分析,了解商圈的信息,并根据顾客的需求特点采取竞争性的经营策略,从而吸引顾客,成为竞争中的赢家。

(3)有助于制订市场开拓战略。一个连锁店经营方针、策略的制订或调整,总要立足于商圈内各种环境因素的现状及其发展趋势。通过商圈分析,可以帮助经营者制定合适的市场开拓战略,调整连锁店经营战略和经营方针,不断延伸触角,扩大商圈范围,提高市场占有率。

2. 商圈分析的内容

(1)人口的特征分析。通过对人口的特征分析,了解商圈内的人口规模、家庭数目、收入、教育水平、年龄分布等情况。这些数据可从政府的人口普查、消费力调查、年度统计等资料中获得,也可从商业或消费统计中获取。通过对这些情况的了解可以使连锁企业掌握消费者的消费倾向,安排设立适应这些消费倾向的连锁门店,以获得最好的布局效益。

(2)竞争状况分析。商圈内竞争分析必须考虑下列因素:现有门店的数量、规模、地域分布、新店开张率,所有门店的竞争优势和竞争弱势、市场饱和情况等。如竞争者过多,有太多的门店销售特定的产品和服务,竞争激烈以致绝大多数商店都得不到相应的投资回报,同时也表明该商圈消费已经比较成熟。选择在该区域开业,在经营策略上应独树一帜,力求和其他竞争者明显区别开来。

(3)经济状况分析。如果商圈内经济状况很好,居民收入稳定增长,则零售市场也会增长;如果商圈内产业多元化或居民从事不同行业,则零售市场一般不会因为对某种产品市场需求的波动而发生相应的连带波动;如果商圈内居民多从事同一行,则该行业波动会对居民消费力产生影响,门店的营业额也会受到影响,因此投资者宜选择行业多样化的商圈开业。

(4)基础设施状况分析。其主要分析交通网络情况、区位规划限制等因素,以确定客流量的大小。最后,还要考虑税收、执照、营业限制、劳动力保障等因素的影响,因为这也是响门店生存的重要条件。

(三)市场调查

1. 市场调查的目的

(1)设定商圈范围,了解在开店预定区域的周围能吸引多少住户,吸引多大距离以内的住户,住户每周购物几次等。

(2)估算开店后的营业额,尤其是第一年的营业额。

(3)调查商圈顾客。根据有关顾客的年龄、收入、职业及人流、车流等资料判断商圈的消费特点。

(4)调查竞争对手。根据竞争对手的实力强弱(如卖场面积、商品品种数、单位面积效益、商品价格竞争力、停车能力等),估计其对本店的影响程度。

(5)确定卖场的适当规模。卖场面积越大,对顾客的吸引力越强,但单位面积效益(每平方米效益)不一定最佳;卖场面积越小,单位面积效益越佳,但会失去对较远区域顾客的吸引力。因此,连锁店必须考虑、估量市场占有率及投资损益平衡点,再决定适当的卖场规模。

(6)投资回收的可行性。要考虑营业平衡之后的收益是否大于平衡前的亏损,以及在规定年限之内回收投资的可行性等。

2. 市场调查的主要内容

开店前进行深入细致的市场调查对连锁店的可持续发展至关重要。

为门店开发所作的市场调查,一般可以分为两个调查阶段:第一阶段的调查主要是针对开店的可能性作大范围地调查,其结果可作为设店意向的参考。此阶段的调查内容主要包括调查开店地区的市场特性,了解该地区的大致情形。第二阶段的调查主要是依据前一阶段的调查结果,对消费者的生活方式作深入研究,作为决定商店具体经营政策的参考。此阶段的重点在于决定商店具体的商品构成、定价及销售促进策略,所以此阶段的内容包括对消费者生活方式的深入分析及商店格调等基础资料的提供。具体的调查内容包括以下几个方面。

(1)生活结构。生活结构是针对消费者生活的特性,依据人口结构、家庭户数构成、收入水平、消费水平、购买行为等方面进行整体和定量的研究。

①人口结构。除了对目前人口结构进行调查之外,还要对有关过去人口集聚、膨胀的速度及将来的变迁加以预测,同时将人口结构根据行业、年龄、教育程度等进行分类整理,以便深入分析。

②家庭户数构成。可以依据对家庭户数变动的情形及家庭人数、成员状况、人员变化趋势进行了解,进而可以由人员构成的比率观察城市化的发展与生活形态的关系。

③收入水平。利用家庭、人口资料,得出每人或每户家庭的收入水平,并将所得资料与其他城市、其他地域相比较,通过对收入水平的调查,可以了解消费者的可能性,从而作进一步分析。

④消费水平。这方面的资料是地区内消费活动的直接指标,对连锁企业来说也是重要指标。据此可以了解每人或每户家庭的消费情形,并针对消费内容依商品类别划分,得出其商品类别的消费支出额,同时也可以得出商圈的消费购买力情况。

⑤购买行为。对于消费者购买行为的分析,可以从消费者购买商品时的活动范围及经常在哪种商店购买哪种商品予以了解。研究消费者购买行为的目的可以了解消费者购物活动的范围和选择商品的标准,以便对该地区的消费意识进行深入研究。

(2)城市结构。通过对地域内实际生活的空间,包括中心地带及周围区域城市结构机能的调查,了解该地域内设施、交通、活动空间等环境现状以及将来的发展计划。

①地势。对于地域内地形状况调查,尤其对有关平地的广阔度及腹地的大小要予以了解,对于气候的特殊性也要深入了解,因为连锁店与气候因素有相当大的关系。

②交通。一般而言,连锁店的位置最好是交通要道,因为交通网密布的地方,往往是人口容易集中或流量特别大的地方,是开店的理想地点。因此在调查时交通路线及车辆往来的班

次、载送量等均要作为考虑的重点，有时对于停车空间也要调查。

③繁华地点的位置和形态。在繁华地段，往往是商店容易集中之处，所以连锁店选择繁华地段开店是理所当然的，但繁华地段的地价和租价较高，因此在投资成本提高的情况下，如何做有利的运用以及将来可能变动的方向，都成为在繁华地段开店的考虑因素。

④各项城市机能。如果开店位置在行政、经济、文化活动等密集的地方，则整个机能易于发挥出来(如行政管理、经济流通、娱乐服务、商品销售等机能)，自然成为人流集中地。但是流动的人口究竟是以公务员为主体，还是以购物、社交、娱乐的流动人口为主体，也应作为调查的事项。

⑤城市规划。除了城市结构的现状外，有关将来发展的方向，如交通网的开发设计、社区发展计划及商业区的建设等，均是开店时在地点因素上必须考虑的要点。

(3)零售业的结构。零售业结构的调查是针对此地区零售业实际情况的调查，调查结果不但可以作为开店可能性及经营规模的判断依据，还可以作为了解该地区零售店商业活动的指标及各大小型零售店发展动向的依据。

①地区间销售动向。针对营业面积、从业人数、年营业额等项目作调查，尤其要了解营业面积及营业额总量和过去的增长状况，同时针对城市中心地域及周边地域的销售额密度及商圈范围作比较。

②商业地区间的竞争情况。针对各地区间有关商品构成内容及顾客阶层作比较分析，以便深入了解它们的竞争情形，并据此分析各地区间的特性。

③大型店的动向。因为大型店的动向对于地区内的竞争情况影响较大，因此大、小型商店的设立，对现有大型店的规模、营业额、商品构成等资料均须加以调查，以作为开店的参考。

3．调查方法

(1)顾客购物倾向与动向调查。

顾客购物倾向与动向调查对于社区店至关重要，因为这类店的消费者比较稳定、集中。

顾客购物倾向调查的优点是消费者购物倾向与开店预定区域通过调查易于比较评价；缺点是调查的费用较高。顾客购物动向调查的优点是调查费用较低；缺点是对于顾客居住地人口流动较大的地区而言，潜在顾客对设店地购物依存度较难明确把握。顾客调查内容见表6.1。

(2)人流量调查。人流量调查就是观测一个区域的人流数量，因为调查不需要被调查者知晓，所以调查比较容易进行，调查数据也相对准确。人流量调查可分为以下四个步骤：

第一步，选择调查的地点。如果是商业街，则要调查商业街各个路口的人流进出情况；如果是大型商业设施，则需要调查各个出入口的状况。

表 6.1　顾客调查

调查项目	调查目的	调查对象	调查方法	调查项目
购物倾向调查	了解居住地消费者的年龄、职业、收入、购买倾向，以调查可能的商圈范围	学校或家庭	邮寄调查问卷或直接访问，可依据居住地点进行家庭抽样调查	居住地址、家庭构成、户主、年龄、职业、工作地点、所购商品类别、购物倾向
购物动向调查	了解设店预定地的实际消费购买动向，以调查连锁店对潜在顾客的吸引力	设店预定地通行人数的调查或连锁店主力顾客的调查	在设店地点采取面谈的方式，按照一定时间间隔对通行的人进行抽样调查，时间以10分钟以内为佳	居住地址、年龄、职业、逛街目的、使用的交通工具、逛街频率、各类商品的购买动向

第二步，确定调查时间。人流观测主要以消费者的消费时间为主，一般城市大致的消费时间在早上九点到晚上八九点；调查日期要分为平日、节假日两个阶段，因为对于商业而言，平日的人流量与节假日的人流量会有很大差距。

第三步，计数方法。如果人流较少，调查者可以用数数的方法；如果人流较多，调查者可以用专业的计数器来测量。

第四步，数据整理。通过数据整理，我们可以知道一个商圈或是商业设施，哪个路口/入口是主要的入口，哪个路口/出口是主要的出口，人流的高峰时间出现在什么时候，平日的人流量达到多少，节假日的人流量达到多少等。

人流量调查对于以流动客源为主要消费对象的连锁店极为重要，如快餐店、水吧等。

(3) 交通状况调查。对交通状况的调查主要是考察店铺周边的公共交通环境，分为两个部分：一是对公共交通环境的现状调查；二是公共交通未来的发展状况进行调查。

公共交通现状调查主要是了解公交车、城铁、地铁的线路数量，通达地区，发车频率，平均载客数量（到站下车人数），运营时间等。通过对这些数据的了解，可以知道店铺未来的客群规模、来源及消费时间。未来公共交通状况调查主要是了解店铺周边未来的公共交通状况，包括公交车、城铁、地铁的线路增减及新规划轨道交通线路等，这样才可以对店铺周边未来的公共交通环境有一个全面的认识。

(4) 道路状况调查。道路状况调查是了解店铺周边的道路状况，包括道路宽度、车道数量、限行标志、过街天桥、地下通道、道路出入口、停车位数量等方面，目的是了解店铺的交通易达性和交通顺畅性。比如，对于一个高档的餐饮店，往往顾客都开车前来消费，这样就会涉及停车位的保有量能不能满足需求的问题。道路的出入口远近也是一个重要的因素，尤其对于高速公路、高架桥附近的店铺，如果出入口设施较偏，就会引起上、下高速，上、下高架桥的不方便。交通限行及管制也对店铺的易达性影响较大,在较大的城市,各种限行法规较多,消费者往往因为停车不方便而放弃在这家店铺消费。

(5)区域特征调查。区域特征调查的目的是考察店铺所在区域的设施状况,包括文教设施、金融设施、政府机关、休闲设施、医院等。通过对这些设施的了解,可以知道这个地区的区域特征。如附近的学校很多,说明这个地区的文化气息较浓,可以开一些跟学生学习、生活密切相关的店铺。

(6)竞争店调查。竞争店调查包括竞争店营业场所调查、竞争店商品构成调查、竞争店价格线调查和竞争店出入顾客数调查,调查内容见表6.2。

表6.2 竞争店调查

调查项目	调查目的	调查对象	调查方法
竞争店营业场所调查	竞争店的楼层构成,以作为新店楼层构成的参考	设店预定地所在商圈内竞争店主力销售场所及特征销售场所	销售人员与促销人员共同进行针对营业面积、场所、销售体制的调查,以便共同研究
竞争店商品构成调查	在调查竞争店营业场所构成的基础上,对商品构成细目进行调查,作为新店商品类别参考	与前一项竞争店调查相同,着重于主力商品更深入地调查	在主力商品调查方面,由销售人员、采购人员和销售促进人员共同进行,着重于商品量的调查
竞争店价格线调查	对于常备商品的价格线与价值进行调查,以作为新店的参考	与前一项竞争店调查相同,对于常备商品,对一定营业额或毛利额以上的商品进行调查	采购人员与销售人员共同进行,对于陈列商品的价格、数量进行调查,尤其是逢年过节繁忙期间的调查更为重要
竞争店出入顾客数调查	调查出入竞争店的顾客人数,以作为新店营业体制的参考	针对出入竞争店15岁以上的顾客	在竞争店现场记录出入店的顾客数,以了解竞争店各时间段、各日期出入竞争店的顾客人数,尤其注意调查特殊日期或各楼层的客流量

【案例 6.2】

客流类型

一般而言,客流通常可分为以下几种类型:

1. 自身客流

自身客流是指专门购买某种商品的来店顾客形成的客流。这是店铺客流的基础,是店铺销售收入的主要来源。因此,新店选址时,应着重评估自身客流的大小及发展规模。

2. 分享客流

分享客流是指一家店铺从邻近店铺形成的客流中获得的客流。这种分享客流往往产生于经营相互补充商品种类的店铺之间,或大店铺与小店铺之间。如经营某类商品的补充商品的店铺,在顾客购买了这类主商品后,就会附带到邻近补充商品店铺去购买供日后进一步消费的补充商品;又如,邻近大型店铺的小店铺,会吸引一部分专程到大店铺购物的顾客顺便到毗邻的小店来。不少小店铺傍大店铺而设,就是利用这种分享客流。

3. 派生客流

派生客流是指那些顺路进店的顾客所形成的客流,这些顾客并非专门来店购物。在一些旅游点、交通枢纽、公共场所附近设立的商店要利用的就是派生客流。

(资料来源:刘远航.连锁企业经营与管理[M].广州:广东经济出版社,2008.)

二、连锁店选址决策的原则

1. 要综合考虑行业特点

不同行业连锁店的网点设置,对布点地域的要求并不完全相同。不同行业的连锁店在选择网点布局时,应全面考虑该区域的各种商业服务,并要充分发挥连锁网点的特色和优势,特别是行业特点和消费者心理是不容忽视的。连锁店若经营鲜果、鲜鱼、食品、烟酒等,则应在居民区布点;连锁店若经营衣料、服装、鞋帽、家用电器、化妆用品等,则通常应在商业街或商业区布点,且必须注意商业街或商业中心的档次,使之与其市场规模相匹配;快餐连锁店的网点一般应设置在商业区、闹市区;洗染业连锁店一般应设置在固定人口密集的地区。

2. 要综合考虑地区的特点

连锁店在发展初期,网点布局多设置在闹市区、商业中心,即充分利用商业中心较高的客流量优势来提高销售额。但这不是一定之规,加盟者也可以反其道而行之,先在居民区或市郊设网点,然后再往竞争激烈的商业中心发展。采取"居民区包围商业区"的战略。相比而言,城市和农村比较,通常应在城市布点。老城区和新城区比较,通常应该在新城区布点。除此以外,连锁店网点布局还必须注意城市空心化对于经营的影响。

3. 要综合考虑人流量调查的结果

对客流的调查研究主要包括两个方面:一方面是了解客流量;另一方面是明确客流的消费目标。只有明确了这两点才能保证选址的成功。比如,在一个著名的旅游景点,每天的人流量可能要达到数十万以上人次,应该说客流量是很大的,但是这些人主要是来旅游的,所以在这个地区比较适合发展的是旅游业和餐饮业的加盟店。相比而言,在这个区域开办洗染、商店等加盟店就不适合了。

4. 方便连锁店货品配送

通常特许经营总部都设有配送中心,以统一采购、统一配送。因此,在进行网点布局时,必须使网点设置达到成本较低的目的。同时,网点布局也应考虑配送中心的供货网点应设在配送中心供货能力的范围之内,并且布点要均匀。这既能满足配送中心供货上的需要,又符合各连锁店在营业中均衡的要求。进行网点布局,在注重方便连锁店货品运送的同时,也要重视供货的运输路线。

5. 避免在同一区域重复进行网点建设

加盟店在进行网点布局时,应尽量避免在同一区域内重复进行网点建设,只有这样才能有利于连锁企业扩充网点,提高市场占有率。但是,不同的连锁店可以在同一区域设立网点。因为连锁企业只要有自己的经营特色,即使进入该区域较晚,同样可以占领一部分市场。

6. 要有利于加盟店管理目标的实现

连锁网点布局必须实现"生存、发展、获利"这一管理目标,只有这样才能更好地实现"为民、利民、便民"的经营宗旨。

7. 要注重对成本进行核算

特许经营店的成功之道在于利用规模经济的边际效益,但实践中却有着这样的问题,比如有的加盟店距离总部的库房很远,这样就会造成成本的增加。如果采取在不影响加盟店营业额的情况下,将各个加盟店的店址距离设置得近一些,这样就可以达到降低成本的目的。

8. 方便顾客

"为民、利民、便民"就是尽量满足顾客的需求,同时这也是连锁店保持持续、健康、稳定发展的生命线。例如,便民连锁店设在居民小区,营业时间长,目的就是为了方便上下班之前、之后的购物;快餐连锁店网点设在车站、码头、购物中心、办公场所密集等地带,目的是为顾客提供就餐方便。

【案例 6.3】

肯德基的选址策略

肯德基在进入某个城市之前要做的第一件,也是最重要的一件事,就是通过当地有关部门或专业市场调查公司收集这个地区的地理及商业资料。然后,根据这些资料开始划分商圈。

商圈的规划采取计分的方法。例如,这个地区有一个大型商场,商场的年营业额在1 000万元计1分,5 000万元计5分,有一条公交线路加多少分,有一条地铁加多少分。通过打分,把商圈划分成几大类。以哈尔滨为例,有市级商业型(包括中央大街、秋林公司和地铁沿线)、区级商业型、定点消费型、社区型、社区商务型、旅游型等。

在商圈的选择上,既要考虑餐馆自身的市场定位,也要考虑商圈的稳定度和成熟度。肯德基选址的原则是:一定要等商圈稳定成熟后才进入。确定商圈之后,还要考察这个商圈最主要的聚客点在哪里。

肯德基选址的目标是：力争在最聚客的地方开店。在这个区域内，客流的方向和数量是怎样的，都要派人去掐表测量，然后将采集的数据输入专用的计算机软件，就可以测算出能否在此开店，投资额约为多少。

(资料来源：刘冬梅.连锁企业网点开发与设计[M].北京：科学出版社，2008年)

【案例6.4】

为了判定某个特定的场所是否具备保证门店能够成功的必要选址条件，可从以下几个方面加以鉴别：

(1) 该场所的空间能满足自己的门店运营的需要吗？
(2) 该场所的能见度如何？该位置能否轻易地从远处看到或其能见度是否被建筑物或商业广告牌等所阻隔？
(3) 该场所呈现出来的状况对预期的顾客显得有吸引力和亲和力吗？
(4) 该场所的可到达性如何？汽车可以方便地到达该场所吗？
(5) 有适当的、便利的以及足够的地方容纳自己所期望数量的顾客吗？
(6) 该场所是在居住区还是在商业区？是在公路或主要公路的附近？
(7) 经过该场所的汽车的估计数量是多少？每天有行人路过该场所吗？
(8) 自己的竞争状况怎样？在自己的场所所处的区域附近有多少相同类型的企业？在自己的场所附近将间接同自己竞争的企业的数量是多少？
(9) 在周围的区域，其他能够为自己带来销售收入的商品是什么？
(10) 该场所所在的地带能够为自己的门店提供支持吗？它对自己来说适合吗？
(11) 该区域的经济是正在增长的、停滞的、还是日渐衰退的？场所附近的人口在逐渐增加还是在逐渐减少？附近地区居民的结构在发生变化吗？
(12) 该场所是否有会对自己的门店造成潜在危害的限制性条例？

这些只是店主判定开店场所是否足够支撑自己的门店时所需要弄清楚的一些问题，连锁经营商可以事先列全面具体的问题清单来尝试由不同的员工来回答，以达到群策群力的判断作用。

(资料来源：安盛管理顾问公司(AMB))

第三节 连锁店的店面设计

随着我国社会经济的快速发展，人们生活水平的不断提高，消费者对购物环境的要求也越来越高。入口处寂静无声，毫无生气，再加上招牌破烂不堪，灯光昏暗。很难想象这样的店铺会有多少顾客光顾。因此，只有洞悉目标顾客的心理，才能规划、设计出合适的卖场，吸引消费者走进自己的门店。

【案例6.5】

张女士的银饰店

张女士第一次开银饰店是在一个小商品市场里,与大多数银饰店一样,她的店装饰简朴,沿墙设置了一大块泡沫板,在泡沫板的表面覆盖了一层黑色的绒布,然后把戒指、手链、挂件等不同设计风格的银饰品陈放其中,另一面墙边上放了一个摆放小工艺品的货架。虽然张女士实行薄利多销的策略,把商品的售价定得很低,但顾客不是怀疑银饰的真假就是爱讨价还价。结果经营了一年,张女士只赚到了自己的一份工钱。

不过,张女士在经营的过程中不断总结经验,还参观考察了不少同行的银饰店,最后得出生意不好的主要原因是出在店面的位置及装修上。于是张女士重新找了一个挨着两个大商场和两所大学的店面,并对店面进行了精心的布置:明净的玻璃门墙、别出心裁的首饰橱窗,狭长的店堂设置了三个大小不一的褐色木质玻璃柜台、展示架,开业促销的POP、易拉宝摆放得错落有致,恰到好处的冷色光源让消费者感觉到店内的银饰熠熠生辉,把一件件古朴却又能发出幽幽时尚光芒的银饰充分展示出来。在悠扬悦耳的音乐中,专业的售货小姐戴着白色的手套为顾客展示看中的一件件银饰……

张女士介绍,同样的银饰在现在的店面中售价是原来小店的6倍以上,但顾客都觉得物有所值,生意比原来好了许多。

(资料来源:于博远.2008年中国连锁经营发展述评[N].中国经营报:2009.1.20.)

案例的启发: 同样的产品,在不同的销售氛围中,在不同的卖场中,其价值感会有很大的不同。因此,卖场形象及销售环境的好坏直接影响顾客的购买情绪及信心。

一、连锁店店面形象设计的原则与操作

一个店面的生意,我们大致可以用一个公式予以表达,即

店面生意 = 门前客流量 × 进店率 × 成交率 × 客单价

也就是说,一个店面生意的好坏,是门前客流量乘以该客流量中进店人数的比率,再乘以进店后成交人数的比率,再乘以平均一个顾客购买产品所付出钱数的多少。而在这个公式中很重要的一项就是"进店率"。即使你的店前的街道车水马龙、人山人海,但如果你的店面形象欠佳或者很差。顾客连你家的店都不愿意进,那还何谈销售。所以说,店面形象至关重要,如同一个人的脸面,是顾客用以识别店铺的标记,也是经营者招徕生意的手段之一。

(一)外观设计:美观 + 个性

外观是店铺给人的整体感觉,既能体现店铺的规模、档次、风格、品位,又能体现店铺的经营特色、经营理念及各种经营主题。它可以看成是店铺给顾客的"第一印象",作为顾客初次经过店铺时的首要感受,它在一定程度上决定顾客是进入该店还是匆匆而过。在设计店铺的整体外观时,除了要采用合适的外观风格,还要选择恰当的门面类型,设计美观、实用的店门。

1. 店铺的外观风格

从总体风格来看,店铺外观有现代风格和传统风格两种。

(1)现代风格的外观,能给人以时代的气息和现代化的心理感受。当前的 KTV、网吧等大多数店铺都采用现代派的外观风格,这对时代感较强的青年消费者,如大中学生等,颇具激励吸引作用。

(2)具有民族传统风格的外观,给人以古朴典雅、悠远绵长的心理感受,许多百年老店,其外观装饰等都在消费者心里形成了固定模式,因此用其传统的外观风格更能吸引顾客。如北京全聚德烤鸭店、哈尔滨的老都一处等都是这种风格。

需要注意的是,店铺经营者无论选择现代风格的外观还是青睐于传统风格的外观,都要考虑与其所经营商品是否和谐。比如经营民族服饰或仿古服饰的服饰店,最好采用传统风格;而经营流行服饰或运动品的店铺,则要选择现代风格的店铺外观。

店铺经营者在选择外观风格时,还需考虑店面与周围整体环境是否和谐。天津的"古文化街",沿街建筑的外观全部采用中国传统的北方民宅的建筑风格,使国内外观光购物者一旦身临其境,则尽览中华民俗的古朴风韵。在这里开店,采用传统风格外观会收到很好的效果。

2. 门面的设计类型

门店外观从风格上来看有现代和传统的区别。从开放度来看,可以分为以下四种:

(1)封闭型。即店铺面向大街的一面用陈列橱窗或茶色玻璃遮蔽起来,使顾客进入店铺后可以安静地挑选,不受外界干扰。采用这种形式的,多是经营如珠宝首饰、高级服装的专卖店,突出了经营贵重商品的特点,让人有高贵、豪华之感。

(2)半封闭型。店铺门面、入口适中,大门多采用玻璃门,店内氛围温馨,玻璃明亮,使顾客能看清店内陈设,然后被吸引入店内。这种店铺的外观吸引力至关重要。如果店铺经营的产品品种较少,店内空间相对较小,则门面主体造型适宜采用这种类型。

(3)开放型。即店铺正对大街的一面全部开放,没有橱窗,顾客出入随便,没有任何障碍。这种类型适合流动性特别大的店铺,如出售食品、水果、蔬菜、小百货等低档日常用品的商店多采用这一形式。

(4)来往自由型。这种店铺只有一面或两面墙,商品充分暴露,让顾客自由选购。多适用于较低档的服饰商品店,面向不太富有的顾客。这种店铺可使顾客安心选购,不会有"高不可攀"、"非买不可"的感觉。

需要注意的是,卖场如果宽广,就有开放感,顾客为能自由自在地购物而感到快乐、心情舒畅,因此卖场的门面的设计要具有开放感,宜宽不宜窄,纵深过长会使顾客感觉进入卖场的距离和时间长,这样会影响其购买欲望。

3. 店门设计

店门的作用是诱导人们的视线,并产生兴趣,激发顾客想进去看一看的参与意识。在店面设计中,顾客进出门的设计是重要一环。

(1)将店门安放在店中央还是左边或右边,要根据具体人流情况而定:一般大型商场大门可以安置在中央;小型商店店堂狭小,为了不影响店内实际使用面积和顾客的自由流通,其进出门多设在左侧或右侧。

(2)从商业观点来看,店门应当是开放性的,所以设计对应当考虑到不要让顾客产生"幽闭"、"阴暗"等不良心理,从而拒客于门外。因此,明快、通畅,具有呼应效果的门廊才是最佳设计。

(3)店门设计还应考虑店门前的路面是否平坦,是否有隔挡及影响店门形象的物体或建筑,是否有良好的采光条件,有无噪声影响等。

店门所用材料,以往多为较硬质的木材,制作较为简便。现在较普及的是铝合金材料制作的店门,它轻盈、耐用、美观、安全、富有现代感。无边框的整体玻璃门,透光性好,造型华丽,常用于高档的首饰店、电器店、时装店、化妆品店等。

(二)招牌设计

美国的麦当劳在世界各地的连锁店都在街口或大楼外挂上一个黄色 M 作为招牌,既有创意又醒目,而且一目了然。

在繁华的商业区,消费者往往首先浏览的就是大大小小、各式各样的商店招牌,寻找实现自己购买目标或值得逛逛的商业服务场所。而对店铺经营内容具有高度概括力和在艺术上具有强烈吸引力的招牌,能给匆匆来往的人群以很大的视觉刺激和心理影响,促使他们成为店铺的光顾者。因此,店铺经营者要在招牌的设计上格外留心。

招牌通常是消费者抵达商店时的第一个接触点,招牌除了告知顾客商店的位置,同时也让顾客感受这家商店经营的行业与风格。另外,除了考虑美感与创意外,更要考虑提供给顾客的信息是否足以吸引顾客。

1. 招牌的种类

店铺的招牌主要分为正面招牌与侧面招牌。正面招牌用以标明和指示店铺的名称和正面位置。侧面招牌用来提示过往行人,引起行人对店铺的注意。因此,招牌的色调应绚丽、突出,以对比强烈为原则。

随着时代的发展,招牌的种类越来越多样化,其所具有的广告性质也越来越突出。目前,国内外流行的店铺招牌大致有以下几种:

(1)屋顶招牌。位于大楼中层的店铺,为了招徕顾客,往往在屋顶竖立一个广告塔,用来宣传自己的店铺,有的同时与厂商合作,用来做商品广告。当然这个商品必须是店铺的主打产品。

(2)标志杆招牌。位于公路或铁路两旁的店铺,往往用水泥杆或长钢管将招牌耸立在店铺门前,醒目、简洁地标注店铺的名号和基本服务,以引起来往行人的注意。

(3)栏架招牌。多安置在店铺所在建筑物的正面,用以表示店名、商品名、商标等,是最重要的一种招牌。有条件的店铺,可以利用霓虹灯或投光灯等辅助设备加以衬托,达到吸引行人注意的目的。

(4)壁上招牌。位于拐角的店铺,其临街的一侧可以用来安置出售商品的广告,或标注店名和店铺的服务项目。因临街位置醒目,其招牌的效果往往很好。

2. 招牌的材料

(1)底板材料。随着时代潮流的变化,商店招牌底板所使用的材料已由过去的木质和水泥发展为薄片大理石、花岗岩、金属不锈钢板、薄型涂色铝合金板等。石材显得厚实、稳重、高贵、庄严;金属材料则显得明亮、轻快,富有时代感。

(2)文字材料。招牌文字使用的材料因店而异。店铺规模大,且要求考究的店面,可选择铜质、凸出空心字,闪闪发光,有富丽豪华之感;烧瓷字永不生锈,反光强度好,作为招牌效果极佳;塑料字有华丽的光泽,制作简便,但容易老化、变形,不能长久使用;木质字制作方便,但需经常维修上漆。

(3)装饰材料。招牌在导入功能中起着画龙点睛的作用,它应是最引人注目的地方,所以,要采用各种装饰方法使其突出。如采用霓虹灯、射灯、彩灯、反光灯、灯箱等来加强效果,或用彩带、旗帜、鲜花等来衬托。总之,格调高雅清新,手法奇特怪诞往往是成功的关键之一。

3. 招牌文字的设计

店铺招牌的文字设计日益为经商者所重视,一些以标语口号、隶属关系和数字组合而成的艺术化、立体化和广告化的店铺招牌不断涌现。

店铺招牌文字在设计时应注意以下几点:

(1)不同的经营属性要和不同的店名字体属性相吻合。如经营化妆品的店铺,店名字体多纤细、秀丽,以显示女性的柔美秀气;经营五金工具的店铺,则多选用方头、粗健的字体,以表示金属工具的刚劲坚韧。

(2)店名的字形、大小、凹凸、色彩、位置上的考虑应有助于店门的正常使用。

(3)文字内容必须与本店所销售的商品相吻合。文字尽可能精简,内容立意深刻,通俗易懂,易记易认,使消费者一目了然。

(4)美术字和书法字要注意大众化,中文和外文美术字的变形不要太花、太乱、太做作,书写字不要太潦草,否则不易辨认,同时防止为制作造成麻烦。

门店招牌设计,除了注意在形式、用料、构图、造型、色彩等方面给消费者以良好的心理感受外,还应在命名方面多下工夫,力求言简意赅、清新不俗、易读易记、富有美感,使之具有较强的吸引力,促进消费者的思维活动,达到理想的心理要求。

(三)出入口设计

在店铺设置的顾客通道中,出入口是驱动消费流的动力泵,因此,店铺出入口的设计要综合考虑其营业面积、客流量、地理位置、商品特点、安全管理等因素,数量的多少要因地制宜,合理布局。

(1)应仔细观察行人的动线,选择顾客流量大、交通方便的一边设置入口,比较容易让顾客走进来;出口相对窄一些,入口和出口的比例以 3:1 为最佳。好的出入口设计要合理地使消费者从入口到出口,有序地浏览全场,不留死角。

(2)通道和顾客流动方向要根据出入口的位置来设计。零售店铺的入口和卖场布局关系密切,在布局时,应先设计入口。例如,在超市入口处为顾客配置提篮和手推车,一般按每 10 人 1~3 辆(个)的标准配置。

(3)入口处最好陈列对顾客具有较强吸引力的商品,这样可以增强对顾客的吸引力。

(4)出口必须和入口分开,出口通道宽度应大于 1.5 米。出口设置收银台,按每小时通过 500~600 人为标准来设置收款机。出口附近可设置一些单价不高的小件商品,供排队付款的顾客选购。

(四)橱窗设计:"勾引"顾客的艺术

人们逛街时,总是容易被风格各异的橱窗所吸引,各个灯光各异、色彩缤纷的橱窗就好似流动的广告,吸引着不同顾客在其面前的驻足浏览。据统计,橱窗设计起着比店内导购员更为重要的作用。

在现代商业活动中,橱窗既是一种重要的广告形式,也是装饰商店店面的重要手段。橱窗设计体现了各个商店独特的品位,一个构思新颖、主题鲜明、风格独特、手法脱俗、装饰美观、色调和谐的店铺橱窗,与整个店铺建筑结构和内外环境构成的立体画面,就是一道吸引过往行人的亮丽风景线。

一个设计布置精良的橱窗,不但能引来顾客关注的目光,而且能使顾客产生某种心理联想,激发其购买的欲望。

一般来讲,橱窗设计应注意以下方面:

1.选择适宜高度

橱窗横度中心线最好能与顾客的视平线持平,这样可以使整个橱窗内所陈列的商品都在顾客的视野中。

2.协调整体布局

橱窗设计不能影响店面的外观造型,设计规模应与商店整体规模相适宜。同时应根据橱窗面积注意色彩调和、高低疏密均匀、商品数量适量,使顾客从远处近处、正面侧面都能看到商品全貌。

3.表现诉求主题

陈列商品时,应先确定主题,无论是多种多类或是同种不同类的商品,均应系统地分门别类,依主题陈列,使人一目了然地看到所宣传介绍的商品内容,不可乱堆乱摆,分散消费者视线。

4.反映经营特色

橱窗陈列的商品要有真实感,即必须是本商店出售的、能够充分体现本店特色的畅销商品,这样才能使顾客看后产生购买陈列商品的兴趣。

5. 艺术感和生活感并重

橱窗实际上是生活化了的艺术品的陈列室,因此在展现商品的外观形象和品质特征的同时,也要通过一些具体的生活画面,使消费者有身临其境的感觉,并产生模仿心理。

6. 注意橱窗卫生

橱窗应经常打扫,保持清洁。同时在橱窗设计中,必须考虑防尘、防热、防淋、防晒、防风、防盗等措施。

7. 陈列品及时更换

橱窗陈列需勤加更换,尤其是有时间性的宣传及陈列容易变质的商品。每个橱窗在更换或布置时,要停止对外宣传,一般必须在当天完成。

(五)巧用灯光烘托环境

在店铺外部采用不同的灯光照明和色彩搭配,可以使消费者产生某些特定的联想。这些联想一般与大自然或生活中最熟悉的情景有关,如绿色与健康、蓝色与浪漫、红色与奔放等。需要注意的是,在设计店铺的外部灯光时,一定要结合店铺的经营特色和消费者对色彩的心理反应,巧用色彩、灯光吸引顾客。营造具有吸引力的色彩是吸引顾客的捷径,与灯光的装饰的巧妙搭配可塑造店铺气氛,引发顾客的购买兴趣和欲望。

1. 招牌霓虹灯装饰

一般而言,通过霓虹灯的装饰可以使店铺招牌明亮醒目。霓虹灯不但照亮了招牌,也增加了店铺在夜间的可见度。同时,霓虹灯还能制造热闹和欢快的气氛。

霓虹灯的装饰一定要新颖、别具一格,可设计成各种形状,采用多种颜色。为了使招牌醒目,灯光颜色一般以单色和刺激性较强的红、绿、白等颜色为主,突出简洁、明快、醒目的要求。有时,灯光的巧妙变化、闪烁或是辅以动态结构的字体,产生动态的感觉,这种照明方式能活跃气氛,更富吸引力,可收到较好的效果。

2. 橱窗照明设计

灯和光是密不可分的,按舞台灯光设计的方法,为橱窗配上适当的顶灯和角灯,不但能起到一定的照明效果,而且还能使橱窗原有的色彩产生戏剧性的变化,给人以新鲜感。

橱窗照明不仅要美,同时也须满足商品的视觉诉求。橱窗内的亮度必须比卖场亮度高出2~3倍,但不应使用太强的光,灯色间的对比度也不宜过大,光线的运动、交换、闪烁不能过快或过于激烈,否则消费者会眼花缭乱,造成强刺激的不舒适感觉。灯光要求色彩柔和、富有情调。

3. 外部装饰灯设计

外部装饰灯是霓虹灯在现代条件下的一种发展,一般是装饰在店铺门前街道上或店门周围的墙壁上,主要起渲染、烘托的作用。

例如,很多门店拉起的灯网,有些甚至用多色灯网把店前的树装饰起来,以形成浓烈的购物气氛。外部装饰灯在设计时,既要与周围环境相协调,也要与店铺的经营特色保持一致,这样才能给消费者和谐的美感。

同时,外部装饰灯也需和店铺的整体风格保持一致。现代风格的店铺,可采用色彩艳丽的多色灯光,从而制造一种浓烈欢快的情感刺激;传统风格的店铺则应采用简单或单一的色调,给人以庄重、典雅的感觉。

二、连锁店内部设计的原则与操作

连锁店的内部设计是店铺的重要组成部分,其布局和设计对进店购物的顾客和店铺管理人员、营业人员的现场操作都有十分重要的意义。合理的设计和利用可以提高店铺有效面积的使用水平和营业设施的利用率,能为顾客提供舒适的购物环境,从而使顾客获得购物之外的精神和心理上的某种满足,产生今后再次光顾的心理向往。

(一)内部设计的五个原则

门店的布局设置是为日常经营服务的,其规划须遵循结合实际的原则来进行所有的安排,最佳的门店设计应遵守"总体均衡,突出特色,和谐合适,方便购买,适时调整"的原则。

1. 让顾客觉得是开放的,想进来也容易进来

只有顾客愿意进来,我们才有做生意的机会,因此,如何让顾客很容易地进入店铺是展开销售的第一步。一个门店虽然物美价廉、服务亲切,但如果因为出入通道不明显,顾客不愿进来或不知道如何进来,那一切都等于白费。

因此,利用醒目的店名、招牌吸引顾客的目光,将店门开在最方便顾客的位置上,让顾客不但想进来也容易进来。这是提高店铺销售额的一个前提条件,也是布局的第一个原则。

2. 让顾客停留更久

最早自主式服务的超市门店只设置一个出口和进口,顾客进入门店后就只能沿着固定的一条线路从出口出来,这样的设置虽然给很多顾客带来不便,但是新颖的购物模式当时还是吸引了很多的人前来购物。

购买商品的顾客中,有70%是属于冲动性的购买,也就是顾客本来不想购买这样的商品,却在闲逛中受明亮的空间环境,商品陈列易看易选,良好的空调、音响及亲切的服务态度等因素的影响而购买。因此,卖场一般是将最吸引顾客的商品或区域放在店铺最深处或主要通道上,以便吸引顾客将自己的店铺完全光顾一遍。

3. 最有效地利用空间

让顾客在享受购物乐趣的同时,购物之后还想再来,就需要尽量有效地利用卖场空间,以增加营业额并降低成本。因此,以最佳陈列位置、最大陈列空间、最高清洁度、最优化理货管理和终端促销品布置来展示良好的品牌形象,并且营造出消费者强烈的感官刺激和售卖环境,促进顾客消费。

4. 营造最佳的销售气氛,创造良好的购物环境

以多样化、高实效的售点促销活动营造热烈的销售气氛,从门店的陈列展示、色彩、灯光等着手。灯光、色彩应列入整体经营(Space Identity,空间识别)体系内,以取得顾客的认同感,才能创造出自己的独特风格。

例如,店铺的店头布置,一般会专门设计一些烘托卖场热烈氛围的商品展示,来渲染顾客的购物情绪,给顾客形成一个良好的购物印象。

5. 防盗防损,安全第一

一些丢失率较高的商品要专门安排在一些特定的角落,如口香糖总是在收银台前,化妆品总是在店内最醒目的地方,这样可以减少店铺商品的损耗和丢失。

(二)连锁店内部设计

门店的内部规划设计不在于华丽,而在于赋予商品及顾客一个适宜的空间。好的门店装潢不但可以改善店堂的物质条件,也是增进店铺的精神品质、创造独特企业文化的好方法。店内装饰设计的好坏也直接影响产品的销售。好的背景装饰可以感染顾客的购物情绪,达到促销的目的。店铺的内部装饰包括店天花板、内墙壁、地板、商品展柜、店内摆放装饰品等。

1. 天花板设计

天花板不但可以创造卖场的美感,还能与空间设计、灯光照明相配合,形成优美的购物环境。在设计天花板时,要考虑到天花板的材料、颜色、高度。天花板要有现代化的感觉,能表现个人魅力,注重整体搭配,使颜色的优雅感显露无遗。

2. 墙壁设计

墙壁设计主要是墙面装饰材料和颜色的选择、壁面的利用。店铺的墙壁设计应与所陈列的商品的色彩相协调,与店铺的环境、形象相适应。一般可在壁面上设置陈列柜,安置陈列台,还可安装一些简单设备作为商品的展示台。

麦当劳餐厅的墙壁几乎都被利用起来,或挂上活泼可爱的卡通画,或做成卡通玩具的展示墙,对每个进入就餐的顾客多能产生强烈的视觉冲击力,从而使其受到充满朝气的快乐氛围。

3. 地板设计

地板设计需要关注的是装饰材料和颜色的选择,特别要注意防滑的效果和有利于清洁以及地板图形的简约。

4. 货柜货架设计

货柜货架要依据各项产品的特性及陈列的位置,选用不同的类型和式样,在设计时主要是货柜货架材料和形状的选择。一般货柜货架为方形,可陈列和摆放商品;但异形的货柜货架会改变其呆板、单调的形象,增添活泼的线条变化,是店铺表现出活泼的意味。异性货架有三角形、梯形、半圆形、多边形等各种形状,可根据需要进行选择。

5. 收银台设计

收银台多位于出口处,可依现场的状况采用单线排列或双并排列方式。设计时重点关注收银台的装饰材料和选择恰当的颜色,以及收银台的形状设计。

总之,店铺应结合自己经营的产品特点来布置背景装饰,同时也反映出一种健康、高雅的文化氛围。

三、连锁店内部的布局设计

（一）卖场面积的合理分配

连锁店卖场场地面积一般可分为营业面积、仓库面积和附属面积三部分。各部分面积划分的比例应视商店的经营规模、顾客流量、经营品种、经营范围等因素而定。

1. 营业面积

营业面积包括陈列、销售商品的面积，顾客占用面积（包括顾客更衣室、服务设施、楼梯、电梯、卫生间、餐厅、茶室等）。营业面积空间又分为商品空间、店员空间和顾客空间。

（1）商品空间。商品空间是指商品陈列的场所，包括箱型、平台型、架型等多种选择。

（2）店员空间。店员空间是指店员接待顾客和从事相关工作所需要的场所。店员空间分为两种情况：一是与顾客空间混淆；二是与顾客空间相分离。

（3）顾客空间。顾客空间是指顾客参观、选择和购买商品的地方。根据商品不同可分为商店外（如汽车展等）、商店内和内外结合三种形态。

2. 仓库面积

仓库面积包括店内仓库面积、店内散仓面积、店内销售场所面积等。

3. 附属面积

附属面积包括办公室、休息室、更衣室、存车处、饭厅、浴室、楼梯、电梯、安全设施占用面积等。

根据上述细分，一般来说，营业面积应占主要比例，大型商店的营业面积占总面积的60%~70%，实行开架销售的商店比例更高，仓库面积和附属面积各占15%~20%。

（二）卖场通道及附属设施的设计

通道是指顾客在商店内购物行走的路线。通道设计的好坏直接决定着店内消费者流动是否合理、消费者的心情是否舒畅、顾客能否顺利地进行购物、企业的商品销售业绩等诸多方面。在通道设计时应注意以下原则：

（1）通道要保证足够的宽度。商店入口等主要通道宽敞，以双向多人相会时也不需避让为宜。而售货场所之间的通道以在有消费者驻足浏览、挑选商品时，也不影响其他消费者的往来通行为准则。

（2）要尽量避免直而长的通道，以免使消费者产生枯燥、单调的感觉。

（3）通道的装饰要有指示作用，方便消费者区分各类通道和寻找所购买的商品。

四、连锁店商品配置设计

商店卖场内的商品配置是关系到经营成败的关键，商品配置不当，会造成顾客想要的商品没有,不想要的商品太多,而且还浪费卖场空间,积压资金,最终导致经营失利。连锁商店卖场商品配置可以从以下几个方面入手。

(一)商品面积的配置

门店规模及为满足消费者需求的最有效与最经济的面积确定后,应如何分配具体商品呢?以下介绍几种方法。

1. 根据陈列需要配置

陈列需要法就是门店根据某类商品所必需的面积来确定相关面积,服装部和鞋部较适宜采用此方法。

2. 根据消费支出比配置

假设不论什么产品品种,其每平方米所能陈列的商品项数都相同,那么为满足消费者的需求,卖场各项商品的面积配置比率应与居民消费支出的比率相同。但目前连锁门店的商品结构与居民消费支出的结构比有很大差异,同时各项产品因陈列方法的不同,所需的面积也有很大差异。仍需要以此数字为基准,进行最简单分配后再作调整。各部门面积的比例见表6.3。

表6.3 商品面积的配置分配表

部门	居民消费支出结构比例/%	尺面积分配比例/%
水果蔬菜	24	12~15
水产品	12	6~9
畜产品	18	12~16
日配品	9	17~22
一般食品	7	15~20
糖果饼干	7	8~12
干货	10	10~15
特许品	6	3~5
其他	7	4~6

(资料来源:陈宏威. 连锁经营管理概论[M]. 北京:清华大学出版社,2009.)

3. 根据利润率配置

根据利润率配置就是连锁门店根据消费者的购买比例及某类商品的单位面积的利润率来定商品配置,零售超市和书店采用此法较适宜。如超市卖场的商品面积配置就是与消费者日常支出的商品取向比例相同的。

4. 参考竞争对手的配置,发挥自己特色

在做卖场配置前,可以先找一家竞争对手或是某家经营得很好、可以模仿的店,先了解对方的卖场配置,然后根据自己的卖场状况、自己所处区域的特点及竞争的状况作出商品面积配置的抉择。

本章小结

连锁经营的优势在于规模,规模的经济性不在于店面数量的多少,更为重要的是在定位准确的前提下,注重连锁分店质量的提升,从而提高其辐射效应,是一种有机的扩张。

连锁网点布局要充分考虑企业发展方向和长远利益,根据周边地区的人口数量和结构,消费水平和发展趋势,市场环境和现有商业网点布局,旅游景点和交通条件等因素,进行统筹规划。

连锁企业的市场开发要建立在市场调查的基础上,要进行详细的商圈调查和商圈分析。商圈由核心商圈、次级商圈和边缘商圈构成。调查的具体内容包括生活结构、城市结构、零售业结构等。调查的方法有顾客调查和竞争点调查。连锁店的选址要遵循一定的原则,使连锁店业务类型与客流、竞争对手、交通便利性、城市发展规划、周围环境等相匹配。

店面的设计对连锁经营至关重要。同样的产品,在不同的销售氛围中、在不同的卖场中,其价值感会有很大的不同。因此,卖场形象及销售环境的好坏直接影响顾客的购买情绪及信心,即"店面生意=门前客流量×进店率×成交率×客单价"。也就是说,一个店面生意的好坏,是门前客流量乘以该客流量中进店人数的比率,再乘以进店后成交人数的比率,再乘以平均一个顾客购买产品所付出钱数的多少。如果店面形象欠佳或者很差,将直接影响销售业绩。

练习题

一、单选题

1. 连锁企业的规模扩张主要指（ ）
   A. 网点扩张   B. 营业面积扩张   C. 销售额扩张   D. 区域扩张

2. 经营内容单纯,作业标准易于确定的企业可采取的扩张方式是（ ）
   A. 正规连锁   B. 特许连锁   C. 加盟连锁   D. 营业连锁

3. 不以销售正常商品为主,而是为了消化库存,这样的门店称为（ ）
   A. 销售店   B. 促销店   C. 形象店   D. 零码折扣店

4. 一般来讲,消费者数量占顾客总数55%~70%的商圈称之为（ ）
   A. 核心商圈   B. 次级商圈   C. 区域商圈   D. 边缘商圈

5. 连锁店内对顾客有较强吸引力的商品应陈列在（ ）
   A. 出口处   B. 入口处   C. 通道处   D. 任意处

二、多选题

1. 连锁企业经营方式一般有（ ）
   A. 直营连锁   B. 加盟连锁   C. 自由连锁   D. 销售连锁

2. 常见的连锁店的采购方式有（ ）

A. 租赁　　　　　B. 联营　　　　　C. 代销　　　　　D. 经销

3. 连锁店店面设计从开放度来看,可以分为　　　　　　　　　　　　　(　　)

A. 半封闭型　　　B. 封闭型　　　　C. 开放型　　　　D. 来往自由型

4. 连锁企业扩张速度不宜过快,一般来说取决于　　　　　　　　　　　(　　)

A. 战略规划　　　B. 管理基础　　　C. 资源条件　　　D. 市场机会

5. 商圈一般由　　　　　　　　　　　　　　　　　　　　　　　　　　(　　)

A. 核心商圈组成　B. 次级商圈组成　C. 边缘商圈组成　D. 混合商圈组成

三、判断题

1. 连锁店扩张阶段,依靠连锁企业自有资本扩张只能进行现股票投资,可以通过创业者将他(或他们)在其他方面的资金转移过来的方式来追加投资。(　　)

2. 在连锁体系中还有一种店铺,不是主力销售店,不是旗舰店,也不是促销店,这种店排为第四类,被称为形象店。(　　)

3. 门店外观从风格上来看有现代和传统的区别,从开放度来看,可以分为封闭型、半封闭型、开放型和来往自由型四种。(　　)

4. 最佳的门店设计应遵守"总体均衡,突出特色,和谐合适,方便购买,适时调整"的原则。(　　)

5. 竞争店调查包括竞争店营业场所调查、竞争店商品构成调查、竞争店价格线调查和竞争店出入顾客数调查。(　　)

四、名词解释

营销计划　人流调查　加盟连锁　自由连锁　商圈

五、简答题

1. 简述如何控制连锁店的开店密度。
2. 连锁企业扩张过快会形成哪些弊端?
3. 简述什么是连锁企业形象店。
4. 简述连锁店外观设计的重要性。
5. 简述连锁店内部设计的原则。

六、论述题

1. 论述连锁店选址决策中应遵循的原则。
2. 论述连锁企业区域网点布局的原则。
3. 论述连锁企业几种主要经营方式的优缺点。
4. 论述连锁店橱窗设计的原则。
5. 论述连锁店商品展示陈列的六项原则。

七、案例分析

肯德基快餐店在中国选址的思考

1986年9月下旬,肯德基快餐店开始考虑打入人口众多的中国市场。它面临的首要问题是:第一家肯德基店址应当选在何处?这一决策对将来肯德基在中国市场的进一步开拓至关重要。现在有三个地点可供选择:上海、广州和北京。

1. 上海

上海是中国最大的市场,有1 100多万居民、19 000多家工厂和中国最繁忙的港口,上海是中国最繁荣的商业中心之一,其优越的经济地位在国内显而易见。上海的明显优势是在这里容易获得质量合格的充足的肉鸡供应。通过兴办合资企业,泰国的正大集团已经在东南亚地区建立了10个饲料厂和家禽饲养基地,可以为上海供应肉鸡。而肯德基的东南亚办事处与正大集团有着良好的关系。虽然上海一向是主要的商业中心,但改革开放初期人民收入水平增长不快,能否迅速接受西方快餐文化还是个疑问。而且它的噪音和污染令旅游者感到沮丧,西方游客不多。

2. 广州

广州是可供选择的另一个方案。它位于中国东南部,离香港很近,作为中国14个沿海开放城市之一,广州于1984年成为优惠外资的港口城市,因此,广州在批准外资项目、减免税收和鼓励技术开发方面被授予更多的自主权,而且广州人的收入水平近几年增长很快。广州是西方商人经常光顾的地方,同时也是旅游者从香港出发做一日游的好地方。广州与香港相距不到120千米的路程,公路铁路交通都很便利。在广州做买卖很容易得到肯德基香港办事处提供的服务。另外,广东地区的中国人也更熟悉西方管理惯例和西方文化。广东和香港讲同样的粤语,差别不大。初步调查表明,找到一个充分供应肉鸡的来源也没有什么困难。

3. 北京

北京是中国的政治文化中心,这里有900万居民,人口数量仅次于上海。北京的外来人口数量众多,有潜在的消费群体。北京是中国的教育中心,是高等学府的聚集地,所有这些因素都造成人口大量涌入和人民智力启蒙,这对肯德基人民币销售部分是极为重要的。北京是那些向往故宫、长城、十三陵的西方游客的必到之地,这意味着肯德基将会有一个稳定的外汇收入。因此,如果从北京做起,无疑将更大地吸引人们的注意力。不言而喻,政府的赞同态度将有助于今后往其他城市的进一步发展。调查也表明,北京城郊有好几个家禽饲养基地。然而,从政治方面说,外商在北京经营更容易招致政府的直接干预。

(资料来源:李云.肯德基在中国[M].北京:电子工业出版社,2008.)

问题:

(1)肯德基在中国选择第一家店址时主要考虑了哪些因素?

(2)如果你是肯德基的决策者,你会选择哪座城市作为首次进入的目标?为什么?

(3)如果你准备在哈尔滨加盟肯德基快餐店,你准备在哪里选址?为什么?

第七章

Chapter 7

连锁经营的商品采购与配送

【本章学习目标】

通过本章学习,掌握连锁经营企业采购管理的基本原则和采购体系的基本要件,重点掌握商品采购的流程与验收方法。

掌握连锁企业物流配送的特点;熟悉连锁企业物流配送的基本环节及其活动内容;掌握连锁企业物流配送的具体流程。

【本章主要概念】

商品采购　市场调查　物流配送　订单　编码　补货

【案例导读】

采购腐败严重侵蚀家乐福的利润

家乐福某些采购经理侵蚀企业利润的行径似乎已不是秘密。在众多供货商提供的证据中,单店采购黑幕可谓触目惊心,已经变成家乐福采购管理中最头疼的问题。

家乐福是最本地化的外资超市,是外资连锁零售业在华经营成功的典范之一。为了快于其竞争对手在中国完成战略布局,家乐福打破了常规集中采购的管理体制,采取了"各自分散作战"的方式,赋予门店很大的权力,使每家店面都拥有独立的采购和销售体系,物流成本非常低。

然而,这虽为家乐福赢得了发展的时间和受到消费者的青睐,却给采购腐败造成了可乘之机。家乐福中国人力资源总监杨孝全曾经表示,在权力下放的同时,这些持有"生杀大权"的采购中层拥有相当大的权限。

为家乐福供应日化用品已经两年的王先生坦言,业内的一个"标准"是,某些月薪3 000元的采购经理,每年在采购中收取的回扣、贿赂可能高达几十万元,甚至上百万元。他所熟悉的某些采购经理,一般做不到两年,就可以全额付款购买住房和汽车了。这些超常购买能力都是通过其他渠道来获得的。王先生透露,"吃回扣"的方式很多,每当一个新采购经理上岗,一定会有很多供应商排着队请他吃饭,夹寄、送信用卡,比较新兴的方式还有"抽奖"、答谢会、产品介绍会、演示会等。

采购经理岗位动荡早已成为了零售连锁店见怪不怪的现象,家乐福采购部门换人的频率更是高过同行。家乐福中层采购经理被调职或免职,大部分原因就是收受了某些供应商大量的"好处费",大额采购该商品并压缩竞争对手的采购量,被举报而引致盘底调查,最后终因难以收场而东窗事发。目前,家乐福内部采购中暴露的腐败问题已经极大地影响了家乐福的利润,引起了高层管理者的重视,并决定采取必要措施进行整治。

(资料来源:刘和生.单店运营管理[M].北京:机械工业出版社,2006.)

第一节 商品采购管理

对连锁经营企业而言,采购是连锁经营企业商品流转的首要环节,而采购管理水平的高低直接反映了连锁企业核心竞争力的高低。例如,家乐福超市在采购中的种种弊端不可避免地影响了家乐福的采购成本,久而久之,对家乐福的企业形象也将产生不可挽回的严重影响。所以,对于连锁经营业,提高采购管理水平具有重要的战略意义。

采购管理、信息管理和物流管理并称为现代连锁企业的三大管理核心内容。采购管理就是参照既定的商品定额(包括销售定额和仓储定额),在不同的时间段内采购不同品种、不同数量的商品,以维护门店的正常运转。采购管理,首先要注意三个原则:公正透明原则(即相对公正透明的采购条件和标准)、优胜劣汰原则(即为各品类创造优胜劣汰的竞争环境)、收益最大原则(即销售流水量和毛利等指标方面收益最大)。其次还要注意在采购机构的管理、采购过程的全程监督等问题,其中采购机构、采购制度和信息管理构成采购体系的三大基本要件,而市场调查、品类规划、采购谈判、物流配送和销售跟进构成采购体系的五个环节。

一、连锁经营的采购管理

1.机构与制度

连锁企业的营运机构通常分为采购部、销售部(营运部)、市场部、财务部和客服部(物流一般由客服部门来完成)。采购是各部门共同协作的工作环节,因而要提高采购水平,就必须先从各部门着手,完善每个部门的制度与运作流程,提高各部门的协作水平。如对于销售部门来说,要做好新产品的上柜和销售统计,尽快消化库存,促进下一次采购;对于市场部来说,则是随时跟踪市场动态,为采购提供信息支持;对于财务部来说,要优化采购产品财务结算流程等。

加强采购部门的管理,要采用科学的考核制度。目前,众多连锁店都有监督部门,用来防止采购人员收取红包与暗扣等腐败现象,但工作很难深入,部门设置往往流于形式且不能对采购人员进行有效的引导与促进。因此,要加强监督更要进行全面考核,如考核采购产品的毛利率指标、库存商品周转天数、新品引进率、通道利润指标、商品淘汰指标等。通过全面的考核指标来加强对采购过程的全程指引与监控。

2. 信息管理

对于分店众多、分布广泛的连锁经营企业而言,信息化可以非常有效地提高信息收集、汇总、分析的效率,支持其决策、运作和管理。尤其是要实现统一采购、统一配送等目标。

连锁企业信息化的具体内容很多,如对整个连锁企业的投资、投资收益、经营收益进行管理,监测这些运行指标的达成情况,还包括对分店的销售进行管理,对整个供应链进行管理,对采购配送的管理等。以我国目前的情况来看,多数大型连锁企业如国美、苏宁等都采用了ERP管理系统,用来建立连锁企业的信息处理中心。

3. 市场调查

市场调查就是运用科学的方法,有目的、有计划地收集、整理和分析研究有关市场营销方面的信息,获得合乎客观事物发展规律的见解,提出解决问题的建议,供营销管理人员了解营销环境,发现机会与问题,并将其作为市场预测和营销决策的依据。

"知己知彼"的策略对于采购同样重要。知彼就是指行业市场信息和竞争对手情况,要随时掌握市场动态、跟踪竞争对手,从而及时调整采购策略,要做好这些就必须依赖相应的市场调查制度来实现。市场调查分为定期调查和随时调查,平时要定期搜集行业内各家门店品牌的广告信息、活动信息等,定期汇总成《品牌市场信息表》,这些信息都是制订采购策略的基本依据。另外,要定期调查各竞争对手部分品类的价格,汇总成《竞争品类采价表》,及时调整自己的价格策略,同时也通过分析找出竞争对手的拳头产品和薄弱项,进而确定自己的利基市场。如调查得出关键对手的拳头产品是彩电品类,那就应该避实就虚,调整成对方相对薄弱的品类。

4. 品类规划

品类是一组从消费者角度看来,在满足消费者某一方面需求时可以相互联系或相互替代的产品,即一组易于区别、能够管理的商品或服务。以知名家电连锁企业苏宁为例,总部每年、每季度都会给全国各分部下发《采销指导书》,对各品类的采购进行全面的规划和指导,由此可见品类采购规划的重要性,就家电连锁经营而言,它是家电连锁实现资源整合、凸现优势的重要途径。

要做好品类采购规划,首先要确定总的采购计划和各分部的采购规模,这是指导采购的大纲。其次要根据营销策略来确定采购策略,如哪些采购是用来冲量的产品,哪些是用来提高利润的产品,哪些是专门制衡竞争对手的产品,哪些是用来装门面、出形象的产品等,根据这些营销策略从而确定采购的细则。再者根据销售淡旺季对采购进行规划,如在3月份家电连锁超市就要开始准备空调采购备战,在国庆到来之前要早早开始做好如彩电、冰箱的准备。还有就是确定采购分工的规划即确定哪些是集中采购,哪些是分散采购。集中采购能体现出规模优势,而分散采购则更显出灵活优势,集中采购与分散采购互相结合,则在体现出家电连锁规模优势的同时,而又不失单店经营的灵活性。

5. 采购谈判

采购谈判通常有新品引进谈判、产品补货谈判、专项采购(如重大节日和开店店庆)谈判等,而这些谈判多是围绕一些基本项目、必要项目和建设性项目而进行的。基本项目是采购产品价格、数量及供货时间、方式、账期、各项目协议等。必要项目是指扣点、返利、是否有赠品、相关售后服务等。而建设性项目是指促销费、广告费、柜台费、促销活动支持等。要根据自身的经营战略对每项细节进行研究与谈判,从而争取到更多的销售资源和有利条件。比如仅协议就有连锁店与供货商针对供货数量与价格达成的《供货协议》,针对柜台销售的《上柜协议》,要求厂家总部连带担保的商场、供货商、厂家签订的《三方协议》。如国美在引进新品合同里明确规定,某型号如果竞争对手出现低于我方售价销售,我方可不经厂商而直接调价出售,同时有权要求厂家进行差价补偿。

采购人员在争取政策与资源的同时也在扮演着产品"伯乐"的角色,通过市场调查找出具有较大提升潜力的品牌与产品,对这些作为重点引进品牌进行重点谈判,重点支持。对于市场表现较差的品牌与产品则根据优胜劣汰的原则进行淘汰。

6. 物流配送

采购到位只是完成了一半,要及时地配送到位就需要完善且成熟的物流体系来完成。从工厂到商场这段流程通常是由制造商或供货商来完成,但作为采购方应提前估算好生产周期和在途时间,这样采购的产品才有可能在预定的时间到位。

因为资金占用和库存规模等问题,总店及各分店不可能备货太多,这就要求各分店根据平时的销售情况确定最现实的备货额度,从而有充分的时间进行货物采购和配送。

由于许多连锁经营的产品存在系列的售后服务问题,目前一些小型的区域性连锁经营商自己则组建了车队,用来向各分店配送和售后送货,显示其快捷的配送和周到的服务等优势。为了体现集中采购的规模优势,世界知名连锁企业都成立了自己的物流公司,用来配送采购大宗商品。而多数连锁企业为了便于管理,在区域内由第三方物流公司来完成产品配送和售后配送,因此物流管理的职责就是如何与第三方物流公司协调、监督的问题。

7. 销售跟进

采购到位、配送到位之后并不是已经"万事大吉"了,其实还有大量的后续工作。

一方面协调卖场管理部门,进行新品上柜、样品的折价变卖、更新、促销员的产品培训,对于刚到库的非新品类要尽快通知销售柜台;另一方面则是由采购部跟进仓库和柜台,对非常畅销产品要做好随时采购补库准备。对于滞销产品,要协调厂家或供货商进行调价或跟进相应的促销活动。对于残次品,要迅速协调厂家或供货商按相应的流程进行处理,或者调换或者折卖等。再者,还要督促销售部门做好销售品类的统计,根据统计情况进行采购指标的考核分析,从而为下一次采购提供详细且准确的信息依据。

二、采购管理的目的

通过上述过程,商品采购管理工作要达到以下目的:

1.保障供给

门店采购管理部门必须尽一切努力满足门店每个业务部门的商品需求,保障这些商品不间断的供给,以确保门店经营活动的顺利高效进行。

2.最小的投入

采购管理的目的之一是保证在采购过程中的总费用最低,并且所占用的资金最少。应该认识到,资金占用是有成本的,连锁店采购部门不但应保障门店商品供给,还必须做到在供给不间断的前提下占用资金最小,以减少财务成本。

3.最理想的商品质量

连锁店采购部门必须在有限的选择空间内取得质量尽可能好的物资,以保证门店所采购到高质量的商品。

4.最低的统一集中采购成本

对大多数加盟时间较短或某些连锁店而言,总部对商品的采购有统一集中价格或各门店独立采购价格的两种不同情况。门店采购部门在进行采购活动时,不仅要在交易谈判中获得尽可能低的采购成本,还必须研究和预测各类商品的净料成本,在保障商品质量的前提下,选择采购净料成本最低的商品。

5.在与供货商交往过程中确立最有利的竞争地位

有利的竞争地位是指门店在与供货商进行交易活动时处于主动地位。这对门店来说十分有益,它意味着门店可能从供货商处得到许多免费的销售服务及许多优于多数采购者的待遇。连锁店可以通过各种提高门店知名度和美誉度的方法获得有利的竞争地位。

三、采购与验收流程

科学的采购需要科学的采购程序、合适的采购方法。连锁店商品采购程序大致包括采购和验收两大环节。

(一)采购的主要环节

(1)各商品和物资营销和使用部门或仓库管理人员根据经营需要填写请购单;

(2)仓库定期核算各类商品和物资的库存量,若库存降至规定的订货点,仓库向采购部送请购单,申请采购;

(3)由采购经理通盘考虑,对采购申请给予批准或部分批准;

(4)采购部根据已审核的采购申请向供货商订货,并给客服部、财务部各送一份订货单,以便收货和付款;

(5)供货商向仓库发送所需物资,并附上物资发货单;

(6)仓库经检验,将合格的物资送到仓库,并将相关的票单(检收单、发货单)转到采购部;

(7)采购部将原始票据送到财务部,由财务部向供货商付款。

在采购过程中,有些部门和个人受各自利益的驱使,往往会做出一些有害于门店的行为。这就要求采购管理人员在进行物资采购管理时,特别注意防止供方买空卖空,防止买方重复付款或超额付款,防止供货商在交货时以次充好、以少充多。

(二)验收

验收是商品采购任务完成以后,由门店验收人员根据订货单以及批准的清购单,检查所购商品交货是否按时,有关质量、数量、价格的记录是否准确,并详细记录检验结果,对合格商品准予入库或直拨到使用部门,不合格商品则予以拒收。

1.验收的内容

验收的主要内容包括检验和收货两大部分。

(1)检验。检验主要核查有关商品采购的凭证、质量、数量、价格、时间等项目。

①凭证检验。凭证检验的工作重点是仔细核查商品品种、规格、数量、等级和价格。如果交货通知单与订货单和到货物资不相一致,要及时通知相关的采购人员以及供货商,查明发生出入的原因,切忌草率行事。

②时间检验。对交货时间进行检验,主要是核查交货期是否和订货单上的日期一致。

③数量核查。验收工作中的数量核查应对订货单数量、送货通知单数量与实际到货量三者作交叉检查,确认三者是否一致。

④质量核查。质量核查是商品验收的核心内容。大型连锁店商品种类多,且各类商品的质量要求不同,衡量质量高低的标准也是多种多样,需要各种专业知识,这些都对连锁企业的质量验收提出了更高要求。

⑤价格核查。为监控采购员的采购工作,要对采购员所购商品的价格进行核查,核查价格是否与市场报价一致。一般在保证质量的基础上,价格不得高于市场同类商品的价格。

【案例7.1】

万达假日酒店兼职物价采集员队伍

在商品采购管理环节,价格管理是一大难点。为有效降低商品采购的成本价格,万达假日酒店成立了一支业余兼职物价采集员队伍,对酒店采购的物资价格实施了有力的监督和指导。这支队伍由来自基层的10名员工组成,其中设正、副组长各1名,组长由工会副主席担任。酒店采取自愿报名和聘请方式决定人选。物价采集员的具体任务是定期对市场有关物价进行调查,准确掌握物价信息;与酒店采购的同规格物资价格进行直接类比,对酒店专业采购员采购的物资价格实行有效的监督;指导专业采购员始终以同等质量市场最低价采购酒店所需物资。物价采购员所采集的物价必须真实、有据、可靠,经得起检查,达到物价监督和指导的目的。

物价采集员的工作程序为：每月第一周由组长从财务部计算机中随机抽取二三十种饭店已采购的酒水饮料、干货调味品、洗涤用品、办公用品、工程配件等商品名称、价格和规格，分类分配给物价采集员。物价采集员在当月第二、三周，利用业余时间采集物价，并将采集到的物价与酒店已采集的同类物资价格进行比较，将比较结果以表格形式送副组长汇总。当月第四周，由组长通知财务部、采购部，若采集员所采集的物价高于或平于酒店已购物资的价格，则采购员仍可向原供货商进货，若低于酒店已购物资价格，则通知采购员查明原因，调换该采购项目的供货商。

（资料来源：刘汉英. 连锁经营管理[M]. 大连：东北财经大学出版社，2007.

(2) 收货。验收合格的商品，验收员要作详细记录，填写验收清单及进货日报表，并将这些商品分类后及时入库或发放给相关的销售部门。验收必须严格按照程序进行。

①当商品到店后，验收人员要根据订货单或订货合同的内容点数货物的件数，逐个检查外包装是否有启封破损的痕迹。在清点数量时，验收人员必须使用专用戳，在点数过的商品包装上加盖印记，以防重复点数或漏点。验收人员要按照门店采购规格书上所规定的质量标准检查和测试商品的外观及内在质量是否完全符合要求，此外还要逐个检查货物的规格是否符合要求。

②在对全部货物进行测试、检验、清点之后，若发现问题，要当场向送货者提出交涉，并作出相应处理，包括拒收及由双方签字认可。对完全符合要求的货物要尽快选择仓储位置或发放给销售部门，不要让货物在验收地点长时间存放，这会由于不具备必需的储存条件而影响产品质量，而且也不安全。

③记录验收结果。验收人员最终以书面的形式阐述验收情况，包括签填验收单据和形成验收报告及进货日报表。

(3) 拒收。拒收是指商品验收人员在验收过程中，对照有关标准，发现有严重出入时，拒绝商品入库或进入销售领域。拒收是杜绝伪劣假冒商品流入门店的有效手段，是维护采购方正常权益的有力保证。

拒收应填写拒收通知单，写明拒收理由，经送货方和验收方签字，将拒收通知单和商品以及有关凭证一同退回。在处理拒收问题时，必须特别注意以下几点：

①要认识到这只是交易过程中常见的问题，而不是供购双方的纠纷。故门店应在坚持原则的前提下尽量保持与供货商及送货者之间的良好关系，以良好的态度向送货人耐心解释拒收的原因，为可能给他们带来的额外工作负担表示歉意。

②在退货通知单上要详尽写明退货的原因，并请送货人签字证明，为与供货商的进一步交涉留下原始凭证。

四、严格采购管理制度

严格采购制度的目的有两个：一是为了严把进货关，防止各种不良行为的发生；二是使采购业务能与销售业务良好配合,以保证销售业务的正常运行。采购管理制度主要内容包括:对采购人员的规定,如职业道德、岗位职责、绩效评价;对厂商的规定,如商品配送、缺货责任、商品品质、价格变动、付款等;规定选择厂商的标准,如货源、品质、价格、商誉等;对采购业务的规定,如订货权限的规定、商品报废的规定、退货规定、商品验收的规定、样品管理的规定等。下面主要介绍对采购人员的规定。

1．采购人员的职业道德及行为规范

采购人员必须具备良好的商业道德和个人品质;具有良好的个人心智素质;有一定的专业理论知识和实际经验;要熟识商品采购管理的程序、规章制度及有关法规;要具有较强的鉴别商品的能力。采购人员的职业道德及行为规范应包括:第一,对公司负责。要以公司利益为上;不泄露公司秘密;不断努力充实自己;不做违法、违规的事情;扶持后进,为公司训练人才。第二,与供货商建立良好的关系。对供货商不存偏见,应一视同仁;处理采购业务时应对事不对人;在可能范围内协助供货商及获得供货商的配合与信任(助人助己);不接受供货商的招待、礼物及回扣;设法取得供货商的敬重。第三,与公司内有关部门建立良好的关系。保持与同事之间的良好关系;不受权力胁迫而影响公正判断。第四,个人的态度。与人保持对等地位,不亢不卑;尽力而为,以求心安;非必要不与他人作无谓的争辩;与人无怨。第五,遵守国家法律法规及行业规则。第六,树立"采购为销售服务"的观念,主动了解商品的销售进展情况及销售人员和顾客的意见反馈。

2．确定采购人员的岗位责任

采购人员应承担以下岗位责任:负责采购合同的签订;管理好各种采购货物的凭据;负责提货;解决矛盾和纠纷;检查合同执行情况;与供货单位及公司有关部门保持正常的沟通。大型的连锁公司通常将商品开发和日常采购工作分离开来,分别由专人负责,并分别制订岗位责任。

3．建立采购人员工作效绩档案

工作效绩档案包括采购员的基本情况,采购员的工作表现和绩效,任职、晋升、工资、奖惩等。

五、当前我国连锁企业存在的采购风险与管理问题

根据我国连锁业目前发展的实际情况,采购成本和物流成本的高低,直接关系到连锁企业利润的多少。因此,如何以最低的价格、最少的物流成本或者说"在适当的时间采购到适当的产品并以适当的方式送到适当的地方",是摆在连锁企业面前的一个重要问题。解决这个问题的根本出路在于加强对连锁企业成本,即商品采购、储存、配送三个主要环节的成本控制,这里主要针对我国连锁企业发展的现状探讨如何对采购管理进行风险控制。在对连锁企业的采购管理有了深入认识以后,我们认为采用如下主要措施对当前我国的连锁企业的采购管理应能起到一定的推动作用:

1. 加强集中采购,发挥规模优势

连锁企业的兴起就在于它能充分发挥集中采购、统一进货的优势。总部应当集各连锁分店的零星要货为较大批量的要货,争取供应商在价格上给予尽可能的优惠,从而降低进货价格,降低销售价格,提高商品的竞争力。

2. 确定适当的采购时机与合理的采购批量

采购时机与采购批量是影响物流总成本的重要因素。采购过早,会使库存量增加,加大库存费用;采购过晚,库存不足,又会带来缺货损失。采购批量太大,有可能造成积压;反之,又增加采购次数,增大采购固定费用。因此,企业应根据各方面的情况,采用科学的方法确定适当的采购时机与合理的采购批量,以降低采购成本。

3. 根据市场状态,确定采购对象,建立稳定的供应伙伴关系

社会化的大生产、大流通决定了连锁企业不能把供求关系建立在"吃零食"的基础上。连锁商业作为一种社会化程度较高的组织形式,建立相对稳定的供货关系,既有可能也有必要。目前,假冒伪劣商品充斥市场,连锁企业若有稳定的供货渠道,与诚实可信、资质良好的供应商合作,就可减少假冒伪劣商品混入的可能性,有利于降低订货费用和缺货损失,提高自己在社会上的信誉。

4. 尽量降低采购风险

采购风险是在采购过程中由于存在不确定因素而造成的可能损失。因此对采购风险的控制管理至少应做到以下四点:

(1)正确处理多元化采购和单一来源采购的关系。多元化采购是分散风险的首选方法。向多个基本互无关联的供应商同时进行采购,既可形成良好的竞争环境,获得价格和服务的优惠,又可确保供应的可靠性,避免任一供应商因停产等意外而造成供应的中断。多元化采购,可使供应链保持一定的柔性,从而分散采购风险。当供应商能持续提供很有价值、非常出色的产品和服务质量,采购方无需再考虑其他供应商时,可采用单一来源采购方式,但其弊端是显见的,单一来源采购可获得效率和效益,加强供应链的刚性,增加风险程度。

(2)择优选择制造商和分销商。直接向制造商进行采购,无疑实现了供应环节中"门对门"的捷径,降低了采购成本,又能及时从制造商处取得生产信息,提前做好应急采购的准备,以规避制造商出现意外情况时,无法按时交货的风险。大型分销商一般持有多个制造商的多种产品,销售成本分摊在项目上,采购成本也相对较低。当采购金额少、需求分散或不规则时,与分销商打交道,可充分利用分销商的中转库存,实现即时或紧急订货。

(3)正确选择保险转移和非保险转移。非保险转移是指将某种特定的风险转移给专门的机构或部门如将产品卖给商业部门将一些有特点的业务交给具有丰富经验技能、拥有专门人员和设备的专业公司去完成等。保险转移即企业就某项风险向保险公司投保,交纳保险费。

(4)建立采购风险机制。建立采购风险机制就是将风险机制引入企业,使采购者在激烈的竞争中,承担风险责任,行使其控制风险的权利,并获得风险收益。对于风险承担者,首先,要求其树立正确的风险意识,从法律上、经济上明确其职责;其次,要给予风险承担者一定的采购决策权、资金筹措权、利益分配权,使决策者在行使权利的同时,充分考虑日益变化的企业内外环境,慎重考虑采购行为;再次,要使风险承担者享受风险报酬,责权利分明,调动其积极性。建立健全的风险机制,还要求企业区分风险的责任,确定补偿风险损失的渠道,真正体现风险控制和管理的有效性。

目前,我国连锁经营不仅规范程度在逐步提高,规模也在逐步扩大,规模效益已开始显现出来。但是国内大型连锁商业企业正面临着外国商业资本冲击、资金缺口巨大、行业平均毛利率下滑、业内竞争日趋激烈等问题。所以,连锁企业的采购风险与管理仍是现阶段值得注意的问题。

第二节 商品物流配送管理

众所周知,连锁零售帝国沃尔玛公司有着令人称羡不已的三个"第一":一是第一大的规模,在全球拥有超过4 000家门店、130万员工;二是在20世纪70年代就建立起了自己的计算机管理系统,并在此基础上构造出一个庞大的物流配送系统;三是它的卫星通信系统,早在20世纪80年代就配备了全美民用第一的卫星通信系统。有人说沃尔玛的成功关键就是其拥有的强大的全球配送系统。那么什么是配送系统?它真的具有如此强大的功能吗?

一、配送的概念

配送是物流活动中一种特殊的、综合的活动形式。它将商流与物流紧密结合起来,既包括商流活动,也包含物流活动中若干功能要素,是物流的一个缩影或在某小范围中全部物流活动的体现。一般的配送集装卸、包装、保管、运输于一身,通过这一系列的物流活动完成将货物送达的目的;特殊的配送则还要进行流通加工活动。它的目标指向是安全、准确、优质服务和较低的物流费用。

配送的概念最早曾广泛使用于日本,它是英语"Delivery"的意译,是交货、送货的意思。对于配送,目前尚无一个统一的定义,各种文献说法不一:有的强调送货,有的强调运送范围。

二、连锁企业物流配送的特点

相对于工业物流,连锁企业的物流具有以下特点:

1. 变价快

即商品的进货价格变动快,通常连锁企业经营的快速消费品价格随着市场供需的变化会有较快的变化,同时生产商或零售商的促销频繁引起经常变价。

2. 订单频繁

连锁企业,尤其是零售业的店铺多,订单频率高,同时有时间要求,有些小型便利店甚至要求一天送货两次。

3. 拆零

供应商大包装供货,配送中心需要按照店铺的订货量进行拆零、分拣。

4. 退货处理

配送中心还有处理诸如赠品、退货(正品、残次品)等问题。

5. 更换频繁

商品新增汰换的频率也很高,增加新品,汰换滞销品。

6. 保质期要求

消费品通常有不同的保质期,需要有针对性的保质期管理。这些特点使得连锁企业物流要求更快的反应、更复杂的技术和信息支持。

三、连锁企业物流配送的基本环节及其活动内容

连锁企业物流配送包括备货,储存,分拣及配货,配装,配送运输,送达服务等基本环节。

1. 备货

备货是配送的准备工作或基础工作,备货工作包括筹集货源、订货或购货、集货、进货及有关的质量检查、结算、交接等。配送的优势之一,就是可以集中用户的需求进行一定规模的备货。备货是决定配送成败的初期工作,如果备货成本太高,则会大大降低配送的效益。

2. 储存

配送中的储存有储备及暂存两种形态。配送储备是按一定时期的配送经营要求,形成对配送的资源保证。这种类型的储备数量较大,储备结构也较完善,视货源及到货情况,可以有计划地确定周转储备及保险储备结构及数量。配送的储备保证有时在配送中心附近单独设库解决。

另一种储存形态是暂存,是具体执行日配送时,按分拣配货要求,在仓储地所做的少量储存准备。由于总体储存效益取决于储存总量,所以,这部分暂存数量只会对工作方便与否造成影响,而不会影响储存的总效益,因而在数量上控制并不严格。

3. 分拣及配货

分拣及配货是配送不同于其他物流形式的功能要素,也是配送成败的一项重要工作。分拣及配货是完善送货、支持送货的准备性工作,是不同配送企业在送货时进行竞争和提高自身经济效益的必然延伸。所以,也可以说是送货向高级形式发展的必然要求。有了分拣及配货,送货服务水平就会大大提高,所以,分拣及配货是决定整个配送系统水平的关键要素。

4. 配装

配装在单个用户配送数量不能达到车辆的有效载运负荷时,就存在如何集中不同用户的配送货物,进行搭配装载以充分利用运能、运力的问题,这就需要配装。和一般送货不同之处在于,通过配装送货可以大大提高连锁店送货水平及降低送货成本,所以,配装是现代物流系

统的功能要素之。

5. 配送运输

配送运输属于运输中的末端运输、支线运输。配送运输的特点是较短距离、较小规模、额度较高的运输形式,一般采用汽车做运输工具。连锁企业配送运输由于配送用户多,一般城市交通路线又较复杂,如何组合成最佳线路,如何是配装和路线有效搭配等,是配送运输的特点,也是难度较大的工作。

6. 送达服务

配好的货运输到用户还不算配送工作的完结。这是因为送达货和用户接货往往还会出现不协调,使配送前功尽弃。因此,要圆满地实现运到的货物准确移交,方便快捷地处理相关手续,还应考虑卸货地点、卸货方式等。

四、连锁企业的配送系统

连锁经营之所以能够产生高效率、高效益,关键就在于连锁企业施行统一采购、统一配送、统一价格,并且还具有实现这一职能的商品配送中心,进而保证决策权向连锁企业总部的集中,物流活动向配送中心的集中,将单个门店不可能投入的人力、物力、财力用于采购供应活动,实现了一套资金、一套库存的集中优势。

有了配送中心,才能真正实现统一进货、集中库存、统一配送、各店分销的连锁经营模式,才能实现直接的产销衔接,增强企业对市场的应变能力。通过连锁经营实现规模化,才能享受较高的价格优惠,继而降低流通成本和销售价格。由于配送中心可以将商品集中保管,并按各门店的需要进行配货和送货,实现了"以最少的环节、最短的运距、最快的时间、最低的费用、最高的效率把商品送到点"的目标。

此外,通过统一进货,可以严把质量关,保证商品的质量,杜绝假冒伪劣商品的进入,也在很大程度上提高了连锁企业的信誉。而这一切都需要配送中心作为组织支撑和运营保证。从发达国家连锁业发展的经验看,实行商品供货的配送中心化,是连锁经营的精髓,因为连锁的纽带就是配送。

要使连锁企业的配送中心能提供全方位的服务,应注意解决配送作业中经常面临的一些问题:

1. 商品结构及其库存服务率

其包括配送中心能提供多少种商品、其库存水平能否保证缺货率低于一定的比率、能承诺哪些商品不缺货等。

2. 配送过程中如何确保商品品质

首先,保管和配送过程中防止商品品质的损伤是非常重要的。一般的原则是:搬运次数越少,商品的品质越能得到保证。因此。应尽量减少商品从验收入库到门店上架过程中的搬运次数。其次,严格控制商品的保质期是确保商品品质的基本条件。要把握好商品进入配送中心、配送时以及在商场货架上陈列过程中的临界期，进行严格的临界期管理。

3. 门店紧急追加或减货的弹性问题

(1)订货截止时间是严格限制，还是可以宽松处理、延时受理。

(2)适当加强配送系统中紧急加减货的功能。

(3)在深入调查研究的基础上，制订门店可以追加或减货的条件。

(4)对于批发业务，可以尽量满足紧急追加货，但对直营店的零售，则应严格控制紧急追加货。

4. 依据门店实际情况安排配送时间

(1)根据商场的销售业绩、门店的要货截止时间、门店的交通状况以及门店的规模等来确定配送的间隔时间。

(2)送货的具体时间也要尽可能确定，由配送中心与门店协商，根据各自的要求进行综合平衡。

(3)考虑特定的需要，如在市外的加盟店。

(4)指定时间，保证送达时间的正确性。

5. 配送中心缺品率的控制

(1)先要重点抓好采购部门的缺品管理，并利用计算机系统加强对配送中心库存的实时管理，保证有适当的库存量。

(2)实施自动补货系统，进一步降低商品的缺品率和库存量，提高周转率的水平。

6. 退货问题

配送中心、门店、供应商之间应协商，规范并制订统一的退货制度，对退货的条件、品种、时间以及退货的程度加以规定。

7. 做好流通加工中的拆零工作

(1)加盟店由于资金较紧，在点货时非常注意有效利用有限的资金，尽可能多创造收益，因此，其需求的特点是多品种，因而大多数的商品就需拆零销售。

(2)配送中心也可以通过商场的计算机系统进一步对商品实施单品管理，以确定配送中心应该拆零的商品品种。

(3)与供应商进一步协商商品的小包装问题，尤其是日用品的小包装。

8. 服务半径问题

依据国内外物流专家的研究以及国外一些配送中心的运营实践，配送中心的工作半径大约在320千米为最佳。

9. 废弃物的处理与回收问题

随着环保要求的提高，对于废弃物的处理，即在向门店配送货物的同时如何实施废弃物物流，配送中心必须要研究并提出解决问题的办法。

10. 建立客户服务窗口

配送中心对门店来说是一个服务部门,因此,为了及时了解门店的需求和意见、及时解决配送中出现的问题,设立专门的服务窗口是必然的措施。同时,还可以通过这个窗口进一步拓展社会配送的功能。

五、配送合理化

判断配送是否合理,是配送决策系统的重要内容。目前,国内外尚无一定的技术经济指标体系和判断方法,按一般认识,以下若干标志是应当纳入衡量体系的。

1. 库存标志

库存是判断配送合理与否的重要标志。具体指标有以下两方面:

(1)库存总量。库存总量在一个配送系统中,从分散于各个用户转移给配送中心。配送中心库存数量加上各用户在实行配送后的库存量之和,应低于实行配送前各用户库存量之和。

(2)库存周转。由于配送企业的调剂作用,以低库存保持高的供应能力,库存周转一般总是快于原来各企业的库存周转。

2. 资金标志

(1)资金总量。资金总量用于资源筹措所占用流动资金总量,随储备总量的下降及供应方式的改变必然有一个较显著的降低。

(2)资金周转。从资金运用方面来讲,由于整个节奏加快,资金充分发挥作用,同样数量资金过去需要较长时期才能满足一定供应要求。实行配送之后,在较短时期内就能达此目的。

3. 成本和效益标志

总效益、宏观效益、微观效益、货源筹措成本都是判断配送合理化的重要志。对于不同的配送方式,可以有不同的判断侧重点。例如,配送企业、用户都是各自独立的以利润为中心的企业,所以不但要看配送的总效益,而且还要看对社会的宏观效益及两个企业的微观效益;不顾及任何一方,都必然出现不合理现象。

4. 供应保证标志

实行配送,各用户的最大担心是害怕供应保证程度降低,这是心态问题,也是承担风险的实际问题。配送必须是提高而不是降低对用户的供应保证能力,才算做到了合理,供应保证能力可以从以下三个方面进行判断。

(1)缺货次数。实行配送后,对各用户来讲,该到货而未到货以致影响用户生产及经营的次数,必须下降才算合理。

(2)配送企业集中库存量。对每个用户来讲,其数量所形成的保证供应能力高于配送前单个企业保证制度,从供应保证来看才算合理。

(3)及时配送的能力及速度。这是用户出现特殊情况的特殊供应保障方式,这一能力必须高于未实行配送前用户紧急进货能力及速度才算合理。

特别需要强调一点,配送企业的供应保障能力,是一个科学的合理的概念。具体来讲,如果供应保障能力过高,超过了实际的需要,属于不合理。

六、连锁企业物流配送的流程

(一)订单处理

1.订单处理的含义

从接到客户订单开始,到着手准备捡货,二者之间的作业结算,称为订单处理。其通常包括订单资料确认、存货查询、单据处理等内容。

2.订单处理的基本步骤

(1)接受订货。接单作业是订单处理的第一步。随着流通环境的变化和现代科技的发展,接受客户订货的方式也由传统的人工下单、接单,演变为计算机直接接受订货资料的电子订货方式。

(2)货物数量及日期的确认。货物数量及日期的确认是对订货资料项目的基本检查,即检查品名、数量、送货日期等是否有遗漏、笔误或不符合公司要求的情形。

(3)客户信用的确认。不论订单是以何种方式传至公司,配送系统的第一步都要检查客户的财务状况,以确认其是否有能力支付该订单的账款。

(4)订单形态确认。配送中心虽有整合了传统批发商的功能和高效的物流信息处理功能,但在面对较多交易对象时,仍需根据顾客的不同需求采取不同做法。在接受订货业务上,表现为具有多种订单的交易形态,所以物流中心应对不同的客户采取不同的交易及处理方式。

(5)订单价格确认。不同的客户(如批发商、零售商等),不同的订购批量可能对应不同的售价,因而输入价格时系统应加以检核。若输入的价格不符(如输入错误或业务员降价接受订单等),系统应加以锁定,以便主管审核。

(6)加工包装确认。客户订购的商品是否有特殊的包装、分装或贴标等要求,或是有关赠品的包装等资料,系统都需加以专门确认记录。

(7)建立客户档案。将客户状况详细记录,不但有利于当次交易的顺利进行,而且有益于以后合作机会的增加。客户档案的内容一般包括:客户姓名、代号、等级形态,客户信用度,客户销售付款及折扣率的条件,开发或负责此客户的业务员,客户配送区域、路径顺序,客户配送要求等。

(8)按订单排定出货时序及拣货顺序。前面已由存货状况进行了有关存货的分配,但对这些已分配存货的订单,应安排其出货

(9)订单资料处理输出。一是拣货单。货单的产生在于提供商品出库指示资料,以作为拣货的依据。二是送货单。货物交货配送时,通常需附上送货单据给客户清点、签收。因为送货单是客户签收和确认出货资料的凭证,故其正确性十分重要。

(二)进货作业的基本流程

配送作业是按照用户的要求,将货物分拣出来,按时、按量发送到指定地点的过程。配送作业是配送中心运作的核心内容,因而配送作业流程的合理性以及配送作业效率的高低都会直接影响整个物流系统的正常运行。

具体来说,配送作业流程的基本环节一般包括以下几项作业:进货、搬运装卸、储存、订单处理、分拣、补货、配货及送货。

1. 进货作业的基本流程

在配送的基本作业流程中,进货作业包括接货、卸货、验收入库,然后将有关信息书面化等一系列工作。在进货作业流程中,确定进货目标的内容一般包括以下几个方面。

(1)掌握货物的到达日期、品种及数量。

(2)配合停泊信息、协调进出货车的交通问题。

(3)为了方便卸货及搬运,计划好货车的停车位置。

(4)预先计划好临时存放位置。

2. 进货流程安排

为了安全有效地卸货,确保物流中心能按期正常收货,安排进货流程应多利用配送车司机以减少公司作业人员和避免卸货作业的拖延;尽可能将多样活动集中在同一工作站,以节省空间;尽量避开进货高峰期;依据相关性安排活动,以达到距离最小化;详细记录进货资料,以备后续存取核查。

此外,在安排进货流程以前,需要考虑:进货对象及供应厂商的总数、地理分布、交通运输情况,商品种类与数量,商品的形状与特性,配合储存作业的处理方式等所有相关的影响因素,以便于统筹规划。

3. 货物编码

进货作业是配送作业的首要环节。为了让后续作业准确而快速地进行,并使货物品质及作业水准得到妥善维持,在进货阶段对货物进行有效的编码是一项十分重要的内容。

货物编码的种类很多,常见的有无含义代码和有含义代码。无含义代码通常采用顺序码和无序码来编排;有含义代码则通常是在对商品进行分类的基础上,采用序列顺序码、数值化字母顺序码、层次码、特征组合码等进行编排。常用的方法有:

(1)顺序码。顺序码又称流水编号法,即将阿拉伯数字或英文字母按顺序编码,常用于账号及发票编号等。例如:

编号	货物名称
1	白酒
2	红酒

3	饮料
⋮	⋮
N	其他

(2) 数字分段码。把数字进行分段,每段数字代表具有同一共性的一类货物。

(3) 分组编码。按照货物特性将数字组成多个数组,每个数组代表货物的一种特性。例如,第一组代表货物的种类,第二组代表货物的形状,第三组代表货物供应商,第四组代表货物尺寸等。至于每个数组的具体位数应视实际需要而定。

(4) 实际意义编码。按照货物的名称、质量、尺寸、分区、储位、保存期限或其他特性等实际情况来编号。此方法的优点在于通过货物的编号就可知货物的内容及相关信息。

(5) 后数位编码。利用末尾的数字编号,对同类货物进一步分类。例如:

编号	货物类别
260	服饰
270	女装
271	上衣
271.1	衬衫
271.11	白色衬衫

(6) 暗示编码。用数字与文字的组合进行编号,编号本身虽不直接指明货物的实际情况,但却能暗示内容。此法容易记忆又不易让外人知道。

4. 货物分类

完全、合理的分类能使繁杂的作业变得系统性。货物分类是将多品种货按其性质条件逐次区别,分别归入不同的货物类别,并进行有系统的排列,以提高作业效率。

5. 货物验收检查

货物验收是对产品的质量和数量进行检查的工作。验收工作一般分为两种:第一种是先点收货物,再通知负责检验的单位办理检验工作;第二种是先由检查部门检验品质,认为完全合格后,再通知仓储部门办理收货手续。

为了准确、及时地验收货物,必须明确验收标准。在实际工作中,可以采用以下标准验收货物:

(1) 采购合同或订单所规定的具体要求和条件。

(2) 采购合约中的规格或图解。

(3) 议价时的合格样品。

(4) 各类产品的国家品质标准或国际标准。

验收货物时,主要进行质量验收、包装验收和数量验收三方面的工作。

(1) 对入库货物进行质量检验的主要目的是查明入库商品的质量状况,以便及时发现问题,分清责任,确保到库货物符合订货要求。

(2)包装验收的具体内容主要包括验收包装是否安全牢固,包装标志、标记是否符合要求,包装材料的质量状况是否良好。

(3)在日常作业中,入库货物数量上的溢缺是较常见的现象,这直接关系到配送中心的库存数量控制和流动资产管理。所以,数量验收是进货作业中很重要的内容。

6. 货物入库信息的处理

到达配送中心的商品,经验收确认后,必须填写"验收单",并将有关入库信息及时准确地登入库存商品信息管理系统,以便及时更新库存商品的有关数据。

(三)拣货作业

1. 拣货作业的含义

拣货作业是配送作业的中心环节。所谓拣货,是依据顾客的订货要求或配送中心的作业计划,尽可能迅速、准确地将商品从其储位或其他区域拣取出的作业过程。拣货作业在配送作业环节中不仅工作量大、工艺复杂,而且要求作业时间短、准确度高、服务质量好。因此,加强对拣货作业的管理非常重要。在拣货作业中,根据配送的业务和服务特点,即根据顾客订单所反映的商品特性、数量多少、要求、送货区域等信息,采取科学高效的拣货方式,是配送作业关键的环节。

2. 拣货作业流程

(1)形成拣货资料。拣货作业开始前,指示拣货作业的单据或信息必须先行处理完成。虽然一些配送中心直接利用顾客订单或公司交货单作为拣货指示,但此类传票容易在拣货过程中受到污损而产生错误,无法正常指示产品储位,所以大多数拣货方式仍需将原始传票转换成拣货单或电子信号,使拣货员或自动拣取设备进行更有效的拣货作业。

(2)搬运。拣货时,拣货作业人员或机器必须直接接触并拿取货物,因此形成拣货过程中的行走与货物的搬运。

(3)拣货。当货品出现在拣取者面前时,一般采取的两个动作为拣取与确认。拣取是抓取物品的动作,确认则是确定所拣取的物品、数量是否与指示拣货的信息相同。在实际的作业中多采用读取品名与拣货单据作对比的确认方式。较先进的做法是利用无线传输终端机读取条码后,再由计算机进行确认。

(4)分类和集中。配送中心收到多个客户的订单后,可以批量拣取。拣取完毕后再根据不同客户或送货路线分类集中,有些需要进行流通加工的商品还需根据加工方法进行分类,加工完后再按一定方式分类出货。分货过程中多品种分货的工艺过程较复杂,难度也大,容易发生错误,它必须在统筹安排形成规模效应的基础上,提高作业的精确性。在物品体积小、质量轻的情况下,可以采取人力分货或机械辅助作业的方式,还可利用自动分货机将拣取出来的货物进行分类与集中。分类完成后,货物经过查对、包装便可以出货、装运、送货了。

3. 拣货单位

拣货单位可分成托盘、箱和单件三种。一般而言,托盘是体积、质量最大的拣货单位,其次为箱,最小者为单件。

①托盘。托盘由箱堆码在托盘上集合而成,经托盘加载后加固,每只托盘堆码数量固定,拣货时以整只托盘为拣取单位。

②箱。箱由单件装箱而成,拣货过程以箱为拣取单位。

③单件。单件商品包装成独立单元,以该单元为拣货单元,是拣货的最小单元。

此外,有些特殊物品(体积过大、形状特殊或必须在特殊情况下作业的货物),如桶装液体、散装颗粒、冷冻食品等,拣货时以特定包装形式和包装单位为标准。

4. 拣货方式

拣货作业最简单的划分方式,是将其分为按订单拣取、批量拣取与复合拣取。订单拣取是分别按每份订单拣货;批量拣取是多张订单累积成一批,汇总后形成拣货单,然后根据拣货单的指示一次拣取商品,再进行分类;复合拣取是将以上两种方式组合的拣货方式,即根据订单的品种、数量及出库频率,确定哪些订单适合按订单拣取、哪些适合批量拣取,然后分别采取不同的拣货方式。

5. 拣货设备

在拣货过程中所使用的设备很多,如储存设备、搬运设备、分类设备、信息设备等,大致可分为两类:

(1)人到物的拣货设备。其指物品固定,拣货人利用拣货设备到物品位置处把物品拣选出来。这一类拣货设备主要有:储存设备,如托盘货架、轻型货架、储柜、流动货架、高层货架等;搬运设备,如无动力台车、动力台车、动力牵引车、堆垛机、拣送机、动力输送机、计算机辅助台车等。

(2)物到人的拣货设备。这与人到物的拣送方法相反,拣货人员固定位置,等待设备把货品运到拣货者面前进行拣货。这种拣货设备的自动化水平较高,常包括如下储存设备和搬运设备:储存设备,如单元负载自动仓库、轻负载自动仓库、水平旋转自动仓库等;搬运设备,如堆垛机、动力输送带、动力或无动力搬运车等。

(四)补货作业

补货作业是将货物从仓库保管区域搬运到拣货区的工作。补货作业的目的是确保商品能保质保量按时送到指定的拣货区,因此,补货作业需要区别不同的货物和不同的拣货区来采取不同的补货方式。同时,补货也要遵循规定的流程。

1. 补货方式

根据货物的体积、出货量、出货次数以及存货量的大小,可以将补货方式主要分为以下三种:

(1)整箱补货。这种补货方式是由货架保管区补货到流动货架的拣货区。这种补货方式的保管区为料架储放区,动管拣货区为两面开放式的流动棚拣货区。拣货员拣货之后把货物放入输送机发货区,当动管区的存货低于设定标准时,则进行补货作业。

(2)托盘补货。这种补货方式是以托盘为单位进行补货。托盘由地板堆放保管区运到地板堆放动管区,拣货时把托盘上的货箱置于中央输送机送到发货区,当存货量低于设定标准时,立即补货。

(3)货架上层/下层的补货方式。这种补货方式保管区与动管区属于同一货架,也就是将同一货架上的中下层作为动管区,上层作为保管区,而进货时则将动管区放不下的多余货箱放到上层保管区。当动管区的存货低于设定标准时,利用堆垛机将上层保管区的货物搬至下层动管区。

2. 补货时机

补货时机的选择要根据货物存放的情况、紧急插单以及拣货时间安排来进行,主要有批组补货、定时补货和随机补货三种形式。

(1)批组补货。由计算机计算所需货物的总拣取量并查询动管区存货量得出补货数量,从而在拣货之前一次性补足,以满足全天拣货量。

(2)定时补货。把每天划分为几个时点,补货人员在各时段内检查动管拣货区货架上的货品存量,若不足,则及时补货。

(3)随机补货。指定专门的补货人员,随时巡视动管拣货区的货品存量,发现不足随时补货。

(五)配货作业

配货作业是指把拣取分类完成的货品经过配货检查过程后,装入容器并做好标示,再运到配货准备区,待装车后发送。配货作业既可采用人工作业方式,也可采用人机作业方式,还可采用自动化作业方式,但组织方式有一定区别。

1. 配货检查

配货检查是指根据用户信息和车次对拣送物品进行商品号码和数量的核实,以及产品状态、品质的检查。

2. 包装

包装是配货作业中重要的一项,它起到保护商品,便于搬运、储存,提高用户购买欲望以及易于辨认的作用。包装与人们的日常生活密切相关。包装应注意以下几个问题:包装的适当化,即避免包装过大及包装过剩问题;包装的可靠性,即包装无损的可靠性;包装的环保问题,即包装废弃物的处理问题;包装的资源问题,即包装回收及再利用问题。

(六)送货作业

送货作业是利用配送车辆把用户订购的物品从配送中心送到用户手中的过程。送货通常是一种短距离、小批量、高频率的运输形式。它以服务为目标,以尽可能满足客户需求为宗旨。从日本连锁企业配送运输的实践来看,配送的有效距离最好在半径50千米以内。我国的连锁配送中心、物流中心,其配送经济里程大约在30千米。

1. 送货作业的特点

送货作业是配送中心最终直接面对用户的服务,具有以下几个特点:

(1)时效性。时效性是连锁客户最重视的因素,也就是要确保能在指定的时间内交货。送货是从客户订货至交货各阶段中的最后一个阶段,也是最容易引起时间延误的环节。影响时效性的因素有很多,除配送车辆故障外,所选择的配送线路不当、中途客户卸货不及时等,均会造成时间上的延误。因此,必须在认真分析各种因素的前提下,用系统化的思想和原则,有效协调,综合管理,选择合理的配送线路、配送车辆和送货人员,使每位客户在预定的时间收到所订购的货物。

(2)可靠性。送货的任务就是要将货物完好无损地送到目的地。影响可靠性的因素有货物的装卸作业,运送过程中的机械振动和冲击及其他意外事故,客户地点及作业环境,送货人员的素质等。

(3)沟通性。送货作业是连锁配送的末端服务。它通过送货上门服务直接与门店接触,是与门店沟通最直接的桥梁。它不仅代表着公司的形象和信誉,还在沟通中起着非常重要的作用。所以,必须充分利用与客户沟通的机会巩固、发展公司的信誉,为客户提供更优质的服务。

(4)便利性。连锁配送以服务为目标,以最大限度满足不同门店的要求为宗旨。因此,应尽可能让顾客享受到便捷的服务。通过采用高弹性的送货系统,如采用即时送货、顺道送货、辅助资源回收等方式,为客户提供真正意义上的便利服务。

(5)经济性。实现一定的经济利益是企业运作的基本目标。因此,对合作双方来说,以较低的费用完成送货作业,是企业建立双赢机制、加强合作的基础。所以企业不仅要满足客户的要求,提供高质量、及时方便的配送服务,还必须提高配送效率,加强成本管理与控制。

2. 车辆安排

车辆安排要解决的问题是安排什么类型、吨位的配送车辆进行最后的送货。在保证送货运输质量的前提下,是组建自营车辆还是以外雇车辆为主,则需视经营成本而定。

无论选用自有车辆还是外雇车辆,都必须事先掌握有哪些车辆可供调派并符合要求,即这些车辆的容量和额定载重是否满足要求;其次,安排车辆之前,还必须分析订单上的货物信息,如体积、质量、数量、对装卸的特别要求等,综合考虑多方面因素的影响后,再做出最合适的车辆安排。

谨记送货批量大而选择车型小,会增加送货次数;送货批量小而选择车型大,会浪费运力。商品形态不同也应选择不同车型,否则会造成送货中的商品损坏。

3. 选择送货线路

了解了每辆车负责配送的具体客户后,如何以最快的速度完成对这些货物的配送,即如何选择配送距离短、时间短、成本低的线路,还需根据客户的具体位置、沿途的交通情况等作出优先选择和判断。除此之外,还必须考虑有些客户或其所在地点环境对送货时间、车型等方面的特殊要求,如有些客户不在中午或晚上收货,有些道路在某高峰期实行特别交通管制等。

4.确定最终的送货顺序

做好车辆安排并选择最佳的配送线路后,依据各量车负责配送的先后顺序,即可明确客户的最终送货顺序。

5.完成车辆积载

明确了客户的送货顺序后,接下来就是如何将货物装车、按什么次序装车的问题,即车辆的积载问题。原则上,知道了客户的配送顺序之后,只要将货物依"后送先装"的顺序装车即可。但有时为了有效利用空间,可能还要考虑货物的性质(如怕振、怕压、怕撞、怕潮等)、形状、体积、质量等作出弹性调整。此外,至于货物的装卸方法,也必须在考虑了货物的性质、形状、质量、体积等因素后再作具体决定。

本章小结

商品的采购管理是连锁经营的起点,也是企业经营的重点所在。采购成本和物流成本的高低,直接关系到连锁企业利润的多少。因此,如何以最低的价格、最少的物流成本或者说"在适当的时间采购到适当的产品并以适当的方式送到适当的地方",是摆在连锁企业面前的一个重要问题。解决这个问题的根本出路在于加强对连锁企业成本,即商品采购、储存和配送三个主要环节的成本控制。

连锁经营之所以能够产生高效率、高效益,关键就在于连锁企业施行统一采购、统一配送、统一价格,并且还具有实现这一职能的商品配送中心,进而保证了决策权向连锁企业总部的集中。从公司连锁经营的整体效益考虑,物流配送要适应市场需求、降低物流成本,提高进货效率,扩大销售,是连锁企业参与市场竞争的法宝。

练习题

一、单选题

1.从日本连锁企业配送运输的实践来看,配送的有效距离最好在半径50千米以内。我国的连锁配送中心、物流中心,其配送经济里程大约在   (   )
  A.30千米   B.40千米   C.45千米   D.50千米
2.严格采购制度的目的有两个:一是为了严把进货关,防止各种不良行为的发生;二是使采购业务能与   (   )。
  A.销售业务良好配合   B.质量控制良好配合
  C.物流配送良好配合   D.人事管理良好配合
3.配送运输属于运输中的   (   )
  A.特殊运输   B.联合运输   C.末端运输   D.跨境运输
4.现代连锁企业的三大管理核心内容包括信息管理、物流管理和   (   )

A.运输管理　　　B.人事管理　　　C.采购管理　　　D.财务管理

5.构成采购体系的三大基本要件包括采购机构、信息管理和（　　）

A.采购原则　　　B.采购数量　　　C.采购制度　　　D.采购品种

二、多选题

1.连锁企业的营运机构通常分为（　　）

A.采购部　　　B.销售部(营运部)　　　C.市场部

D.财务部　　　E.人事部

2.补货时机的选择要根据货物存放的情况、紧急插单以及拣货时间安排来进行,主要种形式有（　　）

A.批组补货　　　B.定时补货　　　C.随机补货

D.提前补货　　　E.延迟补货

3.采购管理的主要原则是（　　）

A.公正透明　　　B.优胜劣汰　　　C.收益最大化

D.物美价廉　　　E.优质优价

4.在配送的基本作业流程中,进货作业包括（　　）

A.接货　　　B.卸货　　　C.验收入库

D.补货　　　E.车量配置

5.配送中的储存的形态有（　　）

A.接货　　　B.卸货　　　C.储备

D.补货　　　E.暂存

三、判断题

1.验收合格的商品,验收员要作详细记录,填写验收清单及进货日报表,并将这些商品分类后及时入库或发放给相关的销售部门。（　　）

2.采购部将原始票据送到财务部,由财务部向供货商付款。（　　）

3.车辆安排要解决的问题是安排什么品牌、吨位的配送车辆进行最后的送货。（　　）

4.配货作业是指把拣取分类完成的货品经过配货检查过程后,装入容器并做好标示,再运到配货准备区,待装车后发送。（　　）

5.所谓拣货,是依据顾客的订货要求或配送中心的作业计划,尽可能迅速、准确地将商品从其储位或其他区域拣取出的作业过程。（　　）

四、名词解释

物流　　配货作业　　补货作业　　配货运输　　拣货作业

五、简答题

1.简要说明什么是采购谈判。

2.简要说明连锁经营的品类计划。

3.简要说明连锁经营中物流中心的作用。

4. 简要说明货物编码的作用。
5. 简要说明货物验收的基本过程。

六、论述题
1. 论述当前我国连锁企业存在的采购风险与管理问题。
2. 论述采购管理的目的。
3. 论述连锁企业的配送系统对连锁经营的重要意义。
4. 论述采购人员的职业道德。
5. 论述进货作业的基本流程。

七、案例分析题

沃尔玛的物流配送

沃尔玛于1862年开始建第一家分店,8年后设置自己的物流配送中心。截止2008年3月底,沃尔玛在全球已经开设有7 266家分店。在深圳,沃尔玛配送中心占地41万平方米,可同时容纳300辆大型货车进出。沃尔玛的物流配送有以下特点:

(1) 沃尔玛对信息技术的追求不遗余力。1986年,花费7亿美元发射一颗商用卫星,专门用来处理沃尔玛的所有物流信息。例如,分店经理只要用手中的扫描仪扫描一条毛巾的条码就可以清楚地知道该产品在这个店的库存数量、已申请配送数量、在途数量、配送中心库存数量,甚至在去年的同一时间该店售卖了多少该商品。沃尔玛能保证在2小时内对全球所有商店的库存、上架、销售量全部盘点一遍。此信息同时与供应商共享。

(2) 沃尔玛施行无缝物流。沃尔玛的物流没有结束,也没有开始,它实际是个循环过程,是一个圆圈。因为,它的任何一点都可以作为开始,而且要涉及每一点。顾客到店中购买了一个商品,如果循环成功,那么在他买了这个商品后,这个系统就会自动开始补货。同时,系统中的可变性使得工厂和商场可以对顾客所买的商品能够及时补货。

(3) 沃尔玛物流部门24小时运作,物流中心为1层。货物能做到左边流入、右边流出。物流中心内明确分为收货、理货、配货、送货等不同的工作职能。同时,各商品留有一定的安全库存。各类商品均可以自动运送到相关库位。

(4) 沃尔玛有强有力的运输车队。每辆车都配备全球定位系统,车辆实载率超过90%。从配送中心到分店可在1日内到达。

(5) 沃尔玛货物交接简单规范。货到门店后整车产品直接卸车,用不着对这些商品逐个检查,因为采购人员已在供货商装运前做好检查签收。有这种非常精确、正确的物流配送系统使沃尔玛减少大量成本、节约时间、提高效率。其优势远远高于竞争对手.

(资料来源:张明明.连锁企业门店营运与管理[M].北京:电子工业出版社,2006.)

问题:
1. 沃尔玛的物流配送体系有哪些特点?
2. 怎样理解沃尔玛的物流系统与沃尔玛经营规模的关系?
3. 沃尔玛的物流配送模式对我国的连锁经营企业有什么启示?

第八章

Chapter 8

连锁经营的商品销售管理

【本章学习目标】

通过本章学习,掌握连锁店不同的定价策略及其特点;熟悉连锁企业市场开发的工作流程;掌握开店的选址方法与流程,能够具体安排与协调开店的准备工作;掌握连锁店的店面及内部设计的原则与操作流程;熟练掌握连锁店销售管理的具体工作流程、要求和特点。

【本章主要概念】

商品陈列　堆头　竞争定价策略　节日促销　POP \ DM 广告

【案例导读】

沃尔玛的"天天平价"策略

世界第一大连锁超市沃尔玛的创始人——山姆·沃尔顿在给第一家商店挂上沃尔玛招牌时,就在招牌的左边写上了"天天平价",右边写上了"满意服务"。这两句话涵盖了沃尔玛的全部经营哲学。所谓"天天平价",是指沃尔玛在经营中,坚持"每种商品都要比其他店铺商品便宜"的原则,提倡低成本、低费用结构、低价格、让利给顾客的经营思想。山姆·沃尔顿坚定不移地贯彻这一原则,以薄利多销来赢得利润,并最终创建了有史以来最伟大的零售帝国。

山姆·沃尔顿经常这样教育他的员工:"我们珍视每一美元的价格,我们的存在是为顾客提供价值,这就意味着除了提供优质的服务以外,我们还必须为他们省钱,当我们为顾客节约了一美元时,就会使自己在竞争中抢先一步。"

多年的实践证明,"薄利多销"原则不但没有使沃尔玛公司遭受损失,反而使公司赚得了更多利润,且比任何一家公司都发展得更快。

(资料来源:张明明.连锁企业门店营运与管理[M].北京:电子工业出版社,2006.)

第一节　商品销售管理

一、连锁门店销售管理的目标与控制

(一)连锁门店销售管理的目标

连锁门店销售管理是标准化管理过程。沃尔玛坚定不移地贯彻"平价"原则,以薄利多销来赢得利润,并最终创建了有史以来最伟大的零售帝国是多么英明的决策。连锁经营是专业化的分工协作过程,简单化、标准化的作业过程产生了分工协作带来的高效率,连锁企业导入这种专业化分工协作的经营方式,促进了连锁经营的迅速发展。纵观国内外连锁经营业的发展不难看出,连锁门店越来越多,规模越来越大,这就使得门店销售管理的地位和作用日益突出。因此,合理确定门店销售管理目标,加强门店销售管理对连锁企业的发展有着重要意义。根据连锁经营的性质和特点,连锁门店销售管理的直接目标主要有以下两个方面。

1.实现销售的最大化

连锁门店销售管理是在总部的统一指导下,按照规定的程序和要求按部就班开展的。其主要目标就是通过专业化、标准化的销售作业追求更高的销售额,实现销售最大化。销售是连锁企业实现利润的根本前提,只有扩大销售,才能降低成本,形成规模效益,而规模效益正是连锁经营发展的根本动力和基础。因此,连锁门店销售管理应以销售为中心,努力实现销售的最大化,以保证整个连锁企业利润目标的实现。

2.保证费用的最小化

销售最大化与费用最小化是相互依赖、互为一体的统一体。若连锁企业只注意销售最大化,而不严格控制销售过程中各个环节的成本费用,就有可能造成利润降低甚至亏损。因此,作为连锁企业的基层门店,不仅要在总部的指导下积极扩大销售,而且要注意做好商品防损减耗工作,努力降低各种费用,以提升企业经营业绩。

(二)连锁总部对门店销售标准的制订与控制

正规连锁也称直营连锁,是一种产权和经营管理都高度集中、统一的连锁形式。

1.总部制订门店销售与管理标准

由连锁企业总部统一制订门店销售管理标准,即连锁企业总部是决策中心,而门店则是作为现场。门店根据总部制订的销售管理标准,实施具体的作业化程序,最终实现连锁企业的协调运作。因此,总部制订的销售管理标准,实质上就是详细、周密的作业分工、作业程序、作业方法、作业标准和作业考核。

2.制订门店管理标准的具体步骤

(1)确定作业的对象分工。具体作业分工包括把何种工作、多少工作量、在什么时间内安排给何人承担。

(2)确立标准化作业的程序。门店作业人员流动性较高,如何区分作业内容管理,使门店作业不重复,并且能让新进员工在最短时间内交接每一工作环节,这些都十分重要。

(3)记录作业情况。将确定的分工作业与标准化作业程序,在适当的时间全面、准确地记录不同岗位的工作运行情况。

(4)作业标准的制订。标准化是连锁门店成功经营的基础。通过数据采集与定性分析、现场作业研究,制订出既简便可行,又节省时间、金钱的标准化作业规范。

(三)连锁总部对门店销售管理控制的内容

销售与管理标准实质上就是详细、周密的作业分工、作业程序、作业方法、作业标准和作业考核。连锁总部就是依据这些标准对其门店销售进行有效控制它。主要包括以下七个方面。

1. 商品布局与陈列的控制

门店的商品布局与陈列是根据总部的商品布局图与商品配置表来实施的,反映了连锁企业的经营思想和营业目标。如果总部所确定的商品布局与陈列被门店作了很大的变动,就无法实现连锁企业统一的营业目标。因此,必须把管理门店商品布局和陈列与实现总部目标联系起来,一般可以从以下几个方面加强控制。

(1)商品位置控制。连锁总部在对连锁门店检查时,应根据各类商品的布局位置图,核对位置是否变化。特别要注意展示区、端架上的商品是否已作了移位,以保证连锁门店商品的位置布局符合总部的要求,体现出连锁经营的统一性。

(2)商品陈列控制。其控制的重点:一是商品陈列的排面数是否发生了变化。排面数实际上确定了商品的最高陈列量和出样面,不得低于或高于营业手册规定的排面数。二是商品货架陈列位置是否按总部的要求进行布置。

2. 商品缺货率控制

一般来说,对于还没有采用自动配货的连锁企业来说,总部会强调主力商品的订货数量,目的是为了防止门店发生主力商品的缺货。商品缺货率的管理主要是对主力商品缺货率的控制,缺货率控制在什么比例较好,连锁企业可自定,一般定为2%左右较为合适。

3. 单据控制

连锁门店每天都可能有大量的商品送到,不管是配送中心还是供应商送来的货都必须随带送货单据。连锁总部要严格规定单据的验收程序、标准、责任人、保管、走单期限等,以控制违规性签单、违规性保管、违规性走单,保证货单一致的准确性,从而保证核算的准确性和供应商利益,同时也控制门店的舞弊现象。

4. 盘点控制

盘点是总部控制连锁门店经营成果的重要手段。其主要内容包括三方面。

(1)检查盘点前的准备是否充分,但要防止在盘点开始前几天,普遍发生门店向配送中心要货量较大幅度下降的状况。

(2)检查盘点作业程序是否符合标准,是否实行了交叉盘点和复盘制度。

(3)制订并实施总部对门店的抽查制度,有条件的连锁企业可成立专业的盘点队伍,专职进行门店盘点和抽查工作。

5. 缺损率控制

缺损率是失窃率和损耗率的统称,缺损率失去控制就会直接减少门店的盈利水平。目前,国内大部分连锁公司实行缺损率承包责任制的方法,落实到人,这种方法虽然很有效,但要注意其负面影响。今后的方向是在加强责任制的同时,注重设备的保养和先进技术的应用。

6. 服务质量控制

门店的服务质量直接关系到连锁企业的信誉和市场影响力,其管理的手段主要有三个方面:第一,增强服务意识,强化教育与培训,必须认识到教育与培训是控制服务质量的重要手段;第二,加强技能训练,不断提升门店服务水平和顾客满意度;最后,增设必要的服务设施,为门店提升服务质量打好基础。

7. 经营业绩控制

连锁总部对门店经营业绩一般可采取月销售额目标与指标的方法来进行控制,使用此方法控制应注意月销售额目标含义理解的明确性和销售指标确定的科学合理。

(四)连锁总部对门店营运控制的途径

连锁总部对门店营运控制主要可通过以下三条基本途径来完成。

1. 编制营业手册

编制门店营业手册并监督、检查门店执行情况是连锁总部的重要职责之一。门店营业手册的编制实质上是将连锁门店经营的经验、技巧上升为明确的原则、标准和程序。任何一个连锁总部所编制的营业手册应包括门店经营过程中的每个作业环节和岗位的流程及操作要求,以使门店员工有章可循,按总部的要求和目标开展门店的各种作业,达到对门店营运管理的有效控制。

2. 建立完整的培训系统

对连锁企业而言,标准化的操作要求高质量的培训。离开了培训,门店营业手册所规定的作业标准就难以为员工所理解、接受和执行,连锁总部对门店的控制就无法实施。因此,建立完整的培训系统是连锁总部实施有效控制的关键所在。通常完整的培训系统按纵向可分为两个层次。

(1)职前培训。这是指新员工进店后的基础培训。其偏重于观念教育与专业知识的理解,让新员工首先明确连锁企业的规章制度、职业道德规范以及相应工作岗位的专业知识。

(2)在职培训。在职培训偏重于在职前培训基础上的操作实务性培训。培训内容是按各类人员的职位、工作时段、工作内容、发展规划等开展。其主要涉及人员为店长(值班长)、理货员、收银员等门店工作人员,按其职级展开和实施。

3. 运用现代技术实行动态控制

连锁总部为了实现对门店的有效控制,可运用现代计算机技术和网络技术建立统一管理的技术平台,对整个系统的营运情况进行实时监控与分析,并能实时查询连锁门店的营运与管理状况,实现连锁门店业务数据的动态传递,使总部能及时发现门店经营管理中的问题,并采取有效措施加以解决。

二、店面布局与商品陈列

商品是无声的推销员。商品陈列要达到无需经过语言媒介就能与消费者有效沟通的效果，必须充分利用有限的资源，规划和实施卖场的总体布局，最大限度地吸引顾客购买和便利顾客购买。这就要求卖场布局与商品陈列达到有效的结合。

(一)连锁门店布局的内容

由于连锁经营所涉及的行业、业态、商品和规模的不同，连锁门店布局的内容也会有所不同，但一般来说有以下几个方面的工作。

1. 设置理想的卖场入口

卖场布局第一关是出入口的设置。招牌漂亮只能吸引顾客的目光，而入口开阔才能吸引顾客进店。入口选择的好坏是决定连锁门店客流量的关键。出入口设置务必以人流量、路线选取规律和目光辐射取向调查为基础，把门开在行人最多、路径最顺畅、最引人注目的地方。对于一些开设在楼上或地下室的连锁卖场，其入口要设立醒目而有特色的标志，并采取人员促销等方式克服出入口的"先天不足"问题。

2. 科学设计卖场通道

连锁门店内顾客流动主线是主通道，顾客流动的副线是副通道。主副通道要根据连锁门店营销目标和商品的布局及陈列设计来安排。良好高效的通道设计，要求能引导顾客按设计的自然走向步入卖场的每个角落，能接触尽可能多的商品，消灭死角和盲点，使入店时间和卖场空间得到最有效的利用。因此，卖场通道的设置既要"长"得留住顾客，又要"短"得一目了然，还需考虑到顾客走动的舒适性和非拥挤性。

3. 规划卖场与后场的补给线路

连锁门店的后场主要包括仓库、作业工场、更衣室、办公区等，是卖场的补给后方。它的布局设计对卖场布局安排有重大影响，因此也应属于卖场布局设计的重要内容之一。后场设计的重点在于如何最合理、最经济地解决后场与卖场连接的补给线路规划，力求做到线路最短、补给最方便。

4. 合理进行商品布局

商品布局是关系连锁经营成败的最关键环节。店铺选址失误至多造成单店的失败，而商品布局失当，则会由于连锁经营的统一性而给整个连锁体系造成致命的打击。合理的商品布局，一是要按消费者需求取向灵活配置商品布局比例；二是要根据消费者的购买心理趋向做好科学的商品位置规划；三是要运用商品布局中的磁石理论，最大限度地吸引顾客，以扩大销售，提高效益。

(二)连锁门店店面布局的类型

目前，店面布局主要有三种类型，即格子式布局、岛屿式布局和自由流动式布局。

1. 格子式布局

这是传统的店面布局形式。超市卖场一般呈格子式布局,格子式布局是商品陈列货架与顾客通道都呈长方形状分段安排,而且主通道与副通道宽度各保持一致,所有货架相互成并行或直角排列。这种布局在国外或国内超级市场中常可以看到,当购物者在过道上推着购物车,转个弯就可以到达另一条平行的走道上,这直直的走道和90度的转弯,可以使顾客朝同一方向有秩序地移动下去,犹如城市的车辆随道而行一样。

这种布局的优点:创造一个严肃而有效率的气氛;过道依据客流量需要而设计,可充分利用销售空间;由于商品货架的规范化安置,顾客可轻易识别商品类别及分布特点,便于选购;易于采用标准化货架,可节省成本;有利于营业员与顾客的愉快合作,简化商品管理及安全保卫工作。

格子式布局的缺点:商场气氛比较冷淡、单调;当较拥挤时,易使顾客产生被催促的不良感觉;室内装修方面创造力有限。

2. 岛屿式布局

岛屿式布局是在营业场所中间布置成各不相连的岛屿形式,在岛屿中间设置货架陈列商品。这种形式一般用于百货商店或专卖店,主要陈列体积较小的商品,有时也作为格子式布局的补充。

现在国内的百货商店正在不断改革经营手法,许多商场引入各种品牌的专卖店,形成"店中店"形式,于是,将岛屿式布局被改造成专业店布局的形式正被广泛使用着,这种布局是符合现代顾客要求的。专业商店布局可以按顾客"一次性购买钟爱的品牌商品"的心理来设置。例如,在顾客买某一品牌的皮革、西装和领带时,以前需要走几个柜台,现在采用专业商店式布局,则在一个部门即可买齐。

岛屿式布局的优点:布局富有创意,采取不同形状的岛屿设计,可以装饰和美化营业场所;商场气氛活跃,使顾客增加购物的兴趣,并沿长逗留时间;容易引起顾客冲动性购买;满足顾客对某一品牌商品的全方位需求,对品牌供应商具有较强的吸引力。

岛屿式布局的缺点:布局过于变化会造成顾客迷失,顾客会因无耐心寻找而放弃一些计划内购物;不利于最大限度利用营业面积;现场用人较多,不便于柜组营业员的互相协作;货架不规范,此布局的成本较高。

3. 自由流动式布局

自由流动式布局是以方便顾客为出发点,试图把商品既有变化又较有秩序地展示在顾客面前。这种布局综合了上面两种布局的优点,根据商场具体地形和商品特点,有时采用格子形式,有时采用岛屿形式,是一种顾客通道呈不规则路线分布的布局。

自由流动式布局的优点:货位布局比较灵活多变,顾客可以随意穿行各个货架或柜台;卖场气氛较为融洽,可促使顾客的冲动性购买;便于顾客自由浏览,不会产生急切感,增加顾客的滞留时间和购物机会。

自由流动式布局的缺点:顾客拥挤在某一柜台,不利于分散客流;不能充分利用卖场,浪费场地面积;这种布局方便了顾客,但对商店的管理要求却很高,尤其要注意商品的安全问题。

(三)展示陈列的六项原则

家乐福有一句口号:即使是水果蔬菜,也要像一幅静物写生画那样艺术地排列,因为商品的美感能撩起顾客的购买欲望。店铺的商品陈列是展示商品形象、吸引顾客眼球的重要手段之一。目前,大部分的零售店都发生了重大变革,打破三尺柜台,实行顾客自主选择购买,有效的货品陈列更成为影响顾客购买决策的重要因素之一。

良好的展示陈列不仅可以方便、刺激顾客购买,而且可以借此提高企业产品和品牌的形象。调查显示,有70%的顾客认同,卖场的商品陈列是吸引他们进店的因素;有22%的顾客表示商品陈列重要而不是绝对在乎;只有8%的顾客表示商品陈列无关紧要。

从国际大型连锁店对商品陈列的管理方法来看,商品的陈列必须随着时间和季节等外部的变化而变化,一成不变的商品陈列就如同一潭死水。"流水不腐",商品陈列的方法也在不停地摸索。不同店铺间相同商品的陈列也各有不同,尽管如此,做好商品陈列还是有一些可以遵循的基本原则,称为完美陈列的六项原则。

1. 方便原则

商品陈列可借助陈列位置、陈列状态、色彩灯光等方便顾客寻找、选择和拿取。陈列位置要符合顾客的购买习惯,商品要正面朝向顾客,标价牌要有坡度地固定在第一件商品下端,商品外包装颜色和灯光的搭配要尽量使顾客感到舒服、醒目。对一些季节性、节日期的新商品,促销品、特价商品可单独陈列,陈列要醒目、显著。

2. 安全原则

贵重商品不宜开架售卖,可设置精品陈列专柜并由专人负责销售;商品陈列不能有对顾客造成伤害的隐患,使顾客产生畏惧心理。做"堆码展示"时,既要考虑一个可以保持吸引力的高度,也要考虑堆放的稳固性;做"箱式堆码"展示时,应把打开的箱子摆放在一个平稳的位置上,更换空箱从最上层开始,以确保安全;易碎、易污商品要注意防损等。

3. 丰富原则

在商品陈列中,不管是柜台还是货架,应尽可能地将同一类商品中的不同规格、花色、款式的商品品种都展示出来,扩大顾客的选择面,同时也给顾客留下了一个商品丰富的好印象,从而提高店铺中商品周转的物流效率。

超市的一个货架每层至少要陈列2~3个品种,便利店会更多一些。从国内外超市的经营情况来看,店铺营业面积每平方米商品的品种陈列量平均要达到11~12个品种,即100平方米的便利店经营品种至少要达到1 200种,500平方米的超市要达到5 000~6 000种,1 000平方米的超市要达到10 000种以上。

4. 效率原则

效率原则包括提高员工的工作效率和提高卖场的使用率两个方面,即陈列必须确实有助于增加店面的销售。

(1)在陈列时努力争取有助于销售的陈列位置;

(2)注意记录能增加销量的特定的陈列方式和陈列物;
(3)采用"先进先出"的原则,降低退货的可能性;
(4)运用优秀的陈列方案准确地表现商品的价值,提升顾客对该商品的评价和选择;
(5)运用整堆不规则的陈列法,既可以节省陈列时间,也可以产生特价优惠的意味。

5. **新鲜原则**

商品的陈列必须随着时间和季节等外部条件的变化而变化,也要根据特定的销售方式和销售需求而变化,即保持商品陈列的新鲜感。同时,所陈列的商品也必须保持新鲜度,坚持先进先出,对一些保质期要求严格的商品应重点注意。

6. **美观原则**

高标准的商品陈列不但要有实际效用,而且要符合美观原则,给店铺营造一种浓厚的艺术氛围,给消费者一种美德享受。店铺在进行商品陈列时,在保持陈列的有序性和整洁性的同时,可依据商品的特性及店铺的文化进行艺术性的陈列创造,这是对商品陈列的较高要求。

三、连锁门店销售现场管理

连锁门店销售现场管理是指店长按营业手册制订的操作规范和程序对门店营业现场所进行的计划、指、控制等活动。其目的是创造良好的企业形象,增加来店顾客,提高单价,扩大销售。

(一)连锁门店销售现场的管理

1. **卫生管理**

连锁门店应按卫生管理规范的要求确保营业场地整洁,过道通畅,设备、货架布局合理,时刻保持设备、货架、柜台、橱窗等的干净、明亮,不擅自乱贴广告等。

2. **陈列管理**

要求门店做到卖场布局合理、商品丰富、货架丰满,并根据商品保质期实行先进先出、显而易见、易拿易放、商品组合合理等。

3. **商品管理**

开展科学的商品管理,注意利用销售数据管理系统(POS)的信息,分析筛选出畅销商品,灵活运用订货、补货,扩大畅销商品的陈列空间,定期检查畅销商品的库存和货架卡,以确保畅销商品不断档。

4. **服务管理**

使用规范的服务用语,按规定的程序和要求处理好缺货及客户投诉等问题,提高顾客的满意度,防止顾客流失,稳定顾客队伍。

5. **现金管理**

应重点抓好收银管理,要按规定的收银流程和要求进行收银作业,把差错率降低到最低限度。

一家成功的店铺必须认真对待每个营业日,并对每个营业日的服务流程进行控制,把握店铺销售管理的每个环节,使其中的每项工作都落到实处。这是确保门店销售取得良好业绩的前提和基础。

(二)营业前的准备

开门营业前,店铺要做好营业的各项准备工作,包括店内的清洁工作、商品的标价补货、商品陈列检查,以及指导员工有关新进商品的知识或接待顾客的方法等。

(1)员工必须提前30分钟到店,打考勤卡,开早会;
(2)清洁地面、层板、货柜、玻璃镜、货品、陈列室、招牌和收银台;
(3)盘点,补货,整理小货仓;
(4)检查营业人员仪容、仪表及制服;
(5)检查收银员的银头、单据及购物袋数量;
(6)从店铺外到店铺内做全面检查,包括橱窗陈列品等。

早会是门店进行基层管理的重要方式。通过早会,一方面可以传播公司的企业文化,改变部属的思想、行为及观念,培养好的习惯;另一方面可总结经验、吸取教训,为新一天的工作鼓舞士气。早会的主要内容:

(1)早会由店长主持,介绍公司的最新指示(包括推广、表扬、违纪、通告等),以及前一日生意回顾;指出前一日在营业时间内对顾客服务的不足之处,如个别员工做得不足,应以指出,并提醒其他员工;口头表扬昨天做得好的员工。
(2)明确各员工的站位安排。
(3)明确指出当日的营业指标及个人需要完成的营业目标。
(4)明确各员工开店前的工作安排(包括区位卫生、仓库、陈列、盘点、新货等)。

提醒:开早会要用鼓励性语言,批评不宜过于强烈,以免影响员工的工作热情。

【案例8.1】
用好心情迎接一天的工作——佐丹奴商店的晨会娱乐活动

一名员工焦急地连比带划地向另外一名员工做动作,另一名皱着眉头,一会儿看看周边的同事,一会儿挠挠头,不解地看着做动作的搭档,露出一脸茫然。这边比划得越着急,那边就显得越无奈,引来周围员工一阵阵开怀大笑……这是出现在佐丹奴专卖店晨会上的一个花絮。

为了让员工们能在销售旺季得到适当的放松,以轻松的心情做好自己的工作,佐丹奴商店在例会上作出决定:每周抽出2~3天的晨会时间,由楼面组织各种小活动和小游戏,让员工们尽情参与。各楼面接到通知后积极行动,展开了诸如猜谜语、投飞镖、看动作猜句子等小游戏。

引用一位员工的话说:"像这种形式的晨会活动,我们希望今后越多越好!"

(三)营业迎宾

这是店铺正常营业时应该提供的服务,包括顾客从进入商店到离开商店期间店方所提供的所有服务。从向顾客问好、商品推荐到销售成交,这期间的服务是顾客感受最直接、最真切的服务,店方一定要认真对待。

(1)微笑服务。如店员人手充足,可派1~2人在门前做迎宾,向行人及入店顾客打招呼问好,并欢迎顾客光临购物。迎宾人员可定时更换,如15~30分钟一班。

(2)有商品推介活动或印有传单时,迎宾员工应向行人及入店顾客进行推介及派发传单。

(3)若顾客携带较多的物品入店铺时,可以安排代客保管物品(在收银处,贵重物品除外),以便顾客在店内舒适地选购。

(4)当发现有人在门前摆放杂物或摩托车、自行车等东西时。迎宾员工应礼貌地上前劝阻,以确保门前整洁。

(5)下雨时,店门口应设雨伞桶,迎宾同时应礼貌地请顾客将湿伞或雨衣放置桶内,离店时取回。

(6)顾客离场时,迎宾同时应稍微鞠躬,向顾客道别并道谢,欢迎顾客下次光临。

(7)迎宾的同时可手工登记计算入店的顾客人数,定时登记客流量,以便在分析销售情况时使用。

(四)销售程序

(1)营业员在营业必须时刻保持心情开朗,面带笑容(应露出6颗牙齿)。遇到客人时,要主动向顾客打招呼并请顾客随便观看。

(2)应顾客的需要,与顾客保持适当距离,视情况作下一步推销。当发现顾客对某一商品感兴趣时,应主动上前介绍、展示商品,鼓励顾客试用及购买商品。

(3)使用专业推销技巧及产品知识进行推销及附加推销。每次推广及促销皆使用规范、指定的促销口语。

(4)指引顾客如何搭配货品,成为顾客购物导师。

(五)收银过程中的注意事项

(1)一般应该由营业员引领顾客到收银处,将货品递交收银员。店内销售高峰时,营业员应将货品交给顾客,并以语言和礼貌手势指引顾客到收银台,同时用响亮礼貌的声音告知收银员。

(2)收银员查对货品价格牌上显示的款号、售价是否正确。清晰告知顾客应收金额,并清楚地说出一共收了顾客多少钱,再检验钞票。

(3)将要找给顾客的钱双手交给顾客,并清楚地说出一共找回多少钱,请顾客点清。

(4)收银员撕下小票,第一联随货品装入购物袋,封好,双手递给顾客;第二联收银员自存,下班后核对。

(5)顾客离开时,应向顾客道谢,并邀请顾客再次光临。

(六)陈列整理

(1)陈列整理应定期进行,并视特殊情况作相应变化。

(2)模特展示的必须是店内数量充足的货品。模特反映的是店内最新的时尚。

(3)店铺重点推介产品,应摆放在店内最显眼的位置。

(七)营业结束的盘点

每天开始营业前及营业结束后,卖场内都要进行商品盘点。由营业员盘点出的营业后货品数量,加上当日售出总数和调出总数,原则上应该完全等于开始营业前的货品总数与营业过程中补充进货场的货品数的总和。

(1)由于受盘点时间的限制,要求营业员盘点既准又快。每次盘点由当值营业员完成,每人可以点一至几个小区。

(2)盘点时,营业员务必认真仔细,确信整个小区已完全清点;若有可疑,应马上再点,直到清楚为止。

(3)将货场的全部空间划分成若干个小区(如 A、B、模特、小仓等),并做出货场分区平面图,清楚标示分区的界线,且全部参与点货的营业员要确切明白分类的标准。

(4)盘点本中要详细列明货品区号、数目,并设有货品进、出、售栏,以便核对。

(5)盘点时,须将点出的各类货品数目相加,得出总数,无需细诉各项货品的款号、颜色及尺码。每个区至少进行一次复查,以保证无误。各小区清点完毕,清点人应将记录的数目抄录"盘点本"中。

(6)营业员按公式计算即可算出当日卖场是否丢失货品(注意:在填写盘点登记本时,所有营业员都不能先参考前一天的盘点登记本,以防作弊)。

(7)如核出数目与应有数目不符,应再点一次,直到水落石出。最后将各种报表汇总到当值主管手中。

(八)门店保洁与维护

门店的清洁美观,不但可以为工作人员创造一个良好的工作环境,而且也能刺激顾客的视觉、听觉、嗅觉、触觉和味觉,给顾客以清洁感、满足感,最终促进顾客购买商品。

门店日常整洁与维护应注意的事项:

1. 地板的清洁

(1)每天必须将地板清理干净,保持干净清爽。扫帚及拖把应放在指定地方。

(2)下雨天要注意门口处,若弄脏要随时清理。拖地时应设警示标志,不能太湿以免让人滑倒。

(3)过道上有废弃的包装物或垃圾时,要随时清理。店内及门口的张贴物要清理干净。

(4)下雨天,门口应放置伞架或伞套。门口须放置踏垫。

2. 仓库的清洁维护

(1)仓库要每天清理,并注意是否有易燃物。

(2)仓库堆置的包装物及物品,要整齐排列,不可任意堆置,影响进出。商品应依序陈列于架上并排列整齐。

(3)物品放置处应设立标签,以方便寻找。

3. 日常维修

(1)橱窗门必须早晚检查,杜绝损坏现象。

(2)店内各种照明灯,一经发现损坏,应及时通知主管更换。灯箱内的灯泡、灯管易被忽视,应每日检查。发现有照明不足、闪烁不停时,及时通知主管更换。

(3)货场内宣传画及陈列柜装饰品应保持完整及美观。

【案例8.2】

肯德基的门店保洁

清洁工作是肯德基日常管理的重要内容之一,也最被肯德基管理层所重视。肯德基规定,各店铺每天清扫工作的内容有:店内地板的清扫、店门口的清扫、停车场的清扫、电灯的擦拭、厕所的清扫、复印机的擦拭、招牌的擦拭、柜台周围的清扫、垃圾袋的更换清理、食品柜台的冲洗、店内设备的擦拭、公用电话的擦拭等,一天必须进行数次。除了对售货的店铺进行清扫外,店后临时存货间、临时货架等也都必须清扫。

肯德基不仅对清扫的内容有规定,而且对各项清扫活动用什么样的工具、用什么样的洗涤剂、以什么方式清扫以及清扫的时间都规定得非常详细。例如,店内厕所的清扫,肯德基规定,清扫的时间必须在任务计划表上标明。

当然,这个计划不是固定的,如果碰到雨天或下雪天,清扫的次数会更频繁。为了使清扫的效果更好,肯德基除了对店铺清扫活动作出严格规定外,还不断改进清扫用具。例如,原来的抹布是用100%的纯棉制成,纤维较粗,不仅浸湿后不易干,而且容易撕破;而新的抹布从美国进口,采取棉与化纤混纺制成,纤维很细,不仅浸湿后容易干,而且不易撕破。

(资料来源:陈新玲.连锁经营理论与实践[M].北京:电子工业出版社,2005.)

四、成功销售的原则与要求

服务是连锁经营店铺进行销售时不可或缺的强有力武器,服务的专业程度、速度、如何帮助顾客节省开支、人性关爱、品位、资讯、品牌等都属于连锁服务质量的范畴。此外,店铺本身的文化氛围,以及视觉的、听觉的感受,也都已经扩展为服务的价值。

因此,连锁经营要学习和掌握一种全新的顾客服务理念,即全面深入了解顾客,主动出击争取顾客,努力留住老顾客,用服务提高顾客满意度,赢得顾客的忠诚,对顾客关系进行创新,把抱怨当成赠礼,从而胸有成竹地抓住顾客的心。

(一)接待顾客的原则

接待顾客时,能否巧妙运用销售技巧,是商品销售的关键环节。因此,店铺销售人员在顾客购物之际,要善于捕捉其消费心理,适当应对,并提供恰到好处的服务,使其轻松购物,满意而归。

1. 了解顾客心理

顾客的身份、年龄、职业、爱好、习惯各有不同,其态度、表情也因人而异。但是,作为商品购买者,其求新、求实、求廉、求美的心理状态是共同的。营业人员要了解和掌握顾客的不同心理状态,推销顾客满意的商品,才能获得成功。

2. 探知顾客爱好

营业员在接待顾客时要善于察言观色,了解顾客的性格,探知顾客的爱好。对于注重理性的顾客,谈话内容要求条理井然、层次分明;对于注重情感的顾客,要讲些感性的事实;对注重利益、讲究实惠的顾客,要介绍商品的实用性;对于犹豫不决的顾客,要帮助解决其后顾之忧,有的放矢地进行销售工作。

3. 迎合顾客兴趣

有些顾客购买商品是凭兴趣出发的,而顾客的兴趣又是多种多样、不断变化的。为此,营业员要抓住顾客兴趣,从顾客感兴趣的话题开始,推销顾客感兴趣的商品。要是顾客不感兴趣,营业员应该赶快转换话题,不要滔滔不绝大谈顾客不感兴趣的内容,以免浪费时间和精力。

4. 预知顾客反应

营业员在与顾客进行销售谈话时,要预测顾客的反应。顾客的年龄、性别、职业、文化程度不同,对同样的销售谈话反应不同,营业员要区分对象,采用不同的接待方法。不分对象、不管顾客反应地进行销售谈话,反而会弄巧成拙。

(二) 对店员的要求

为了把销售活动做好、使生意兴隆,店铺应特别重视对店员的待客态度、业务水准和仪容的研究和规范。归纳起来,店铺的销售人员要遵循以下几点:

1. 热情主动,业务熟练

顾客进店时,店员要起立目视、主动招呼、笑脸相迎,顾客离店时要说欢迎再来,不能失礼,切忌冷淡。同时,店员对店铺所售商品的尺寸大小、质地优劣都能脱口而出、滚瓜烂熟。体育用品商店营业员要懂体育,服装店铺店员要知道裁剪,介绍商品要实事求是,买卖不成也同样热情。

2. 顾客利益至上

店员在介绍商品品质的同时,不能忽视对商品和服务的作用与价值的介绍;要珍惜顾客的时间,不要言不由衷、唠唠叨叨。推销要照顾顾客利益,介绍要想到顾客需要。记住,无论连锁企业销售何种商品或提供何种服务,处处考虑顾客利益,做好顾客参谋,不但能增加营业额,而且能取信于顾客,从而赢得更多的顾客信赖。

3. 扩大销售,提升业绩

顾客是重复消费者,也是最好的业务宣传员,因此店员要善于利用自己所掌握的各种销售技巧、业务知识和商品知识,通过热情大方、富有创造性的服务方式取得顾客的信任,与顾客建立良好的人际关系,提高顾客的消费量和消费频率,使产品销量增加。毕竟,扩大销售、提升业绩是每个店员的天然职责。

4. 注重礼仪修养

仪表是无声的宣传,仪容是最好的广告。举止大方、衣冠整洁、以诚待客、知理知趣,是良好店风店貌的象征。店铺业务是一项礼遇性很高的工作,这就要求销售人员必须注重礼仪修养,在服务顾客时要谦虚温和、友好坦率、动作协调、语言轻缓、细心礼貌。

第二节　商品促销管理

【案例8.3】
屈臣氏自有品牌的促销

屈臣氏起源于1828年,现已发展成为国际性的零售及制造业机构,业务遍布全球36个国家的市场。集团旗下经营超过7 800家零售商店,种类包括保健品及美容产品,高级香水及化妆品,食品,电子产品以及机场零售业务。

屈臣氏将连锁店单纯的低价多销战术向多元化的促销战略延伸,同时屈臣氏更着力将自有品牌的开发战略提升到了专业化的高度,并适时地将两者进行有机结合和并重推广,以期寻求加法倍增效应。经过多年的切实努力,屈臣氏果然成绩斐然。截至2008年底,屈臣氏的科学严谨的促销活动使屈臣氏在中国内地、香港地区及东南亚地区零售业市场增长了15%,屈臣氏自有品牌数量已经达到了1 000多个,并在商品的销售中占据了25%以上的市场份额,并且还有可能在进一步发展中。屈臣氏认为,就长期而言,强有力的促销活动和自有品牌的增长将帮助公司增加和平衡利润,同时也帮助公司抵御供应商施加的、越来越大的价格压力。

(资料来源:何春凯.连锁店经营管理实务[M].广州:广东旅游出版社,1999.)

商品促销又称销售促进,是指企业运用现代沟通方式向消费者传递营销信息,促进消费者对企业及其产品与服务产生兴趣、好感与信任,进而作出购买决策的活动。连锁企业应该在总部统一规划下,通过持续不断的促销活动,向顾客传递有关商品的服务信息,创造销售热点、亮点及顾客兴奋点,引发顾客购买欲望。

一、促销的作用

1. 促销是连锁店提高销售量的主要手段

在很多情况下,连锁企业的销售额会在一定时期内出现上下波动,这是不利于稳定其市场地位的。如果有针对性地开展各种促销活动,使更多的消费者了解、熟悉、信任本企业出售的商品及提供的服务,就能稳定乃至扩大市场份额,巩固其市场地位,加快连锁企业的发展进程。

无论采取哪种促销方式,连锁企业都应力求激发潜在顾客的购买欲望,引发他们的购买欲望和行为。有效的促销活动不仅可以诱导和激发需求,而且在一定条件下还可以创造需求,从而使市场需求朝着有利于企业商品促销的方向发展。当门店的商品正处于低需求时,促销活动可以扩大需求;当需求处于潜伏状态时,促销活动可以开拓需求;当需求出现波动时,促销活动可以平衡需求;而当需求衰退时,促销活动又可以吸引更多的新客户,保持一定的销售势头。

2. 促销是开展竞争的利器

促销主要是由竞争引起的,所以与竞争者对抗是促销的主要作用之一。一般来说,在进行促销策划时,必须首先掌握竞争者的动向,特别是其促销方式、规模和影响。

传统观念往往认为,连锁企业之所以采取促销措施,是因为其商品销售不畅或占压仓库、资金周转困难等。其实,促销在市场上的本质反映是推动竞争,因为促销使消费者的单一品牌忠诚度急剧下降。由于竞争者采取了促销的措施,本企业就必须对此作出反应,即进行相应的促销策划,这是第一种原因。第二种原因是集中强化消费者对商品的特定需求。促销往往有时令性,如换季、节日、周末等。不同的连锁企业往往不谋而合地在同一时期内开展促销活动,必然引起竞争者的销售对抗。促销也正是使连锁企业在竞争中取胜的一把利器。一项新奇、实惠、有效的促销活动,会增强门店与顾客之间的信息沟通,使顾客在来门店之前就对该门店及其所经营的商品、所提供的服务产生偏爱,刺激顾客的购买欲望,从而达到打败竞争对手的目的。

3. 促销是反映连锁企业经营活动的显示器

在 21 世纪,一种新的营销观念——"使用价值导向",正逐渐展示其"王者本色",而一些传统的营销观念将会得到改变或改善。那种"顾客需要什么,我们就生产什么"的"顾客价值导向"将成为一种片面的营销观念。顾客的消费水平不仅仅是低于科技的发展状况,有时甚至是远远低于科技的发展状况。随着技术飞跃,"我们创造什么,就叫顾客使用什么"将成为一种新的营销时尚。那么所使用的促销方法就必然是"寓教于售"式的,要让顾客在学习过程中接受新事物、新产品。新市场的驱动,也是靠这种促销活动来完成的。如果各门店适时地开展促销活动,就可以迅速地把商品介绍给顾客,激发其需求,促进其购买和消费。同时,通过与顾客接触,可以加强连锁企业门店与顾客间的信息沟通和感情交流,了解顾客对商品的反应和消费需求的变化。普通的做法有新产品现场试用、食品免费品尝、免费赠送等。

在竞争激烈的市场环境下,消费者往往难以辨别或觉察众多连锁企业间的差别,或经营的同类商品间的细微差别。这时,各连锁企业就应该通过促销活动,反映各自的经营特色和特点,突出各自不同的主题、特色商品和特色服务;应该借助促销活动,大力宣传本连锁企业与竞争企业及其经营商品间的不同特点,特别是强调本企业能给消费者带来的特殊利益,从而在市场上建立并巩固本企业的良好形象。良好的企业形象会使消费者产生亲切感、信任感,使其愿意到本连锁企业的门店购物,并可能积极为本企业做口头宣传,进一步扩大企业的知名度和可信度。

二、连锁企业的主要促销方式

(一)店头促销

店头促销主要是指连锁企业门店中的堆头和端头。堆头,是指在展示区、过道和其他区域作落地陈列的商品。堆头多以塔式落地陈列,不受体积大小限制,这样可以扩大品牌陈列面与消费者接触面,但是需要认真规划,否则有碍观瞻。端头是指卖场中央陈列货架的两端。端头与消费者接触率高,容易促使其产生购买行为。

店头促销是门店的一种形象促销活动,通过特别展示区、货架两端和堆头陈列的商品都是消费者反复通过、视觉最直接接触的地方,而且陈列在这里的商品通常属于促销商品、特别推荐商品、特价商品或新产品。

消费者购物有一种长期积累、恒定的习惯,这对门店的店头布置提出了一种深层次的要求,那就是必须要迎合消费者的购物习惯,在商品的层次、视觉、听觉等方面,都要给消费者提供足够的信息。

消费者到店头购物,会受到购物习惯、商品知识、使用经验、试用效果等多种因素的影响。所以,店头信息,尤其是特别展示区、端头和堆头陈列的促销商品信息,对非计划性购物的消费者将起到很大的作用。另一方面,对门店而言,从店头促销活动中收集到的信息、资料可以帮助连锁企业制订采购计划、选择供应商,以确保本企业的竞争优势。在卖场的入口处设置特别展示区,加强端头和堆头商品的组织,充分发挥这三者的促销作用,改变商品的陈列方式,增加销售势头好的商品数量,可以强化、提高顾客的满意度。

据调查,到连锁超市中购买预先设定好的特定商品的顾客只占25%左右,而75%的顾客都属于即时的冲动性购买。因此,如何进行店头促销和卖场规划,做到商品丰富、品种齐全,使顾客进店看得见、拿得到商品,是至关重要的。而店头促销的重点对象就是非计划性购买者。

(二)现场促销

现场促销是指门店在一定的期间内,针对其顾客以扩大销售为目的而进行的现场促销活动。现场促销通常会结合人员促销,并通过这种特殊形式直接达到扩大销售额的目的。顾客在促销现场,面对琳琅满目的商品,不但可以任意浏览、尽情触摸,而且还有专人说明、真人示范,因此顾客购买现场促销商品的可能性会大幅度提高。

在现场促销活动中,通常要注意时间和节奏的控制,把握不同方式的促销卖点和特性。

1.现场促销的特点

现场促销即通过现场促销人员的营业性推广、快速性开拓、多维性营销,开展介绍商品、请消费者试用商品、张贴广告、赠送促销品等活动。现场促销会使门店及其所销售的商品给消费者留下较深刻的印象,是连锁店经常采用的促销方式之一。此外,现场促销还有一些非同一般的特点。

(1)以连锁企业门店为主体。门店现场促销的商品多数是供应商的产品。在这种情况下,可以由供应商提出建议,并参与现场促销计划、协助促销活动的进行,但是现场促销活动主体仍是门店。

(2)以实际销售为目的。在某种程度上,现场促销活动也是一种"即卖会",其目的在于促使消费者立即购买。现场促销并非像表演那样讲究"秀"的效果,而是以促成销售额的多寡显示其效果。

(3)以多数预期顾客为主要对象。现场促销活动的对象虽因商品不同而异,但必须以预期顾客为对象。所谓预期顾客,是指有购买欲望或购买可能性较强的顾客,至于对促销商品持否定、厌烦态度的顾客,不是现场促销的主要对象。

2.现场促销的主要方式

(1)限时折扣。限时折扣是门店在特定营业时间内提供优惠商品,刺激消费者购买的促销活动。例如,限定在16:00~18:00之间某品牌儿童服装五折限时优惠,或在9:00~10:00之间某些日用品七折优惠等。此类活动以价格为着眼点,利用消费者求实惠的心理,刺激其在特定时段内采购优惠商品。在进行限时折扣时要注意,以宣传单预告,或在卖场销售高峰时段以广播方式,告知并刺激消费者购买限时特定优惠的商品;在价格上必须与原定价格有三成以上的价格差异,才会对消费者产生足够的吸引力,达到使顾客踊跃购买的效果。

(2)面对面销售。面对面销售是门店的店员直接与顾客进行促销和销售的活动。例如,在连锁超级市场中,鲜鱼、肉制熟食、散装水果、蔬菜等都可以采用此方式进行销售。此类活动的目的是为了满足顾客对某些特定商品适量购买的需求,同时也可以适时地为消费者提供使用说明,促进商品的销售。其做法如下:规划适当位置作为面对面销售区(如在连锁超市中,通常均规划于生鲜部门或在其附近,以强调其关联性);选择具有专业知识及销售经验的人员来担任面对面销售的工作,以此来提升营业额;强调商品新、奇、特及促销人员亲切的服务,并让顾客自由选择商品品种及数量,以便产生更好的功效。

(3)赠品促销。赠品促销是消费者免费或付某些代价即可获得特定物品的促销活动。例如,只要顾客在门店实施购买,就可以免费获得气球、面巾纸等。此类活动的做法如下:通常配合某些大型促销活动,如门店周年店庆或特定节庆,如儿童节、妇女节、情人节、中秋节、重阳节等有特殊意义的日子,或在其供应商推广新产品时实施赠品促销。赠品的选择关系到促销活动的成败,虽然其金额不高,但是必须具备实用性、适量性和吸引性,才能吸引顾客来店。一般常用的赠品有:免费赠品,如气球、面巾纸、盘子、开罐器、玻璃杯、儿童食品等;购买才送的赠品,如洗发香波、沙拉酱、玩具、高级瓷盘等。

(4)试用。试用是现场提供免费样品供消费者使用的促销活动,如免费试吃水饺、香肠、薯条;免费试用洗涤剂;免费为顾客染发等。此类促销活动是提高特定商品销售量的好方法。因为通过实际试用和专业人员的介绍,会增加消费者购买的信心和日后持续购买的意愿。其做法如下:安排适合商品试用的地点,要做到既可提高试用效果,又可避免影响顾客对门店内其他商品的购买;选择适合试用的商品品种及其供应商,通常供应商均有意配合推广产品,故应事先安排各供应商;确定免费试用促销的时间、做法及商品品种;举行试用活动的供应商必须配合门店在规定的营业时间进行免费试用活动,并安排适当的人员和相应的器具,或委托门店服务人员来为顾客服务。

3.现场促销的准备阶段和实施阶段

(1)准备阶段。该阶段主要包括五项工作。第一,连锁企业要了解开展现场促销活动所针对目标顾客的风俗人情和特点。第二,连锁企业的营销人员应与供应商进行若干次恳谈,按照连锁企业对目标区域总的促销方针,协商好促销的商品品种、规格、数量、价格等。第三,根据消费者的需要和促销活动目标区域的市场特定情况,来决定市场联系枢纽的桥梁——促销品,包括促销品的品种、规格、数量、促销品的配比率等,其中,促销品的配比率是指促销品与店内可供产品的数量比例。第四,制订连锁企业的总体市场和各门店市场的现场促销计划与货源,其中货源可以考虑三种情况:从供应商处直接进货,从连锁企业的配货中心调配或两者相结合。第五,现场促销人员的选拔、培训和安排。这是现场促销活动成功与否的一个重要因素。

这应该做好两方面的工作：首先，门店促销人员应具有丰富的促销经验，有强烈的冲劲和持续的原动力，具备熟练的推销技能、良好的口头表达能力、敏锐的洞察力及市场反应的良好感应决断力；其次，促销人员应该仔细研究、分析在促销活动实施过程中可能遇到的困难，决定应对措施。这些通常可以采取人员讨论和情景演习两种方式进行训练。

(2)实施阶段。第一，门店促销人员应该抓住有利时机，讲好开场白，抓紧时间对试用商品、赠送商品的促销，以及进行广告张贴等。第二，门店促销人员应该根据实际现场情况，调整好心理状态，恰当改变口头表达的内容和方式，调整说话声音、速度和节奏，协调动作，注意外表形象等，总结出一套快速、高效的促销通用语，并加以推广和调整。第三，门店促销人员应该注意现场促销中以下两种方式的灵活运用：一是观念灌输，促销人员应该善于把纯粹的推销商品观念，上升到连锁企业经营理念；二是感情沟通，如通过逗顾客的小孩来引起顾客注意，以达到沟通情感和促销的目的。

(三)广告促销

连锁店广告促销主要有两种形式：POP广告促销和DM广告促销。

1. POP广告

无论是店头促销，还是现场促销，都少不了POP(Point of Purchase)广告的大力相助。POP广告是指"购买点的广告"。凡在商店建筑内外所有能帮助促销的广告物，或提供有关商品情报、服务、指示、引导等的标示，都可以称为POP广告。如商场外悬挂着的横幅、竖幅标语，以友好姿态向你提供商品信息；引人注目的商品橱窗、色彩鲜艳的广告塔和指示牌将引导你进入商店；商店里，纵横交错的绳子上飘动着的一排排具有醒目商标、品名和商品形象的吊旗，货架上闪烁着柔和光芒的灯箱等。

(1)POP广告对连锁门店促销的意义。连锁门店要通过促销来吸引顾客的注意，就要提高商品陈列的视觉效果。但仅仅通过陈列是不够的，POP广告具有强烈的视觉传达效果，可以直接刺激消费者的购买欲望，这就是POP广告的促销意义。

值得一提的是，要注重知识性POP广告的应用。现在许多门店的POP广告大都是一些利益性促销广告，如某商品降价、某商品可以参加抽奖等，而知识性促销广告所见甚少。当今世界已进入知识经济时代，知识已经成为经济发展的重要力量，时代已经对门店经营提出了新的要求。门店经营者应树立起知识营销的新理念，通过知识性POP广告来加强超级市场与消费者之间的沟通。

(2)POP广告对促销的作用。第一，传达门店商品信息。传达门店商品信息主要体现在：吸引路人进入门店；告知顾客门店内在销售什么；告知商品的位置配置；简洁告知商品的特征；告知顾客最新的商品供应信息；告知商品的价格；告知特价商品；刺激顾客的购买欲望；促进商品的销售。

第二，创造店内购物气氛。随着消费者收入水平的提高，不仅其购买行为的随意性增强，而且消费需求的层次也在不断提高。消费者在购物过程中，不仅要求能买到称心如意的商品，同时也要求购物环境舒适。POP广告既能为购物现场的消费者提供信息、介绍商品，又能美化环境、营造购物气氛,在满足消费者精神需要、刺激其采取行动方面有独特的功效。

第三,促进门店与供应商之间的互惠互利。通过促销活动,可以扩大门店及其供应商的知名度,增强其影响力,从而促进企业与供应商之间的互惠互利。

第四,突出企业形象,吸引更多的消费者来店购买。消费者的购买阶段分为注目、兴趣、联想、确认、行动,如果门店吸引了顾客的眼光,并达到使其购买的目的,那么POP广告自然功不可没。

(3)POP广告的种类。POP广告在实际运用时,可以根据不同的标准对其进行划分。不同类型的POP广告,其功能也各有侧重。

①招牌POP。它包括店面、布幕、旗子、横(直)幅、电子字幕,其功能是向顾客传达企业的识别标志,传达企业销售活动的信息,并渲染这种活动的气氛。

②货架POP。货架POP是展示商品广告或立体展示售货,是一种直接推销商品的广告。

③招贴POP。它类似于传递商品信息的海报,招贴时要注意区别主次信息,严格控制信息量,建立起视觉上的秩序。

④悬挂POP。它包括悬挂在门店中的气球、吊牌、吊旗、包装空盒、装饰物等。其主要功能是创造门店活泼、热烈的气氛。

⑤包装POP。它是指商品的包装具有促销和企业形象宣传的功能,如附赠品包装、礼品包装及若干小单元的整体包装等。

另外,POP广告还可按门店销售型POP广告与装饰型POP广告划分。

销售型POP广告是指顾客可以通过其了解商品的有关资料,从而进行购买决策的广告;装饰型POP广告是用来提升门店的形象,进行门店气氛烘托的广告。

2.DM广告

(1)DM广告的含义。DM广告(Direct Mail,DM)广告主要是指邮政的商业信函广告,企业形象邮件(如企业明信片、贺年卡、邮资封等)、手机短信广告、因特网邮箱广告等。

对连锁企业而言,DM广告的作用是很明显的。它在一定期间内可以扩大营业额,稳定已有客户群并吸引增加新客户,以提高客流量。它可以介绍新产品、时令商品或公司重点产品,以稳定消费者群。当然,它也可增强企业的自身形象,提高知名度。

DM广告的形式有信件、海报、产品目录、折页、名片、日历、宣传册、传单、小包装实物等。

(2)DM广告的特点。

第一,针对性强。DM广告直接将广告信息传递给真正的受众,具有强烈的选择性和针对性,而其他广告只能将广告信息笼统地传递给所有受众。

第二,广告持续时间长。在受众作出购买决策之前,可以反复翻阅DM信息,详尽了解产品的各项性能指标,直到最后作出购买或舍弃决定。

第三,具有较强的灵活性。DM广告不同于报刊广告,DM广告主可以根据自身的具体情况来任意选择版面大小,任意确定广告信息的长短及选择印刷形式。

第四,能产生良好的广告效应。DM广告是直接寄给、送给个人的,故广告主可以根据自身具体情况选择受传对象,以最大限度地使广告信息为传授对象所接受。

(3)DM广告陈列。首先,所有商品的陈列应在营业开始前完成。撤掉上期的DM商品,将本次DM广告宣传的商品补充到货架上使排面丰满,然后将剩下的商品分箱装好,存放在库存区、清洁端架或堆头的地面,将本期DM商品进行陈列后要保持周边区域的卫生并及时清除空纸箱等杂物。然后,撤除上期DM快讯商品价格标签,更换本期DM商品的价格标签。本期DM开始前,销售部门人员必须注意检查本期DM商品的售价与DM广告、价格标志三者是否一致,如有错误,立即更正,避免信息交叉。同时检查上期DM商品的价格标签是否与计算机记录一致。

(四)价格促销

价格促销是指在短期内通过各种形式的降价来促进销售的促销方法。由于价格促销对顾客具有直接的吸引力和很强的视觉冲击力,连锁企业应用相当普遍。

1.降价促销

降价是促销的最基本的方式,是在促销期间对商品的价格进行折扣促销。降价促销的目标就是刺激顾客购买。降价的幅度一般从10%~50%不等,幅度过大、过小都会使顾客质疑促销活动的动机,一般降价在30%~40%较好,折后价格或降价幅度可以做成海报贴在店外,还要在商品陈列地方标明。

降价促销有以下几种方式:

(1)直接降价。其运用方式最常见的有库存大清仓、节庆大优惠、每日特价品等方式。库存大清仓是以大降价的方式促销换季商品或库存较久的商品、滞销品等。节庆大优惠是以新店开张、逢年过节、周年店庆为契机,是折扣售货的大好时机。每日特价品是为争取顾客登门,每日推出一物或每周推出一物的特价品,让顾客以低价买到既便宜又好的商品。

(2)现场折扣。售价不太高的商品,采用现场折扣的降价方式比直接降价也许更有诱惑力。尤其是大额商品采用直接降价的方式,即使折扣幅度较小,其绝对值也会超过百元,对顾客的冲击力也较大。如"原价100元,现价70元",或用百分比来表示,如"全场货品8折优惠"等。

需要注意的是,降价促销应当有充足的理由和适当的形式,选择时机最好在周末、周年店庆、节假日、换季等。没有合适理由的降价往往会让顾客产生疑惑,进而影响形象。

(3)薄利多销。薄利多销是通过多销,达到利的积累。尤其是对于非生活必需品,对于新开张的商家,以略低于同行的价格标价,略高于成本价格,能达到薄利多销、迅速占据市场的目的。但应用这种方法时,市场潜力有限的商品就要慎用。通常,如果一种商品价格下降1%,而销售量增加1%以上,说明这种商品的需求价格弹性大,一般是奢侈品。如果商品价格下降1%,商品的销售增加量小于1%,则这种商品的需求价格弹性小,一般是生活必需品。对需求价格弹性小的生活必需品,价格定得再低,销售量也很难显著增加。

2.特价促销

特价促销是利用商品降价吸引顾客,增加购买量,是商家使用最频繁的促销方式之一。特价促销要让价格低得让顾客觉得合情合理,从而使顾客产生购买的欲望。特价商品质量要好,不能有欺骗性,否则顾客容易产生逆反情绪。现在商家特价的时机通常有季节性降价、重大节日特价酬宾、庆典活动特价等。

特价促销有以下几种方式:

(1)直接降价。为免损失过多毛利,只在大档期内,做商品全面性折扣,平日大都对部分系列商品折扣。若特价品不再配合折扣,要注明特价品除外,以免引起争议。

(2)均一价。采用取长补短方式,定出一个较具吸引力的价格数字,统一销售。在价格上不给顾客以任何选择的余地,但在款式档次上充分给予顾客选择空间。

(3)间接降价。买我的 A,送我的 B。即顾客购买我的 A 促销品,就送我的 B 促销品,比如买一箱康师傅方便面送几瓶康师傅红茶。这种方式在经济上会缓解企业压力,可以最大地控制促销成本,同时推动部分促销品加快流通,强化作为赠品的促销品入市能力,但赠品价格不宜过高,价高的赠品容易给顾客造成"促销品价格定价较高,利润空间大"的感觉。

选择赠品时,要注意以下几点:首先,赠品与销售品有关联,易于加深消费者的印象;二是赠品价值不宜过高和过低,合适即可;三是赠品是附送的,绝对不能喧宾夺主;最后赠品要能为后续的营销活动和销量的增长埋下伏笔。

三、促销活动的检核与评估

连锁门店促销的目的,除了希望在特定期间内提高来店的顾客数,以增加营业额之外,更重要的是促使顾客日后继续光临。因此,需要通过检查来确保促销活动实施的效果,以便为顾客提供最好的服务,达成促销效果。此外,促销活动作为提升经营业绩的工作要长期不断地进行下去,就必须有促销活动的总结,通过检核和评估每次促销活动的效果、经验、教训,总结促销活动成功或失败的原因,积累促销经验,对于做好促销工作、促进日后的发展、不断取得更好的业绩是必不可少的。所以,促销活动结束后的检核评估活动必不可少。

促销检核评估的主要内容分为四个部分:业绩检核评估、促销效果评估、供应商配合状况评估和门店自身运行状况评估。

(一)业绩检核评估

业绩检核评估主要包括两个方面:一是业绩检核评估的标准与方法;二是查找和分析促销业绩好与不好的原因。业绩评估的标准与方法如下。

1. 制作促销活动检查表

对促销前、促销中和促销后的各项工作进行核对检查。

2. 前后比较法

即选取开展促销活动之前和促销后的各项工作进行比较。一般会出现十分成功、得不偿失、适得其反等几种情况。

(1)十分成功。在采用促销活动后,吸引消费者前来购买,增长了销售量,取得了预期的效果。该次促销活动不仅在促销期中产生了很大的影响,而且对公司今后的业绩和发展均有积极的影响。这是门店经营者、营销人员及所有员工都希望的情况。

(2)得不偿失。开展促销活动对门店的经营、营业额的提升没有任何帮助,而且浪费促销费用,显然是得不偿失的。

(3)适得其反。这是促销活动引起的不良后果的一种表现,是门店经营者最不愿意看到的一种情况。如促销活动虽然在进行过程中提升了一定的销售量,但是促销活动结束后,门店的销售额不升反降。

3. 消费者调查法

连锁门店可以组织有关人员抽取合适的消费者样本进行调查,向其了解促销活动的效果。例如,调查有多少消费者记得门店的促销活动,他们对该活动有何评价,是否从中得到了利益,对他们今后的购物场所选择是否会有影响等,从而评估门店促销活动的效果。

4. 观察法

这种方法简便易行,而且十分直观,主要是通过观察消费者对门店促销活动的反应。例如,消费者在限时折价活动中的踊跃程度,优惠券的回报率,参加抽奖竞赛的人数及赠品的偿付情况等,从而对门店所进行的促销活动的效果作相应的了解。

运用一种或几种评估方法对门店的促销业绩进行评估之后,一件很重要的事情就是查找和分析促销业绩好或不好的原因。只有找出根源,才能对症下药、吸取教训,进一步发挥门店的特长。

(二)促销效果评估

促销效果评估主要包括三个方面:促销主题配合度,创意与目标销售额之间的差距,促销商品选择的正确与否。

1. 促销主题配合度

促销主题是否针对整个促销活动的内容;促销内容、方式、口号是否富有新意、吸引人,是否简单明确;促销主题是否抓住了顾客的需求和市场的卖点等。

2. 创意与目标销售额之间的差距

促销创意是否偏离预测目标销售额;创意是否符合促销活动的主题和整个内容;创意是否过于沉闷、正统、陈旧,是否缺乏创造力、想象力和吸引力等。

3. 促销商品的选择是否正确

促销商品能否反映门店的经营特色;是否选择了消费者真正需要的商品;能否给消费者增添实际利益;能否帮助门店或供应商处理积压商品;促销商品的销售额与毛利额是否与预期目标一致等。

(三)供应商配合状况评估

供应商配合状况评估主要评估供应商对门店促销活动的配合是否恰当、及时,能否主动参与、积极支持,并为门店分担部分促销费用和降价损失。在促销期间,当门店请供应商直接将促销商品送到门店时,供应商能否及时供货,数量是否充足?在商品采购合同中,供应商尤其是大供应商、大品牌商、主力商品供应商,是否作出促销承诺,而且切实落实促销期间供应商的义务及配合等相关事宜?

(四)门店自身运行状况评估

1. 从总部到门店,各个环节的配合状况

其具体包括总部运行状况评估、配送中心运行状况评估和门店运行状况评估。

2. 促销员评估

评估可以帮助促销员全面并迅速地提高自己的促销水平,督促其在日常工作流程中严格遵守规范,保持工作的高度热情,并在促销员之间起到相互带动促销的作用。促销员的具体评估项目有:促销活动是否连续;是否达到公司目标;是否有销售的能力;是否愿意接受被安排的工作;能否与其他人一起良好地工作;文书工作是否干净、整齐,准备和结束的时间是否符合规定;促销桌面是否整齐、干净;是否与顾客保持密切关系;是否让顾客感到受欢迎等。

第三节 商品价格管理

价廉物美既是大多数顾客历来追求的目标,也是零售企业市场竞争的重要手段,是企业在市场营销中战无不胜的法宝之一。

对零售企业而言,由于其出售的大部分同类商品差异性不大,卖场标准化的趋向也比较明显,因而其竞争主要集中在商品价格方面,从这一点上说,连锁企业之间的竞争实质上就是零售价格的竞争。

一、连锁企业商品的定价目标与程序

商品定价是零售商店最重要的决策之一。一方面,商品价格直接影响着零售商店竞争力的高低;另一方面,在市场竞争中,价格策略的灵活性,价格对消费者的心理作用,以及价格对商店财务状况的影响等,都是其他策略所无法替代的,并直接关系到零售商店能否有效地实现经营目标。连锁企业的商品定价一般有以下程序:

1. 选定价格目标

(1)求生存。为了生存,必须制订一个较低的价格。能弥补可变成本和一部分固定成本的价格就是可接受的价格,这一价格可能会小于完全成本,但必须大于变动成本。

(2)追求市场份额。为了赢得最大的市场份额,进而实现最低的成本和最高的长期利润,商场必须制订一个尽可能低的价格,并相应确立市场份额增加的目标。

(3)短期利润最大化。在估计需求和成本的基础上,制订一个能使短期利润最大化的价格。先求出需求量,乘以价格就得到收入,同时通过成本估计得出总成本;对总收入和总成本的计算式分别列出,即可得到边际收益和边际成本,当边际收益等于边际成本时,总利润为最大。

(4)树立产品质量。以树立产品质量领先地位或特定的企业形象为目标,一般应制订一个

比较高的价格,但高价必须符合"物有所值"的原则。也就是高价也要符合商品的质量。

2. 确定需求

需求是指需求量与价格之间的关系。影响需求的因素是非价格因素,如消费者偏好、消费者的个人收入等,广告费、消费者对价格变化的期望、相关商品的价格等。测定需求的基本方法是对商品实施不同的价格,观察其销售结果。

3. 估算成本

在估算成本时,历史成本可以作为基本的依据。同时要注意:在不同的经营规模下,平均成本会发生变化;市场资源条件的变化会影响到经营成本;经营管理越成熟,在其他条件不变的情况下,平均成本越会下降。

要正确定价,就必须确认真正的成本,也就是找出商品真正的"原价"。不同商品的成本各不相同,如生鲜食品要找出商品真正的原价,必须对"步留率"有所了解。步留率的概念大多用于生鲜食品,意指生鲜食品经营处理后,可销售的部分与原有全部的比率。

4. 分析竞争对手的价格行为

分析竞争对手的价格行为就是为了了解竞争对手的价格和商品质量。如果所提供的商品或服务的质量与竞争对手相似,那么所制订的价格也必须与之接近,否则就会失去市场份额;如果所提供的商品服务质量高于竞争对手,则定价就可以高于竞争对手;如果所提供的商品或服务的质量不如竞争对手,就不能制订高于竞争对手的价格。此外,还应分析竞争对手对本商场的价格可能作出的反应。在定价时对竞争对手的分析,主要是通过访价来进行。

5. 选定最终价格

通过各种方法所制订的价格还不是最终价格,商场在选定最终价格时,还必须考虑其他因素,如消费者的心理、季节变化、价格对其他各方面的影响。

二、连锁企业主要的定价方法

任何一家企业的定价策略都是在它的经营理念的指引下确立的,纵观国内外的连锁经营企业,其定价方法各有不同,但主要的定价方法主要有以下几种:

1. 商品属性定价法

根据顾客对商品属性和熟悉程度的不同,把商品分为三类分别定价。沃尔玛采用的就是典型的商品属性定价法。

(1)敏感商品。其主要包括顾客购买频率高、对商品价格记忆深刻的商品以及厂家在媒体上大力宣传的促销商品。沃尔玛对这类价格敏感的商品采用超低价位策略,如鸡蛋、食用油、肉类等。正是敏感商品的低价位,使沃尔玛低价口碑迅速传播开来,从而提高了市场占有率。

(2)一般商品。其主要指顾客不太敏感、同类商品多、短期内很难作出价格比较的商品。对这类商品连锁超市一般采用正常定价,即成本加适当毛利的方法,以不高于市价为原则进行定价。

(3)冲动商品。其主要指价格弹性大、敏感度低、顾客难以比较也很难通过商品本身来判断其价格的商品。冲动商品的顾客市场定位主要是追求新潮、时尚的青年人,他们购买这类商品大多不是事先计划好的,而是一时冲动,随机性比较大,如保健品、护肤品、礼品、休闲娱乐品等。沃尔玛对这类商品的定价依不同时间、不同地理位置而有所不同。一般说来,即使这类商品价格偏高也不会影响其低价零售店的形象。

2. 量贩定价法

根据包装的大小将一种商品以不同的价格出售,或将单个小包装和多个商品甚至是整箱整捆包装的商品放在一起以不同的价格出售。通过价格对比,大包装中的商品单价明显低,从而促使顾客购买大包装商品,加大购买量。一般来说,价格适中、消费频繁、保质期较长的商品可采用较大的包装。

采用量贩定价法要注意两点:一是大包装商品的单价明显要比小包装的单价低,否则无法起到刺激顾客购买的作用。二是商品包装要大小适当。过小,批量的销售作用不大;过大,购买者一时消费不了,反而会起到限制顾客购买的作用。

3. 促销商品定价法

连锁店为达成某种促销目的,有时会采用促销商品定价法。所谓促销商品定价法,就是对顾客非常熟悉的一些商品采取暂时性大幅度降低的措施,有时甚至不惜把价格降至成本价之下。这些商品为卖场招揽了大批顾客,一旦顾客光临,除了购买降价品外,通常还会顺便购买一些其他商品。所以,虽然作为诱饵的降价商品会给门店带来一定的利益损失,但换来的却是门店中商品总体销售额的上升,而卖场减价损失的利润早已从增加的销售额中得到了补偿。

在实施促销定价时,必须精心挑选促销商品种类,一般应选择老少皆宜、家庭通用的商品,在降价幅度上应比平时或竞争对手的价格低20%~40%。

促销商品定价法主要有以下类型:

(1)滚动定价法。滚动定价法是促销商品定价法中最常用的一种方法,即从众多的商品中挑出一定数量的商品作为促销商品,分为几批实行滚动促销。采用滚动定价法既可以使顾客对卖场的促销商品保持较长时间的新鲜感,又可以减少促销商品的数量,降低低价促销造成的利润损失。

(2)特殊事件定价法。所谓特殊事件定价法,是指在公众性的节日或其他特殊型的日子里进行商品促销的定价法。采用特殊事件定价法时需要注意两个问题:一是要选择适当的促销商品,二是要选择适当的特价时间。一般来说,应选择与节日密切相关的商品进行促销,如儿童节选择儿童用品,情人节选择情侣用品等。促销时间则应选择在节日前夕及节日期间,持续时间不宜太长,要给顾客造成一种时间有限、过期不候的紧迫感,这样有利与促使顾客迅速作出购买决策。

(3)数量折扣定价法。数量折扣又称为批量折扣,是指对购买量大的顾客给予一定的价格折扣。它分为一次性数量折扣和累积数量折扣两种。一次性数量折扣是指对一次购买金额达到规定金额标准的顾客给予一定的价格优惠,其目的是鼓励顾客增加每次来卖场的购物量,以便于卖场组织大批量销售。累计数量折扣是指对一定时期内购买金额累计超过规定金额的顾客给予一定的价格优惠。其目的是为了与顾客保持长期稳定的关系。

沃尔玛在实践中运用数量折扣定价法的主要特点有以下三方面：

①数量折扣的起点。数量折扣的起点不能定得过高，否则会使买者感到望尘莫及，起不到鼓励购买的作用。

②科学规划数量折扣的档次。数量折扣的档次太高，会限制购买数量；档次太低，又不利于买卖双方之间的交易。

③根据每个档次的数量和收益来确定其折扣率，充分体现出各个档次之间价格的差别。

4.成本导向定价法

家乐福的决策层从创业开始就坚持这样的原则：降低商品利润，实现薄利多销，追求销售额和营业额，以此带来总利润的增加。与其他零售企业相比，家乐福各大卖场中敏感商品一直是最低价的。特别是在食品和百货商品上，家乐福的毛利仅为4%~6%，使其在价格上具有其他商家难以超越的优势。为此，家乐福采取了一种灵活的定价方式，即结合实际情况，灵活运用成本导向和竞争导向进行定价。

（1）成本导向定价法。成本导向方法既保证了卖场能够盈利，又缓和了与对手的对抗。采用这一定价方法，卖场的商品价格一般是以成本加上固定毛利率形成的。毛利率随商品品种的不同而不同。以家乐福为例，如食品、饮料、日用品类的毛利率为3%~5%，鲜活类为17%，服装为类为30%等。

（2）竞争导向定价法。相对而言，竞争导向定价法在新店经营的前期用得比较多。开业初期，家乐福门店会针对对手采用竞争导向定价法来制订价格。家乐福每周都要派大量人员，到主要竞争对手的门店区采价，然后迅速汇总，每周四晚上调价，以迎接双休日的销售高峰。家乐福竞争导向定价法的通常做法是：以同区竞争对手门店的价格为基础，稍微进行下调。这种稍微的价格下调，使家乐福既保证了价格上的优势，又不影响营业额，可谓一举两得。

5.心理定价法

人们总是希望花最少的钱办最多的事，不少商店就是因为产品价位的不合理而失去了大批的顾客。利用人们购物心理进行定价是避免顾客闻价"色"变的最有效方法。

心理定价就是从心理学角度出发，根据不同顾客的不同心理来确定价格的一种方法。它包括招徕定价法、分组定价法、习惯定价法、奇数定价法、整数定价法、声望定价法等。

采用心理定价策略会给人一种该商店商品价格在整体上都很低、很合理的印象，从而达到吸引并留住顾客的目的。例如，一件商品定价99元就比定价100元更受顾客欢迎。因为顾客会感觉99元比100元便宜，而101元较之100元仿佛又上了一个台阶，顾客会感觉太贵。针对顾客的这种消费心理，很多超市在制订价格时喜欢在价格上留下一个小尾巴，而在价格尾数中又以奇数为主。据统计，在一些外资超市的商品价格中，尾数为整数的仅占15%左右，85%左右的商品价格尾数为非整数。

家乐福更是使用心理定价策略的高手，它经常利用顾客求廉的心理，采用以顾客心理为基础的定价方法，使顾客觉得商品的价格很低廉，从而促使其购买，或加大购买的数量。

家乐福常用的心理定价方法主要有以下几种:

(1)尾数定价法。尾数定价法是指在商品定价时,商品的价格尾数取小数而不取整数,定价时经常以奇数作为尾数,并尽量在价格上不进位的定价策略。例如,一条毛巾3.97元要比4元受欢迎,因为在顾客看来,3.97元是经过精心核算的价格,是对顾客负责的表现。另外,它在直观上给顾客一种感觉:3.97元一条毛巾要比4元一条便宜很多。

在有关部门抽查的500种家乐福商品中,采取整数定价的食品类约占10%,非食品类为20%,其中尾数为奇数的占80%,日用品、食品、饮料以5、9为尾数标价的约占50%,非食品类以9为尾数标价的占40%。家乐福的价格往往只在尾数上比对手少一点儿,却因此给顾客一种感觉——家乐福的东西更便宜。

(2)促销定价。家乐福第一列货架的两端都有促销台,台上单独摆放着低价的促销商品,而且促销台上方挂着醒目的黄色招牌。促销商品一般都是敏感商品,其促销目的是带动其他非敏感性商品的销售,将提高销售和获取最大利润整合到最佳平衡点。例如,可口可乐这类购买频率高的日用消费品就属于敏感性商品,家乐福通常以现金结算的方式买断经营,取得了订货低于价位的优势,再以超低价出售,给顾客"名品低价"的感觉,以此稳定固有消费群。

(3)折扣定价。折扣定价就是按原定价格少收一定比例的货款。即商店为了鼓励顾客多购买商品,根据购买商品数量所达到的标准,给予不同的折扣。家乐福很少采取折扣定价法,因为降低这种方法的使用次数既简化统计和财务管理工作,也维护了企业的长远利益和形象。

通过这一系列的价格策略,家乐福很好地树立了自己"超低售价"的形象,并使其销售额始终保持在一个理想的范围内;加上在非敏感商品销售中取得的高利润,充分保证了家乐福整体利润的取得。

【案例8.4】
沃尔玛定价模式的改进:安装顾客分析系统

2006年,沃尔玛准备重新规划其店铺价格设计,引进一种新的电子设备,用以测量和分析顾客的购物路线以及对货架上商品价格的关注程度。沃尔玛称,这是沃尔玛"商业模式中巨大的改变"。这个顾客分析系统主要依据电子设备记录顾客进入超市后的购物轨迹,以及在货架的商品价格标签前驻留的时间,结合顾客最终购买的商品来综合分析商品的销售情况,特别是价格对购物者的影响,从而指导店铺的定价、促销等行为。在芝加哥的一家新店中,沃尔玛首先使用了该系统。这个系统是由宝洁、可口可乐、3M等部分大供应商联合研制并提供给沃尔玛使用的。

(资料来源:牛海鹏.特许经营[M].企业管理出版社,1996.)

三、连锁企业的变价管理

(一)调整商品价格的原因分析

店铺为某种商品制订出价格以后,并不意味着大功告成。随着市场环境的变化,如库存商品过多,或者面临竞争对手强有力的价格竞争,店铺可能需要对现行价格予以适当的调整。

很多店铺常常会面临商品价格的调整问题,因为绝大多数店铺都不可能拥有供与求完整、精确地信息,所以必须随时根据市场变化进行价格调整。

商品价格调整的原因归纳起来有以下三种原因:

(1)采购差错。采购差错包括采购的商品发生差错和采购的商品数量过多。

店铺采购会在商品种类、式样、价格、品项等方面发生差错。因为对需求估计过高或没有预见将要出现的经济衰退,造成商品采购的数量过多。不管是什么原因造成的差错,其结果都是需要降价销售,而且降价后的价格常常低于实际成本。

由此可见,采购差错需要付出相当高的代价。店铺可以采取保守一些的做法,以求将采购差错降至最低,但往往也会因此失去一些获利的机会。

(2)制订价格差错。这是造成商品减价的另一个原因。商品的减价是在售价太高而影响店铺按预期周转速度、预期销售数量前提下,采取的一种手段。即便店铺购进商品的种类、数量都很合适,定价太高也会影响其销售。也许某种商品的价格大体上是合适的,但由于竞争对手的同类商品价格偏低,也会影响到店铺此类商品的销售。

(3)促销差错。即便店铺所购进的商品对路,数量适中,价格也定得很合适,但如果其促销活动做得不好,顾客不能得到或不能及时得到这些商品的信息,也会影响这些商品的销售。

有时,为了适应竞争或季节性可变因素等,也有必要进行适当的价格调整。价格调整使商家可以把价格当做工具来运用。

(二)商品变价的主要形式

商品变价是连锁企业价格管理过程中的重要内容,如转季商品促销、节假日促销等情况都会发生商品变价。

商品变价的形式有两种:提价和降价。提价即在原有价格之上追加零售价格,是在需求大于供给或成本上升时采用的。但商家常用的价格调整方式是降价,而作为顾客,又常从不同角度来理解降价:

(1)该商品将被更新的型号所替代;
(2)该商品进货量过大,商店库存积压;
(3)该商品已经过时,需要清空库存;
(4)商店陷入财政困难。

以上理解会对商场降价销售带来不利影响,并可能损害商场形象。所以,在店铺进行降价运作时,一定要明确降价的原因,指定实用的降价策略并采取有效的控制措施。

(三)商品变价的策略

店铺在实施变价策略时,应根据自身所经营商品种类的不同,目标顾客的状况,分别采取不同的价格调整策略。

1. 商品降价的策略

一般来说,顾客对商品的降价通常会产生两种截然不同的反应:

(1)感到商品价格低廉,禁不住价廉优惠的诱惑而产生强烈的购买动机;

(2)因价格下降而产生对商品质量的怀疑,从而抵制其购买欲望。

商品降价应着重考虑消费者的购买心理。为此,连锁企业在降价时应做到:

(1)降价次数宜少不宜多。商品降价的次数要尽量少,争取一步到位。

(2)降价幅度应能引起顾客的注意。通常,商品降价幅度以 10%~30% 为宜。

(3)直接降价与间接降价策略灵活运用。

①直接降价。直接降价是直接降低某种商品售价的方法。直接降价能让顾客容易感觉,同时也容易刺激竞争对手的相继降价竞销。

②间接降价。间接降价指维持原价格不动,只是采取增加折扣率或佣金等办法来销售商品的方法。间接降价有一定的隐蔽性,可以暂时避免因刺激竞争对手而导致的全方位的降价竞销;但由于没有给用户带来直接的好处,可能难以达到应有的促销目的。

2. 商品提价的策略

商品提价应注意以下几点:

(1)掌握时机,适时提价;

(2)提价幅度不宜太大,速度不宜太快;

(3)宜被动提价,不宜主动提价;

(4)宜间接提价,不宜直接提价;

3. 不同档次商品的不同变价策略

(1)高档商品变价策略。经营高档商品的店铺,其目标顾客群多是高收入阶层或用做礼品馈赠,他们的消费心理一般是把价格作为自身社会地位或经济地位的象征,关注的也是质量保证与地位显示。因此,对于高档商品的价格调整,尤其是降价,要慎之又慎。

(2)中档商品变价策略。中档商品在多数店铺的经营中都是主角,因此商家应花大力气对其价格体系进行调整,以获得最大的整体利润。

中档商品的消费者在购买之前会有一个比较过程,购买之后还会有一个使用和评价阶段,所以商家应借助广告、宣传等手段把商品价格调整的信息传达给消费者。当商家调低价格以吸引顾客时,实际上是促使顾客在本店购物。只要其服务质量过关,折扣期间的销量一定会很可观。

(3)低档商品变价策略。低档商品的消费者对价格非常敏感,即使微小的价格下调也会刺激他们的购买欲望。同时,他们很容易受群体的暗示而购买一些认为实惠的商品。因此,商家对于其经营的低档商品要经常有适当的打折销售作为诱饵,配合卖场的布置和气氛的营造,刺激顾客的购买欲望。

(四)商品降价的时机选择

店铺在确定商品的降价幅度时应以商品的需求弹性为依据。需求弹性大的商品,只需较小的降价幅度就可以使商品销量大增;反之,需求弹性小的商品,则需要较大幅度的降价才能扩大其销售量。但由于商品降价会引起销售收入和销售利润的减少,同时还会引来消费者的猜测,因此必须实施有效的降价控制。

同时，实施降价控制时必须能够对降价作出估计，并修改最近的进货计划，以反映每次实施降价的理由。

1. 降价时机的选择

降价时机的选择非常重要，在很多情况下，商家会发现某种商品必须降价，但需考虑时机的选择及如何迅速地贯彻执行。一般而言，需在保本期内把商品卖掉，可选择的降价方式有早降价、迟降价、交错降价等。

（1）早降价。存货周转率高的店铺多采用早降价的策略。早降价的好处有：当需求还相当活跃时，可促进商品的销售；同旺季过后相比，实行早降价策略降价幅度小；可以为新商品腾出销售空间；可改善店铺的现金流动状况。

（2）迟降价。迟降价可以使商品有充足的机会按原价出售，但上条列出的早降价的好处恰是迟降价策略的不利之处。季节性商品在季末打折出售已经亏本了，但这笔货款可以投资于其他新商品，再创造商机以减少损失。

（3）交错降价。交错降价就是在旺销季期间逐次降价，这种降价策略多和"自动降价计划"结合运用。在自动降价计划中，降价的金额和时机选择是由商品库存时间的长短决定的，这样可以有效保证库存的更新和早降价。

2. 全店出清销售

全店出清销售是店铺定期降价的一种方式，可以有效避免频繁的降价对正常商品销售的干扰，通常一年有两三次。在全店出清销售时，所有的或绝大多数的存货都降价销售，这样可以吸引很多爱买便宜商品的顾客前来消费。

本章小结

连锁企业的商品管理是连锁企业经营中重要的组成部分，商品管理要建立在商品定位的基础上，进行详细的商品组合分析，使之能够优化组合。商品分类管理时，要遵循商品分类的原则，选择合适的商品分类方法。

对零售企业而言，由于其出售的大部分同类商品差异性不大，门店标准化的趋向也比较明显，因而其竞争主要集中在商品价格方面，从这一点上说，连锁企业之间的竞争实质上就是零售价格的竞争。商品定价是连锁企业最重要的决策之一。一方面，商品价格直接影响着零售商店竞争力的高低；另一方面，在市场竞争中，价格策略的灵活性、价格对消费者的心理作用，以及价格对商店财务状况的影响等，都是其他策略所无法替代的，并直接关系到零售商店能否有效地实现经营目标。

连锁企业的定价方法主要有属性定价法、促销定价法、成本导向定价法等。

很多店铺常常会面临商品价格的调整问题，因为绝大多数店铺都不可能拥有供与求完整、精确的信息，所以必须随时根据市场变化进行价格调整。

练习题

一、单选题

1. 沃尔玛采用的是典型的 （　　）
   A．商品属性定价法　　B．促销定价法　　C．成本定价法　　D．竞争定价法
2. POP广告可以直接刺激消费者的购买欲望，这因为它具有强烈的 （　　）
   A．听觉效果　　B．感知效果　　C．视觉传达效果　　D．促销效果
3. 店面布局主要有三种类型，即格子式布局、岛屿式布局和 （　　）
   A．自由流动式布局　　B．环形布局　　C．长方形布局　　D．扇形布局
4. 商品降价促销，其幅度应能引起顾客的注意。通常商品降价幅度为 （　　）
   A．5%～10%　　B．10%～30%　　C．20%～25%　　D．30%～40%
5. 降价时机的选择非常重要。一般而言，需在保质期内把商品卖掉，可选择的降价方式有迟降价、交错降价及 （　　）
   A．早降价　　B．不降价　　C．部分降价　　D．分类降价

二、多选题

1. 门店的服务质量直接关系到连锁企业的信誉和市场影响力，其管理的手段主要有 （　　）
   A．增强服务意识，强化教育与培训
   B．加强技能训练，提升门店服务水平和顾客满意度
   C．增设必要的服务设施
   D．提高物流配送效率
   E．提高员工福利待遇
2. 生活结构是针对消费者生活的特性，依据（　　）等方面进行整体和定量的研究。
   A．人口结构　　B．家庭户数构成　　C．收入水平
   D．消费水平　　E．购买行为
3. 促销效果评估主要包括 （　　）
   A．促销主题配合度
   B．创意与目标销售额之间的差距
   C．促销商品选择的正确与否
   D．促销商品价格
   E．促销商品数量
4. 现场促销的特点是通过现场促销人员的（　　）活动，使门店及其所销售的商品给消费者留下较深刻的印象。
   A．营业性推广　　B．快速性开拓　　C．维性营销

D.降价销售　　　　　E.广告促销
5.店铺实施变价策略的依据是　　　　　　　　　　　　　　　　　　（　　）
A.经营商品种类的不同　　B.目标顾客的状况　　C.商品价格不同
D.品牌的不同　　　　　　E.店铺地点的不同

三、判断题

1.直接降低就是直接降低商品售价的方法。直接降价使顾客容易感觉到,同时也容易刺激竞争对手的相继降价竞销。（　　）

2.间接降价是指维持原价格不动,只是采取增加折扣率或佣金等办法来销售商品的方法。（　　）

3.全店出清销售是店铺定期降价的一种方式,可以有效避免频繁的降价对正常商品销售的干扰,通常一年一次。（　　）

4.如果商品价格下降1%,商品的销售增加量小于1%,则这种商品的需求价格弹性小,一般是奢侈品。（　　）

5.商品变价的形式有两种:提价和降价。（　　）

四、名词解释

迟降价　交错降价　促销定价　岛屿式布局　成本导向定价法

五、简答题

1.简答调整商品的价格意义。
2.简答高档商品变价策略。
3.简答连锁总部对门店营运控制的途径。
4.简答折扣促销的具体操作。
5.简答心理定价法的含义。

六、论述题

1.论述沃尔玛在经营实践中运用数量折扣定价法的策略。
2.论述商品变价的主要形式。
3.论述促销活动的检核与评估的基本过程。
4.论述成功销售的原则与要求。
5.论述展示陈列的基本原则

七、案例分析

家乐福堆头商品的陈列

1. 家乐福堆头商品的陈列结构

家乐福堆头商品以食品为主,如目前一般有 26 个堆头,其中食品堆头 18 个,占 69.23%,日用品堆头 8 个,占 30.77%,家乐福堆头商品从价格水平来看,都是陈列特价商品,没有高毛利堆头,也没有固定堆头(商品在货架上基本都能找到),这可能跟家乐福的低价形象有关,也可能与卖场面积小有关。

2. 堆头陈列商品品种更换频繁

家乐福堆头一般一周左右更换其中的一部分品种,小部分堆头商品品种更换频繁更高。如对着电梯口的两个大堆头,一般两三天更换一次,大部分时间是在做杂牌震撼价促销活动,其价格十分低廉,同时配备两名左右促销员高声叫卖。

家乐福同一个堆头品种基本固定在相同小类,如这个堆头固定陈列牛奶,那个堆头固定陈列大米,并且在一段时间内如几周的时间段内,现对稳定的陈列相同品牌的商品,但规格上有所变化。

堆头位置基本固定,并且布置在同一品种区域内,方便顾客挑选,如洗衣粉堆头布置在洗涤用品区域,食用油布置在油品货架附近等。节假日会增加一些堆头,增加陈列应节商品品种,如春节前增加室内装饰用品、节日礼品等。

(资料来源:于博远.家乐福经营特色研究[M].北京:经济日报出版社,1997.)

问题:

1. 家乐福的这种商品陈列有何特色?应与什么形式的促销结合较为理想?
2. 家乐福商品陈列方式对我国连锁超市的堆头方式有什么启示?
3. 观察所在城市家乐福超市(或其他大型超市)的堆头特点,并提出自己的建议和方案。

第九章 Chapter 9

连锁经营财务管理

【本章学习目标】

通过本章学习,基本了解连锁经营的财务关系和财务管理体制,连锁经营财务管理的职能和内容;正确掌握连锁经营财务预测和控制的基本原理、连锁经营财务分析的具体方法;熟悉财务计划的构成和制订程序,并能够编制财务计划。

【本章主要概念】

财务管理　财务预测　财务控制　财务分析

【案例导读】

"奇女子"与"奇火锅"

"奇火锅"从1997年的七张桌子七口锅的店堂发展到九家直营店,星罗棋布全国200多家加盟店的餐饮连锁企业,员工近万人。但"奇火锅"并不是一帆风顺发展起来的,在其经营管理的过程中也出现过各种问题。

谢莉在火锅行业里率先使用了计算机收银管理,但是仍然存在着问题,店员利用计算机结账私收服务费,店经理私自给员工放假,反过来找员工"进贡",甚至私自找供应商要回扣等问题。这严重影响了企业的发展,出现了顾客流失,供货商的供货质量和时间都出现了问题,企业利润出现下降趋势。

面临这样的问题,谢莉设计了一系列标准化流程。譬如,针对员工利用鸳鸯锅多收客人钱,那么员工每出一份鸳鸯锅都必须开单到厨房,每天营业结束,由厨房和收银台共同结算。为了控制成本费用和防范店经理私收供应商回扣,"奇火锅"建立了自己的物流中心,严格规定干货必须什么时间送达、鲜货必须什么时间送达,一旦超过约定时间,"奇火锅"可以拒收货品,并且供货商还得赔偿"奇火锅"当天的损失。

为了管理和监督各店的经营和财务情况,谢莉每个月都会随机抽查某一家店某一菜品的出品率,每周都要召开店经理财务研究分析会,店经理需要汇报自己的菜品的出品率、损耗率、毛利率等财务指标。这一举动的直接收益就是在农产品涨价中,整个火锅行业因为人工费和原料价格上涨利润下降,有的火锅店毛利率整体下降了20%,奇火锅却逆市而行上涨了20%,足足拉开40%的差距!

为了激励各个店的店经理,谢莉改革店经理的工资制度——从"死"工资变成基本工资加提成,提成与单店营业收入、毛利润直接挂钩,业绩决定收入。而且每个店的店经理都占有另一家店的职务股份,每个店的店经理不仅关注自己所在店的业绩,也关注着其他店的收益。

正是凭借这一系列的举措和谢莉的个人魅力、感染力,"奇火锅"一步步发展和壮大起来。谢莉个人也荣获2008年《赢在中国》第三季的冠军,同时获得1 000万风险投资,她和她的"奇火锅"又站在了新的起跑线上。

(资料来源:摘自"'奇'女子谢莉"[J].商界,2008,11.)

通过以上资料可以看出,财务管理是连锁经营企业管理不可缺少的一部分。正是凭借出色的财务管理,使得奇火锅能够有效地遏制了经营管理中的一系列问题,成功地摆脱了困境而发展壮大,创造了火锅业的奇迹。那么,什么是财务管理?连锁经营的财务管理应该包括哪些内容?如何来进行连锁经营的财务预测与控制?通过哪些指标来进行连锁经营的财务分析?即为本章阐述的主要内容。

第一节 连锁经营财务管理体制

一、财务管理的概念及作用

(一)财务管理的概念

财务管理是基于企业生产经营过程中客观存在的财务活动和财务关系而产生的。它是利用价值形式对企业生产经营过程进行的管理,是企业组织财务活动,处理与各方面财务关系的一项综合性管理工作。

财务管理也是财务人员在特定的环境下,依据各种信息,对企业的资金运作进行计划、组织、监督、调节和评价,并调控各种经济利益关系,以达到特定管理目标的活动。财务管理是从价值方面对企业进行的管理工作,如对资金、成本、利润等方面的管理,这些管理是以货币形式反映了价值的形成、实现和分配过程。财务管理与其他管理工作相比是一种价值形式的综合性管理,包括财务预测、财务控制、财务核算、财务监督等工作,是企业管理的中心,对企业具有重要作用。

(二)财务管理的作用

1.计划作用

企业财务管理中的财务预测是在认真研究分析有关历史资料、经济技术条件的情况下,对未来的财务指标作出估计和判断,制订财务计划的过程。通过预测和分析,找到增收的渠道和节支的途径。财务预测的内容主要包括:销售预测、资金预测、成本预测和利润预测。企业的财务计划要以货币形式综合反映计划期内进行生产经营活动所需要的各项资金、预计的收入和经济效益。也就是说,财务计划是预测资金的来源和使用,提出资金使用的要求。

2. 控制作用

企业财务管理工作中的财务控制是保证企业财务活动符合既定目标、取得最佳经济效益的一种方法。财务控制的内容主要有以下几点:

(1)加强财务管理的各项基础工作。加强财务管理的基础工作是做好财务控制工作的前提。财务管理基础工作的主要内容是:健全原始记录,加强定额管理,严格计量验收,定期盘存财产物资以及制定企业内部结算价格制度等。

(2)组织财务计划的实施。编制财务计划只是财务管理的起点,最终要组织计划的执行和落实,以达到不断改进工作、提高效率、降低成本、节约支出的目的。在组织计划的执行过程中,通过对各项财务指标完成情况的分析,来评价各项管理工作的质量,为决策提供依据。

(3)平衡财务收支。平衡财务收支也是财务控制的主要内容。其任务是及时根据实际情况,积极调度、合理组织资金,以保证生产的合理需要。平衡财务收支的方法是增加产量、增加收入以平衡支出;降低消耗、节约开支以平衡收入;此外,还可按规定程序向社会融资或向银行贷款。

3. 监督作用

财务监督主要是利用货币形式对企业的生产经营活动所实行的监督,具体来说就是对资金的筹集、使用、耗费、回收、分配等活动进行监督。例如,通过资金周转指标的分析,能够反映企业物资的占用和使用情况,对这些生产经营资金的形成和使用实行严格的监督,从而促进企业加强生产技术管理,改进物资供应工作;通过产品成本有关指标的分析,能够反映生产中物化劳动和活劳动的耗费,推动企业合理使用人力、物力和财力,节约消耗、降低成本;通过利润指标的分析,能够反映企业的财务成果和经营管理水平,对利润的形成和分配实行严格的监督,从而促进企业挖掘潜力、改善管理、节约开支、增加收入。

4. 资本运营

财务管理是企业管理的中心,资本运营是企业管理的最高境界。资本运营不仅仅是运营产品,而是运营资本。资本运营是现代财务管理的一项重要工作。它不采用财务会计中记账、算账、报账的方法,也不采用管理会计中预测利润的量本利法,而是采用管理会计中投资决策的理论和方法,采用财务管理中投资组合选择原理、资本结构理论等重要方法,将投资、融资和盘活存量资产作为主要内容。

二、连锁经营财务关系与财务管理体制

(一)连锁经营财务关系

连锁经营企业在资金筹集、投放与使用、收回与分配的过程中,必将与企业内外有关各方

发生广泛的经济利益关系,这种经济利益关系称为财务关系。连锁经营企业的财务关系主要表现在以下几方面：

(1)企业与投资人之间的财务关系。它是指企业的投资人向企业注入资本,形成企业的所有者权益,以及企业向投资人支付投资报酬所形成的经济利益关系。其实质是被投资人与投资人的关系。企业的投资人按照合同、协议、章程的约定,履行出资义务,对企业承担相应的责任;企业利用投资人投入资金所形成的资本金进行生产经营,实现利润后,按照出资比例或合同、章程的规定,向投资人分配投资报酬。

(2)企业与被投资人之间的财务关系。它是指企业以投资者的身份将其闲置的资本购买其他单位的股票或联营、合作,形成投资者和被投资者之间的经济利益关系。这种关系属于产权性质,其实质是投资和受资的关系。企业向其他单位投资,履行出资义务,并按照出资比例或合同、章程的规定,有权参与受资方的经营管理和利润分配。

(3)企业与债权人之间的财务关系。它是指企业在向债权人借入资本,并按合同约定按期支付利息、归还本金的行为过程中,与债权人所形成的经济利益关系。其实质是债务与债权的关系。企业为了满足日常经营的需要以及长远财务目标额的实现,并达到降低企业资金成本和扩大企业经营规模的目的,企业向债权人借入一定数量的资金,按照约定的利息率及时向债权人支付利息,并按时归还本金。其债权人主要包括贷款方、贷款机构、债券持有者、商业信用提供者以及其他出借资本给企业暂时使用的单位和个人。

(4)企业与债务人之间的财务关系。它是指企业由于投资获利需要,将资本投资于购买债券、提供贷款、实施商业信誉等行为过程中,与债务人所形成的相互间的经济利益关系。其实质是债权与债务的关系。企业借出资金后,有权要求对方按照合同或契约约定按期收取利息和收回本金。

(5)企业与职工之间的财务关系。它是指企业在向职工支付劳动报酬过程中形成的经济关系。其实质是体现集体与个人在劳动成果上的分配关系。职工是企业财富的创造者,他们的劳动是参加企业分配的依据,企业根据职工提供的劳动的数量、质量和业绩,在所得税前向职工支付工资、津贴,在所得税后向职工支付奖金、提取公益金等。

(6)企业内部各部门、各单位之间的财务关系。它是指企业内部各部门、各单位之间,在生产经营各环节中相互提供产品或劳务所形成的经济关系。其实质是体现企业内部各部门、各单位之间的资金结算关系。在实行内部经济核算制和经营责任制的条件下,企业内部各部门、各单位都有相对独立的资金定额或独立支配的费用限额,各部门、各单位之间提供产品或劳务要进行计价结算,这样,在企业财务部门同各部门、各单位之间,各部门、各单位之间就形成了资金结算关系。企业内部各部门、各单位分工协作、相互协调,供、产、销各个部门及其各个营销单位相互提供产品和劳务,独立核算、权责明确,达到各部门内部的经济预期,最终实现企业综合效益最大化。

(7)企业与国家、政府之间的财务关系。国家通过有权代表其投资的部门或机构,以国有资产的方式投入企业形成国有资本;企业作为国有资本经营的代理方,按照委托代理契约,努力实现国有资本的保值与增值。同时,国家以出资人身份,参与国有资本运营的监管,参与企业税后利润的分配,这种财务关系实质是国家产权的代理与委托的关系。

政府作为社会管理者,担负着维持社会正常秩序、保卫国家安全、组织和管理社会活动等任务,政府行使国家的行政职能,具有无偿参与企业收益分配的权利,企业有义务按照国家税法的有关规定向政府相应征税机关无偿缴纳各种税金。政府与企业的这种财务关系体现为强制与无偿的关系。

(二)连锁经营财务管理体制

连锁经营企业是随着经济的发展而产生的新型企业形式,其连锁体系也是由总部和各连锁店组成的有机体系。连锁企业通过集中采购、集中管理、统一配送、统一核算形成规模优势,达到降低经营成本、提高经济效益的目的。连锁经营企业的目标是生存、获利和发展,因此,连锁经营企业的财务管理应围绕此目标完成有关资金的筹集、投放、运营和分配工作。为了理顺总店和各连锁店的核算关系,做到及时传递信息,掌握商品购销存、资金收付存情况,从整体上控制总部的财务运作,企业应该根据财务管理的基本要求,构建相应的财务管理体制。

连锁经营企业的财务管理体制有两种模式:一是集权制模式。在集权制下,便于统一财务目标,可以充分发挥总部在资金、投资、筹资、分配等方面的宏观调控功能,使总部和各门店都能按统一的财务政策组织财务管理活动。二是分权制模式。在分权制下,财务独立性较强,门店具有相当的财务权限,可充分调动门店的积极性。

不同的连锁经营企业应根据其不同的经营方式、不同的财务关系、经营特点等选择合适的财务管理体制。

三、连锁经营财务管理的特点

连锁经营财务管理的特点与连锁经营的特点是分不开的,其特点主要体现在以下几个方面。

(一)统一核算、分级管理

连锁经营企业的经营方式不同,其核算方式也不同,但是由其连锁经营的性质决定其应实行统一核算、实行统一核算是连锁经营企业财务规范管理的基础保证。连锁经营企业由总部实行统一核算,对于跨区域且规模较大的连锁企业,可建立区域性的地区分总部,负责本区域内的核算工作,定期向总部汇报该区域各店的经营情况、财务状况等,最后再由总部对地区总部进行核算。其统一核算的主要内容有:对采购货款进行支付核算,对销售货款进行结算,进行资金的筹集和调配等。

(二)物流、票流分开

连锁经营企业实行由配送中心统一进货、统一对各门店配送,从流程上看,其物流和票流是分开的,这与单店式经营中资金与商品同步运行存在着很大的不同。因此,连锁经营企业财务部门应该与进货部门保持紧密的联系。在支付货款以前,财务部门应对进货部门转来的税票和签字凭证进行认真核对,并在企业财务制度中要对付款金额数量相对应的签字生效权限作出规定。

(三)统一资金、资产管理,体现规模优势

连锁经营企业由于实行统一的经营管理,使得企业的组织化程度大大提高,尤其是统一进货、统一配送,使得资本的规模优势得以发挥,实现了企业的规模效益。

一方面,连锁经营企业由总部统一核算,实行资产和资金的统筹调配、统一管理,总部对企业各门店的商品、资金、固定资产进行调配,以此盘活资产,加快企业商品和资金周转,获得最大的经济效益。另一方面,连锁经营企业实行总部统一核算,对企业资金实行统一管理,提高资金的使用效率和收益,减少费用,降低成本,增加利润,使资产的规模优势得以发挥。

(四)及时反映企业经营管理状况

财务指标是反映企业经营管理状况的一个重要指标,在连锁经营企业中,财务管理能及时、迅速地反映企业的经营状况。企业决策是否得当、经营是否合理、技术是否先进、销售是否顺畅,都可以在企业财务指标中得到反映。财务管理主要是利用价值形式对连锁企业经营活动实施管理,通过价值形式把企业的一切物质条件、经营过程、经营绩效都合理地加以规划和控制,使企业资源配置达到最优化,经济效益不断提高,从而实现企业的价值最大化。财务管理人员应在财务管理总体目标指导下,合理利用企业的人、财、物等资源,不断提高企业的经营管理水平,提高企业的经济效益,努力实现企业的财务管理目标。

四、连锁经营财务管理的基本要求与原则

(一)连锁经营财务管理的基本要求

根据连锁经营企业管理要求,企业财务管理基本要求如下。

1. 实行统一管理

(1)统一的会计核算。连锁总部应根据国家有关法律、法规、财经制度及有关政策制定内部统一规范的财务管理和会计核算方法。连锁门店一般采用非独立核算,严格遵守连锁总部制定的核算规范和核算口径开展会计核算工作。这既是统一连锁管理的需求,又是连锁经营企业确保会计信息真实性、完整性的可靠保证。由于各连锁门店经营管理上的类同性,如果对门店核算口径不加以统一,各门店核算各行其是,连锁总部最终汇总形成的信息必将是失实的。因此,统一的会计核算是连锁企业财务规范管理的基础保证。

(2)统一的资金管理。统一资金管理是连锁企业实行统一采购、统一配送货的前提。连锁总部设立资金核算中心或内部银行统一筹集、调度使用企业资金,各连锁门店所需改造投资资金由连锁总部在预测资金需要量、分析资金成本和还贷可行性等基础上统一筹借、统一安排。各连锁门店的流动资金由连锁总部统一管理调度,实行高度集权的统一管理。

(3)统一的税务登记和缴纳。连锁企业由连锁企业总部统一登记纳税,各连锁分店实行非独立核算,其增值税由连锁总部汇总归集,抵扣总部统一采购进货进项税额,然后由总部统一

交纳增值税,以适应连锁企业一个法人单位统一纳税的要求。

(4)统一的指标考核体系。连锁企业经营统一性,决定了其财务指标考核范围和标准一体化。连锁总部可以对连锁门店建立一套经济指标评价体系,如销售额、毛利率、费用各项明细指标、人均劳效等;各指标的考核标准也尽可能在考虑差异的基础上取得统一,因为各连锁门店的经营品种、经营结构、经营方式、营销策略等都是参照统一标准运作的,一些相对指标如毛利率、商品损耗率等应该以一个标准考核,这既有利于连锁企业内部开展劳动竞赛,也可以建立一套比较科学的管理指标考核体系。

2. 实行规模管理

连锁经营蕴含了深刻的经济原理,其根本原因就在于通过规模经济组合优化了商业资源配置,从而达到降低交易成本和流通费用,获得最佳经济效益。商品交易总是有成本的,这种交易成本或交易费用,主要是企业在市场上为获得对生产要素的购买、租赁、借贷、雇佣和在企业内组织运行过程中所花的运作费用。为了获得准确的市场信息并在利用这些信息过程中对资源的耗费,交易费用是无处不在的。在市场交易中如果各种交易活动都由市场参与者去分别进行时,交易费用必然增多。为节省交易费用,当交易费用达到特定数量时,就应按层级制原则集中起来建立规模组织,以此组织去参与市场交易,从而把单体的数次交易过程组合成一次交易过程,企业组织规模越大,交易费用相对就会减少。连锁经营,就是将供应商和分销商结合到连锁企业里,即把若干单体店组合成一个大的主体参与市场交易,这样要比每个单体店单独市场交易的交易费用要低。同时规模化后,它也改变了商品流通的内外关系,把在单体经营中的市场外部交易,变成企业内部交易关系,这样不仅节省交易费用,而且必然使服务于商品流通中流通费用,如买卖中时间费用、簿记费用、货币费用、商品保管、运输等流通费用,都能获得节约,从而使整个经营成本全面降低。这一切不可能通过传统单体经营模式下单凭柜台式的狭隘经验取得,必须通过连锁集约化的规模管理来取得。

3. 实行监控管理

这是连锁经营具有连锁门店分散、管理层次较多的特点所决定的。连锁门店分散是指一般具备一定规模的连锁企业拥有并管理上百家连锁门店,这些门店在地域分布上一般较散,否则会有自相竞争的可能。管理层次较多则反映了连锁管理的特点,连锁企业对门店的管理一般实行区域督导制,即一定数量门店设为一个区域,设立一名督导代表总部管理,一定数量的区域上再设置一名主任督导,主任督导上面再设地区管理总监,这样的管理网络有利于确保连锁管理统一实施。连锁经营企业财务管理要适应企业上述经营特点应实施如下监控管理。

(1)制度监控。连锁门店地域分布分散化基础上要实行连锁经营管理统一标准,必须通过有效的制度加以控制和保证。连锁总部要根据企业经营业务需要和其特点,设计企业内部财务制度和内部控制制度。企业内部财务管理制度是企业根据国家颁布的会计准则和财务通则及有关法规而相应制定的规定和规范。内部控制制度是企业为了保证业务活动的有效进行,保护资产的安全和完整,保证会计资料的真实、合法、完整而制定的实施政策和程序。各连锁门店应按照企业内部制度开展业务经营活动,可以最大限度地保证整个连锁企业的连锁一体化的推进。

(2) 指标监控。连锁经营企业的统一指标考核体系使指标监控更加有效。连锁门店经营类同性与指标考核标准同一性使连锁总部通过对一些重要指标的跟踪监控,利用其异动来及时发现问题。以毛利率指标为例,各连锁门店由于经营商品品种、结构都基本相同,毛利率水平应该相差不大,如果某一门店毛利水平明显高于或低于其他连锁店的一般水平,其经营或核算上一定出现了问题或差错。因此,指标监控是商业连锁经营企业实施财务监督的有效手段。

(3) 审计监控。连锁经营企业审计监控是制度监控和指标监控顺利实施的重要保证。企业的内部管理制度制定的再合理,若在所属连锁门店中得不到有效贯彻执行,仅是一纸空文,只有通过内部审计人员,定期下到各连锁门店进行抽样审查,才能有效确保制度监控的有效实施。通过审计,还可以帮助企业发现问题,使原有的制度不断地完善,更适合企业发展的特点和趋势。

(二) 连锁经营财务管理的原则

财务管理是组织调节资金运动和协调处理财务关系的基本准则。它体现了理财活动规律性的行为规范,是财务管理的基本要求。

1. 资源优化配置原则

企业在一定时期内对资源的拥有是有限的,企业要想追求价值的最大化,必须在经营活动中有效、合理地运用各种资源,从整个企业的长远利益出发,充分考虑各种资源的机会成本,对有效的资源进行合理配置,使资源利用效率达到最大化,使企业的经营活动取得最大经济效益。

2. 成本效益原则

企业的生产经营过程中,成本和效益是分不开的。企业需要对财务活动的成本和效益进行比较,对企业的经济行为的得失进行衡量,以提高经济效益。企业在筹资时,要对资金成本率与息税前资金利润率进行分析比较;投资时,要对项目的投资额与各期投资效益额进行比较;在企业经营活动中,要将企业发生的成本费用与其取得的营业收入、利润进行分析比较。通过上述分析比较,促使企业降低成本费用,增加收入,提高收益。

3. 收益风险均衡原则

在企业经营过程中,收益和风险是客观存在的,收益和风险并存,企业不能只追求收益,不考虑风险的存在。这要求企业在财务管理过程中不仅要有收益观念,更要增强风险意识,以便在财务决策时对收益和风险进行全面的衡量,从而作出最佳决策。

4. 兼顾各方利益原则

企业在筹资、投资、分配等财务活动中,形成了与投资人、受资人、债权人、债务人、职工、企业内部各部门、各单位以及与国家、政府之间的各种财务关系。要处理好这些关系,必须兼顾各方利益,维护各方的合法权益,正确运用价格、股利、利息、奖金、罚款等经济手段,建立健全各项激励机制和约束机制。只有处理好这些经济利益关系,才能调动各方的积极性,保障企业生产经营活动的顺利、高效运行。

五、连锁经营财务管理的职能

1. 有效制订和实施连锁企业筹资决策方案

企业财务管理的核心是适时、适量和低成本筹集并有效运用各项资本,以确保企业一定时期经营目标的实现。所以,企业必须根据具体经营目标的要求,编制企业长短期的资金预算和相应计划,来直接制订和实施企业的筹资决策方案。在制订企业筹资决策方案时,必须对企业经营和投资等各部门的资金需求量做深入细致的调查和分析,既要尽可能地满足各方面合理的资金需要,确保企业经营和投资活动的正常开展,又要保证资金的合理和有效使用。在充分满足企业经营和投资所需资本的前提下,综合考虑多元化筹资渠道和筹资方式的有效组合,尽可能降低筹资成本,降低筹资风险。

2. 合理投放和配置资本

有效地使用资本,从某种意义上讲要比筹集资金更难。因为这直接取决于投资项目本身的质量和企业的资本营运水平,投资项目预期效益的实现有诸多不可控因素影响,长期投资决策的失误,往往很难通过后期经营来弥补。因此,企业应该做好科学的资本预算与决策,将付出成本所筹集到的资本投放到投资价值较高的投资项目中;同时,要对所投入的资本进行合理的结构配置,保持企业资本结构和企业资产结构的合理性。

3. 降低连锁企业经营成本

从企业发展的整体和长远来看,市场竞争的实质是企业间成本的竞争。企业财务管理的基本职能之一,是要建立行之有效的成本管理和内部成本控制制度,制定合理的成本、费用的开支范围和定额或者预算标准,在整个经营过程中实施严格的成本控制,并定期进行成本考核;同时,对经营过程中成本控制的有关反馈信息,作及时的分析和判断,不断调整和完善各项成本控制制度,采用有效的成本管理措施,进一步降低企业的各项经营成本,提高资本营运效率。

4. 制定合理的收益分配政策

合理分配企业的收益,是将企业一定时期的经营收益,根据企业合理的分配政策,来确定留存与分配比例,在满足企业后续发展所需资本的同时,兼顾投资者利益。收益分配政策的合理性体现在:兼顾短期利益与企业长远的发展实力之间的关系,兼顾相关利益之间的关系。

5. 建立与实施有效的财务管理制度

建立和健全企业的经济责任制度,实施严格的考核体系是确保企业日常财务管理和监控顺利进行的基本保证。企业应根据其管理控制的特点,由财务部门负责进行统一规划,分部门和分环节建立相关的责任中心,制定完备的预算制度,配以严密的费用申报和审批规程,并下达必要的经济指标,实施对各项成本、费用、财务收支等的全面审查和控制,对企业整个经营过程中的各项财务活动和行为进行理性约束。

第二节 连锁经营财务管理的内容

一、资金管理

资金是企业经营的"血液",是企业赖以生存和发展的必要条件,资金管理对连锁经营企业的健康发展尤为重要,是企业良性发展和壮大的保证。

(一)资金管理的主要内容

1. 资金筹集的管理

连锁经营企业筹资是根据生产经营、对外投资、调整资本结构等活动对资金的需要,通过一定的渠道,采取适当的方式,获取所需资金的一种行为。

资金筹资的管理是资金管理的一项重要内容,筹资是资金运用的前提。连锁经营追求的是规模经济效益,其规模的拓展对资金的需求量是很大的,企业应本着资金筹集的基本原则,以金融政策为行为规范,选择合适的筹资渠道。连锁经营企业融资和筹资渠道主要包括:政府财政资金,银行信贷资金,非银行金融机构资金,职工和民间资金,企业内部资金等多种渠道。企业可以通过筹集权益资金(包括吸收直接投资、发行股票、利用留存收益等)和筹集负债资金(包括银行借款、发行公司债券、融资租赁等)两种方式进行筹资。

【案例9.1】

苏宁电器获96亿元人民币政策性贷款

2006年7月28日,国家开发银行和苏宁正式签署意向性协议,在未来的五年中,国开行拟向苏宁提供的政策性贷款总额度为96亿元人民币,还款期限为10~15年,而首期向苏宁提供的贷款规模为8亿元人民币。苏宁成为零售国家队流通扶持款的第一位受益者。此次苏宁电器成为零售业国家队中首批获取国家资金战略支持的流通企业,8亿元贷款也成为国开行500亿政策性贷款总盘子中第一批被划拨出的资金。

(资料来源:中国产经新闻,http://www.cien.com.cn.)

2. 投资资金的管理

投资是指企业为了获取未来收益或者满足某些特定用途,以其货币资金、实物资产或无形资产投资于其他企业,或者购买其他企业的股票、债券等有价证券的经营活动。

连锁经营企业具有多种投资方式,结合投资的风险性、收益性、阶段性、复杂性等特点,必须加强对企业投资资金的管理。企业在进行投资决策之前必须先分清投资的性质,做好投资设计,严格审核投资方案,对投资项目的执行进行评价和反馈,以规避企业筹措投资资金的财务风险,实现企业的投资收益。

3. 货币资金的管理

货币资金是指企业在生产经营过程中以货币形态存在的那部分货币性资产,或者说是企业的资金中处于货币形态的资金。货币资金主要包括现金、银行存款和其他货币资金三个部分。

货币资金是连锁企业中最主要的资金形式,具有普遍接受性和流动性强的特点,既是企业收入的主要表现形式,又是各种支付的主要手段。企业拥有足够的货币资金,对降低企业财务风险、增强企业资金的流动性具有十分重要的意义。加强企业货币资金的管理应做到:

(1)各连锁门店经营和改造资金由连锁总部统一筹措、统一安排使用。

(2)各连锁门店定期将销售款汇入总部指定的银行账户,并每日直接向总部报送销售日报表、销售流水收款清单等。连锁总部定期对各连锁店的缴款、销售日报表和销售流水清单进行核对。

(3)连锁门店不得作支销货款,门店存入银行的款项只能划入总部银行账户。

(4)总部对各连锁门店的日常费用支出进行统一开支,并拨出小额备用金,供其开支一些经核定范围和标准的应急项目。

4.付款的管理

对供应商商品的付款标准是什么,是困扰连锁企业的一道难题,也是连锁企业与供应商、连锁企业内部采购部门与财务部门产生矛盾冲突的焦点,连锁企业要加强对资金的管理,也必须加强对付款的管理。

(1)建立对供货商的标准付款制度。对连锁企业来讲,对供应商的付款标准主要由财务部门来制订,并进行管理与控制。建立标准的付款制度是财务管理的重要环节。

将商品的贡献率与周转率作为付款的基本标准。其中

$$商品的贡献率 = 商品的销售比例 \times 商品的毛利率$$

$$商品的周转率 = \frac{商品销量}{商品的品种总数}$$

公式中的商品可以是商品总数也可以是单品。在确定对商品的付款标准时,一般都以单品为计数,这样才是可操作的,同时也能符合连锁企业单品管理的要求。

(2)付款的审核。在确定对供应商付款后,对付款的审核是财务管理控制十分重要的一环。审核的内容主要有:审核供应商的开票价与合同价是否一致(这种不一致往往大量发生,特别是在厂商直送门店的商品上);审核发票是否规范(否则增值税无法抵扣);审核发票价格;审核厂商的费用是否预扣下来;制订发票走单时间限制,但单项内容可进入计算机信息系统做到即时传递;审核厂商的退调商品是否得到了退调。

(二)资金管理的办法

(1)提高资金的运营效率和效益,积极采取措施盘活资金存量,加快资金周转。财务部门要同信息、配送等部门密切合作,通过销售时点管理系统对企业的进、销、存实行单品管理,要从调整商品结构入手,分析哪些是畅销商品、平销商品、滞销商品,哪些是增殖库存和不良库存,加强财务对超市经营的指导、监督和制约作用。

(2)在财务管理上要积极引进现代化的预算管理制度、成本核算制度和投入产出分析制度,要加强投资决策和投资项目的经营管理,建立投资责任制,提高投资回报率。财务部门要

同企划开发部门紧密合作,在确定建立店铺,配送中心,计算机系统的规模、投入等问题上要力求取得一致意见。使投资更加合理化、制度化、科学化。

(3)由于连锁企业在资金上采取统一与授权相结合的管理办法,在内部资金运转过程中要严格执行各项结算制度,同时,完善企业内部审计制度,形成有效的监督机制。

(4)树立勤俭办企业的观念,开源节流,在店铺的装修、计算机设备的投入以及其他方面的投资上切忌相互攀比,华而不实,脱离实际。

二、资产管理

连锁经营企业的资产管理主要体现为固定资产管理和流动资产管理两个方面。

(一)固定资产管理

连锁企业是一种集高技术设备与传统运输和仓储设备为一体的企业。作为规模经济的行业,连锁企业必须具备运输工作、仓储设备、搬运设备、通信电子设备等,这些设备构成了连锁经营企业的一个管理内容,即企业的固定资产管理。

连锁经营企业固定资产管理应包括固定资产计价、折旧、转移、清点、修理、报废等各环节的责任和管理。

(1)连锁经营企业下属各连锁门店的固定资产应按同一标准配置,并由连锁总部统一采购、安装。

(2)固定资产由连锁总部设置账户统一核算,折旧由总部根据设备的属性选用适用的折旧方法统一提取。

(3)连锁总部统一对固定资产的采购、添置、调拨、报废进行管理,各连锁门店在发生上述事项时,应将申请上报总部有关部门审批,经批准后,由总部有关部门操作落实。

(4)各连锁门店应建立固定资产实物明细账卡,专人登记管理,账卡上应详细登记各项设备的规格、型号、单价、起始使用日期、折旧方法及年限等内容,并要求定期盘点,与连锁总部金额核对相符。

(5)连锁经营的向定资产管理必须建立完善的设备管理制度,包括设备购买审批制度、同定资产折旧制度、设备使用操作制度、设备养护维修制度等。

(二) 流动资产管理

连锁企业的流动资产主要指存货部分(即由总部配送和店铺自采的商品)和低值易耗品部分。连锁经营企业流动资产管理的具体内容如下:

1.存货管理

连锁经营企业存货包括库存商品、包装物、低值易耗品、物料用品等,其中库存商品占存货比重的90%左右,是存货管理的重点。存货的管理包括存货的收、发、领、退的管理,存货计价方法的确定,存货清查盘点制等内容。

(1)连锁经营企业的存货由连锁总部统一采购、统一配送至各连锁门店,对部分保鲜期短、周转快的鲜活商品可由连锁总部确定供货单位向门店直接送货,但货款都由连锁总部根据购销合同、采购单据和仓库验收入库凭证核对无误后,予以统一结算货款。连锁经营的统一进货制度确保了进货成本的最低化。

(2)连锁总部对配送中心的存货设置总账控制,各连锁门店对商品分大类核算。总部及连锁门店一般对商品计价采取售价金额核算制,企业从管理和考核需要出发,也可以采用进价数量核算方法。

(3)连锁总部应加强对库存商品定额管理,以避免库存资金占用过大,无谓加大企业资金成本、储存成本,产生积压滞销商品。库存定额应根据连锁门店和配送中心不同运作特点而分别核定。连锁门店应根据其经营面积、商品经营品种结构、商品周转率等水平核定库存商品额度,以促使其勤进快销、以销定进,保持合理的库存水平。

(4)连锁总部对商品折扣折让范围、折价时限、降低幅度制订统一的管理办法,门店无权自行调整价格。定价策略作为连锁经营营销策略的重要组成部分,由连锁总部统一筹划。

(5)连锁门店定期对商品盘点,商品损耗率由连锁总部统一标准核定,并与门店职工奖金总额挂钩。

2. 商品销售管理

总部对配送中心及店铺的全部商品要设置商品管理台账,对店铺自采的商品一般实行按商品大类管理,有条件的要逐步过渡到实行单品管理,并建立实物负责制,以保证账实相符。各店铺要定期对商品进行盘店,由总部核定商品损耗率,超过部分由总部从店铺的工资总额中作相应扣除。

三、成本费用管理

成本费用是指连锁企业在开展经营、提供劳务等日常活动中所发生的各种耗费。连锁经营企业的成本费用包括固定成本费用和变动成本费用两部分。

固定成本费用是指那些不随着业务量变化而发生变化的成本费用,包括连锁企业的租赁费、房屋折旧费、办公费、水电费等。

变动成本费用是指那些随业务量变化而变化的成本费用,包括商品成本、职工工资、劳动保险费、财产保险费、包装费、物料消耗费等。

企业成本费用的高低直接决定着企业竞争能力的强弱和效益的好坏,加强企业的财务管理,建立和健全企业成本费用控制对于促进企业成本管理水平的提高十分必要。

(一)成本费用管理控制原则

1. 全面性原则

在成本费用管理控制中实行全面性原则,通常包括以下三方面内容:

(1)全过程的成本费用控制。在现代经济生活中,成本费用控制应贯穿成本费用形成的全过程,绝不能只局限在财务部门,包括企业进货采购成本、储存费用、运输费用、营销费用、管理费用等。

(2)全方位的成本费用控制。控制成本一定要保证和提高经营和管理质量,以满足消费者日益增长的物质生活和文化生活的需要,绝不能片面地为了降低成本而忽视质量。同时,控制成本还必须处理好职工利益与企业利益的关系,以及当前利益与长远利益的关系。

(3)全员的成本费用控制。由于成本是一项综合性很强的经济指标,它涉及企业的所有部门和全体职工的工作实绩。因此,要想降低成本费用,提高效益,就必须充分调动每个部门和每位职工关心成本、控制成本的主动性和积极性。当然,发动职工参与成本控制,并非要取消或削弱控制成本的专业机构和专业人员(施控主体);而是在加强专业成本管理的基础上,要求人人、事事、时时都要按照定额、标准或预算进行成本控制。

2. 开源与节流相结合原则

为了提高经济增长的质量和效益,成本费用管理控制的重点还必须从单纯依靠节流的方法转变到开源和节流双管齐下的方法,借以充分挖掘企业内部潜力,在增产节约、增收节支方面狠下工夫。此外,还可根据成本效益分析和本量利分析的基本原理,把成本与收益,以及成本、业务量与利润之间的关系结合起来,找出以利润最大化为目标的最佳成本。

3. 责、权、利相结合原则

要使成本费用管理控制真正发挥效益,还必须严格按照经济责任制的要求,贯彻责、权、利相结合的原则。任何一个成本中心在计划期开始以前,都要根据全面预算的综合指标层层分解,编出本中心的责任成本预算。若要求他们完成控制责任成本的职责,必须赋予他们在规定范围内有权决定某项成本是否开支的权力。如果没有这种权力,当然就谈不上什么成本控制了。此外,为了充分调动各个成本中心在成本控制方面的主动性和积极性,还必须定期对他们的实绩进行评价和考核,并同职工本身的经济利益密切挂钩,做到奖优罚劣、奖惩分明,促使每个职工感到既有外在的压力,又有内在的动力,借以保证成本费用得到有效控制。

4. 目标管理原则

目标管理即由企业管理当局把既定的目标和任务具体化,并据以对企业的人力、物力、财力以及经营管理工作的各个方面所进行的一种民主的、科学的管理方法。成本费用控制是目标管理的一项重要内容,必须以目标成本为依据,对企业的各项成本开支进行严格的限制、监督和指导,力求做到以最少的成本开支,获得最佳的经济效益。

(二)成本费用控制的内容

连锁经营企业的成本管理主要是通过商品毛利率,费用开支标准及范围,销售费用率三大指标进行控制。由总部统一进行成本核算、统一管理。

成本管理的具体内容如下:

(1)总部要严格控制自身的费用开支(如宣传广告费、人工费、其他费用开支等)。

(2)总部统一整个企业的资产折旧,统一支付贷款利息。

(3)总部对各个店铺基本上采用先进先出法,按商品大类计算毛利率。

(4)总部要实施毛利率预算计划管理,对店铺实行计划控制。总部对各个店铺的综合毛利率进行定期考核,对影响效益的骨干商品的毛利率进行重点考核。

(5)总部规定各个店铺的费用细目范围及开支标准,原则上不允许随意扩大和超标。

(6)总部对一些费用(如水电费、包装费等)要进行分解,尽量细划到各个店铺和商品大类。能直接认定到各个店铺和商品大类的,要直接认定;不能直接认定的,要参考各店铺占企业工资总额的比例、资产的比例或按各店铺的人数、经营面积分摊到店铺和商品大类。

(7)总部对各个店铺的费用通过下达销售费用率进行总体控制,要建立费用率预算计划管理。各店铺的直接费用(如业务招待费、人工费等)要与店长的利益直接挂钩。对达不到预算计划的店铺,总部通过督导制度,帮助其分析造成费用增长、费用率上升的原因,并提出调整改进措施。

四、收入利润管理

(一)收入管理

所谓收入是指连锁企业在日常活动中形成的会导致所有者权益增加的,与所有者投入资本无关的经济利益的总流入。连锁企业所涉及的收入包括营业收入、提供劳务收入、让渡资产使用权收入等。收入通常指营业收入。企业必须做好收入管理。

1. 按照市场需求组织采购

企业应通过建立和贯彻责任制来实现营业收入的日常管理,财务部门和销售部门应通力合作,共同做好营业收入的日常管理工作。

在市场经济条件下,连锁企业要依靠市场生存和发展,企业所经营的商品只有符合市场需要,才能被消费者所接受,才能实现营业收入。因此,企业必须密切关注市场信息,通过各种行之有效的途径和方法了解和掌握市场信息,了解消费者心理和需求,把握市场走向,根据市场需要组织采购,以市场为导向,这是连锁企业扩大营业收入的根本前提。

2. 及时签订并严格履行销货合同

销货合同是卖方与买方之间进行商品销售活动而签订的具有法律效力的契约或协议。合同中明确规定了销售商品的品名、规格、等级、质量标准、数量、价格、结算时间、结算方式、交货日期等各种责任条款。除了门市销售外,其余部分销售都应签订合同,销售合同是销售业务成立的重要凭证,是实现销售的重要保证。销货企业应及时与客户签订合同,建立约束机制,并严格按合同规定,向购货企业支付或发运商品,履行合同中规定的各种责任,保证销售业务得以实现。

3. 加速组织货款回笼

在商品交易发生的同时,连锁企业要认真做好货款的结算工作,以便及时收回货款。首先,在签订合同时,应在合同中规定结算时间及结算方式,作为将来办理结算的依据;其次,商品交付或发运后,财务部门应立即向有关方面索取结算凭证,委托银行或自行办理收款工作,为确保货款的收获,财务部门应根据实际情况,选择科学的结算方式;最后,销售业务成立后,应建立催收机制,一旦遇有对方拒付,应查明原因,作出处理,对于本身的原因应总结教训,改进销货与结算工作,对于不属于自身的原因,应依法追收货款或向有关方面索取损失赔偿。

(二)利润管理

1. 利润构成

利润是指企业在一定会计期间的经营成果,连锁经营企业利润由主营业务利润、营业利润、利润总额构成。

(1)主营业务利润。主营业务利润是主营业务收入减去销售折让、主营业务成本、主营业务税金及附加后的数额。可用公式表示如下

主营业务利润 = 主营业务收入 – 销售折让 – 主营业务成本 – 主营业务税金及附加

(2)营业利润。营业利润是主营业务利润加其他利润减去营业费用、管理费用、财务费用后的数额。其计算公式为

营业利润 = 主营业务利润 + 其他业务利润 – 营业费用 – 管理费用 – 财务费用

(3)利润总额。利润总额是由营业利润加投资收益、国家补贴收入、营业外收支净额后的数额。其计算公式为

利润总额 = 营业利润 + 投资收益 + 国家补贴收入 + 营业外收支净额

2. 利润管理的具体内容

(1)总部各部门及门店要严格执行企业内部核算制度。总部在进行自身利润考核的同时要对各门店的利润进行考核。总部通过库存价值量、销售额和费用开支等指标对各门店的利润实现进行控制,并建立相应的利润控制、考核制度。各门店也应该有健全的考核制度,对自身实现的销售、购进的商品成本进行核算。总部统一规定各门店的有关费用细目,各门店每月月末结算内部利润,每月上旬将结算的利润上交总部,总部将各门店的利润汇总,扣除总部本身的费用及不需分摊的属于门店的有关费用后,余额即为真正的利润总额。

(2)各门店要定期将进货额(包括配送和自采部分)、库存价值量、销售额、费用支出情况进行登记,报送总部。为保证核算的准确性和真实性,各门店在总部统一规定的费用细目范围内进行填报,由总部财务部门按规定办法进行利润核算。

(3)总部对各门店的考核重点以考核销售额和利润两项指标的完成情况为主,两项指标并重,不可偏废。

第三节　连锁经营财务预测与控制

一、财务预测

(一)财务预测的概念和原则

预测是进行科学决策的前提。财务预测是财务工作者根据企业过去一段时期财务活动的资料,结合企业现在和即将面临的各种变化因素,运用数理统计方法,并结合主观判断来预测企业未来的财务状况。

连锁经营企业财务预测是连锁企业估计企业未来的融资需求。财务预测是连锁企业财务计划的前提。连锁企业要对外提供产品和服务，必须要有一定的资产，企业销售增加时，要相应地增加流动资产，甚至需要增加固定资产。为取得扩大销售所需的增加资产，企业需要筹集相应的资金。这些资金一部分来自保留盈余，另一部分需要通过外部融资取得。因此，企业需要预先知道自己的财务需求，提前安排融资计划，否则就可能发生资金周转问题。

连锁企业进行财务预测时应遵循以下原则：

(1)客观性原则。财务预测必须建立在对企业内外部因素客观分析的基础上，以客观真实的材料为依据，预测企业未来的财务状况，不可主观臆断。

(2)关键性原则。企业进行财务预测时，要分清主次，应首先将精力集中于主要项目，而不能拘泥于面面俱到，以节约时间和费用。

(3)连续性原则。由于企业面临的内外部环境是不断变化的，企业的销售、财务等情况都是在不断变化的，企业的财务预测也必须根据企业的变化不断地变化，要具有连续性，必须以过去和现在的财务资料为依据来推断未来的财务状况。

(4)科学性原则。在进行财务预测时，需要选用科学的预测方法，并要善于发现预测变量之间的相关性和相似性等规律，进行正确的预测。

(5)经济性原则。企业在进行财务预测时，需要投入相应的人力、物力、财力等，要产生一定的成本和费用。企业要以最小的投入获得最大的收益，必须坚持经济性原则，尽可能以最低的预测成本达到较为满意的预测效果。

(二)财务预测的方法

企业在进行财务预测时，可以有不同的方法进行选择，。现根据其性质的不同，将其划分为两大类方法，即定性预测方法和定量预测方法。

1.定性预测方法

定性预测方法是指依据个人的专门知识、经验和直观材料，通过判断事物所具有的各种因素、属性进行预测的方法。定性预测法是建立在个人经验判断基础之上的，难免存在一定的主观性和片面性。企业在进行财务预测时，有时由于缺乏历史资料或是准确的数据，或者是预测目标受外界因素的强有力的作用，错综复杂，难以数量化，无法用定量指标来表示时，通常采用定性预测方法。定性预测方法使用简便，易于掌握，而且成本相对较低，但由于缺乏数量分析，预测精度会受到影响。因此，在采用定性预测方法时，应尽可能结合定量预测方法，使预测结果更为准确和科学。通常采用的定性预测方法有德尔菲法、专家会议法、头脑风暴法、现场观察法、小组访问法等。

2.定量预测方法

定量预测方法是指根据比较完备的历史和现实的财务资料，运用数学的方法对资料进行科学的分析、处理，找出预测目标与其他因素的规律性联系，从而推算出企业财务未来的发展变化情况。其主要特点是根据历史数据找出其内在规律，运用连贯性原则和类推性原则，通过运用数学的方法对事物未来的状况进行定量预测。定量预测的方法主要分为两大类，即时间序列分析法和因果关系分析法。其中时间序列分析法主要包括算术平均法、加权平均法、移动平均法、指数平滑法、最小二乘法等;因果关系分析法主要包括一元线性回归分析法、二元线性回归分析法、多元线性回归分析法等。

二、财务预算

古人云:"凡事预则立,不预则废。"企业要发展,要取得好的经济效益,实现预定的目标,就必须重视财务预算工作,只有搞好财务预算工作,才能很好的筹划未来,明确奋斗目标。实行目标管理能有效地控制企业的经营活动。

(一)财务预算及其内容

企业财务预算是指在预测和决策的基础上,围绕企业的战略目标,对一定时期内企业资金的取得和投放,各项收入和支出,企业经营成果及其分配等资金运作所作出的具体安排。连锁企业财务预算主要包括以下内容:

(1)销售预算。销售预算要结合毛利与现金流量编制。围绕预算目标,业务部门不仅要考虑扩大销售规模,还要考虑毛利额和资金流。销售预算一般采用滚动预算:由于市场变化很快,不确定因素增多,在预算执行过程中由于种种原因,常常会有所变动,为了使预算真正切合实际,更好地把未来的潜在因素考虑周到,销售预算一般一季度调整一次。

(2)存货预算。以销售预算为基础,根据门店规模、品类特点的不同,分别确定存货水平及周转天数,将存货保持在较低水平。

(3)进货预算。进货预算 = 预计销售金额 + 期末存货目标 − 期初存货。

(4)成本预算。在销售预算、进货预算的基础上,对企业成本进行分解,根据组目编制成本预算。

(5)费用预算。在销售预算的基础上,分解企业的各项费用,并结合财务会计准则要求,对费用进行合理分类,并编制预算。

(6)利润预算。在销售预算、成本预算、费用预算的基础上,分析企业的利润构成,结合企业的经营目标,编制利润预算。

(二)财务预算的作用

1.明确奋斗目标

科学的财务预算可以指导企业更好地开展经营活动。财务预算作为具体的财务目标,为企业各部门规定了具体的目标,有助于各部门、门店员工了解本公司、本部门,甚至本人在企业财务目标中的地位、作用和责任,也有助于财务人员经济合理地使用和筹措资金,保证企业经营目标的实现。

2.相互协调

财务预算围绕企业的财务目标,把企业经营过程的各个环节、各个方面的工作严密地组织起来,消除各部门之间的隔阂和本位主义,使企业各部门各方面相互协调,行动密切配合,避免了互相冲突、互不衔接的现象,保持了资金运用的平衡,从而使企业成为一个完成其经营目标、财务目标而顺利运转的有机整体。

3. 控制资金

财务预算控制主要体现在事前控制、事中控制和事后控制。

财务预算事前控制主要是控制预算单位的业务范围、规模及可用资金限额。由于企业资金总是有一定限度的,各部门不能随心所欲,应分轻重缓急,在资金允许的情况下,合理安排工作和预算,从而激发各部门及员工的积极性,提出降低成本、增加收入的措施和方法,以确保财务目标的实现。

财务预算事中控制主要是按财务预算确定目标,对预算的收入进行督促,争取实现预期的收益和现金流入;对现金流出进行控制防止超支,保证预算的执行。

财务预算事后控制主要是进行和实际执行结果的比较,分析差异形成的原因,进行业绩评价。

三、财务计划

(一) 财务计划构成和制订程序

1. 财务计划构成

连锁经营财务计划是企业运用科学的技术手段和方法,对企业的各项财务目标进行综合平衡,制订主要计划指标,拟定经营活动的具体措施,协调各项计划指标,落实企业经营目标和保证措施的必要环节。

连锁经营企业财务计划主要包括:资金筹集计划,固定资产增减变动和折旧计划,流动资金及其周转计划,成本费用计划,利润和利润分配计划等。企业除了要制订各项计划表格外,还要附列财务计划说明书。

2. 财务计划的制订程序

(1) 预测财务报表并进行分析,即预测财务报表并利用这些预测分析连锁企业经营计划对预计利润和各种财务比率的影响。

(2) 确定支持五年计划所需要的资金,包括经营或储存场所、存货、主要广告活动等所需要的资金。

(3) 预测未来五年可获得的资金,包括内部积累所产生的资金和需要从外部筹集的资金。

(4) 建立和完善资金分配和使用的控制系统,以监督企业内部资金的配置和使用,确保基本计划的有效执行。

(5) 建立调整基本计划的程序。如果据以编制计划的经济预测与实际不符,就应建立调整基本计划的程序。

(二) 财务计划的编制

财务计划是财务预测所确定的经营目标的系统化和具体化,是控制财务收支活动、分析经营成果的依据。财务计划工作的本身就是运用科学的技术手段和数学方法,对目标进行综合平衡,制订主要计划指标,拟定增收节约措施,协调各项计划指标,企业必须科学地编制财务计划。

1.编制财务计划的准备工作

(1)分析主观原因,全面安排计划指标。审视连锁经营企业当年的经营情况,分析整个经营条件和目前的竞争形势等各种要素,按照连锁经营企业总体经济效益的原则,制订出主要的计划指标。

(2)协调人力、物力及财力,落实增收节约措施。连锁经营企业要合理安排人力、物力及财力,使之与连锁经营目标的要求相适应。要努力挖掘企业内部潜力,从提高经济效益出发,对连锁企业各部门的经营活动提出要求,制订出各部门的增收节约措施,制订和修订各项定额,以保证计划指标的落实。

(3)编制计划表格,协调各项计划指标。以连锁经营目标为核心,计算连锁经营企业计划期内资金占用、成本费用、利润等各项计划指标,编制出财务计划表,并检查、核对各项计划指标是否密切衔接、协调平衡。

2.编制财务计划的程序

(1)由企业最高管理当局根据财务决策提出未来一定时期的经营目标,并向各级、各部门下达规划指标。

(2)各级、各部门在规划指标范围内,编制本部门的预算草案。

(3)由财务部门或预算委员会对各部门预算草案进行审核、协调,汇总编制总预算并报企业负责人、董事会批准。

(4)将批准的预算下达各级、各部门执行。

四、财务控制

(一)财务控制的含义和内容

财务控制是指按照一定的程序和方法,确保企业及其内部机构和人员全面落实和实现财务预算的过程,是财务管理的重要环节。财务控制是连锁企业内部控制的一个重要组成部分,是连锁企业内部控制的核心,是连锁企业内部控制在资金和价值方面的体现。

连锁经营企业财务控制应包括以下内容:

1.会计机构设置与会计核算控制

会计机构是财务人员履行财务职能的工作部门。会计机构的设置控制将必然影响财务控制的广度和深度。如果连锁门店分布在较小的城区内,财务控制受区域空间和时间的影响不大,因此,企业总部对连锁企业进行工商注册时,将各个连锁门店注册登记为分支机构,同时只设置一个会计机构,对其实行集中核算。如果连锁门店分布在较大的城区内,财务控制受区域空间和时间的影响大时,企业总部对连锁门店进行工商注册时将各个连锁门店注册登记为独立机构,企业总部可对其分别设置会计机构,并对其实行分散核算。

2. 财务人员控制

财务人员是财务控制的直接主体和受体，财务人员的工作深度将直接影响企业总部实行财务控制的质量，尤其以会计机构负责人的工作为甚。因此，对连锁企业的财务人员应直接由企业总部择优聘用，纳入企业总部统一管理。对区域外的连锁门店的会计机构负责人，由企业总部委派并明确其工作职责和权限，统一管理控制所在门店的财务工作，同时设置有关考核指标对其进行考核，将其工资收入与其工作业绩挂钩，真正做到激励与约束相结合的管理体制，对其他财务人员由企业总部择优聘用不纳入企业总部统一管理。

3. 财务制度控制

连锁企业必须实行统一的财务制度。财务制度控制是通过制定统一财务会计制度来规范各个连锁门店的财务行为，统一各个连锁门店的会计处理方法和程序，以实现对其财务活动的有效控制。财务制度是企业总部依据国家统一财务制度以及内部管理的客观要求制定的，用于规范连锁门店的财务行为。财务制度一般包括财务管理基本制度、成本费用管理制度、财务预算制度、财务分析制度、财务报告制度、合并报表制度、业绩考核制度、贷款担保管理制度等。

4. 资金控制

资金是企业的血液，因此，企业总部应加强各连锁门店的资金管理，尽可能实行资金统一集中管理，有效地发挥企业总部的整体优势和综合能力。对区域内连锁门店的资金实行集中统一管理，货物采购与配送由企业总部相关职能部门统一采购和配送，销售款统一缴入企业总部的银行账号，对区域外的连锁门店的资金实行限额管理。对于超过资金限额的，通过设立财务中心或类似机构将各连锁门店的超限额资金全部集中到企业总部，对于低于资金限额的或临时所需资金的，由企业总部通过财务中心或类似机构给予补足。各连锁门店在结算中心或类似机构存款或借款均按银行同期的贷款利率计息。

5. 信息控制

信息控制的主要内容是要保证各连锁门店的运营信息能够及时、准确地传递到企业总部。控制信息不仅包括有关财务方面的信息，还包括其他非财务方面的信息，如各连锁门店管理信息等。当前计算机管理系统正处于高速发展的阶段，建立一个好的管理信息系统并非难事，因此，企业总部对各连锁门店的信息控制可以通过建立统一、高效的信息管理系统来实现，企业总部通过对各个连锁门店提供的各种信息，对各个连锁门店的运营情况进行分析和评价，揭示各个连锁门店所面临的财务风险和经营风险，提出化解风险的对策，使企业总部始终控制各个连锁门店的运营情况。

6. 内部审计控制

在企业总部设立内部审计机构，定期或不定期对各连锁门店实施内部审计。内部审计的内容包括各连锁门店财务收支及其他有关经济活动审计、经济效益审计、经济责任审计、专项审计、内部控制制度评审、其他审计事项等。通过内部审计的实施不仅可对各个连锁门店是否有效执行统一的财务制度和内部控制制度进行评价，也可对各个连锁门店的财务状况、经营成果等方面进行评价，以纠正各个连锁门店在执行统一的财务制度、内部控制制度和提供不实的财务信息的偏差，从而达到企业总部对各个连锁门店的内部审计控制。

（二）建立和完善连锁经营财务控制系统

1. 做好预算制订、执行及评价工作

（1）预算制订。现代企业财务控制的主要方法之一就是编制财务预算。预算的编制是在对上年预算执行分析的基础上进行的。其具体做法是：每年的年末对当年的财务预算执行情况进行全面分析，在此基础上，公司总部财务计划部门和连锁门店对下一年度的财务目标进行研究，然后根据上报的业务预算和专门决策预算进行修正和补充，编制财务预算初稿，预算的编制根据指标性质不同使用不同的方法。

（2）预算执行。财务预算在执行过程中，要突出预算的刚性，管理的重点要落实过程控制。财务部门要及时掌握经济运行动态，发现情况及时查找原因，提出解决问题的方法，严格落实总部制订财务预算考核的经济责任。对由于预算原因造成的偏差，要修正预算指标，使预算真正起到指导经济的作用。

（3）预算评价。预算执行的结果是总部评价下属门店及配送中心业绩成效的一个很重要的指标，通常用达成率来表示。但达成率并不是评价责任部门的唯一指标，还要综合其他一系列的管理指标来分析，如与去年同期业绩的对比、门店今后业绩增长趋势、库存周转率、外部关系协调等。这种方法不仅适合各部门、各门店及配送中心绩效的分析，同样也适合对门店及配送中心主管能力的评价。

2. 加强资金管理

资金管理是财务管理的中心环节。连锁经营企业具有货币资金流量大、闲置时间短、流量沉淀多的特点。因此，财务应根据这些特点，科学合理调度和运用资金，为企业创造效益。

（1）集中管理。集中管理可以使分散的沉淀资金加快周转，有利于提高资金使用效率。在具体操作上，连锁店总部投资管理中心，承担资金使用、调度和管理职能。原则上开设两个账户：一个是基本账户，用于预算内的日常开支，资金由资金管理中心划拨；另一个结算账户，用于日常开支以外的各项资金收付，如销售款收取、进货款的支付等，总部通过远程查询和网上银行实行监控。非独立核算企业，实行定额备用金制度，经营资金直接入总部指定账户。

（2）进货款采用信用结算。财务要根据商品的不同保本点、周转率情况，确定商品不同的账期和付款形式，积极采用商业信用等结算方式，节约利息支出，从而对进一步提高资金使用效率起到积极作用。

（3）进行资金运作，广开企业财源。资金的集中管理，使企业的资金运作有了可能。连锁店销售最大特点是货币资金流量大，而进货款一般实行约期付款方式。所以，企业从上次付款结束到下次付款期间，资金始终会有短时间的沉淀过程。当连锁店发展到一定规模时，可短期运作的资金量会相应增加，可以委托货款、短期证券投资和资金托管等方法进行资金运作，增加企业效益。

3. 建立适合本企业的财务控制系统

不同的连锁经营企业其业态基本相同，为了便于企业实施标准化管理，总部对各门店制订统一的管理要求,同时要求各门店操作流程应一致。在此基础上建立适合本企业的财务控制系统。

(1) 统一管理。统一管理有两个方面的要求,即明确岗位责任制和规范操作流程。明确岗位即明确规定各个岗位的工作内容、职责范围、职责要求,以及部门与部门,人员与人员之间的衔接关系。规范操作流程是指无论是大项目还是小的费用支出,都要规定操作流程和程序,明确审批权限。

(2) 加强和完善企业监督机制。对企业各部门、人员执行规章制度的情况进行监督检查,要制订相应的考核办法,奖惩要与个人工作业绩、服务质量和遵章守纪挂钩,保证经济业务正常、安全地运行。

(3) 建立内部审计管理制度。由于连锁经营企业下属的门店较多,各分支机构的核算方法、流程的执行是否到位,必须由企业总部内部审计部门进行日常管理、抽查、专项审计、半年度和年度收益审计等。通过对财务人员的监督,保证企业财务达到标准化,保证企业核算体系和流程得到强有力的执行。

【案例9.2】

"小事件"引来的问题

某小型连锁企业在过去曾经有一段时间非常红火,市场发展迅速,销售情况良好,但是该企业现在却令人担忧,业绩大幅下滑。该企业本身不在北京,但其供应商厂家却在北京,更为让人不解的是,该企业与供应商厂家没有一个严密的协定,没有任何书面上的合同,没有一套严密的规章制度。

由于没有一套规范的票务管理制度,不久该企业便相继出现许多严重的问题。从下面的小事件可以看出。

该企业会计接到厂家电话:"贵公司在我处订货,请你们将资金寄过来。"会计说:"没有啊,我们没进货啊!"厂家说:"怎么会没有啊,×××在×××时就到这里来进货,欠×××钱。"会计自然觉得很奇怪,但一查还真是这么一回事。结果是企业某个业务员把钱压下,没有付给供应商。

(资料来源:褚颖.连锁企业财务管理[M].北京:中国劳动社会保障出版社,2009.)

第四节 连锁经营财务分析

一、财务分析及其作用

财务分析是以企业财务报告及相关资料为基础,采用一系列专门的技术与方法,对企业财务状况和经营成果进行分析和评价,预测企业未来发展趋势,为未来财务决策提供依据的管理活动。

财务分析是财务管理的基础工作之一。它是以企业财务报表及其他相关财务资料为依据,对企业财务活动的过程和结果进行研究和评价,目的在于判断企业的财务状况,诊察企业经营活动的利弊得失,以便进一步预测企业未来的发展趋势,为财务决策、财务预算和财务控制提供依据。

连锁经营的实质内容就是通过扩大企业的规模,提高企业的组织化程度,提高企业资产、资金的效益和效率。看一个连锁经营企业是否成功,不仅要看其进行了几个统一,关键要看其进行统一管理以后,资产和资金的效益和效率是否有所提高。连锁经营企业分支机构多,物流和资金流量大,因此,应加强和重视财务分析工作。财务分析既是对已完成财务活动的总结,又是财务预测的前提,对企业财务管理工作具有重要作用。

(1)通过财务分析,评价企业一定时期的经营业绩,可以揭示企业财务活动中存在的问题,以便总结经验教训,改善企业经营管理,实现企业财务管理目标。

(2)通过财务分析,可以检查企业内部各职能部门的各项财务指标的完成情况,为考核各部门的业绩提供参考,以加强企业内部责任制。

(3)通过财务分析,为企业外部投资者提供有关企业经营成果和财务状况的信息,给信息使用者提供投资决策依据。

二、财务分析的方法

(一)比较分析法

比较分析法是将同一企业不同时期的财务状况和经营成果或不同企业之间的财务状况和经营成果进行比较,从而揭示企业财务状况和经营成果存在差异的分析方法。企业可以采取纵向比较分析和横向比较分析两种方法。

纵向比较分析法,是指企业不同时期同一指标的比较。通过比较两期或连续数期的财务报告中的相同指标,以此说明企业财务状况和经营成果发展和变动趋势的一种方法。

横向比较分析法,是指同类或同行业之间进行比较,找出存在的差异,以此来揭示企业财务状况或经营成果存在的问题的一种方法。

(二)因素分析法

因素分析法也称因素替代法,是运用经济指标之间的相互关联性,来确定各个经济指标对某一经济现象变动影响程度的一种方法。

(三)比率分析法

比率分析法是将企业同一时期的财务报表中的相关项目进行对比,得出一系列财务比率,以此揭示企业财务状况和经营成果的一种分析方法。常用的财务比率主要包括以下三类。

1.结构比率

结构比率是通过计算某项经济指标的各个组成部分与总体的比率,来反映部分与总体之间的关系,如分别计算经营费用、管理费用和财务费用在总费用中的比重及其变化,以考察费用的升降程度和升降速度等。

2. 效率比率

效率比率是反映某项经济活动投入与产出之间关系的财务比率,如成本利润率、销售利润率等,以分析企业获利能力的高低。

3. 相关比率

相关比率是反映经济活动中某两个或两个以上相关项目比值的财务比率,如资产总额与负债总额的比率,流动资产与流动负债的比率,负债与权益的比率等。

(四)动态分析法

动态分析法是将不同时期同类指标数值进行对比,研究经济现象在时间上的变动情况、发展方向及变动趋势的方法。

1. 定基动态比率

定基动态比率是以某一时期的数据作为固定基数,其他各期与之对比,从而计算出来的动态比率。其计算公式为

$$定基动态比率 = \frac{分析期数额}{固定基期数额}$$

2. 环比动态比率

环比动态比率是以每一分析期的前一期数据为基期数据,其他各期与之对比,从而计算出来的动态比率。其计算公式为

$$环比动态比率 = \frac{分析期数额}{前期数额}$$

三、财务指标分析

(一)偿债能力分析

偿债能力是反映企业财务状况和经营能力的重要标志。偿债能力是指企业偿还到期债务的承受能力或保证程度。通过对企业财务报告等资料进行分析,了解企业资产的流动性、负债情况、资本结构和偿还债务的能力,从而评价企业的财务风险,制订企业筹资策略。偿债能力分析指标主要有以下几种:

1. 流动比率

流动比率是指在某一时点上,企业的流动资产与流动负债的比率。它表示每增加1元流动负债有多少流动资产作为偿还保证。它反映了企业可在短期内转变现金的流动资产偿还到期流动负债的能力。其计算公式为

$$流动比率 = \frac{流动资产}{流动负债} \times 100\%$$

式中,流动资产是指企业可以在1年或是超过1年的一个营业周期内变现或耗用的资产,一般采用资产负债表中的期初或期末流动资产总额;流动负债是指企业偿还期在1年或是超过1年的一个营业周期内的债务,一般采用资产负债表中的期初或期末流动负债总额。

一般情况下,流动比率越高,表明企业的短期偿债能力越强,债权人的权益越有保障,风险越小;流动比率越低,表明企业可能难以偿还债务。但并不是说该指标越高越好,流动比率过高,即流动资产相对于流动负债太多,可能是存货积压,也可能是持有现金过多,资金利用率低,影响企业资产的使用效率和企业的筹资成本,进而影响企业的赢利能力。通常该指标在200%左右为最佳,表明企业财务状况稳妥可靠。

2. 速动比率

速动比率是在某一时点上,企业的速动资产总额与流动负债总额的比率。它表示每1元流动负债有多少速动资产作为偿还的保证。它进一步反映了流动负债的保障程度。其计算公式为

$$速动比率 = \frac{速动资产}{流动负债} \times 100\%$$

式中,速动资产是指企业的银行存款、短期投资、交易性金融资产、应收票据、应收账款等能在短期内变为现金的流动资产,即为流动资产减去变现能力较差且不稳定的存货和预付费用。

一般情况下,速动比率越高,说明企业内流动资金越多,企业的短期偿债能力越强;速动比率越小,则偿债能力越弱。企业速动比率一般应保持在100%以上。若该比率过低,企业则面临很大的偿债风险;若该比率过高,虽然偿债能力很强,但同时会使企业闲置资金过多,影响企业的收益水平。

速动比率的高低能直接反映企业的短期偿债能力的强弱。它是对流动比率的补充,并且比流动比率反映得更加直观、可信。如果流动比率高,但流动资产的流动性却很低,则企业的短期偿债能力仍然不高。在流动资产中有价证券一般可以立刻在证券市场上出售,转化为现金、应收账款、应收票据、预付账款等项目,可以在短期内变现;而存货、待摊费用等项目变现时间较长,特别是存货很可能发生积压、滞销、残次等情况,其流动性较差。因此,流动比率较高的企业,并不一定表示偿还短期债务的能力很强,而速动比率则避免了这种情况的发生。

3. 现金比率

现金比率是企业年经营现金净流量与流动负债总额的比率。它表示每1元流动负债有多少现金及现金等价物作为偿还的保证。它反映了企业可用现金及变现方式清偿流动负债的能力。其计算公式为

$$现金比率 = \frac{年经营现金净流量}{流动负债} \times 100\%$$

式中,年经营现金净流量是指一定时期内企业经营活动所产生的现金及其等价物的流入量与流出量的差额,可以从企业的现金流量表中直接得到。

现金比率越高,说明企业的偿还流动负债的能力越强;现金比率越低,说明企业可能难以偿还债务。但并不是该比率越高越好,现金比率过高,说明企业拥有闲置资金过多,资金使用效率差,企业应根据实际情况,确定适合自己的最佳比率。

4. 资产负债比率

资产负债比率是指在某一时点上企业负债总额与资产总额的比率。它表示每1元资产中

所承担的债务数额。它反映了企业清偿长期债务的能力。其计算公式为

$$资产负债比率 = \frac{负债总额}{资产总额} \times 100\%$$

一般情况下,资产负债比率越低,表明企业的长期偿债能力越强,债权的安全性越好;资产负债比率越高,表明企业的长期偿债能力越弱。但从企业经营者的角度看,适当举债可以获得财务杠杆收益,对企业未来发展规模的扩大起着举足轻重的作用。企业应在盈利与风险之间作出权衡,确定合理的资本结构。通常认为该比率应该维持在50%左右是比较安全的,但国际上通常认为该比率为60%比较适当。

5. 利息保障倍数

利息保障倍数又称已获利息倍数,是指企业息税前利润与利息费用支出的比率。它反映了企业获利能力对债务偿付的保证程度,用以衡量偿付借款利息的能力。其计算公式为

$$利息保障倍数 = \frac{息税前利润}{利息费用}$$

式中,息税前利润是指在利润表中没有扣除债务利息和所得税前的利润。根据利润表的资料,在利润总额基础上加上利息支出就等于息税前利润。

利息保障倍数指标的数值反映了企业息税前利润相当于本期支付的债务利息的多少倍。利息保障倍数越高,表明企业偿付借款利息的能力越强,负债经营的风险越小。企业要维持正常的偿债能力,该指标的数值应该大于1。如果利息保障倍数过低,表明企业将面临亏损、偿债的安全性与稳定性下降的风险。同时从稳健性的角度出发,最好比较本企业连续几年的该项指标,并选择最低指标年度的数据作为标准。因为企业在经营好与不好的年度都要偿还债务,采用指标最低年度的数据,可以保证最低的偿债能力。

(二)营运能力分析

营运能力是指企业资金的利用效率。对企业营运能力的分析,实质上是对各项资产的周转使用情况的分析。营运能力分析指标主要有以下三方面:

1. 流动资产周转情况分析

反映流动资产周转速度的指标主要有应收账款周转率、存货周转率和流动资产周转率三方面。

(1)应收账款周转率。应收账款周转率是企业一定时期内营业收入净额与应收账款平均余额的比率。反映企业应收账款的管理水平和应收账款的变现速度快慢。应收账款周转率有两种表示方法:一种是应收账款在一定时期内(通常为一年)的周转次数;另一种是应收账款的周转天数。其计算公式为

$$应收账款周转率 = \frac{营业收入净额}{应收账款平均余额}$$

$$应收账款周转天数 = \frac{计算期天数 \times 应收账款平均余额}{营业收入净额}$$

式中

$$应收账款平均余额 = \frac{期初应收账款 + 期末应收账款}{2}$$

在一定时期内应收账款周转率越高,表明应收账款回收速度越快,企业管理工作的效率越高。这不仅有利于企业及时收回账款,减少或避免发生坏账损失的可能性,而且有利于提高企业资产的流动性,提高企业短期偿债能力。

(2)存货周转率。存货在企业的流动资产中所占的比重较大,存货周转速度的快慢直接影响到企业流动资产的流动性,从而影响企业的流动比率和短期偿债能力。

存货周转率是企业一定时期内营业成本与存货平均余额的比率,是反映企业营业能力和流动资产流动性的重要指标,也是衡量企业生产经营各个环节中存货运营效率的一个综合性指标。其计算公式为

$$存货周转率 = \frac{营业成本}{存货平均余额}$$

式中

$$存货平均余额 = \frac{期初存货 + 期末存货}{2}$$

或

$$存货周转天数 = \frac{计算期天数}{存货周转次数}$$

一般情况下,存货周转率越高越好。存货周转率高,表明企业存货占用水平低,流动性强,存货变现速度快,可增强企业的短期偿债能力和获利能力。

(3)流动资产周转率。流动资产周转率是企业一定时期内营业收入净额与流动资产平均占用额的比率。它反映了企业流动资产周转速度的指标。其计算公式为

$$流动资产周转率 = \frac{营业收入净额}{流动资产平均占用额}$$

式中

$$流动资产平均占用额 = \frac{期初流动资产 + 期末流动资产}{2}$$

或

$$流动资产周转天数 = \frac{计算期天数}{流动资产周转次数}$$

在一定时期内,流动资产周转次数越多,表明以相同的流动资产完成的周转额越多,流动资产利用的效果越好。流动资产周转一次所需天数越少,表明流动资产在经历生产和销售各阶段时占用的时间越短,周转越快。生产经营任何一个环节上的改善,都会反映到周转天数的缩短上来。按天数表示的流动资产周转率更能直接地反映生产经营状况的改善。

2. 固定资产周转情况分析

反映企业固定资产周转情况的主要指标是固定资产周转率。固定资产周转率是指企业一定时期内营业收入净额与固定资产平均净值的比值。它反映了企业固定资产周转情况,是衡

量固定资产利用效率的重要指标。其计算公式为

$$固定资产周转率 = \frac{营业收入净额}{固定资产平均净值}$$

式中

$$固定资产平均净值 = \frac{(期初固定资产净值 + 期末固定资产净值)}{2}$$

固定资产周转率高,说明企业固定资产利用充分,投资得当,结构合理,能够充分发挥效率。固定资产周转率不高,则说明企业固定资产使用效率不高,提供的生产成果不多,企业的营运能力不强。

3. 总资产周转情况分析

反映总资产周转情况的主要指标是总资产周转率。总资产周转率是指企业一定时期营业收入净额与资产总额的比值。它反映了企业全部资产的利用效率。其计算公式为

$$总资产周转率 = \frac{营业收入净额}{资产总额}$$

式中

$$资产总额 = \frac{期初资产总额 + 期末资产总额}{2}$$

总资产周转率反映了企业整体资产的营运能力,一般情况下,该比率越高,表明企业营运能力越强;该比率越低,说明企业利用全部资产进行经营的效率越低,最终会影响企业的获利能力。

(三)赢利能力分析

赢利能力是企业获取利润、资金不断增值的能力,通常体现企业收益数额的大小与水平的高低。赢利能力分析的主要指标如下。

1. 营业净利率

营业净利率是指企业的净利润与营业收入的比率。它反映了企业在不考虑非营业成本的情况下,企业管理者通过经营获取利润的能力。其计算公式为

$$营业净利率 = \frac{净利润}{营业收入} \times 100\%$$

营业净利率越高,说明企业的市场竞争能力越强,发展潜力大,从而赢利能力越强;反之,该比率越低,说明企业的赢利能力越弱。

2. 成本费用利润率

成本费用利润率是指企业一定时期内利润总额与成本费用总额的比率。它反映了企业生产经营过程中发生的耗费与获得的收益之间的关系。其计算公式为

$$成本费用率 = \frac{利润总额}{成本费用总额}$$

成本费用利润率越高,表明企业为取得利润而付出的成本费用越少,赢利能力越强,经济

效益越好。成本费用利润率是直接反映增收节支、增产节约效益的指标。该指标从企业内部经营管理方面进行分析，有利于企业加强内部管理，节约开支，提高经济效益。

3. 总资产利润率

总资产利润率是企业利润总额与企业资产平均总额的比率，是反映企业资产综合利用效果的指标，也是衡量企业利用债权人和所有者权益总额所取得赢利的重要指标。其计算公式为

$$总资产利润率 = \frac{利润总额}{资产平均总额}$$

式中

$$资产平均总额 = \frac{期初资产总额 + 期末资产总额}{2}$$

总资产利润率越高，表明资产利用的效益越好，整个企业获利能力越强，经营管理水平越高。该指标越低，说明企业资产利用效率低，应分析差异原因，提高销售利润率，加速资金周转，提高企业经营管理水平。

4. 资本利润率

资本利润率又称资本收益率，是指企业净利润与所有者权益（即资产总额减负债总额后的净资产）的比率。它反映了企业运用资本获取收益的能力。其计算公式为

$$资本利润率 = \frac{净利润}{所有者权益}$$

资本利润率越高，说明企业自有投资的经济效益越好，投资者的风险越少，企业值得投资或追加投资。

5. 净资产收益率

净资产收益率是指企业一定时期净利润与平均净资产的比率。它反映了企业自有资金的投资收益水平及企业资本运营的综合效益。其计算公式为

$$净资产收益率 = \frac{净利润}{平均净资产} \times 100\%$$

净资产收益率越高，说明企业自有资本获取收益的能力越强，运营效果越好，对企业投资者和债权人的保证程度越高。

（四）发展能力分析

发展能力是企业在生存的基础上，扩大规模、壮大实力的潜在能力。发展能力分析的主要指标如下。

1. 营业收入增长率

营业收入增长率是企业本期收入增长额与上期营业收入总额的比率。它反映了企业营业收入的增减变动情况，是衡量企业经营状况和市场占有能力，预测企业经营业务拓展趋势的重要指标。其计算公式为

$$营业收入增长率 = \frac{本期营业收入增长额}{上期营业收入总额}$$

式中

$$本期营业收入增长额 = 本期营业收入总额 - 上期营业收入总额$$

营业收入增长率大于零,说明企业本期营业收入有所增长。该指标值越高,表明企业营业收入的增长速度越快,企业市场前景越好。

2. 资本积累率

资本积累率是企业本期所有者权益增长额与期初所有者权益的比率。反映企业当期资本的积累能力,是评价企业发展潜力的重要指标。其计算公式为

$$资本积累率 = \frac{本期所有者权益增长额}{期初所有者权益} \times 100\%$$

资本积累率越高,表明企业的资本积累越多,应付风险、持续发展的能力越强。其反映了企业所有者权益当年的变动水平,体现了企业资本积累情况,是企业发展强盛的标志,也是企业扩大规模的源泉。

3. 总资产增长率

总资产增长率是企业本期总资产增长额与期初资产总额的比率。它反映了企业本期资产规模的增长情况,从企业资产总量扩张方面衡量企业的发展能力。其计算公式为

$$总资产增长率 = \frac{本期总资产增长额}{期初资产总额}$$

式中

$$本期总资产增长额 = 期末资产总额 - 期初资产总额$$

总资产增长率越高,说明企业一定时期内资产经营规模扩张的速度越快。但在实际分析时,应注意考虑企业的后续发展能力,避免资产盲目扩张。

4. 营业利润增长率

营业利润增长率是企业本期营业利润增长额与上期营业利润总额的比率。它反映了企业营业利润的增减变动情况。其计算公式为

$$营业利润增长率 = \frac{本期营业利润增长额}{上期营业利润总额}$$

式中

$$本期营业利润增长额 = 本期营业利润总额 - 上期营业利润总额$$

营业利润增长率越高,说明企业的营业利润的增长速度越快,企业的获利能力越强,企业的发展越好。

本章小结

连锁经营财务管理是连锁经营管理的重要组成部分。

连锁经营有其特定的财务关系和财务管理体制。连锁经营的财务关系主要体现在企业与

投资人、被投资人、债权人、债务人、职工之间的经济关系,以及企业内部各部门、各单位之间的关系和企业与国家和政府的关系。连锁经营财务管理体制主要有两种模式,即集权制模式和分权制模式。

连锁经营财务管理具有其特定的职能和内容。连锁经营财务管理的主要职能是:有效制订和实施连锁企业筹资决策方案、合理投放和配置资本、降低连锁企业经营成本、制订合理的收益分配政策、建立与实施有效的财务管理制度等。连锁经营财务管理的主要内容包括资金管理、资产管理、成本费用管理和收入利润管理四个方面。

财务预测和控制是连锁经营财务管理不可缺少的重要组成部分。连锁企业必须定期进行财务预测、预算和编制财务计划,应根据其自身特点建立和完善财务控制系统。

财务分析是衡量连锁经营企业各方面能力的重要指标。财务分析主要从偿债能力、运营能力、赢利能力、发展能力角度进行综合分析,各方面分析具有不同的分析指标。

练习题

一、单选题

1. 财务预测体现的是财务管理的 （   ）
   A. 控制作用　　　　B. 计划作用　　　　C. 监督作用　　　　D. 资本运营
2. 连锁企业实行统一采购、统一配送货的前提是 （   ）
   A. 统一的资金管理　B. 统一的会计核算　C. 统一的税务登记　D. 统一的指标考核体系
3. 存货管理属于 （   ）
   A. 固定资产管理　　B. 流动资产管理　　C. 资金管理　　　　D. 成本费用管理
4. 为保持企业财务状况的稳定可靠,其流动资产率应维持在 （   ）
   A. 50%左右　　　　B. 100%左右　　　　C. 150%左右　　　　D. 200%左右
5. 以下指标不属于企业偿债能力分析指标的是 （   ）
   A. 流动比率　　　　B. 速动比率　　　　C. 现金比率　　　　D. 存货周转率

二、多选题

1. 连锁经营财务管理的监控管理主要有 （   ）
   A. 制度监控　　　　B. 人员监控　　　　C. 指标监控
   D. 审计监控　　　　E. 资金监控
2. 下面属于企业固定成本费用的是 （   ）
   A. 房屋折旧费　　　B. 办公费　　　　　C. 水电费
   D. 包装费　　　　　E. 劳动保险费
3. 连锁经营财务预测的原则有 （   ）
   A. 客观性原则　　　B. 连续性原则　　　C. 关键性原则
   D. 科学性原则　　　E. 经济性原则
4. 财务分析的方法有 （   ）

A.比较分析法　　B.因素分析法　　C.比率分析法
D.动态分析法　　E.定量分析法
5.反映企业发展能力的分析指标包括　　　　　　　　　　　　　　（　　）
A.资本利润率　　B.营业收入增长率　　C.资本积累率
D.总资产增长率　　E.营业利润增长率

三、判断题
1.连锁经营企业与债务人之间的财务关系其实质是债权与债务的关系。（　　）
2.集权制模式下企业更具有财务独立性,可充分调动门店的积极性。（　　）
3.银行存款不属于企业的货币资金。（　　）
4.职工工资为固定成本费用。（　　）
5.头脑风暴法属于定量预测方法。（　　）

四、名词解释
财务管理　　财务预测　　财务预算　　财务控制　　财务分析

五、简答题
1.简述连锁经营财务管理的特点。
2.连锁经营财务管理的职能有哪些?
3.连锁经营财务关系表现在哪些方面?
4.连锁经营企业如何建立和完善财务控制系统?
5.简明连锁经营成本费用管理的具体内容?
6.阐述连锁经营财务预算的内容及作用?
7.简述连锁经营财务分析的作用?

六、论述题
1.试阐述连锁经营资金管理的内容与方法。
2.阐述连锁经营财务预算的内容和作用。
3.连锁经营企业如何编制财务计划?

七、案例分析题

沃尔玛的成本费用管理

全球零售业巨头沃尔玛实行"天天平价,始终如一"的经营战略。它的低价销售不只是一种商品,而是所有商品;不只是一时的,而是常年的;不只是一地的,而是所有地区的。以市价300元的茶叶为例,供应商给一般商家的价格为130元左右,这些商家还要收取入场费、上架费等不确定的费用。沃尔玛没有这方面费用,得到供应商的报价只是100元。与竞争对手相比,沃尔玛采取不收其他费用的策略,赢得了在商品进价方面30元的相对优势。

沃尔玛并不收取供应商的进场费等费用,这些费用就需要依靠内部灵活高效的流程管理来消化,沃尔玛以其卓越的流程运作做到了这一点。在运销成本方面,竞争对手的运销成本一般为销售额的5%,而沃尔玛为1.5%;在商品损耗方面,竞争对手的商品损耗率为2%,而沃尔玛为1.1%;在人工成本方面,沃尔玛的1.8万平方米营业面积可经营约2.5万种商品,营业员人数只有300人,而同样经营规模的我国商业企业一般需2 000人左右;在经营成本方面,沃尔玛经营成本占销售额的15.8%,而绝大多数零售企业的经营成本都在40%左右。沃尔玛的低价格是成本节约和规模效益的自然结果。

(资料来源:从财务角度看沃尔玛的经营战略[N].经济观察报.)

问题:
1. 结合案例,谈谈连锁经营成本费用管理的重要性?
2. 沃尔玛是如何进行成本费用管理的?

第十章
Chapter 10

连锁经营信息管理

【本章学习目标】

通过本章学习,了解连锁企业信息管理系统的构成及常用的信息技术;掌握商品分类的原则、标志和方法;掌握商品代码、商品条码的结构,并将连锁经营的信息管理理论应用到连锁总部、连锁分店、配送中心管理信息系统的建立与运行中。

【本章主要概念】

信息管理　商品分类　商品编码　商品代码　商品条码

【案例导读】

阿玛尼美容美发连锁信息化建设案例

上海阿玛尼美容美发连锁是定位于上海中高档的消费人群,店堂现代感强,且面积远大于同类的综合门店。阿玛尼护肤造型中心成立于2002年,本着"科学、省时、高效"的专业宗旨,在顾客及业内建立了良好的口碑。到目前已拥有13家直营店。

阿玛尼与某软件公司的合作始于2007年,经过圈中好友的强烈推荐,选择了某软件公司。最初选择某软件公司C/S架构的管理平台作为连锁门店的管理系统。在2009年知晓了某软件公司推出B/S架构的GOS产品后,阿玛尼非常感兴趣,经过系统的考察和试用后,决定将C/S架构系统升级到GOS平台。在切换到GOS系统后,阿玛尼在以下方面获得了提升。

1. 提升效率

GOS管理平台极大地提升了阿玛尼美容美发连锁获得信息的速度、交流反馈的速度、数据统计的速度及经营决策的速度,从而提升企业快速应对市场变化的效率。

2. 降低风险

GOS管理平台使得阿玛尼美容美发连锁高层可以直接获得营业的第一手数据,避免了各层级信息反馈中的缺失和扭曲,从而降低因信息失真而发生的决策风险。

3. 协同规范

GOS 管理平台使阿玛尼美容美发连锁的运作基于同一个平台之上，规范了门店和总部、总部内部之间的管理模式，从而协同和规范了连锁机构的管理模式。

4. 降低成本

GOS 管理平台在提升管理效率的同时，通过绩效管理提升了人员潜能与积极性，有效降低了人力成本，通过物流管理和现金流管理，降低了资金占用和物流成本，并且使门店系统的维护成本降为零。

5. 简单快捷

GOS 管理平台操作简单，维护简单，而功能强大。通过较低的投入和培训，就可以投入应用。阿玛尼的毛总最后总结："事实证明，当初选择某软件公司是我最明智的决定！"

（资料来源：中华软件网，http://www.zzjtd.cn/news/show.php? itemid = 117.）

从以上资料可以看出，连锁经营的信息化建设是阿玛尼走向成功的重要手段，以科学的软件为架构的管理平台是其在风险和成本降低的同时，提高效率。然而，连锁企业如何建立自己的管理信息系统？采用什么管理信息技术？如何加强商品的分类与管理？这正是本章所要阐述的基本内容。

第一节　连锁企业信息管理系统的内涵

一、信息管理的定义

信息管理（Information Management，IM）是人类综合采用技术的、经济的、政策的、法律的及人文的方法和手段，对信息流（包括非正规信息流和正规信息流）进行控制，以提高信息利用效率、最大限度地实现信息效用价值为目的的一种活动。

二、连锁企业信息管理系统的功能

信息系统是从事信息加工处理的系统，而要保持信息服务的及时性、准确性、系统性和稳定性，就要建立企业的信息系统。信息管理系统的功能主要包括以下几个方面：

1. 采集信息的功能

连锁企业信息管理系统应系统地搜集来自企业内部和外部的信息。连锁企业的信息管理系统能实时采集信息，使经营者及时掌握企业的进、销、存的动态信息及企业整体物流变化情况，实现单品管理，达到以销定进，以销定存，保证进货质量，优化库存结构，及时调整经营布局和商品结构的目的。

2. 加工信息的功能

系统加工信息包括信息的分类、筛选、整理、计算、判断、分析、编写、鉴别等一系列工作。通过信息加工，使采集到的原始的、无序的、表象的信息变成企业各个层次决策所需要的情报资料,利于市场调查和市场预测,使企业在复杂激烈的市场竞争中及时地作出反应。

3.存储和检索信息的功能

连锁企业的信息管理系统可以为企业建立信息资料库,便于信息的存储和检索,实现企业信息资源的共享。通过信息资料库对企业的人、财、物进行系统管理,可随时监测企业的资金流向,及时进行企业的成本、资金核算及损益分析。

4.传输信息的功能

连锁企业信息管理系统在对采集来的信息资料进行加工处理分析后,要把加工的信息分门别类、及时地传送到企业内部和外部的需要者的手中,使不同的使用者及时接收到需要的信息。

三、连锁企业信息管理系统的构成

连锁企业信息管理系统一般可划分为三个层次。

第一层:总部与各连锁门店之间的信息联系。通过前台 POS 系统,进行商品销售的数据收集。前台一般采用第三代 POS,即以 PC 为基础的收款机作为基本设备,主要由电子收银机(ECR)和门店计算机联机构成。总部对各店铺汇总上来的信息进行加工整理,根据不同内容分转到各专业子系统,最终为决策系统提供服务。

第二层:各连锁门店通过总部与配送中心进行的信息联系。通过后台的信息管理系统,使企业内部各职能管理部门通过各个专业管理子系统,及时从信息中心得到本部门所需要的专业信息,结合本部门的实际进行处理分析,为企业决策层提供决策依据。

第三层:外部银行、供应商与总部的商业信息联系。管理信息系统软件(主要有电子数据交换系统(EDI)、电子订货系统(EOS)、电子转账系统(EFT)等)可以向生产厂商、批发商订购商品,与银行进行账目往来,与下属单位进行数据交换,向公共数据中心提供有关信息等。

四、连锁企业信息管理中常用的信息技术

(一)POS 系统

POS(Point of Sales)系统即销售时点信息系统,是指通过自动读取设备(如收银机等)在销售商品时直接读取商品销售信息(如商品名、单价、销售数量、销售时间、销售店铺、购买顾客等),并通过通信网络和计算机系统传送至有关部门进行分析加工以提高经营效率的系统。POS 系统最早应用于零售业,以后逐渐扩展至其他如金融、旅馆等服务行业,利用 POS 系统的范围也从企业内部扩展到整个供应链。

(二)EOS 系统

EOS(Electronic Ordering System,电子订货系统)是指用户、流通中心、生产企业之间利用通信网络(VAN 或互联网)和终端设备以在线(On-Line)的连接方式进行订货作业和订货信息交换的系统。

与传统的订货方式,如上门订货、邮寄订货、电话、传真订货等相比,EOS 系统能及时、准确地交换订货信息,缩短订货的时间,缩短订货商品的交货期,减少商品订单的出错率,节省人工费;有利于减少企业库存水平,提高企业的库存管理效率,防止商品特别是畅销商品缺货现象的出现。

(三)EDI 系统

EDI(Electronic Data Interchange,电子数据交换)是一种在公司之间传输订单、发票等作业文件的电子化手段。它通过计算机通信网络将贸易、运输、保险、银行、海关等行业信息,用一种国际公认的标准格式,实现各有关部门或公司与企业之间的数据交换与处理,并完成以贸易为中心的全部过程。EDI 是 20 世纪 80 年代发展起来的一种新颖的电子化贸易工具,是计算机、通信和现代管理技术相结合的产物。EDI 包含了三个方面的内容,即计算机应用、通信、网络和数据标准化。其中计算机应用是 EDI 的条件,通信环境是 EDI 应用的基础,数据标准化是 EDI 的特征。

(四)VAN 系统

VAN(Value Added Network,增值网络)是网络自身具有附加价值的、进行信息分配和加工的结构。它是一种由一台主机以及多台终端机构成的计算机通信模式。增值网络是将制造业、批发业、物流业、零售业等之间的信息,通过计算机服务网络来相互交换的信息系统。这些信息包括进货的时机,进货量,资金的承受能力,商品的畅、滞销状态等,主要是为商业经营者提供作出决策的信息。VAN 最大的特点是通过计算机服务网络,使不同企业、不同的网络系统可以相互连接,从而使不同形式的数据交换成为可能。

(五)SIS 系统

SIS(Strategic Information System,战略信息系统)是一种支持企业赢得或保持竞争优势,制定企业中长期战略规划的信息系统。SIS 利用反映环境和竞争对手等状况的企业外部信息及企业内部关键因素的信息,借助市场分析预测与战略决策等模型,以人机对话的方式在计算机上作出供高层管理者决断的企业长期战略发展方案,因此,SIS 实际上也是一种专用决策支持系统。

(六)MIS 系统

MIS(Management Information System,管理信息系统)是一个以人为主导,利用计算机硬件、软件、网络通信设备以及其他办公设备,进行信息的收集、传输、加工、储存、更新和维护,以企业战略竞争、提高效益和效率为目的,支持企业的高层决策、中层控制、基层运作的集成化的人机系统。

(七)SCM 系统

SCM(Supply Chain Management,供应链管理)是一种集成的管理思想和方法。它执行供应链中从供应商到最终用户的物流的计划和控制等职能,就是对企业供应链的管理,是对供应、需求、原材料采购、市场、生产、库存、订单、分销发货等的管理。SCM 系统包括了从生产到发货、从供应商到顾客的每个环节。从单一的企业角度来看,SCM 是指企业通过改善上、下游供应链关系,整合和优化供应链中的信息流、物流、资金流,以获得企业的竞争优势。供应链管理是企业的有效性管理,表现了企业在战略和战术上对企业整个作业流程的优化,整合并优化了供应商、制造商及零售商的业务效率,使商品以正确的数量、正确的品质、在正确的地点、以正确的时间、最佳的成本进行生产和销售。

(八)CRM 系统

CRM(Customer Relationship Management,客户关系管理)的主要含义就是通过对客户详细资料的深入分析,来提高客户满意程度,从而提高企业的竞争力的一种手段。CRM 系统包括客户概况分析、客户忠诚度分析、客户利润分析、客户性能分析、客户未来分析、客户产品分析、客户促销分析等方面的内容。

第二节　商品编码技术

一、商品分类

(一)商品分类的概念

商品分类是指为了一定目的,选择适当的分类标志,将商品集合总体科学地、系统地逐级划分为门类、大类、中类、小类、品类(如品目、细目等)以至品种、花色、规格的过程称为商品分类。

1. 门类

门类是按国民经济行业共性对商品总的分门别类,属最高类别,我国商品分 23 个门类。

2. 大类

大类是按商品生产和流通中的行业来划分的,我国商品在门类的基础上分 88 个大类,如五金类、交电类、日用百货类、钟表类、针纺织品类、印刷品类等。

3. 中类

中类即商品种类,也称商品品类或品目,是若干个具有共同性质或特征的商品总称。它包括若干商品品种,如针棉织品、塑料制品、橡胶制品等。

4. 小类

小类是根据商品的某些特点和性质而进一步划分的,如针棉织品又可分为针织内衣类、针织外衣类、羊毛衫类等。商品的品种是按商品的性质、成分等特征来划分的,是指具体商品的名称,如西服、洗衣机、皮鞋、啤酒等。

5. 细目

商品的细目是对商品品种的详细区分,包括商品的花色、规格、品级等,如 180/112 A 型男西服、36号女式高跟皮鞋等。

(二)商品分类的原则

1. 科学性原则

选择分类标志是商品分类的关键,这是商品分类科学性原则的重要体现。商品在分类中所选择的标识必须能反映商品的本质特征,并具有明显的区别功能和稳定性,以满足分类的客观要求,发挥分类的作用。科学性是分类的基本前提。

2. 系统性原则

商品分类的系统性是指以选定的商品属性或特征为依据,将商品总体按一定的排列顺序予以系统化,并形成一个合理的科学分类系统。商品总体分成若干门类后,门类分为若干大类,大类分为若干中类,中类分为若干小类,直至分为品种、规格、花色等。系统性是商品分类的关键。

3. 实用性原则

国内商品分类编码,既要参照国际分类编码体系,又要考虑历史形成的各行各业的分类编码状况。把工业、内外贸、仓储及运输等行业的分类编码工作协调起来,达到信息沟通、交流方便的目的。因此,商品分类应尽最大努力结合各部门、各系统、各行业、各企业及消费者的实际,满足各方面的需要。实用性是检验商品分类的实践标准。

4. 可扩展性原则

可扩展性原则又称后备性原则,即进行商品分类要事先设置足够的收容类目,以保证新产品出现时不至于打乱已建立的原有的分类体系和结构,同时为下级部门便于在本分类体系的基础上进行开拓细分创造条件。

5. 兼容性原则

商品分类要与国家政策和相关标准协调一致,分类的体系能够将总体范围的商品,一个不漏地囊括进去。另外,还要求新的商品分类尽量与原有商品分类保持一定的连续性和可转换性,便于进行历史资料的对比。

6. 唯一性原则

商品分类体系中的每个分类层次只能对应一个分类标识,以免产生子项互不相容的逻辑混乱。分类的含义要准确,不能相互排斥,不能模棱两可,不能有多种解释。同时要从本质上划分出各类商品之间的明显区别,保证每个商品只能在一个类别里出现。

(三)商品分类的标志

1. 按商品的用途分类

一切商品都是为了满足社会上的一定用途而生产的,因此商品的用途是体现商品使用价值的标志,也是探讨商品质量的重要依据,因此被广泛应用于商品的研究、开发和流通。它不仅适合对商品大类的划分,也适用于对商品种类、品种的进一步详细划分。

此方法的优点是便于比较相同用途的各种商品的质量水平和产销情况、性能、特点及效用,能促使生产者提高质量、增加品种,并且能方便消费者对比选购,有利于生产、销售和消费的有机衔接。但对储运部门和有多用途的商品不适用。

2. 按商品的原材料分类

商品的原材料是决定商品质量和性能的重要因素,由于原材料的种类和质量不同,因而成分、性质与结构也不同,使商品表现出不同的特征。选择以原材料为标志的分类方法是商品的重要分类方法之一。此种分类方法适用那些原材料来源较多且对商品性能起决定作用的商品。

以原材料为标志分类的优点很多,它分类清楚,还能从本质上反映出各类商品的性能及特点,为确定销售、运输及储存条件提供依据,有利于保证商品流通中的质量。但对那些用多种原材料组成的商品,如汽车、电视机、洗衣机、电冰箱等,不宜用原材料作为分类标志。

3. 按商品的生产方法分类

商品的加工方法及工艺直接参与商品质量和品种的形成过程,是决定商品质量和品种的重要因素。很多商品即便采用相同的原材料,由于生产方法不同,也会使商品具有不同的质量特征,从而形成不同的品种。

此方法特别适用于原料相同,但可选用多种工艺生产的商品。其优点是因为生产方法、工艺不同,突出了商品的个性,有利于销售和工艺的革新。而对于那些虽然生产方法有差别,但商品性能及特征没实质性区别的商品不宜采用。比如茶叶的分类:

绿茶:不发酵茶:鲜叶→杀青(炒或蒸)→揉捻→干燥(炒干或烘干或晒干)→绿毛茶;

黄茶:杀青→摊黄→摊黄→初烘→复烘→摊放→复包→干燥→分级;

黑茶:杀青→初揉→渥堆→复揉→干燥;

白茶:鲜叶→萎凋→文火焙干;

青茶、乌龙茶、半发酵茶:晒青→摇青→凉青→初揉→初烂→包揉→复烘→烘干;

红茶、全发酵茶:鲜叶→萎凋→揉捻→发酵→干燥。

4. 按商品的化学成分分类

由于商品中所含化学成分、种类和数量对商品质量、性能、用途等有着决定性的或密切的影响,故按化学成分的分类方法便于研究和了解商品的质量、特性、用途、效用和储存条件,是研究商品使用价值的重要分类方法。

此分类法的优点是能反映商品的本质特性,对于深入研究商品的特性、保管和使用方法以及开发新品种、满足不同消费者的需要等具有重要意义,但对化学成分复杂的商品(如水果、蔬菜、粮食等)或化学成分区分不明显的商品(如收音机等)则不适用。

(四)商品分类的方法

1. 线分类法

线分类法又称层级分类法,是将拟分类的商品集合按选定的属性或特征作为划分基准或分类标志,逐次地分成相应的若干个层级类目,并编排成一个有层级的、逐级展开的分类体系。它的一般表现形式是大类、中类、小类、细类等,将分类对象一层一层地进行划分,逐级展开。

在这个分类体系中,各层级所选用的分类标志可以不同,各个类目之间构成并列或隶属关系。层次分类实例见表10.1。

表10.1 层次分类法实例

大类	纺织用纤维加工品						
品类	天然纤维加工品				化学纤维加工品		
品种	植物纤维类		动物纤维类		人造纤维类		合成纤维类
细目	特细棉纱	麻纱	羊毛毛纱	生丝	棉性黏胶纤维	毛性黏胶纤维	涤纶短纤维	棉纶长丝

2.面分类法

面分类法又称平行分类法,是将拟分类的商品集合总体,根据其本身的属性或特征,分成相互之间没有隶属关系的面,每个面都包含一组类目。将每个面中的一种类目与另一个面中的一种类目组合在一起,即组成一个复合类目。如服装的分类就是按照面分类法组配的。把服装用的面料、式样和款式分为三个互相之间没有隶属关系的"面",每个"面"又分成若干个类目。表10.2所示,标出了不同范畴的独立类目。使用时,将有关类目组配起来,便成为一个复合类目,如纯毛男式中山装、中长纤维女式西装等。

表10.2 面、样式、款式复合分类

面料	样式	款式
纯棉	男式	中山装
纯毛	女式	西装
涤棉		猎装
毛涤		夹克
中长纤维	男式	连衣裙

二、商品编码

(一)商品编码的概念

商品编码,就是将商品按其分类内容加以有次序的编排,并用简明的文字、符号或数字代替货品的名称、类别及其他有关信息的一种方式。

(二)商品代码与商品条码

1.商品代码

商品代码是表示特定事物或概念的一个或一组字符,通常是阿拉伯数字、拉丁字母或便于记忆和处理的符号。商品条码是表示这一信息的符号。要制作商品条码符号,首先必须给商品编一个数字代码。商品条码的代码是按照国际物品编码协会(EAN)统一规定的规则编制的,分为标准版和缩短版两种。标准版商品条码的代码由13位阿拉伯数字组成,简称EAN-13码。缩短版商品条码的代码由8位数字组成,简称EAN-8码。EAN-13码与EAN-8码的基本结构如下。

(1)13位代码的结构。13位代码由厂商识别代码、商品项目代码、校验码三部分组成,分为四种结构,其结构见表10.3。厂商识别代码由7~10位数字组成,中国物品编码中心负责分配和管理。厂商识别代码的前三位为前缀码,国际物品编码协会已分配给中国物品编码中心的前缀码为690~695。商品项目代码由5~2位数字组成,一般由厂商编制,也可由中国物品编码中心负责编制。校验码为1位数字,用于检验整个编码的正误。

表10.3 13位商品代码的结构

结构种类	厂商识别代码	商品项目代码	校验码
结构一	$X_{13}X_{12}X_{11}X_{10}X_9X_8X_7$	$X_6X_5X_4X_3X_2$	X_1
结构二	$X_{13}X_{12}X_{11}X_{10}X_9X_8X_7X_6$	$X_5X_4X_3X_2$	X_1
结构三	$X_{13}X_{12}X_{11}X_{10}X_9X_8X_7X_6X_5$	$X_4X_3X_2$	X_1
结构四	$X_{13}X_{12}X_{11}X_{10}X_9X_8X_7X_6X_5X_4$	X_3X_2	X_1

(2)8位代码的结构。8位代码由前缀码、商品项目代码、校验码三部分组成,其结构见表10.4。其规则与13位代码中的前缀码、商品项目代码、校验码相同。

表10.4 8位商品代码结构

前缀码	商品项目代码	校验码
$X_8X_7X_6$	$X_5X_4X_3X_2$	X_1

2.商品条码

条码又称条码符号,是由一组规则排列的条、空及其对应字符组成的标记,用以表达一定的信息。条形码是帮助计算机识别数字型商品代码的一种工具。商品条码是由一组黑、白相间的线条组成,每根线条因其宽窄的不同而代表不同的数据。条码一般位于商品主显示面的右下角,经过光电阅读器扫描后,光信号转换成二进制数据送入到计算机中,数据录入就完成了。

零售商品代码的条码表示采用ISO/IEC15420中定义的EAN/UPC条码码制。EAN/UPC条码共有EAN-13、EAN-8、UPC-A和UPC-E四种结构。

(1)EAN-13和EAN-8条码。

①EAN-13条码由左侧空白区、起始符、左侧数据符、中间分隔符、右侧数据符、校验符、终止符、右侧空白区及供人识别字符组成,见图10.1。

图 10.1　EAN-13 条码的符号结构

【案例 10.1】
求 13 位代码($690123456789X_1$)的检验码(表 10.5)。

表 10.5　13 位代码($690123456789\ X_1$)校验码的计算方法示例

步骤	举例说明													
自右向左顺序编号	位置序号	13	12	11	10	9	8	7	6	5	4	3	2	1
	代码	6	9	0	1	2	3	4	5	6	7	8	9	X_1
a.从序号 2 开始求出偶数位上数字之和	$9+7+5+3+1+9=34$ ①													
b.①×3=②	$34×3=102$ ②													
c.从序号 3 开始求出奇数位上数字之和③	$8+6+4+2+0+6=26$ ③													
d.②+③	$102+26=128$ ④													
用大于或等于结果④且为 10 的整数倍的最小数减去④,其差即为所求校验码的值	$130-128=2$ 校验码 $X_1=2$													

②EAN-8 条码由左侧空白区、起始符、左侧数据符、中间分隔符、右侧数据符、校验符、终止符、右侧空白区及供人识别字符组成,见图 10.2。

图 10.2 EAN-8 条码的符号结构

【案例 10.2】

表 10.6 8 位代码($6901234X_1$)校验码的计算方法示例

步骤	举例说明								
自右向左顺序编号	位置序号	8	7	6	5	4	3	2	1
	代码	6	9	0	1	2	3	4	X_1
a.从序号2开始求出偶数位上数字之和	4+2+0+6=12								①
b.①×3=②	12×3=36								②
c.从序号3开始求出奇数位上数字之和③	3+1+9=13								③
d.②+③=④	36+13=49								④
e.用大于或等于结果④且为10的整数倍的最小数减去④,其差即为所求校验码的值	50-49=1 校验码 $X_1=1$								

　　(2) UPC-A 和 UPC-E 条码。UPC 商品条码是由美国统一代码委员会(UCC)制定的一种条码码制。通常情况下,不选用 UPC 商品条码。当产品出口到北美地区并且客户指定时,才申请使用 UPC 商品条码。中国厂商如需申请 UPC 商品条码,需经中国物品编码中心统一办理。UPC-A 商品条码所表示的 UCC-12 代码由 12 位(最左边加 0 可视为 13 位)数字组成。UPC-E 条码为 UPC-A 条码的缩短版形式,由 8 位数字及条码符号组成。UPC-A 条码的结

构见图 10.3，UPC-A 条码包括系统字符、制造厂商代码、商品项目代码、校验码四部分组成。其条码的符号结构见图 10.4。

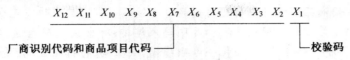

图 10.3　UPC-A 条码的结构

图 10.4　UPC-A 条码的符号结构

(三) 商品编码的原则

1. 唯一性

唯一性是指商品项目与其标识代码一一对应，即一个商品项目只有一个代码，一个代码只标识同一商品项目。商品项目代码一旦确定，永不改变，即使该商品停止生产、停止供应了，在一段时间内(有些国家规定为三年)也不得将该代码分配给其他商品项目。

2. 无含义

无含义代码是指代码数字本身及其位置不表示商品的任何特定信息。在 EAN 及 UPC 系统中，商品编码仅仅是一种识别商品的手段，而不是商品分类的手段。无含义使商品编码具有简单、灵活、可靠、充分利用代码容量、生命力强等优点，这种编码方法尤其适合于较大的商品系统。

3. 全数字型

在 EAN 及 UPC 系统中，商品编码全部采用阿拉伯数字。

【案例 10.3】

某配送中心商品代码的编码方法

配送中心为方便商品出货可以自己对商品进行编码。其商品代码有无含义代码和有含义代码。无含义代码通常可以采用顺序码和无序码来编排;有含义代码则通常是在对商品进行分类的基础上,采用序列顺序码、数值化字母顺序码、层次码、特征组合码、复合码等进行编排。不同的代码,其编码方法不完全一样,在配送中心商品编码中,常见的方法如下:

1. 顺序码

顺序码又称流水编码法,即将阿拉伯数字或英文字母按顺序往下编码。其优点是代码简单,使用方便,易于延伸,对编码对象的顺序无任何特殊规定和要求;缺点是代码本身不会给出任何有关编码对象的其他信息。在物流管理中,顺序码常用于账号及发票编号等。在少品种多批量的配送中心也可用于商品编码,但为使用方便,必须配合编号索引。

2. 层次码

层次码是以编码对象的从属层次关系为排列顺序组成的代码。编码时将代码分成若干层次,并与分类对象的分类层级相对应,代码自左至右表示的层级由高到低,代码的左端为最高位层级代码,右端为最低位层级代码,每个层级的代码可采用顺序或系列顺序码。例如,1010050312 表示的意义见表 10.7。

表 10.7 层次码示例

层级	大类	小类	品名	形状	规格
编码	1	01	005	03	12
含义	食品	饮料	可口可乐	圆瓶	400毫升

层次码的优点是能明确表明分类对象的类别,有严格的隶属关系,代码结构简单,容量大,便于计算机统计,但其层次较多,代码位数较长。

3. 实际意义编码

实际意义编码是根据商品的名称、质量、尺寸以及分区、储位、保存期限或其他特性的实际情况来考虑编号。这种方法的特点在于通过编号,能很快了解商品的内容及相关信息。例如,FO4915 B1 表示的意义见表 10.8。

表 10.8 实际意义编码示例

编码		意义
FO4915 B1	FO	表示FOOD(食品类)
	4915	表示4×9×15(尺寸大小)
	B	表示B区(货物储存区号)
	1	表示第一排料架

4. 暗示编码

用数字与文字的组合编号，编号暗示货物的内容和有关信息。例如，BY005WB10 表示的意义见表 10.9。

表 10.9 暗示编码示例

属性	货物名称	尺寸	颜色与形式	供应商
编码	BY	005	WB	10
含义	自行车	大小为5号	白色、小孩型	供应商号码

第三节 信息系统的建立与运行

一、连锁总部管理信息系统

(一)连锁总部管理信息系统的层次

连锁总部信息管理是连锁系统的核心，在整个商品流通中，它完成商品的订购、调配、物价管理及核算，是整个公司运营的信息控制中心。连锁总部的管理信息系统分为三个层次。

1. 决策层

连锁总部的高层管理者利用数据库中已有的各类经营数据，运用模型库的数学模型和方法库中的数学方法，挖掘各种信息和规律，辅助决策者预测未来市场的变化趋势，作出科学的决策。例如，分析整个连锁企业的商品销售数据，提出新的经营方案，或连锁企业新的发展规划等，并进行方案和规划的优化选择。连锁总部的决策支持系统主要支持这一层的工作。它所处理的数据一是企业内部作业层和管理层的信息；二是企业所处的环境数据。

2. 管理层

管理层信息化主要通过对基层采集的数据进行统计分析与对比，根据连锁总部确定的企业战略目标、经营方针，对企业的人事、财务、库存、销售等拟订具体的实施计划，进行具体的组织管理。通过分析连锁分店上传的统计数据，下达正确的指示，加强内部管理与控制，以便获得较好的经济效益。管理层处理来自作业层的数据所产生的信息，提供给决策层使用。

3. 作业层

作业层信息化的主要职能是通过计算机技术代替部分手工操作，完成基本数据的采集。它是决策层和管理层的基础，主要从事日常事务性工作处理、报表处理和查询处理，如工资计算、账务处理、成本核算、合同管理、仓储管理、银行对账、报表处理、检索查询等。计算机数据处理系统主要支持这一层的任务。

(二)连锁总部管理信息系统的建立与运行

连锁总部管理信息系统按功能可划分为采购管理子系统、库存管理子系统、销售管理子系统,商品进销存统计与分析子系统,财务会计管理子系统,人力资源管理子系统及连锁总部决策支持子系统。

1. 采购管理子系统的建立与运行

(1)采购管理的流程与子系统的构成。连锁经营主要实行联购分销制,大部分商品由连锁总部负责统一采购,以实现规模效益。采购管理业务流程主要包括:各连锁分店的商品数量需求统计、对供应商查询交易条件,结合配送中心库存情况和市场供应情况,制订采购计划,统一向供应商采购商品,发出购货单后则进行入库进货的跟踪运作。因此,采购管理子系统应该包括:采购预警系统、制订采购计划、市场价格信息管理、供应商信息管理、购货合同管理、购货单据打印系统、到货管理等功能。

(2)采购管理子系统的运作。管理人员可随时调用采购预警系统来核对需要采购的商品。采购预警系统对比现有库存数是否低于采购点,如果库存数量低于采购点就将此商品的情况打印出来,打印报表内容包括商品名称、建议采购量、现有库存量、已订购待入商品数量等数据。当采购预警系统打印出建议采购商品报表后,管理人员即可根据报表内容查询供应商数据,输入商品名称后从相应数据库中检索供应商报价数据、以往交货记录、交货质量等数据作为采购参考。系统所提供的报表有商品供货商报价分析报表、各供货商交货报表。根据上述报表,管理人员可按采购商品需求向供应商下达购货单,此时管理人员需输入商品数据、供应商名称、采购数量、商品等级等数据,并由系统自动获取日期来建立采购数据库。系统可打印出购货单作为连锁企业对外采购使用。当连锁企业与供应商通过电子订货系统采购商品时,系统还需具备计算机网络数据接收、转换与传送功能。购货单发出后,管理人员可用采购跟踪系统打印预定入库报表及已采购未入库报表,作为商品入库跟踪或商品入库日期核准等作业。

2. 库存管理子系统的建立与运行

库存管理是对仓库中的商品和实物进行管理。连锁总部对采购的商品集中统一储存,还要对采购的商品进行严格的检验和核对,保证商品在品种、规格、品牌、品质、数量、包装方面符合要求,再根据各分店的需要,通过配送中心把商品统一配送到各分店。库存管理子系统的功能包括:到货登记,库存商品查询与修改,商品存放与存放地点的管理,库存结构,保本、保利、保质等管理,调配管理,负责统计向分店调配商品的品种和数量。

3. 销售管理子系统的建立与运行

连锁企业要对同种商品实行统一的价格管理。这包括连锁总部要对销售的商品统一定价,并对各分店销售信息进行分析,以便合理进货、定价。销售管理子系统主要包括两个模块:

(1)价格管理。价格适当和价格统一是连锁经营的优势和特色。根据销售业务内容,相应的价格管理应包括:按照不同的定价方法,自动计算价格供决策;查询市场价格信息;确定商品价格并供查询、修改,制作相应的进价单、零售价单;根据各门店的促销计划制作相应的促销计划单、零售特价单、固定时间特价单。

(2)销售信息管理。销售信息管理系统是协助销售主管了解各连锁分店的销售情况,对连锁各分店的商品零售与批发业务情况进行监督、指导与管理,并了解消费者对商品的偏好趋势。其功能包括：查询以单品为单位汇总的日销售数量、金额、毛利、优惠、折扣等信息；按部门或商品类别，统计商品销售情况；统计各种不同促销手段所产生的效果——商品销售情况；按照商品的规格和花色，统计商品销售情况。

4. 商品进销存统计与分析子系统的建立与运行

本系统一是从不同的角度、采用不同的方法，对商品进销存等各流转环节的各项指标进行分析与对比，以便连锁总部的管理人员及时发现问题，找出差距及原因；二是对销售趋势作出预测，进行事前控制，这有助于加强经营管理。其功能为：商品进销存计划完成情况分析；商品进货和进货合同执行情况分析；商品进货来源和销售去向及方式分析；商品库存、销售品种分析；销售商品变化情况分析；商品进货、仓储管理费用分析；销售利润分析。

5. 财务会计管理子系统的建立与运行

财务会计部门对外主要用采购部门传来的商品入库数据核查供货商送来的催款数据，并据此给供应商付款；或由销售部门取得出货单来制作应收账款、催款单，并收取账款。财务会计系统还可制作各种财务报表，提供给经营绩效管理系统参考。本系统主要包括以下子系统：

(1) 应付账款系统。采购商品入库后，会计管理人员为供货厂商开立发票及催款单时即可调用此系统，按供货商所做应付账款统计表作为金额核准之用。账款支付后可由会计人员将付款数据登录，更改应付账款文件内容。高层主管人员可由此系统制作应付账款一览表、应付账款、已付款统计报表等。

(2) 商品核算系统。商品核算的核心是商品的进价成本核算、库存商品的实际成本及其变动后的核算。除部分小商品外均可按单品品种进行商品核算和分摊费用。商品核算为总部管理信息系统提供了分析、预测和决策的原始数据。而商品核算所需要的数据主要来源于各分店及配送中心。

(3) 会计核算系统。本系统主要功能是账务的处理；应收、应付款的管理；内部资金往来的核算。

(4) 财务管理系统。本系统主要包括利润的计算与分配；资金的提取和使用的管理；成本和费用的分析；资金占用分析；财务报表汇总与打印；指定周期、指定部门的财务指标计算与评价。

6. 人力资源管理子系统的建立与运行

作为连锁总部的人力资源部门对总部和所属分店的人事管理起着统一规划、宏观调控的作用，诸如按照统一标准招聘管理人员和职工，对各级管理人员和职工进行考核、奖惩、晋升和实施培训等，并有权调配所属分店的店长、业务及财务骨干，保证各店的人员配备。本系统的功能主要包括：人事制度管理、员工管理、招聘管理、考勤管理、培训管理、休假管理、员工业绩考核管理、员工奖惩管理及工资管理。

7. 连锁总部决策支持子系统的建立与运行

决策支持子系统旨在支持半结构化决策问题的决策工作，其主要功能包括：经营数据的搜集、存储、处理、分析与检索；决策模型的建立、存取与求解；提供各种常用的数学分析方法；对数据、模型和方法等进行有效管理,包括更新、删除、修改和连接;提供方便的人－机对话接口,使决策者拥有决策过程的主动权;进行目标设定、方案评选,要求计算机系统与之紧密配合,并以一定的响应时间支持决策。决策支持子系统的建立与运行包括以下四个方面:

(1)数据库子系统。本系统包括数据库和数据库管理系统,其功能包括对数据存储、检索、处理和维护,并能从来自各种渠道的各种信息资源中提取数据,把它们转换成决策支持系统要求的各种内部数据。

(2)模型库子系统。它是决策支持系统的核心,模型库管理系统管理的模型有两类:一类是标准模型(如规划模型、网络模型等),这些模型按照某些常用的程序设计语言编程,并存在库中;另一类是由用户应用建模语言而建立的模型。模型库管理系统支持决策问题的定义和概念模型化、维护模型,包括连接、修改、增删等。模型库子系统与对话子系统的交互作用,可使用户控制对模型的操作、处置和使用。它与数据库子系统交互作用,以便提供各种模型所需的数据,实现模型输入、输出和中间结果存取自动化;它与方法库子系统交互作用,实现目标搜索、灵敏度分析和仿真运行自动化等。模型库子系统的主要作用是通过人机交互语言使决策者能方便地利用模型库中各种模型支持决策,引导决策者应用建模语言和自己熟悉的专业语言建立、修改和运行模型。

(3)方法库子系统。本系统包括方法库和方法库管理系统。在决策支持子系统中,通常把决策过程中的常用方法(如优化方法、预测方法、矩阵方程求根法等)作为子程序存入方法库中。方法库管理系统对标准方法进行维护和调用。

(4)对话子系统。对话子系统是决策支持系统的人－机接口,它负责接收和检验用户的请求,协调数据库系统、模型库系统和方法库系统之间的通信,为决策者提供信息搜集、问题识别以及模型构建、使用、改进、分析和计算等功能。对话子系统通过人机对话,使决策者能够依据个人经验,主动地利用决策支持系统的各种支持功能,所得学习、分析、再学习,以便选择一个最优决策方案。

二、连锁分店管理信息系统

(一)连锁分店计算机系统的选择

连锁分店管理信息系统是连锁企业管理信息系统的一个子系统。其主要功能是对连锁分店的销售进行管理。系统总体设计方案实际上是连锁总店在进行系统规划时就确定了的,但是应根据连锁分店业务量的大小,分店情况及规模的不同而搭建不同的系统。

大中型连锁分店,其经营的商品品种多、销售量大,多采用中高档服务器或小型机作为系统的主服务器;操作系统选用 UNIX、Windows NT 等;工作站则选用 PC 机,前台销售最好选用第三类 PC－BASE 型收款机,条形码扫描器选用手持或平台式均可,另外还应配备 UPS 电源、打印机及磁卡刷卡机等辅助设备。大中型连锁分店由于数据量大,因而要采用大型数据库系统结构。数据库则选用 Oracle 或 SyBase 等适于开放式系统的大型关系数据库。

对于中小型连锁企业,多采用高档奔腾系列计算机为系统的主服务器;操作系统选用

Windows NT、Windows 2000 等；工作站点则选用 PC 机,前台销售选用第三类收款机,条形码扫描器可采用激光平台式,另外还应配备 UPS 电源、打印机及磁卡刷卡机等辅助设备。由于数据量小,数据库则选用 FoxPro,适于对外连接的小型关系数据库。

(二)连锁分店管理信息系统的建立与运行

连锁分店的管理信息系统是对消费者需要多样化、个性化所对应的最新信息的实时管理,以及商品流转的综合管理。连锁分店管理信息系统的建立与运行应从以下几个方面进行:

1. POS 机管理系统

POS 机管理系统的运行主要有两个功能:一是监测收款机实时状态,即随时查看每台收款机的开关状态及在每台收款机上工作的收款员编码;二是查看收款机实时图形,即随时查看每台收款机的收款金额数、各时间段收款累计金额数,并且直观的条形图显示在屏幕上。

2. 补货管理系统

补货管理系统的运行主要有以下三个功能:一是人工补货,即由补货人员进行人工输入填写补货单,提出补货申请;二是自动补货,即根据商品库中商品的在架数量与在架下限值进行比较,凡低于在架下限值的商品,系统将以在架上限值为标准自动填写补货单,提出补货申请。

3. 到货管理系统

到货管理系统主要是对供应商送货、配送中心送货的到货输入、到货确认、到货查询。对到货商品按照有关规定经确认后正式作为到货信息登录到计算机。基本的到货信息应包括到货单编号、到货日期、进货人、验收人、供应商编号、所采购的商品代码、批次、单位、数量、进到货单价、到货税额、折扣情况、生产日期、保质期等。另外,通过此系统,还可对已到货商品进行查询。

4. 在架管理系统

在架管理系统的运行主要包括在架单一商品统计、在架分类商品统计、在架商品下限报警、在架商品上限报警、在架商品负数报警、在架商品调价管理、在架商品按供应商统计等功能。

5. 盘点管理系统

盘点管理系统的运行主要包括盘点清单生成、盘点清单打印、盘点数量输入、数据采集器数据的导入、漏盘商品打印、盘点商品确认、盘点结束确认、盘点损益统计、损益商品、库存成本查询等功能。由于在连锁分店管理信息系统中已存有各部门的商品台账,可以由系统自动生成各部门结存商品的清单、盘点报告单,以供人工实际盘点时参考,也可使系统输出的清单不包含账面结存数,而由人工实盘时填写实盘结存数,然后,再将实盘数与计算机结存数校核。一旦实盘输入结束,得到认可,系统立即自动将账、物不符的商品清单列出,生成一系列商品溢缺单。

6. 退货管理系统

商品退货可以和商品的进货相同处理,以负数量形式表示商品的退货,并增补备注栏目填写退货原因。而通过退货管理系统,工作人员要进行退库录入,以便于及时对退库的商品进行查询。

7. 数据统计系统

数据统计系统主要应包括商品到货、调拨、返货进行销售统计；对商品的毛利率进行统计；畅滞销商品的查询；商品销售的 ABC 分析、品项分析的统计；库存周转率、商品交叉贡献率的分析；销售情况按日、周、月进行综合统计；单品销售情况的统计；供应商的销售情况统计比较等。

8. 会员管理系统

本系统主要负责会员卡的销售、修改、查询、挂失、恢复、更换、延长、统计等。

9. 数据的管理与维护系统

其主要包括开店管理，即开店前总部商品变更信息的接收；闭店管理，即关店后，总部本日补货和销售信息的上传；数据处理，即关店后，销售数据的处理及在架商品库的修改；系统维护，即对销售数据，进行压缩备份；数据维护，即对商品在架的上、下限进行修改。

10. 货位管理系统

此系统包括两个部分：一是商品货位的维护和统计，即对每个在架商品分配货位号和进行统计；二是货架人员维护，即输入每个货架所对应的理货员。

11. 销售管理系统

在连锁分店管理信息系统中，当每日的各类信息均输入且正确处理完毕后，都要生成当日的进、销、调、存日报，且系统可按用户要求，分部门、分商品大类自编制出商品进、销、调、存日报，供有关部门及人员参考。这些日报主要包括明细、分类、实时分析、销售排行、收款员业绩、收款机销售情况等。

12. 价签、条码打印系统

价签打印分普通价签及特价签的打印，条码打印主要是店内码的打印，也可进行商品原有条码的打印。

三、配送中心管理信息系统

（一）配送中心管理的基本作业

在商品的流动过程中，配送中心的管理工作可以划分成三大部分。由供应商出货到货物运到配送中心，属采购部分，是第一大块工作。这部分的工作包括供应商管理、订购管理、保管管理及付款管理，其目的是保证配送中心商品货源供应。商品到货拆柜、入库、储位管理、加工管理、拣货到包装完成准备出货，这些作业是配送中心内的基本工作，也是第二大块工作，此外将订单排序，满足客户所要求的品相与数量，也属于这块工作中的内容。商品包装好了之后，按照客户所在地点或指定地点，将商品送达客户手中，如果有问题时就要及时处理，这是配送中心的发货或是配货工作，是配送中心的第三大块工作。其工作的主要内容有客户管理、订单管理、配送管理、回收管理、收款管理与客户投诉处理。作业协调的好坏，直接影响到配送中心营运的效率与竞争力，各项作业除了要维持物流的顺畅外，更要考虑时间的因素，如何缩短路

线的长度、减少处理时间,是每个配送中心最大的挑战。配送中心的基本作业内容如下:

1. 订单处理作业

配送中心的交易起始于客户的询价、业务部门的报价,然后是接收订单,业务部门查询出货日的存货状况、装卸货能力、流通加工负荷情况、包装能力、配送负荷情况等,并根据这些内容来答复客户,当订单无法满足客户的要求时,业务部门就要对订单进行协调。由于配送中心不是在送货当时收取货款,而是在一段时间后统一结账,所以在处理订单资料的同时,业务人员还要根据公司对该客户的授信状况查核是否已超出其授信额度。此外在特定时段,业务人员还要统计该时段的订货数量,并进行调货、设计出货程序、设定出货数量的处理。退货资料的处理也是在此阶段处理的。最后,业务部要制订报价计算方式,做报价历史资料管理,确定客户订购的最小批量、订货方式以及订单截止时间等。

2. 采购作业

接收订单后,如果配送中心的货品不能满足最低需求时,配送中心就要向供货厂商或制造厂商订购商品,采购作业的内容包括商品需求数量的统计、查询供货厂商交易条件,然后根据需要的数量和供货厂商提供的不同的批量价格,确定出经济订购批量并提出采购单。采购单发出之后,还需要对该批货物进行入库进货的跟催运作。

3. 进货入库作业

采购单开出之后,在采购人员进行进货入库跟催的同时,入库进货管理员即根据采购单上预定入库日期做入库作业排程计划和入库月台排程计划。在商品入库当日,当货品进入时做入库资料查核、入库品验收,查核入库货品是否与采购单内容一致,当品项或数量不符时要做适当的修正或处理,并将入库资料登录建档。入库管理员还要根据商品特性指定卸货和栈板堆叠方式。对于从客户处退回的商品,退货品的入库也要经过退货品检验、分类处理,然后登录入库。

一般商品入库堆叠在栈板上后有两种作业方式:一是商品入库上架,储放于储架上,等候有出库要求时再出货。商品入库上架是由计算机或管理人员根据仓库区域规划管理原则或商品生命周期等因素来指定储放位置,或在商品入库后登录其储放位置,以便于日后的存货管理或出货查询。另一种方式是直接出库,此时管理人员根据出货要求将货品送往指定的出货码头或暂时存放地点。在入库搬运的过程中由管理人员选用搬运工具、调派工作人员,并做工具、人员的工作日程安排。

4. 库存管理作业

库存管理作业包括仓库区的管理及库存数控制。仓库区的管理包括规划货品在仓库区域内摆放方式、区域大小、区域的分布等;控制货品进出仓库的时间原则为先进先出或后进先出;指定进出货的方式有货品所用的搬运工具、搬运方式;调整仓储区储位等。库存数量的控制是根据货品出库数量、入库所需时间等来确定采购数量和采购时点,并设置采购时点预警系统。此外,还要规定库存盘点方法,在定期制作盘点清册,根据盘点清册内容清查库存数、修正库存账册并完成盘盈盘亏报表。

5. 补货与拣货作业

通过对客户订单资料的统计，配送中心就可以知道货品真正的需求量。在出库日，当库存充足可以满足出货需求时，就根据需求数打印出库拣货单及各项拣货指示，同时进行拣货区域的规划布置、工具的选用、及人员调派等工作。出货拣取不只包含拣取作业，更要注意拣货架上商品的补充，要使拣货作业流畅不能缺货，这就需要靠补货作业来完成，补货作业包括确定补货水准、设定补货时点、对补货作业排程、调派补货作业人员等内容。

6. 流通加工作业

商品在配送中心送出之前按照需要有可能先进行流通加工处理。在配送中心的各项作业中流通加工作业是最易提高货品的附加价值的。流通加工作业包括商品的分类、称重、拆箱、重包装、贴标签及商品的组合包装。为了妥善完成流通加工任务，必须加强包装材料、容器的管理、组合包装规则的制定、流通加工包装工具的选用、流通加工作业的排程、作业人员的调派等管理工作。

7. 出货作业处理

完成货品的拣取及流通加工作业之后，就可以进行商品的出货作业了。出货作业主要内容包括根据客户订单资料打印出货单据给客户，制订出货排程，打印出货批次报表、出货商品上所需要的地址标签和出货检核表。由排程人员决定集货方式、选用集货工具、调派集货作业人员，并决定所配运送车辆的大小与数量。由仓库管理人员或出货管理人员决定出货区域的规划布置及出货商品的摆放方式。

8. 配送作业

配送商品作业包括将货品装车并配送到客户手中。为了完成这些作业必须事先划分配送区域、安排配送路线，根据配送路径的先后次序来决定商品装车的顺序，还要注意在商品的配送途中做好商品的追踪与控制、配送途中意外状况的处理。

9. 会计作业

商品出库后销售部门就可以根据出货资料制作应收账单，并将账单转入会计部门作为收款凭据。在商品购入入库后，则由收货部门制作入库商品统计表作为供货厂商清款审核之用，并由会计部门制作各项财务报表供管理人员制订营运政策进行营运管理参考之用。

10. 营运管理及绩效管理作业

除了上述配送中心的实体作业之外，良好的配送中心运作还需要管理者通过各种考核评估来达成配送中心的效率管理，并制订有效的营运决策及方针。营运管理和绩效管理主要是通过分析一线作业人员或中级管理人员提供各种信息与报表来进行的，这些信息主要包括出货销售的统计资料、客户对配送服务的反应报告、配送商品次数及所需时间的报告、配送商品的失误率、仓库缺货率分析、库存损失率报告、机器设备损坏及维修报告、燃料耗材等使用量分析报告、外雇人员报告、机器和设备成本分析报告、退货商品统计报表、作业人力的使用率分析报告等。

(二)配送中心管理信息系统的建立与运行

配送中心的物流操作作业是在计算机管理下进行的,以指示书的方式说明作业、配以物流控制、计算机控制的和自动仓库,以及机械化分拣装置等来共同完成,还必须与总部各分店的信息系统相协调才能实现其管理功能。

1. 销售出库管理系统的建立与运行

销售出库管理系统包括从客户处取得订购单、作订单资料处理、仓库管理、出货准备、将货品运送至客户手中,整个作业都是以对客户服务为主。内部各系统间的作业顺序是首先统计订单需求量,然后传送给采购入库管理系统作为库存管理参考的数据,并由采购入库管理系统取得货品,在货品外送后将应收账款账单转入会计部门作为转账之用,最后将各项内部资料提供给营运绩效管理系统作为绩效考核的参考,并由营运、绩效管理系统取得各项营运指示。销售出库管理系统包括:订单处理系统、销售分析与销售预测、拣货规划系统,包装流通加工规划系统,派车计划,仓库管理系统,出库配送系统,应收账款系统。

(1)订单处理系统。本系统的主要功能有:订单自动接收与转换、客户信用调查、报价系统、库存数量查询、拣货产能查询、包装产能查询、配送设备产能查询(如卡车、出货月台等)、配送人力查询、订单数据输入与维护、退货数据处理。订单处理系统设计时需注意以下要点:

①所需输入数据包括客户资料、商品规格资料、商品数量等;

②日期及订单号码、报价单号码由系统自动填写,但可修改;

③具备按客户名称、客户编号、商品名称、商品编号、订单号码、订货日期、出货日期等查询订单内容的功能;

④具备客户的多个出货地址记录,可根据不同交货地点开立发票;

⑤可查询客户信用;

⑥具备单一订单或批次订单打印功能;

⑦报价系统具备由客户名称、客户编号、商品名称、商品编号、最近报价日期、最近订货数据等查询该客户的报价历史。订购出货状况和付款状况等资料,作为对客户进行购买力分析及信用评估的标准;

⑧可由销售主管或高层主管随时修改客户信用额度;

⑨具备相似产品、可替代产品资料,当库存不足无法出货时,可向客户推荐替代品以争取销售机会;

⑩可查询未结订单资料,当库存不足无法出货时,可向客户推荐替代品以争取销售机会。

(2)销售分析与销售预测系统。本系统的建立与运行主要包括销售分析销售预测、商品管理、商品贡献率等方面。

(3)拣货规划系统。本系统的建立与运行主要包括拣货订单批次规划、打印拣货总表、打印拣货单等方面。

(4)包装、流通加工规划系统。本系统的建立与运行主要包括包装、流通加工订单批次规划;打印包装、流通加工工作总表;批次包装、流通加工安排;补货计划及补货排程(含人力、机器设备、包装材料及库存数量）；包装、流通加工数据输入；与自动包装机间数据转换与传输等方面。

（5）派车计划系统。本系统的建立与运行主要包括出货订单装车计划、单车装车排序（含人力、车辆及机器设备）等方面。

（6）仓库管理系统。本系统的建立与运行主要包括月台使用计划及排程，仓库规划布置计划，拣货区规划、包装区规划、仓储区规划、仓储区管理（含储位指定、空储位报表、现有储位报表、与自动仓库及设备间数据转换），托盘管理系统，托盘装卸方式规划及托盘堆叠方式设计，车辆保养维修系统，燃料耗材管理系统等方面。

（7）出库配送系统。出货系统的建立与运行主要包括出货文件制作、打印出货单、发票，并以网络通知客户。出库系统是以各分店的补货数据为基础做出货前的准备工作，进行库存货品对照、库存查找及货品核对。配送中心接收订单后需要对出库部门发出出库指示，出库后为了销售额等的统计，做出实际出库报表。而对于出库管理有出库计划、出库指示和未能出库等内容，出库计划包括出库日期的指定，每个客户的订货汇总，分批发货和完成发货等内容。出库指示是对出库部门输出各种出库用的票据。未能出库是掌握出库的实态，对预订出库但还未出库情况的管理。配送系统的建立与运行主要包括配送路线选用系统、配送货品跟踪系统、配送途中意外情况处理、出货配送数据输入与维护。

（8）应收账款系统。本系统的建立与运行主要包括应收账单、发票开立；收支登记及维护；应收账款收款统计；收支状况一览表。

2. 采购入库管理系统的建立与运行

采购入库管理系统是处理与生产厂商的相关作业，包括商品实际入库、根据入库商品内容做库存管理、根据需求商品向供货厂商下订单。采购入库管理系统的工作包括入库作业处理、库存控制、采购管理系统及应付账款系统。

（1）入库作业处理系统。入库作业发生在与生产厂商交货之时，输入数据包括采购单号、厂商名称、商品名称、商品数量等，可输入采购单号来查询商品名称、内容及数量是否符合采购内容并用以确定入库月台，然后由仓库管理人员指定卸货地点及摆放方式并将商品叠于托盘上，仓库管理人员检验后将修正入库数据输入，包括修正采购单一并转入库存入库数据库并调整库存数据库。退货入库的商品也需检验，可用品方可入库，这种入库数据是订单数据库、出货配送数据库、应收账款数据库的减项，还是入库数据库及库存数据库的加项。

（2）库存控制系统。库存控制系统主要完成库存数量控制和库存量规划，以减少因库存积压过多造成的利润损失。它包括商品分类分级、订购批量及订购时点确定、库存跟踪管理以及库存盘点作业。库存控制系统具备按商品名称、货位、仓库、批号等数据分类查询的功能，并设有定期盘点或循环盘点时点设定功能，使系统在设定时间自动启动盘点系统，打印各种表单协助盘点作业。当同一种商品有不同储存单位时，系统应具备储存单位自动转换功能。在移库整顿或库存调整作业时，系统应具备大量货位及库存数据批量处理功能。

（3）采购管理系统。采购管理系统是为采购人员提供一套快速而准确地为供货厂商适时适量地开立采购单的系统,使商品能在出货前准时入库,没有库存不足及积压货太多等情况发生。此系统包括四个子系统:采购预警系统、供应厂商管理系统、采购单据打印系统及采购跟催系统。

(4)应付账款系统。采购商品入库后,采购数据即由采购数据库转入应付账款数据库,会计管理人员为供货厂商开立发票及催款单时即可调用此系统,按供货厂商做应付账款统计表作为金额核准之用。账款支付后可由会计人员将付款数据登录,更改应付账款文件内容。高层主管人员可由此系统制作应付账款一览表、应付账款已付款统计报表等。

3. 财务会计系统的建立与运行

财务会计部门对外主要用采购部门传来的商品入库数据核查供货厂商送来的催款数据,并据此给厂商付款;或由销售部门取得出货单来制作应收账款催款单并收取账款。会计系统还制作各种财务报表提供给经营效果评估系统参考。财务会计系统主要包括账务系统与人事工资管理系统。

(1)财务系统。财务系统可将销售管理系统、采购入库管理系统的数据转入此系统,并制作成会计总账、分类账、各种财务报表等。

(2)人事工资管理系统。人事工资管理系统包括人事数据的建库维护、工资统计报表打印、工资单打印及与银行计算机联网的工资数据转换。

4. 经营效果评估系统的建立与运行

经营效果评估系统从各系统及流通业取得信息,制订各种经营政策,然后将政策内容及执行方针告知各个经营部门,并将配送中心的数据提供给流通业。经营效果评估系统包括:配送资源计划、经营管理系统和效果评估系统。

(1)配送资源计划。配送资源计划是在配送中心有多个运作单位时规划各种资源及经营方向、经营内容。配送中心有多座仓库、多个储运中心或多个转运站时,应该设置多少仓储据点、仓库的位置如何才可满足市场开发的需求,而哪座仓库应存放哪些商品、商品存放量有多少才足以供应该区域的商品需求,所需仓库空间又需多大才足以存放该商品数量,而适应这些配送活动,各据点又需具备什么机械工具及人力资源,这些资源如何分配、彼此间又如何协调,是建立配送计划系统的目的。

(2)经营管理系统。经营管理系统是供配送中心高层管理人员使用,用来制订各类管理政策(如车辆设备租用、采购计划、销售策略计划、配送成本分析系统、运费制订系统、外车管理系统等),偏向于投资分析与预算分配。配送成本分析系统是以会计数据为基础分析配送中心各项费用,来反映盈利或资源投资回收的状况,同时也可作为运费制订系统中运费制订的基准。配送成本分析与运费制订系统是非常重要的系统,配送中心需要确定运费能否赢得客户并合理地覆盖成本。

(3)效果评估系统。配送中心的盈利状况,除各项经营策略的正确制订与实际计划及执行外,还需有良好的信息反馈作为政策、管理及实施方法修正的依据,这就需要效果评估系统。它包括:作业人员管理系统、客户管理系统、订单处理绩效报表、库存周转率评估、缺货金额损失管理报表、拣货效果评估报表、包装效果评估报表、入库作业效果评估报表、装车作业效果评估报表、车辆使用率评估报表、月台使用率评估报表、人力使用绩效报表、机器设备使用率评估报表、仓库使用率评估报表、商品保管率评估报表等。

本章小结

连锁企业通过建立信息管理系统,对企业的信息流进行控制,以提高企业管理的效率,最大限度地实现信息效用价值。连锁企业的信息管理系统有三个层次、四个功能。连锁企业信息管理系统常用的信息技术有 POS、EOS、EDI、VAN 等系统。

商品分类要选择适当的分类标志,将商品集合总体科学地、系统地逐级划分为门类、大类、中类、小类、品类及细目。商品分类的标志主要有商品用途、商品原材料、商品生产方法、商品的化学成分。商品分类的方法主要有线分类法和面分类法。商品代码主要有 13 位和 8 位的代码结构,商品条码主要有 EAN–13、EAN–8、UPC–A、UPC–E 四种结构。而商品编码的原则是唯一性、无含义、全数字型。

连锁总部管理信息系统的建立与运行主要包括采购管理子系统,库存管理子系统,销售管理子系统,商品进销存统计与分析子系统,财务会计管理子系统,人力资源管理子系统,决策支持子系统等。连锁分店管理信息系统的建立与运行主要包括 POS 机管理系统、补货管理系统、到货管理系统、在架管理系统、盘点管理系统、退货管理系统、数据统计系统、会员管理系统、数据管理与维护系统、货位管理系统、销售管理系统及价签、条码打印系统。配送中心管理信息系统的建立与运行主要包括销售出库管理系统及采购入库管理系统、财务会计系统及经营效果评估系统。

练习题

一、单选题

1. 信息管理是人类综合采用技术的、经济的、政策的、法律的和人文的方法和手段,对 （　　）
A. 资金流的控制　　B. 物流的控制　　C. 信息流的控制　　D. 商品流的控制

2. 销售时点信息系统是指通过自动读取设备(如收银机等)在销售商品时直接读取商品销售信息,并通过通信网络和计算机系统传送至有关部门进行分析加工以提高经营效率的系统,即 （　　）
A. POS 系统　　B. EOS 系统　　C. EDI 系统　　D. VAN 系统

3. 针棉织品又可分为针织内衣类、针织外衣类及羊毛衫类。这是将商品划分到 （　　）
A. 门类　　B. 大类　　C. 中类　　D. 小类

4. 茶叶分为绿茶、黄茶、黑茶、白茶、青茶、红茶。这是按 （　　）
A. 商品原材料分类　　B. 商品生产方法分类
C. 商品用途分类　　D. 商品化学成分分类

5.13位商品代码结构主要有 （ ）
A.2种　　　　　B.3种　　　　　C.4种　　　　　D.5种

二、多选题

1.商品分类的方法主要有 （ ）
A.线分类法　　　B.平行分类法　　C.垂直分类法
D.面分类法　　　E.点分类法

2.EAN/UPC条码的四种结构是 （ ）
A.EAN－13　　　B.EAN－8　　　C.UPC－A
D.UPC－P　　　 E.UPC－E

3.连锁总部管理信息系统的层次包括 （ ）
A.作业层　　　　B.管理层　　　　C.决策层
D.财务层　　　　E.采购层

4.连锁分店管理信息系统的建立与运行主要包括 （ ）
A.POS机管理系统　　B.补货管理系统　　C.到货管理系统
D.在架管理系统　　　E.盘点管理系统

5.配送中心管理信息系统的建立与运行主要包括 （ ）
A.销售出库管理系统
B.采购入库管理系统
C.财务会计系统
D.POS机管理系统
E.经营效果评估系统

三、判断题

1.在进行商品分类时，不仅要遵循科学性的原则，还要遵循可扩展性原则。 （ ）
2.在13位商品代码结构中，校验码是2位，而在8位商品代码结构中，校验码是1位。
（ ）
3.商品编码要体现唯一性原则。 （ ）
4.连锁分店管理信息系统是连锁企业管理信息系统的一个子系统，主要功能是对连锁分店的各项决策进行管理。 （ ）
5.在销售出库管理系统中，整个作业都是以对客户服务为主。 （ ）

四、名词解释

信息管理　商品分类　商品编码　商品代码　商品条码

五、简答题

1.简要说明连锁企业信息管理系统的功能。
2.简要说明商品分类的概念与原则。
3.简要说明商品编码的原则。

4.简要说明 EAN-13、EAN-8、UPC-A、UPC-E 的基本组成。
5.简要说明配送中心管理的基本作业。

六、论述题
1.阐述连锁企业信息管理系统的构成与常用的信息技术。
2.阐述商品分类的标志。
3.阐述连锁总部管理信息系统的建立与运行包括哪些子系统。
4.阐述连锁分店管理信息系统的建立与运行包括哪些子系统。
5.阐述配送中心管理信息系统的建立与运行包括哪些子系统。

七、案例分析题

日本 7-11 公司的信息情报系统

1.构建情报系统

7-11 公司对于进货、库存、销售实行的是彻底的单品管理。通过电子化的数据资料,总部也可以通过销售数据来了解每种商品的情况,这样就可以不断地分析、开发出符合顾客需求的新产品。据估计,7-11 公司建立的这一系统至少要比同行业的其他企业领先 10 年。现在,7-11 公司处于第四次综合店铺情报系统阶段,店铺里都广泛地设置了 SC(Store Computer)、GOT、ST、新型 POS 等。后台计算机和店铺、总部、事务所、物流中心等连成网络,通过 ISDN 互相交流信息。

2.详细情况

(1)加盟店情况。

①设备情况。各加盟店铺的设备情况如下:1 台 SC 机和打印机、2 台 POS 机、2 台订货终端 GOT 及 2 台检验终端 ST。

②处理内容。

a.SC 机。SC 机是店内情报系统的控制中心。它搭载 AI(人工智能),1 台设备同时处理多项业务(如订货、情报、库存的即时反映、销售商品评价、经营情报、店铺设备等)。SC 机和 POS 机组成店内网络,通过对 POS 情报的即时分析,将 POS 信息转换成较容易理解的图表等形式,而且它也负责将 POS 情报自动传输给后台计算机。

b.POS 系统。POS 终端通过识别每个商品上的条形码,将销售数据以及相关的时间、顾客等情报信息进行登录。现在使用的新型 POS 机,可以和 ISDN 相连,两面附有大显示屏,具有高速打印等多功能,能够快速结账、打印发票,终端间的数据交换速度也非常快;而且可以读取电话卡,也可用信用卡付账。

c.GOT。GOT 是订货终端机,也可以显示订货所需的情报信息。9 英寸的液晶画面,可以显示出由 SC 分析出来的图表等,而且可以用文字来显示商品情报、订货建议、操作指示等。

d.ST。ST 是读取商品条形码的设备,也附有数据信息处理装置。其主要的功能是在交、接货时进行商品检验。除此之外,也处理商品废弃、退货登录及库存调查等工作。ST 和其他设备配合在一起,可使检验作业更省力化,实现库存数据的自动变更等。

③订货处理。7-11公司使用的订货终端是GOT,订货人员能够利用情报作出一定的预测,能卖多少就订多少。并且,每次销售的结果都能够检验其预测的正确性,为下次的订货提供参考。

④店铺能够利用的主要情报(从SC得到的情报)。7-11公司按时间带、顾客层等将情报组合,并加工成图表,显示在SC的画面上。7-11公司将商品的大分类称为"PMA",中分类称为"情报分类",小分类即所谓的单品。

a.按分类情报和时间带提供销售分析。从前天到1周前的销售情报,按分类情报、时间带的数据都可查阅到。还可以查到平均数据,特定几天、特定日期的数据,店主可以根据每种分类情报的商品在不同时间段的变化,来掌握销售动态。

b.按时间带、顾客层统计的销售。可以查到按时间带、顾客层分类的最近两周内销售金额、顾客数、每个顾客购买金额等。这样店主可以掌握每个顾客层的消费动向。

c.按情报分类的单品分析。即表示出以1周为单位的销售单品数、销售构成等。可以按PMA分类,也可按情报分类,如选择PMA分类,则可查阅到每1段按情报分类统计的数据;如选择按情报分类,则可查阅详细的按单品分类统计的数据。这样店主就可以掌握大分类、中分类、小分类的销售动态。

d.商品废弃分析。即表示出商品废弃的情报,可以选择PMA分类、情报分类及单品分类。店主通过对废弃商品的研究,在订货时就可以作出适当的调整。

e.新商品的销售状况。即表示出新商品的销售数量、销售金额、进货数量等,这样店主就可掌握新商品的状况和它的贡献。

f.每日按时间带分类的单品销售情况。对于每日三次配送的米饭、面包等,表示出每日、每次、每种商品的进货数量、销售数量以及售完的时间,也能了解到每两小时的销售额、剩余数。其他的商品则表示出每天的进货数量和销售额。

g.销售与顾客的分析。按情报分类表示出每个月的销售金额、顾客数,当然也可以转换成每天、每周情况。

h.货架贡献度分析。将每个单品所陈列的货架号、位置等数据输入计算机,就可以以货架为单位分析商品的销售额、毛利以及对整个店铺的贡献度。这样在陈列商品时也起到一定的参考作用。

i.按情报分类的销售增长率。指定PMA,就可以表示出其对应的各情报分类单位的销售额的增长率,这样有助于商店判断订货人员的业绩。

(2)效果。若用一句话概括情报系统的作用,那就是"它是推动7-11体系的原动力"。具体说,表现在以下几个方面:

①店铺。由于很好地利用了计算机,各店铺的业务实现了半自动化,处理的速度以及精确度也大为提高;而且由于业务系统化,店铺的业务对于新手来说也比较容易,这样就可以充分利用零工的力量。由于高精度的订货,提高了店铺的销售额,减少了库存,减少了废品,利润率也得到很大的提高。

②供应商。因为获取了最终消费者的实际需求信息,可以更正确地供货以及开发商品,也简化了订单的处理过程。由于系统是一个整体,只要每个部分都发挥出作用,系统就能良好运转。这就大大提高了处理订单、商品调运以及配送等业务的效率。

③总部。全面掌握各店铺的所有情报以及与交易对手相关联部分的情报,使得总部拥有经营的主导权;特别是实行了 Open Count 制度(加盟店和总部处理借贷关系的一种体系),本部可以无障碍地获取各店铺的销售以及进货情况。而且,由于让加盟店每天都与总部结款,总部在坏账方面的风险很小。

(资料来源:摘自湖南科技职业学院精品课网站.)

问题:
1. 日本 7-11 公司的信息情报系统的由哪些方面组成?
2. 你认为完整的信息系统应能提供哪些方面的信息?
3. 日本 7-11 公司的信息情报系统有哪些优点?
4. 日本 7-11 公司如何进行订货处理?
5. 日本 7-11 公司信息情报系统的建立对我国连锁企业建设有何启示?

参考文献

[1] 李飞,王高.中国零售业发展历程[M].北京:社会科学文献出版社,2006.
[2] 罗伯特·朱迪斯,理查德·朱迪.特许经营管理[M].北京:清华大学出版社,2005.
[3] 斯蒂芬·罗宾斯.组织行为学[M].7版.北京:中国人民大学出版社,1997.
[4] 迈克尔·波特.竞争优势[M].北京:中国财政经济出版社,1988.
[5] 牛海鹏.特许经营[M].北京:企业管理出版社,1996.
[6] 侯吉建,汤艾菲.商业特许经营教程[M].北京:机械工业出版社,2006.
[7] 曹静.特许经营原理与实务[M].上海:立信会计出版社,2002.
[8] 何春凯.连锁店经营管理实务[M].广州:广东旅游出版社,1999.
[9] 安德鲁·谢尔曼.特许经营手册[M].北京:机械工业出版社,2005.
[10] 肖建中.连锁加盟创业指南[M].北京:中国经济出版社,2006.
[11] 袁东.单店运营管理[M].北京:机械工业出版社,2008.
[12] 张明明.连锁企业门店营运与管理[M].北京:电子工业出版社,2006.
[13] 于湛波.国际零售服务贸易的发展与我国对策[J].当代经济:2009,5:80-81.
[14] 季辉.连锁商业与管理[M].重庆:重庆大学出版社,2004.
[15] 肖怡.企业连锁经营管理[M].大连:东北财经大学出版社,2006.
[16] 窦志铭.连锁店经营管理[M].北京:中国财政经济出版社,2005.
[17] 徐印州.零售连锁经营[M].广东:广东经济出版社,2004.
[18] 杨谊青.连锁经营原理与管理技术[M].北京:高等教育出版社,2001.
[19] 张海燕.连锁企业的配送管理[M].北京:中国物资出版社,2004.
[20] 李燕萍.人力资源管理[M].武汉:武汉大学出版社,2002.
[21] 陈宏威.连锁经营管理概论[M].北京:清华大学出版社,2009.
[22] 王琴.连锁经营管理[M].北京:北京理工大学出版社,2009.
[23] 王明东,赵琪.连锁经营管理[M].大连:东北财经大学出版社,2009.
[24] 褚颖.连锁企业财务管理[M].北京:中国劳动社会保障出版社,2009.
[25] 张晔清.连锁经营管理原理[M].上海:立信会计出版社,2003.
[26] 崔永刚,丛颖超,张登国.现代流通管理[M].北京:经济科学出版社,2009.
[27] 黄金火.连锁经营[M].武汉:武汉大学出版社,2004.
[28] 赵凡禹.超市连锁经营[M].北京:企业管理出版社,2003.
[29] 曹静.特许经营原理与实务[M].2版.上海:立信会计出版社,2006.
[30] 唐树伶.连锁商业营销与管理[M].北京:清华大学出版社;北京交通大学出版社,2006.

读者反馈表

尊敬的读者：

您好！感谢您多年来对哈尔滨工业大学出版社的支持与厚爱！为了更好地满足您的需要，提供更好的服务，希望您对本书提出宝贵意见，将下表填好后，寄回我社或登录我社网站(http://hitpress.hit.edu.cn)进行填写。谢谢！您可享有的权益：

☆ 免费获得我社的最新图书书目　　　☆ 可参加不定期的促销活动
☆ 解答阅读中遇到的问题　　　　　　☆ 购买此系列图书可优惠

读者信息

姓名_____　□先生　□女士　年龄_____　学历_____
工作单位_____　职务_____
E-mail _____　邮编_____
通讯地址_____
购书名称_____　购书地点_____

---

1. 您对本书的评价

内容质量　　□很好　　　□较好　　　□一般　　　□较差
封面设计　　□很好　　　□一般　　　□较差
编排　　　　□利于阅读　□一般　　　□较差
本书定价　　□偏高　　　□合适　　　□偏低

2. 在您获取专业知识和专业信息的主要渠道中，排在前三位的是：

①_____　　②_____　　③_____
A.网络　B.期刊　C.图书　D.报纸　E.电视　F.会议　G.内部交流　H.其他：_____

3. 您认为编写最好的专业图书(国内外)

书名	著作者	出版社	出版日期	定价

4. 您是否愿意与我们合作，参与编写、编译、翻译图书？

_____

5. 您还需要阅读哪些图书？

_____

技术支持与课件下载:网站课件下载区
服务邮箱　wenbinzh@hit.edu.cn　　duyanwell@163.com
邮购电话　0451 - 86281013　　0451 - 86418760
组稿编辑及联系方式　赵文斌(0451 - 86281226)　杜燕(0451 - 86281408)
回寄地址：黑龙江省哈尔滨市南岗区复华四道街10号　哈尔滨工业大学出版社
邮编：150006　传真 0451 - 86414049
网址：http://hitpress.hit.edu.cn　E-mail:hitpress@0451.com